中国金融四十人论坛

CHINA FINANCE 40 FORUM

致力于夯实中国金融学术基础，探究金融领域前沿课题，

引领金融理念突破与创新，推动中国金融改革与发展。

# 汇率的本质

THE NATURE OF EXCHANGE RATE

管涛◎著

中信出版集团 · CHINACITICPRESS · 北京

图书在版编目（CIP）数据

汇率的本质 / 管涛著 . -- 北京：中信出版社，
2016.8（2024.1 重印）
ISBN 978-7-5086-6524-5

Ⅰ . ①汇… Ⅱ . ①管… Ⅲ . ①人民币汇率－通俗读物
Ⅳ . ① F832.63-49

中国版本图书馆 CIP 数据核字（2016）第 175913 号

汇率的本质

著　　者：管　涛
策划推广：中信出版社（China CITIC Press）
（北京市朝阳区东三环北路 27 号嘉铭中心　邮编　100020）
（CITIC Publishing Group）
承 印 者：北京通州皇家印刷厂

开　　本：787mm × 1092mm　1/16　　印　　张：23　　字　　数：330 千字
版　　次：2016 年 8 月第 1 版　　印　　次：2024 年 1 月第 12 次印刷
书　　号：ISBN 978–7–5086–6524–5
定　　价：58.00 元

## 中国金融四十人论坛书系
## CHINA FINANCE 40 FORUM BOOKS

“中国金融四十人论坛书系”专注于宏观经济和金融领域，着力金融政策研究，力图引领金融理念突破与创新，打造高端、权威、兼具学术品质与政策价值的智库书系品牌。

中国金融四十人论坛是一家非官方、非营利性的专业智库，专注于经济金融领域的政策研究。论坛由40位40岁上下的金融精锐组成，即“40×40俱乐部”。本智库的宗旨是：以前瞻视野和探索精神，致力于夯实中国金融学术基础，研究金融领域前沿课题，推动中国金融业改革与发展。

自2009年以来，“中国金融四十人论坛书系”已出版40余本专著、文集。凭借深入、严谨、前沿的研究成果，该书系已经在金融业内积累了良好口碑，并形成了广泛的影响力。

# 汇改不同的解读

余永定*

管涛是中国国际收支和汇率问题的最为权威人士之一。长期以来，作为国家外汇管理局国际收支司司长，管涛为中国国际收支统计工作做出了重要贡献。由于其特殊地位和对国际收支和汇率问题的深入了解以及独到见解，多年来我都十分关注管涛的观点。管涛说："如果说自己的研究还有些特色的话，那就是比懂理论的人稍懂点政策、比懂政策的人稍懂点理论、比懂金融的人稍懂点统计、比懂统计的人稍懂点金融。"在自谦之词背后，我们可以看到管涛对自己所具有的学术优势的自信。

管涛过去是学者型官员，现在已经彻底离开官场而成为一名非官方智库的学者。这应该是一种很令人羡慕的经历。中国经济学家最大的缺陷可能就是缺乏在政府部门任职的经历。我很怀疑，当他们（当然包括我自己）被政府部门

* 中国社会科学院学部委员。

邀请去提供咨询意见时，政府官员究竟能从他们那里得到什么真正的帮助。反过来，当政府官员暗中嗤笑这些“书呆子”不了解情况时，他们是否意识到，自己建立在“情况”基础上的政策会可能导致一些违反他们初衷的长期后果?

中国还不存在西方国家那种从高校、研究机构到政府，再由政府回到高校、研究机构的“旋转门”。希望今后会有越来越多的学者型政府官员能有管涛这样的经历，从政府转到高校、研究机构。只有这样，在政策讨论中，学者们才不至于因为信息不对称，而只能对政府官员点头称是。

管涛的专著——《汇率的本质》回顾了人民币汇率演变和中国汇率体制改革的进程。在讨论汇率问题的同时，他对中国资本流动和资本流动跨境管理也进行了深入讨论。管涛对央行的汇率政策和汇改的评价是积极的。特别是他对目前央行的以参考篮子货币调节人民币汇率走势为锚、稳定市场预期的政策给予了充分的肯定。他非常认同周小川行长的想法，即汇率市场化的改革方向不变，但改革要讲求艺术，有窗口就果断推进，没有窗口就耐心等待、创造条件。人民币汇率改革，对内要处理好改革、发展、稳定的关系，对外要做负责任的经济大国。对此我也深以为然。

管涛对于央行的政策能够实现汇率的稳定很有信心，因为“目前中国出现资本外流，从渠道上看，一方面是由于境内机构和个人增加了外汇资产或境外资产配置，即‘藏汇于民’；另一方面是由于境内企业加速偿还前期借入的美元债务，利差交易平盘，以及境外主体部分减持人民币资产，即‘债务偿还’。但无论是藏汇于民还是债务偿还，都不可能无休止地进行下去”。既然如此，“守汇率还是守储备”就不是一个真正的问题，“因为应对临时性的资本流动冲击，用外汇储备干预市场是恰当的，本身也是持有外汇储备资产的应有之义”。

《汇率的本质》内容丰富、叙述准确、概念清晰、资料齐全。对于关心中国汇率问题和国际收支平衡问题的读者来说是一部很有价值的参考书。不仅如此，管涛对汇率、汇率制度改革、国际收支平衡、资本项目自由化等问题的叙述逻辑清晰、首尾一贯，充分地反映了中国学界和政府研究机构的主流观点。仅就这点而言，《汇率的本质》就非常值得读者认真研读。

我一向尊重管涛的观点，并且从管涛那里学到了很多东西。但也必须承认，管涛在《汇率的本质》一书中所批评的一些观点正是我所持有的观点。例如，管涛认为，为了维持汇率稳定，对于外汇储备的损耗不必过于担心。而我的看法是：中国由于长期的国际收支不平衡而积累了大量外汇储备。外汇储备的功能已经不再仅仅是熨平汇率的波动。在更大程度上，外汇储备已经成为国民储蓄的一种形式，是国家掌握的一种战略资源。因而，外汇储备不应该大量用于单向、持续干预外汇市场。

中国的外汇储备有两个来源：经常项目顺差和资本项目顺差（按长期使用的旧定义）。在文献上，来自前者的被称为“挣来的外汇储备”（earned foreign exchange reserves），来自后者的被称为“借来的外汇储备”（borrowed foreign exchange reserves）。通过经常项目顺差积累的外汇储备可以视为过去三十年中国为迎接人口老龄化所做的储蓄（至于通过积累外汇储备这种形式进行储蓄是否是资源跨代配置的合理形式，我们已经做过多次讨论，这里置而不论）。而通过资本项目顺差所积累的外汇储备又可以分成两部分：长期资本（主要是FDI）顺差和热钱。长期资本流入所积累的外汇储备，作为中国的海外资产，其收益可以部分抵销中国对外负债（FDI）的利息负担（外国人在中国的投资收入）。这部分外汇储备的减少同样意味着中国海外资产或储蓄的减少，同样会对中国应对人口老龄化产生不利影响。热钱流出使投机者实现了套利平仓。投资者所得就是中国所失。如果人民币不贬值，投机者无法获利。如果人民币迅速贬值，投机者也难以实现套利平仓。而人民币缓慢贬值，则是为投机者创造了最为有利的平仓获利条件。

在汇率稳定时期，如果中央银行管理的外汇储备完全转移到国民手中，转移到主权基金或一般国民手中，变成其他形式的资产，外汇储备的减少可以称为“藏汇于民”。但中国过去两年8000亿美元之巨的外汇储备损耗，却很难以“藏汇于民”一笔带过。企业套利平仓（carry-trade unwinding）导致的外储下降只是让少数利益集团获利，不能简单地把外汇储备减少说成“藏汇于民”。更何况其中的很多大企业是外国跨国公司。投机者卖空活动导致的外汇减少不是“藏汇于民”。资本外逃更不能说是“藏汇于民”。即便上述活动的所有参与者都是中国居民，央行在人民币升值和贬值期间分别买入和卖出美元，实际上是全体国民代替某些部门和利益集团承担了本应该由它们承担的风险与损失，从而增加了在不同部门和社会集团之间收入分配的不均等化。

当然，中国的外汇储备过多。但是，既然已经积累巨额外汇储备，而且外汇储备已经成为中国国力的重要象征，我们就应该慎重使用这些外汇储备。增加战略物资的进口、根据“一带一路”战略逐步增加海外直接投资、积极参与国际和区域金融合作等都是使用外汇储备的有效方式。我们最不应该做的事情就是在干预外汇市场的过程中大量消耗外汇储备。我认为这是一种得不偿失的不明智政策。

学者之间存在不同看法是再正常不过的事情。谁也没有对真理的垄断。只有坚持百家争鸣、百花齐放，真理才能被发现、才能得到发展。尽管我和管涛的一些观点不尽相同，我依然愿意郑重向大家推荐管涛的新作——《汇率的本质》。

# 序 二

## 穿越汇率的拐点

何 帆*

管涛博士曾长期在国家外汇管理局工作，是汇率改革、外汇储备管理、人民币国际化等重大政策决策的亲历者。他理论功底深厚，一向被誉为学者型官员。如今，管涛博士已加盟中国金融四十人论坛，专职做学术研究。《汇率的本质》是他的新作，对中国的汇率政策、资本管制和金融对外开放等问题均有深刻独到的论述。

传统的经济学理论无助于我们准确把握汇率的本质，理论严重落后于现实。从汇率决定理论来看，经典的购买力平价论、利率平价论在解释汇率实际波动时都显得捉襟见肘。其中一个重要的原因是，全球联通的外汇市场时时刻刻都在交易，汇率受到各种瞬息万变的因素影响是一种典型的高频数据，而无

* 中国人民大学重阳金融研究院首席经济学家。

论是物价水平抑或利率，都是变化迟缓的“慢变量”。用“慢变量”很难解释“快变量”。但一个建立在外汇市场微观决策和市场结构基础上的汇率理论仍付诸阙如。从汇率制度选择的理论来看，流行的理论曾经强调“两极论”，即要么选择绝对的浮动汇率制，要么选择绝对的固定汇率制，没有中间道路。但各国的实践表明，各种汇率制度互有不同，各有优劣。正如哈佛大学教授杰弗里·弗兰克尔（Jeffrey Frankel）所说的，没有任何一种汇率制度会适合所有国家及一个国家的所有时期。从开放条件下的宏观经济政策选择来看，经典的理论会谈到“三难选择”，即在货币政策自主性、汇率稳定和资本自由流动这三个目标之间，一国政府最多只能选择两个目标，而必须放弃第三个目标。但海伦·瑞（Hélène Rey）提出的金融周期理论则指出，只有在有资本管制的情况下才能保证货币政策的自主性。在金融全球化的背景下，“三难选择”面临着更为苛刻的约束。

中国的改革实践也今非昔比。改革开放以来，中国的汇率制度经历了数次重大的改革，比如1994年汇率制度并轨、1997~1998年东亚金融危机期间抵御外部投机并坚持人民币不贬值、2005年汇率形成机制改革、2014年人民币汇率波幅扩大、2015年“8·11”汇率改革等。管涛博士在这本书中对历次汇率政策调整均做了详尽的分析，读后受益匪浅。这些汇率改革并非都是完美的，政策决策始终是一种“遗憾的艺术”。所幸的是，中国经济每一次都能有惊无险地渡过难关。每一次改革中出现的缺憾，也都能成为下一次改革时可以借鉴的经验。

俱往矣。正如管涛博士所指出的，我们正在穿越汇率拐点。中国经济步入了新常态，人民币汇率也随之进入了新常态。

首先，人民币汇率已经大体处于均衡状态，但非基本面因素对汇率波动的影响更大。2005年刚开始汇率改革的时候，人民币汇率面临升值的单边预期。这种单边预期鼓励了更多的市场参与者买入人民币，进一步加剧了资本流入的压力。十年来，中国经济经历了巨大的转型，原来困扰中国的是经常账户和资本账户“双顺差”，如今，经常账户顺差已经大幅减少，中国也成为新生的对外投资者，人民币对美元和对一篮子货币都有大幅度升值。尽管没有人能够准确找出均衡汇率，但我们可以比较有把握地讲，市场汇率和均衡汇率之间的差距已经不大。遗憾的是，市场上的一些临时因素、投机因素会对汇率波动造成更多的冲击。比如，2015 年的汇率改革本来是朝着正确的方向迈出的一步，但由于市场对中国经济心存疑虑，人民币贬值压力突如其来。本来只是“茶杯里的风暴”，却掀起了全球市场的轩然大波。经此一役，人民币汇率改革理应越挫越勇。汇率应该进入双边波动的区间，因为灵活的汇率有助于缓冲外部风险，获得更多的货币政策自主性。在这一过程之中，则要时刻注意，我们已经陷入深水区，外汇市场存在预期的自我强化机制，很容易构成多重均衡，因此，有必要时刻保持警惕，善于引导市场预期。用管涛博士的话讲，适应双向波动是我们必须“过的坎”，加强市场沟通是我们必须“补的课”。

其次，其他经济体，尤其是发达经济体，会对中国经济带来溢出效应，与此同时，中国经济对其他经济体的溢出效应也日益突出。这一点在 2015 年汇率改革前后也能够体现出来。中国经济放缓，既会影响到初级产品市场，也会影响到其他的出口国，且能引起一波接一波的涟漪效应，这就是全球市场对中国经济倍加关注的根本原因。2016 年以来，人民币汇率趋于平稳，除了中国经济回暖，央行加强市场干预和资本流动管理之外；美联储推迟加息，美元相对疲软，也是较好的外部因素。好的政策正好赶上好的运气。但是，好的运气并非总是等得来的，中国还应抓住机会加快改革。管涛博士谈道，“内圣外王”，最关键的是要把国内的事情做好。值得一提的是，在全球化的背景下，仅仅做好本国的事情是不够的，由于溢出和溢入效应，国际经济政策协调变得越来越重要。遗憾的是，爆发全球金融危机之后，国际经济政策协调遇到了极大的阻力。各国国内的贫富差距、增长乏力、债务包袱等问题层出不穷，社会不满情绪高涨，全球化遇到了退潮，国际经济政策协调能够得到的国内政治支持减弱。由于各国的利益不同、立场各异，采取的政策措施也不同，所以更难以协调一致。如何加强国家间的合作，是一个严峻的挑战。

最后，国际货币体系可能需要做出重大的调整。20 世纪 70 年代建立的布雷顿森林体系解体之后，国际货币体系进入了一个“无体制、有合作”的奇特时期。一些特殊的历史因素促成了这一格局：各国都经历了较快的经济增长，全球化吸引了更多的国家加入改革开放阵营，各国在经济增长的过程中更容易达成信任和合作；主要发达国家的货币政策框架都有了较大的调整，物价水平相对稳定，货币政策规则明朗，实现了“大温和”；发达国家对新兴市场有“善意的忽视”，持欢迎的态度，南北合作进入了难得的“蜜月期”。全球金融危机爆发之后，国际政治经济格局有了显著的改变，原有的国际货币体系日渐落伍。随着金融监管的加强、资本管制的回归，金融全球化的步伐相对放缓；随着新经济的兴起，实体经济正在寻找突破口，金融能否为实体经济和创新活动服务，是各国决胜的关键；层出不穷的社会矛盾，要求各国寻找更大的自主政策空间。展望未来，我们有可能会向着一种多元国际货币、汇率相对稳定、监管日益加强的新型国际货币体系转变。道阻且长，行则将至。

管涛博士在自序中谈到政策研究者应该如何在市场和政府之间寻找立足点，这是他精研多年的宝贵心得。中国并不缺少伟大的实践，但连算得上合格的理论都还非常欠缺。理论升华的前提是对现实的敏锐觉察，这恰恰是很多研究者的不足之处。从理论回到对实践的指导，需要研究者心怀更多的谦卑，因为政策决策的难度远超过抽象的理论，各种复杂的约束条件都要一一考虑进来。从现实升华到理论，再从理论落脚到现实，这是中国智库的新一代学者的使命。路漫漫其修远兮，我们还要继续上下而求索。

# 做“第三只眼”

时间如白驹过隙。距上次出版专著《中国先机》，转眼过去了六年多。其间，个人职业生涯曾经到达过新顶点：准确预言了2011~2012年主权债务危机冲击的开头与结尾，带领的团队因此获得第八届“人民满意的公务员集体”殊荣、一位同事因此荣获“五四青年奖章”；2014年底2015年初，再次成功预见当前资本流动冲击“故事”的开头；连续六次作为新闻发言人，参加了季度外汇收支数据新闻发布会……不久前，刚刚实现了个人身份的转变，自2015年7月起正式离职，加盟中国金融四十人论坛任高级研究员，全职做研究。以前认为，那份工作是我一辈子的事业，现在发现，研究才是我的全部，事业仍可以继续。

如果说自己的研究还有些特色的话，那就是比懂理论的人稍懂点政策、比懂政策的人稍懂点理论，比懂金融的人稍懂点统计，比懂统计的人稍懂点金融。有人开玩笑说，过去我是学者型官员，现在我是官员型学者。这或许正是我现在的一种状态，一只眼看政府、一只眼看市场，想成为政府与市场之间的“第三只眼”。与政府和市场都保持一定距离后，很多问题可以看得更清楚、想得更透彻，立场也更加超脱、观点也更加平衡。

专职做研究以后，思考和创作的时间更多了。尤其是离职后不久，人民币汇率形成机制又进行了重大改革。中国金融四十人论坛建议我就汇率问题出一本专集，于是便有了这本书的构思和问世。这本书主要收集了 2011 年以来我的工作论文或少量工作报告，其中大部分是离职后创作的。现在汇集起来，有些数据和内容做了更新，也算是立此存照吧。这里，主要与大家分享二十多年来做研究与宣传工作的一些心得，介绍一下本书的主要内容与核心思想。

## 一、政策研究的“一四四”工作法

“一”就是“一个中心”，即围绕政府和社会关心的问题进行研究。不求系统全面、学术规范，坚持问题导向、观点鲜明。就一个热点或焦点问题，大家关心什么，我们就写什么，不关心的就不写或者少写；行文上，标题、领句就是核心观点，突出文章精髓，引导和便于读者阅读。

第一个“四”就是“四有”，即“有数据、有情况、有分析、有判断”。数据和情况是研究工作的立足之本。一方面，做研究不能只讲故事、讲个案，而必须要有扎实的数据支持，以支持总体判断；另一方面，做研究不能只有干巴巴的数据，还应该有鲜活的情况，以使得报告更加丰满。分析和判断则是研究工作的更高境界：不能满足于用数据解释数据，简单地图表文字化，这只是初级的研究、基础的工作；高质量的研究，应该在对海量数据和信息加工的基础上，深入挖掘隐藏在数据背后的东西；考虑到读者不一定都是专业人士，最好要带着问题来研究，讲清楚“是什么、为什么、做什么”，或是“怎么了、怎么看、怎么办”。

第二个“四”就是“四新”，即“新观点、新方法、新角度、新论据”。现在是信息大爆炸的时代，唯有新意多多的报告，才能令读者耳目一新，才能更有效地传播自己的观点。为此，要突出创新意识，创新点越多，研究报告的价值就越大。同时，把研究当作创作，就会有新鲜感、挑战性，就会激发自己的研究热情，变消极工作为快乐工作，把研究当作一种享受。

## 二、市场和政府间的换位思考

首先，任何政策选择都有机会成本，即意味着选择这一政策，就放弃了其他政策选择带来的好处。所以，任何政策都不可能十全十美，让各方面都满意，任何政策都可能受到批评。

其次，对政策的利弊分析，不能以为自己就绝对正确，因为对方都可能拥有另一方不知道的信息，兼听则明。

再次，边际收益递减、边际成本上升。即使某个政策选择有副作用，但起初边际收益可能大于成本，不一定就是坏的选择。然而，利弊会动态发展演变的，对于政府来讲，也不能故步自封、墨守成规，而要跟踪评估、适时调整。

最后，建议者是不用承担后果的，而决策者做出任何选择都必须担起责任，二者面临的压力大不相同。况且，政府部门都不是孤立或者独立的，许多政策不可能仅从本部门考虑或者由本部门做主，市场需要体谅它们的难处。

只有多一些谅解和宽容，公共政策研究才可能会有理性的讨论，才会多一些建设性的意见和建议。

## 三、与媒体和市场打交道的“五要五不要”

所谓“五要五不要”，就是：要说知道的，不要说不知道的；要说该说的，不要说不该说的；要说能说的，不要说不能说的；要说真话，不要说假话；要说对话，不要说错话。

“要说知道的，不要说不知道的”，就是应该根据本部门职责发表意见，不要说其他部门的事情，或者说本部门决定不了的事情。

“要说该说的，不要说不该说的”，就是应该说符合自己身份的话，不要说不符合身份的话；要按照中央的部署，围绕本部门的中心工作发表言论，不要背离中央精神和本部门工作。有些官员以为以个人身份发表看法，言辞有时就不太顾忌，这实际上经常会犯大忌。

“要说能说的，不要说不能说的”，就是要注意内外有别，不要知无不言、言无不尽。有些敏感事项或者数据被媒体意外曝光，给本部门甚至国家的工作带来不便，往往主要原因不在记者，而在于当事官员嘴没有把门。

“要说真话，不要说假话”，就是要注意自身市场信誉，哪怕不说，也不能用假话唬人。一旦市场发现你说过一次假话，那么，你可能要用很长时间才能挽回自己甚至是政府的市场信誉。

“要说对话，不要说错话”，就是要注意专业性，避免犯错误尤其是一些低级的错误，让市场看轻你。当然，这点很考验个人的业务能力。也许当事人以为自己是对的，但实际可能是错的。

为帮助大家更好体会这些要领，我在本书特别附上了参加六次新闻发布会和一次中国经济五十人论坛年会的发言文字实录作为参考。

## 四、穿越汇市的拐点

本书共分七章，从基本概念和原理入手，涉及对国际收支数据的解读、对“8·11”新汇改的评价和预判、对金融业改革开放的前瞻，以及对资本流动冲击风险的监测预警等。

长期以来，我们习惯了国际收支“双顺差”、外汇储备持续大幅增加、人民币汇率单边升值的外汇“旧常态”。然而，随着中国经济步入新常态，不管我们愿不愿意、接不接受，我国外汇市场也进入了多重均衡状态，在给定贸易继续大额顺差、人民币延续高息货币的基本情况下，跨境资本既可能流入又可能流出，人民币汇率既可能升值也可能贬值，也正逐步成为我们必须适应的新常态，是我们必须穿越的从单边到双边市场的拐点。

外汇问题看似神秘，但“内圣外王”，所有外汇问题归根结底都是国内问题，解决之道都是要做好自己的事情。

第一，人民币汇率和外汇储备都是国内经济运行的结果。从短期看，经济稳才能货币稳，为了稳定汇率而牺牲国内利益，是本末倒置；从中长期看，经济强支持货币强，只要对中国中长期经济前景有信心，面对短期市场波动就无须惊慌失措。解决外汇储备多和少的问题，也应该放在对外平衡服从对内平衡的角度统筹考虑，不能就外汇谈外汇。

第二，尽管近年来境外持有人民币资产的兴趣提高，但人民币资产终究是风险资产而非避险资产。外部冲击有可能触发国内资本外流。如果外部冲击与内部冲击叠加，则外因通过内因起作用，可能进一步加剧国内资本流出。如果基本面原因与贬值预期叠加，则资本外流压力可能更大。从这个意义上讲，资本流动冲击尽管不能准确预测，却是可以预警的。

第三，应对跨境资本流动冲击关键也在于练好内功。外因通过内因起作用。只要国内有一个有足够深度和广度的金融市场，以及一个灵活的利率和汇率价格体系，就能较好地吸收内部或外部的冲击。只要国内经济保持健康运行，最后跨境资本流动就会回归经济基本面。

第四，要用市场化的意识和方式应对市场状况。要尊重市场经济规律。规律只会迟到却不会缺席，违背规律迟早会付出代价。汇率浮动负责国际收支和外汇市场的价格调节，外汇干预和资本管制负责国际收支和外汇市场的数量出清，任何经济体都不可能违背。当前，我国外汇市场已经进入多重均衡状态，市场既可能向好的方向发展，也可能向坏的方向发展，必须在情景分析、压力测试的基础上，做好应对预案，有备无患。哪怕是对于一些小概率的坏的情形，也应该提前有所准备，避免事到临头、进退失措。

由于个人学识有限，驾驭宏大问题的水平和能力不足，谬误在所难免，欢迎大家批评指正。

管涛

2016 年 6 月 6 日

# 目　录

CONTENTS


**第一章　授人以鱼不如授人以渔 / 001**

第一节　从基本的外汇概念和原理说起 / 003

第二节　关于人民币汇率的分析预测框架 / 014

第三节　应对资本流动冲击的政策分析框架 / 020

**第二章　外汇去哪儿了 / 029**

第一节　经常账户顺差去哪儿了 / 031

第二节　资本外流去哪儿了 / 038

第三节　外汇储备去哪儿了 / 045

第四节　人民币汇率由单边升值转向双向波动 / 057

第五节　从国际收支视角看跨境人民币业务发展 / 069

**第三章　聚焦“8·11”新汇改 / 075**

第一节　2005 年“7·21”汇改十年记 / 077

第二节　人民币汇率形成市场化改革再破局 / 085

第三节　汇改只会迟到却不会缺席 / 091

第四节　资本外流已非单纯基本面原因 / 095

第五节　如何应对资本流出冲击 / 103

**第四章　这次不一样 / 109**

第一节　标本兼治奠定汇率并轨改革的超预期成功 / 111

第二节　外汇管理助力人民币免疫亚洲金融危机冲击 / 117

第三节　两次成功“稳汇率”的经验与启示 / 123

第四节　汇率机制改革要妥善处理单边汇率预期 / 129

第五节　不宜过分夸大外汇储备充足性标准 / 135
第六节　资本流出不是没有底 / 139

**第五章　成长中的烦恼 / 149**
第一节　克服汇率浮动恐惧 / 151
第二节　尊重价值规律是人民币汇率形成机制改革的出路 / 159
第三节　学习借鉴强势美元政策 / 167
第四节　重温泰铢狙击战和港币保卫战 / 176
第五节　中国曾经历过的被境外做空 / 190

**第六章　发展大国金融 / 199**
第一节　增加和完善金融供给是整体供给侧改革的关键环节 / 201
第二节　可兑换条件下的国际资本流动管理 / 208
第三节　以宏观审慎措施应对跨境资本流动冲击 / 216
第四节　坚持对内改革与对外开放双轮驱动 / 221
第五节　从 N–1 问题看超主权储备货币的发展前景 / 225
第六节　货币国际化需要正确的理论指导 / 235

**第七章　风险是可以预见或预警的 / 245**
第一节　我国跨境资本流出风险的总结与启示 / 247
第二节　预见主权债务危机冲击的开头和结尾 / 255
第三节　面对主权债务危机冲击处乱不惊 / 265
第四节　预警“热钱”冲击的近忧和远虑 / 275
第五节　又猜中了当前资本流出“故事”的开头 / 278
第六节　写在新汇改前夕的预警报告 / 286

**附　录　亲历外汇收支数据新闻发布会 / 291**

**参考文献 / 337**

**后　记 / 344**

# 第一章

# 授人以鱼不如授人以渔

近年来，随着国际收支趋于基本平衡，人民币汇率由单边升值转向双向浮动，人们的兴趣被激发，迫切地想要得到对人民币汇率水平、跨境资本流向等问题的解答。然而，问题太过芜杂，非三言两语所能道清，何况“仁者见仁，智者见智”，任何尝试难免沦为一家之言。与其简单告知一些基本结论或判断，不如告知一些分析问题的框架和方法，而这些框架和方法都是可复制和推广的。

## 第一节　从基本的外汇概念和原理说起

在讨论外汇问题时经常发现，大家讨论的起点和对象是不同的，结果就是“鸡同鸭讲”，各说各话。为此，有必要澄清一些基本的概念和原理，这是探讨问题的基础。

### 一、把汇率当作一国货币主权的想法过于简单

长期以来，随着中国经济地位提升、对外开放扩大，人民币汇率政策经常成为国际关注的焦点。对此国人经常抱怨：汇率政策是一国货币主权，他国不应该指手画脚、说三道四。然而，问题真有这么简单吗？

众所周知，汇率是一种货币对另一种货币的比价关系。汇率政策就是关于这种比价关系的政策安排。所以，汇率政策就具有天然的外部性，一国汇率政策选择，自然会对其他国家的利益产生影响。因此，固定汇率制度在20世纪

80 年代中期解体后，汇率政策协调再次成为国际经济政策协调的重要内容（即广场协议），其影响持续至今。

同时，一国经济规模越大、国际化水平越高，其汇率政策的溢出效应也就越强。正因如此，1994 年人民币汇率并轨时，全球市场动静不大，而现在中国汇率政策的一举一动却受到举世瞩目，全球金融动荡一度被归咎为“8・11”汇改。有人甚至把人民币汇率与美元利率相提并论，称为当今世界的两块“压舱石”。

汇率有两种标价体系：一种是直接标价法，即以本币表示 1 单位外币的价值；另一种是间接标价法，即以 1 单位本币表示外币的价值。人民币汇率就是直接标价法，美元汇率则是间接标价法。这就产生一个问题：从直接标价法看，1 美元兑换 6.5 元人民币是中国的事情；但从间接标价法看，却又是美国的事情。那么，1 美元兑换 6.5 元人民币，究竟应该在哪里划界？哪部分由中国说了算？哪部分由美国说了算？

由此可见，将汇率政策当作本国货币主权、视为禁脔，显然是把问题想得过于简单了。当然，只有在浮动汇率制度下，汇率政策成为工具时，你才可能拥有与其他国家讨价还价的筹码。如果你自愿地把汇率水平作为一个目标，当你吃亏了，大家不一定会说你好，但你占便宜了，大家就很可能群起攻之。

此外，如果把汇率政策简单视为国家货币主权，那么贸易更是一国经济主权，是否和你做贸易也是一国自己的事情，他国无权置喙。结果必然是“货币战 + 贸易战”，导致两败俱伤。“二战”后成立国际货币基金组织和关贸总协定（即现在的世界贸易组织）的初衷之一，就是避免竞争性贬值，鼓励多边贸易开放。

## 二、汇率升值与汇率高估不能混为一谈

经历了过去二十多年的总体单边升值趋势后，当前国内外市场弥漫着预期人民币贬值的情绪。主要理由无外乎 2005 年“7・21”汇改以来，无论人民币双边汇率还是多边汇率，名义上还是实际汇率，均升值了 30%~40%（见图 1–1）。

现在中国物价水平高于境外大多数国家，2008 年国际金融危机爆发后，中国货币超发严重，杠杆率高，所以，人民币必有一“贬”。

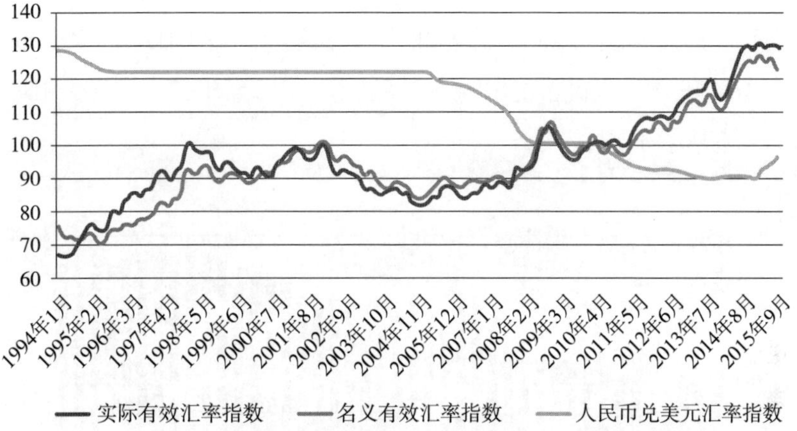


**图 1-1　人民币双边和多边汇率指数（2010 年 =100）**

资料来源：中国人民银行；国际清算银行

然而，人民币汇率升值、物价水平走高，并不意味着人民币汇率必然高估，因为汇率高估还是低估，主要是相对于均衡汇率而言的。过去，资本持续大量流入中国、国内外汇长期供大于求，人民币面临升值压力。在这种情况下，如果人民币名义上不升值，就必然会在实际上升值，即生产、生活成本上升。但这种情况下的升值只是趋近均衡汇率水平，并不必然形成汇率高估。

尽管我们能切身感觉到各种价格（如菜价、房价）都在上涨，甚至与国外相比并不低。但是，受样本局限性的影响，所做的判断多半是以偏概全。不同的商品、不同的地区可能价格水平并不一致。基于“一价定律”的购买力平价理论[①],国际货币基金组织（IMF）编制的人民币购买力平价相对于市场汇率依

① 即在不考虑交易成本的情况下，任何产品在世界各地的销售价格都应该是一致的。这里，笔者并非推崇购买力平价理论是唯一正确的均衡汇率理论。在浮动汇率制度下，允许不同的交易者基于不同的汇率模型制定不同的交易策略，而不强求预期的统一。多样化的市场预期和风险偏好，恰恰是外汇市场的魅力所在。

然低估，2014 年为 1 国际元兑换 3.567 元人民币，之后维持在 3.50 元人民币左右的水平。如果按照购买力平价，那么中国的经济总量在 2014 年就已经超过美国跃居世界第一了，而按照市场汇率，则只有美国的 60% 左右（见图 1–2）。按照英国《经济学家》编制的最新的巨无霸汉堡包指数（The Big Mac Index），截至 2016 年 1 月，人民币汇率购买力平价是 3.57 元人民币 / 美元，相对市场汇率依然低估了 45.6%。

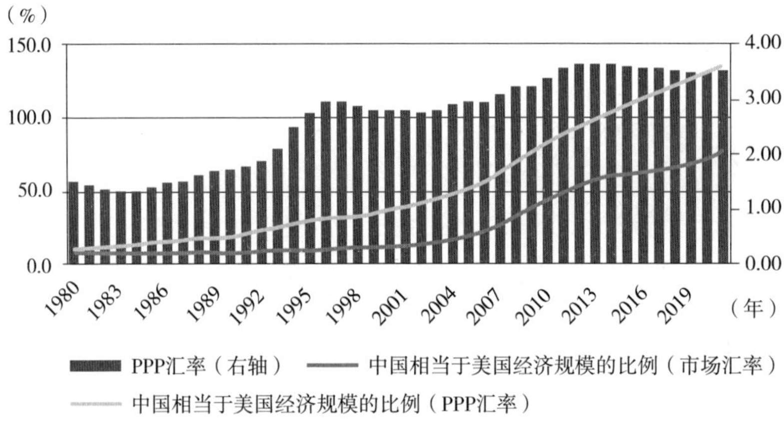


**图 1–2　人民币购买力平价汇率与中美经济规模对比**

资料来源：国际货币基金组织

货币超发会通过改变本外币供求关系和利差，影响短期汇率走势。但是，并不存在货币存量多的国家，本币就对外贬值的市场定律。实际上，伴随着人民币汇率单边升值（见图 1–1 和图 1–3），我国货币供应一直快速增长。现在只是在看空情绪下，市场选择性地相信了做空人民币的理由。至于人民币不贬值，中国拥有的货币存量就可以买下所有美国资产的说法根本不足为信。因为供求关系同样会影响国外资产价格，进而影响境内购买能力。况且，海外资产也不是有钱就可以买到的。正如中国拥有的外汇储备可以买下苹果（Apple）、微软（Microsoft）、谷歌（Google）、脸书（Facebook）等高科技公司，但美国不会卖，即便卖也一定不是现在的价格（见表 1–1）。

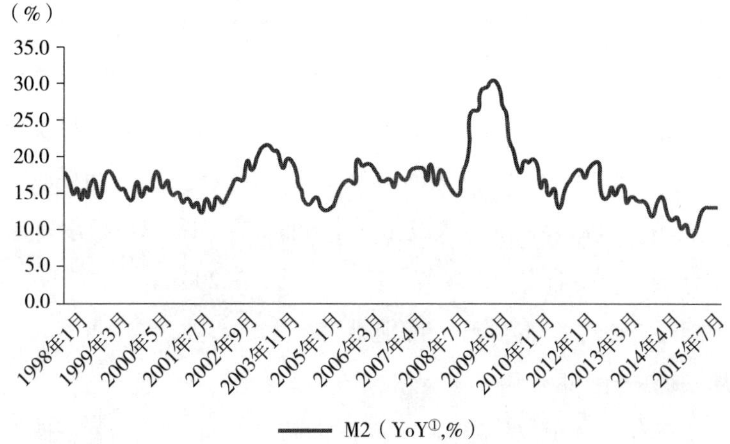


图 1–3　广义货币供应同比增速

资料来源：中国人民银行

表 1–1　2015 年世界前十大市值最高的互联网公司

| 排名 | 公司名称 | 市值（亿美元） | 主要业务 |
|---|---|---|---|
| 1 | 苹果 | 7493 | 苹果手机、平板电脑、智能手表等 |
| 2 | 微软 | 4025 | 以 PC（个人电脑）操作系统起家 |
| 3 | 谷歌 | 3737 | 全球最大的搜索引擎、最大的手机操作系统 |
| 4 | 脸书（Facebook） | 2252 | 全球最大的社交平台 |
| 5 | 阿里巴巴 | 2051 | 全球最大的网络零售商 |
| 6 | 亚马逊（Amazon） | 1994 | 全球最大的网络商城 |
| 7 | 腾讯 | 1955 | 中国最大的社交网络平台 |
| 8 | 百度 | 760 | 中国第一的搜索引擎 |
| 9 | 易贝（eBay） | 714 | C2C（个人对个人）平台 |
| 10 | Priceline | 648 | 美国最大的旅游信息服务平台 |

资料来源：http://mt.sohu.com/20150430/n412207993.shtml

根据著名的“巴拉萨—萨缪尔森”效应，高速成长的经济体通常会出现本

① YoY（Year on Year percentage），是指当期的数据较去年同期变动多少。

币对外升值的情况，即“强势的经济、强势的货币”。但这种升值未必就会造成本币汇率高估，因为经济高速成长通常会伴随着技术进步和生产效率提高，均衡汇率也会升值。如果均衡汇率的升值快于市场汇率的升值，那么这种升值就是无害的。中国加入世界贸易组织以后，改革开放红利进一步释放，尤其在2005年“汇改”以后，伴随着人民币汇率升值，中国贸易不仅没有像许多人预期的那样崩溃，反而成为世界贸易第一大国，在2008年全球金融海啸爆发之前，中国经济一直呈“高增长、低通胀”的发展态势，其中可能就有“巴拉萨—萨缪尔森”效应的作用。

当然，还有一种可能的情形是，由于市场汇率具有资产价格属性，是一个快变量，而均衡汇率变化是一个慢变量，市场汇率相对于均衡汇率会出现超调（overshooting）。这就是浮动汇率的好处，通过交易试错的方式，让市场汇率围绕均衡汇率上下波动，同时又不能背离均衡汇率太远①。

总之，成本上升、货币多发有可能导致汇率高估，也有可能不会。具体情况如何，需要做更加严谨的量化分析，而不是匆忙下结论。

## 三、没有最优的汇率制度或汇率政策选择

汇率制度选择是国际货币体系安排的重要内容。“二战”后初期，为避免竞争性贬值，国际货币基金组织主导建立了美元与黄金挂钩、各国货币与美元挂钩的布雷顿森林体系。在经历了20世纪60年代一系列的美元危机后，虽然创建了黄金总库和特别提款权（SDR），但也未能救美元于水火。20世纪70年代初期固定汇率体系解体，全球进入浮动汇率制与固定汇率制并行的时代。

究竟应该选择哪种汇率制度一直是一个极具争议的话题。特别是20世纪90年代后半期，随着亚洲经济从奇迹走向危机，许多新兴市场纷纷被迫从固定或者僵化的汇率制度转向灵活的制度安排，这个问题更是引起了广泛的讨论。在货币政策独立、资本自由流动和汇率稳定三者只能取其二的“三元悖论”的

① 具体讨论详见第五章第二节“尊重价值规律是人民币汇率形成机制改革的出路”。

理论框架下，有人主张只有绝对的固定汇率或者绝对的浮动汇率的“边角解”才可以存活，但主张三个目标各取一半，即实行有管理的浮动汇率的“中间解”同样也有生命力。总之，各方观点莫衷一是。但有一点，大家达成了基本共识——既没有适合所有国家的单一的最优选择，也没有适合一国任何时期的单一的最优解。

1994 年我国汇率并轨以后，确立了以市场供求为基础的、有管理的浮动汇率制度。经过多次改革，这一汇率制度已基本完善。所以，日常讨论的其实主要是汇率政策选择问题。现阶段，人民币汇率政策又面临“十字路口”。应对当前资本外流压力，现在讨论的人民币汇率政策方案可归为三大类：一类是重归盯住美元，一类是有管理浮动（包括盯住美元、参考篮子货币等），一类是完全自由浮动。然而，这三类方案各有利弊。

重归盯住美元方案，优点是能暂时缓解市场恐慌和人民币贬值压力，并为中国赢得国际美誉。缺点是不能消除由于基本面持续偏弱带来的资本外流和汇率贬值压力，一旦外汇储备加速消耗，最终会诱发市场恐慌。而且，盯得越紧，就越要求加大资本管制力度。

有管理浮动方案，大多数讨论的实质都是基于渐进性贬值或者一次性贬值。渐进性贬值的优点是短期内可以减轻对实体经济的冲击，也可以较好地应对国际上的质疑；缺点是容易刺激贬值预期，加速资本外流，加大外汇储备消耗，从而要求更大力度的资本管制措施（甚至可能比重归盯住美元要求的管制力度还要大）。一次性贬值的优点是因调整幅度较大，短期内有助于抑制购汇需求，减少外汇储备消耗，对资本管制的需求较小；缺点是可能会给实体经济造成较大冲击，不排除暴露出一些债务偿还风险（如钢铁、石化、有色、航运、地产等美元高负债行业），还可能带来国际上对竞争性贬值的质疑，导致贸易摩擦。如果基本面未见好转，那么市场会期待更大力度的汇率贬值，后期资本外流压力会进一步加大，同时也有损政府信誉。

完全自由浮动方案，优点是可以让人民币汇率加速调整到位，降低对资本管制措施的依赖，在经历短期的市场震荡之后，有可能会重振投资者对中国市场的信心；缺点是汇率超跌是大概率事件，如果基本面继续恶化，汇率可能会进一步贬值,例如当今的俄罗斯卢布。人民币汇率自由浮动还可能酿成信心危机，导致居民加速境内外资产的多元化配置，触发系统性金融风险，使国内去库存、去产能、去杠杆的工作陷入更加复杂的境地。自由浮动后，人民币的大幅贬值还可能加剧当前国际金融市场动荡，对脆弱的世界经济复苏无疑雪上加霜。

综上所述，目前没有无痛的汇率解决方案。选择任何汇率政策都意味着放弃其他政策选择可能带来的好处。所以，无论政府做出何种选择，都不可能是百分之百满意方案。

## 四、经常账户与资本项目“双顺差”不复存在

从 2015 年起，我国开始按照国际货币基金组织《国际收支与投资头寸手册》第六版的要求公布国际收支平衡表和国际投资头寸表。第六版与第五版表式的主要差别在于：一是储备资产并入金融账户下；二是项目归属及分类变化，货物和服务贸易差额此消彼长，如转口贸易由服务贸易转入货物贸易，来料加工视同不跨境的劳务输出被划入服务贸易；三是金融账户按差额列示，不分别列示借方和贷方；等等（见表 1–2）。

**表 1–2　国际收支平衡表第五版与第六版表式比较（以 2011 年为例）**（单位：亿美元）

| 第五版表式 | | 第六版表式 | |
|---|---|---|---|
| 一、经常账户差额 | 1361 | 一、经常账户差额 | 1361 |
| A. 货物差额 | 2435 | A. 货物差额 | 2287 |
| B. 服务差额 | –616 | B. 服务差额 | –468 |
| 二、资本和金融账户差额 | 2655 | 二、资本和金融账户差额 | –1223 |
| A. 资本账户差额 | 54 | A. 资本账户差额 | 54 |
| B. 金融账户差额 | 2600 | B. 金融账户差额 | –1278 |
| | | 1. 非储备性质的金融账户 | 2600 |

（续表）

| 第五版表式 | | 第六版表式 | |
|---|---|---|---|
| 1. 直接投资差额 | 2317 | 1.1 直接投资 | 2317 |
| 1.1 我国在外直接投资差额 | –484 | 1.1.1 资产 | –484 |
| 1.2 外国在华直接投资差额 | 2801 | 1.1.2 负债 | 2801 |
| 2. 证券投资差额 | 196 | 1.2 证券投资 | 196 |
| 2.1 资产差额 | 62 | 1.2.1 资产 | 62 |
| 2.2 负债差额 | 134 | 1.2.2 负债 | 134 |
| | | 1.3 金融衍生工具和雇员认股权 | 0 |
| 3. 其他投资差额 | 87 | 1.4 其他投资 | 87 |
| 3.1 资产差额 | –1836 | 1.4.1 资产 | –1836 |
| 3.2 负债差额 | 1923 | 1.4.2 负债 | 1923 |
| 三、储备资产 | –3878 | 2. 储备资产 | –3878 |
| 四、净误差与遗漏 | –138 | 三、净误差与遗漏 | –138 |

注：我国金融账户中，除“直接投资”项目外，其他项目早已用差额记录，因此不用调整①。

资料来源：国家外汇管理局

上述调整，隐含着经济和政策方面一层非常重要的含义。即“储备资产”由线下转为线上项目后，经常账户与资本项目（含净误差与遗漏）就成为一种镜像关系：经常账户逆差，资本项目就必然顺差；经常账户顺差，资本项目就必然逆差。过去，我们常说中国的国际收支结构是经常账户与资本项目“双顺差”，这种现象以后将不复存在。因为对于政策来讲，只要经常账户顺

① 金融账户的资产（对外投资）和负债（外来投资）按差额而不是借贷列示，主要考虑是，金融交易往往有买有卖，笔数多、总量大，但差额小，而后者更能准确反映机构对外的风险暴露情况，也就更有统计监测的意义。过去，我们常借鉴外贸依存度（年进出口总额/当年GDP）的测算方法，将经常账户收支总额与金融账户借贷方总额相加，再比上GDP，以衡量对外经济开放程度，这实际上是把两个不同口径的东西相加，是没有意义的。

差，就要么通过官方渠道以外汇储备经营的方式集中输出资本，要么通过民间部门分散对外实业或金融投资。长期以来“宽进严出”的资本流动管理框架调整滞后，进一步加剧了我国对外经济失衡。因此，扩大资本账户双向开放，拓宽民间资本输出渠道，是完善我国国际收支市场化调节机制的重要组成部分。

## 五、资本项目可兑换的定义

十八届三中全会明确指出，建设和管理好自由贸易试验区，为全面深化改革和扩大开放探索新途径、积累新经验，是构建开放型经济新体制的重要工作。其中，深化金融领域的开放创新是自贸区建设的五大主要任务之一。金融支持自贸区建设的重点，是要探索投融资汇兑便利，着力推进人民币跨境使用，稳步推进利率市场化，深化外汇管理改革。在过去两年多的时间里，自贸区金融开放试点工作按照预定计划取得了许多实质性进展，但也有个别方面低于市场预期。其中原因并非执行层面不努力，而是由资本项目可兑换的特殊性所决定的。

### （一）基本概念

实现经常项目可兑换是国际货币基金组织（IMF）成员的一般义务。根据《国际货币基金组织协定》第八条款的要求，一种货币经常项目可兑换，需要符合以下三个标准。

一是避免歧视性的货币安排，即境内不得有两种以上的汇率，且汇差超过2%，以及不得签署双边的或者区域性的本币支付协议，因为其具有排他性，不利于自由贸易。

二是避免对经常账户对外支付和转移施加限制，但并不反对购付汇时要求提供单证以证明交易的真实性，只是这种审核不能造成对外支付的过分延误。经常项目可兑换只管汇兑不管交易，如果是因为交易本身被限制（如进口配额管理或者特性管理）导致不能购汇对外支付，并不构成汇兑限制。同时，经常项目可兑换只管支付不管收入，对出口收入实行强制调回或者结汇要求，也不构成汇兑限制。

三是承诺兑回非居民近期与居民经常账户交易中获得的本币，如贸易以本币计价时外方取得的人民币，可以通过向银行购汇的方式汇出；托福考试过去以美元缴费，现在则允许考生以人民币缴费，而由考试中心直接到银行柜台购汇，等等。

关于资本项目可兑换，没有统一的国际管辖，只有一些区域性的协议，如经济合作与发展组织（OECD）的《资本流动自由化通则》。国际实践的一般做法是采取负面清单列示，避免对资本项下交易和汇兑的限制。它不仅事关汇兑环节的可兑换,还关系交易环节的自由化。所以,资本项目可兑换又被称为“资本账户开放”。

### （二）政策含义

经常账户与资本项目可兑换的上述差异不可小觑。其政策含义是，经常项目可兑换可以由货币当局向国际货币基金组织致函，代表政府宣布接受第八条规定的义务，而资本项目可兑换却没有这么简单。因为资本项目的交易涉及诸多部门，而并非由货币当局或者外汇管理部门一手包办，后者只是负责资本项目交易中的很少一部分。而只有汇兑的自由没有交易的自由，资本账户开放也就有名无实了。

例如，外汇管理部门大力发展本外币衍生品的交易，以便利企业汇率避险保值。但国有企业的相关交易却还需要获得国资监管部门的批准，如果没有主管部门的核准，国企对此便只能“望洋兴叹”。

再如，外汇管理部门对银行对外放款并没有限制，只要求登记即可，然而银行业监督管理部门对于本地银行从事离岸业务却有着严格限制，除外资银行外，目前中国境内仅有交通银行、招商银行、平安银行（前身为深发展）、浦发银行四家股份制商业银行可以开办离岸银行业务。因此，对于其他中资银行来讲，这种汇兑放开实为“口惠而实不至”。

正因为在自贸区金融开放试点中，相关部门只注意汇兑环节的开放，而忽略了实质性交易环节的开放，才陷入了当前“有路却没车”的窘境。从这个意义上讲，人民币可兑换和国际化是系统工程，拟订相关路线图和时间表应该是相关部门共同参与的、自下而上的、各领域开放的工作部署和安排，而不只是某几个部门主导的顶层设计。

## 第二节　关于人民币汇率的分析预测框架

随着人民币汇率市场化程度的不断加深，汇率双向波动弹性也随之不断增加，大家越来越关心人民币汇率的走势。对于这个问题，分析框架比结论更为重要，因为这意味着他人可以外延拓展，自己做出分析和预判。

### 一、情景分析：汇率政策前景

鉴于内外部不确定、不稳定的因素，做预测是一项非常危险而艰难的工作。为此，有必要设定不同的情形，分析所有可能出现的情况。

经历了 2015 年 8 月和 2016 年年初的外汇市场震荡后，目前央行基本明确了以参考篮子货币调节人民币汇率走势为锚，稳定市场预期的政策。2016 年 2 月 13 日，央行行长周小川在接受《财新周刊》采访时明确表示，汇率市场化的改革方向不变，但改革要讲求艺术，有窗口就果断推进，没有就耐心等待、创造条件。人民币汇率改革对内要处理好改革、发展、稳定的关系，对外要做负责任的经济大国。

由此，市场解读中国的汇率政策进入维稳模式，只不过这次不是稳在一个点而是稳一个区间，不是稳中间价而是稳市场价。在这一背景下，未来可能面临以下三种情形。

第一种情形是，未来没有更多的负面消息，而鉴于过去多年来央行已建立的市场声誉，市场依然相信央行有决心和能力维持任何水平的汇率，或者因相信一篮子货币而预期分化，那么贬值压力就可能一定程度上得以缓解。“8·11”汇改后，2015 年 9~11 月的人民币汇率一度重新企稳，剔除银行自身结售汇后的境内外汇供求失衡状况明显改善，同期月均供求缺口为 582 亿美元，远低于 8 月的 1784 亿美元。

第二种情形是，将来会有一些经济基本面的利好消息，如国内经济企稳，国际美联储加息步伐放缓、美元走弱等，这将有助于改善市场前景和市场预期，央行维稳工作能够获得基本面支持，进而提高货币保护战的胜算，甚至人民币可能重新走强。2012 年第二、第三季度，我国曾经历了连续两个季度的资本净流出，其中第二季度还出现了外汇储备资产减少（剔除估值效应后）112 亿美元的情况。但从 2012 年第四季度起，随着欧债危机的暂时平息，国内经济初步企稳，我国又重现资本回流、储备增加，人民币汇率重回升值通道。2013 年外汇储备余额增幅创下 5097 亿美元的历史新高，2014 年年初人民币兑美元市场汇率一度欲破六进五。

第三种情形是，市场处于消息面真空，甚至还陆陆续续出现坏消息，贬值压力和预期挥之不去。而随着外汇储备的继续消耗，市场也在不断地质疑央行汇率维稳的能力，央行外汇调控将面临巨大挑战。

## 二、要素分析：汇率主要影响因素

要素分析方法的关键是梳理出影响以往人民币汇率走势的主要因素，然后预判这些因素未来会如何发展演变，哪些是短期的、临时性的因素，哪些是长期的、结构性的因素。

### （一）国内经济运行

国内经济下行是导致当前我国面临资本外流、汇率贬值压力的一个重要原因。然而，市场并不期待中国经济增长回到过去 10% 的水平，而是希望中国经济能够尽快企稳。

如果中国经济能够实现L形的复苏，那么经济稳、货币稳，跨境资本流动和人民币汇率走势都会回归经济基本面。如果在今后3~5年的时间里能够顺利实现经济的转型升级，那么经济强、货币强，人民币在未来仍将是有潜力的世界强势货币。另外，简政放权、降息减税（包括提高出口退税率）等“降成本”的“稳增长”措施，本身相当于人民币实际有效汇率的变相贬值，有助于改善企业出口价格的竞争力。

### （二）货币政策走势分化

中美货币政策走势分化，也是造成2015年我国面临资本流出压力、汇率贬值预期加剧的重要原因之一。2016年，一方面要看中国的货币政策取向，另一方面要看美联储加息进程。

当面临“稳增长”和“稳汇率”的冲突时，2015年年底央行货币政策一度有些摇摆。但2016年年初，央行行长周小川在G20上海会议的记者招待会上强调，作为大国经济，中国的货币政策主要考虑国内整体宏观经济状况，而不是基于外部经济和资本流动情况，同时指出当前货币政策是稳健略偏宽松。2016年3月1日，降准降息再次如期而至。

2015年，美联储逐步停止购债计划后，于2015年年底首次加息，这意味着货币政策正常化进入下一阶段。然而，大家对于是否加息存在较大分歧。美联储退出量化宽松货币政策，采取了数据驱动型的前瞻性指引策略，主要看的是国内经济复苏、就业状况和物价走势。但是，从2015年9月起，美联储联邦公开市场委员会（FOMC）例会越来越关注海外市场尤其是中国市场的状况。当然，从非常规回归常规货币政策的操作，美联储会非常谨慎。2016年4月的例会会议纪要删除了全球经济带来风险的措辞，有人解读为美联储加息临近。而笔者认为，全球市场稳定与联储延迟加息是相关联的，美联储不可能忽视其重启加息可能带来的溢出影响。

### （三）美元汇率走势

按照央行行长周小川接受前述媒体专访时的说法，美元走强也给人民币汇率调整带来了“补课”的压力。而未来美元会不会进一步走强与以下三方面的因素有关。首先，与全球主要央行的货币政策分化程度息息相关，如果美联储加息进程放缓，欧央行和日本银行货币刺激不进一步加码，则美元走强会受到很大制约；其次，大家对于未来美元走势本身也存在很大分歧，比如美联储前主席伯南克就认为美元升值大部分已经完成，当然也有人认为美元升值还只是在中场；最后，现在全球从金融风险积聚期进入风险暴露期，国际金融动荡将取代美元汇率，成为影响国际资本流动的重要因素。

### （四）资本账户开放

对中国来讲,理想的国际收支结构应该是“经常账户顺差、资本账户逆差”。未来，在央行基本退出外汇市场常态干预的情况下，必然是贸易顺差越大，资本流出就越多。但资本流出并不意味着人民币贬值。正如美国是“经常账户逆差、资本账户顺差”，但我们既不能简单地用贸易赤字来解释美元的贬值，也不能用资本流入来解释美元的升值。

目前中国出现的资本外流，从渠道上看，一方面是由于境内机构和个人增加了外汇资产或境外资产配置，即“藏汇于民”；另一方面是由于境内企业加速偿还前期借入的美元债务，利差交易平盘，以及境外主体部分减持人民币资产，即“债务偿还”。但无论是“藏汇于民”还是债务偿还，都不可能无休止地进行下去。对于境内主体来讲，毕竟国内的开支还是以人民币支付为主，即便是跨境投资也有本土偏好。而且，如果国内资产能够提供有吸引力的投资回报，那么境内机构和个人购买人民币资产，也足以对冲人民币汇率波动的风险。人民币国际化尚在进行中，增加人民币资产配置总体仍是进行时，境外主体不可能将人民币资产完全清仓。同时，境内机构的美元债务，一方面可能全部清还，另一方面可能继续持有或者增加美元债务，因此要做好风险对冲。

另外，全球都面临“资产荒”的状况。中国金融市场对外开放的程度还比较低，无论在股市上还是在债市上，外资占比都较少。自2015年下半年以来，中国加快了境内银行间债券市场和外汇市场的开放，而早已被热炒的境内个人合格投资者（即QDII2）至今仍遥遥无期。这种非对称的开放，在适当的条件下，会吸引国际资本回流，有效地对冲居民资产多元化配置造成的资本流出压力。

## 三、对2016年一季度人民币汇率走势的分析及展望

### （一）基本情况

经历了2015年年底至2016年年初的大幅震荡后，2016年第一季度人民币汇率阶段性企稳，资本外流也暂告一段落。

第一，人民币兑美元中间价升值0.5%，在岸市场汇率（CNY）升值0.7%，离岸市场汇率（CNH）升值1.6%；3月，境内外日均汇季差价94个基点，远低于2015年12月644个基点的水平；中国外汇交易中心（CFETS）、国际清算银行（BIS）和特别提款权（SDR）口径的人民币汇率指数分别下跌了2.8%、2.6%和1.2%。

第二，外汇储备降幅趋于收敛，1~3月分别减少995亿美元、减少286亿美元和增加103亿美元。

第三，即远期结售汇逆差收窄，1~3月分别为734亿美元、350亿美元和371亿美元。

### （二）原因分析

早在2015年8月底举行的中美欧经济学家交流会上，笔者就提出了人民币汇率维稳的三种情形。在过去一段时期，大多数人都认为第三种情形是大概率事件。而实际情况却是发生了预期中的第二种和第一种情形的叠加。

首先，2016年国内经济实现较好开局。第一季度，经济同比增长6.7%，虽然相比上一个季度的增速有所放缓，但依然位于国家6.5%~7.0%的调控区间。而且，2月和3月的PMI（采购经理指数）、PPI（生产者价格指数）、用电量、

外贸出口、房地产投资和销售等指标先后出现好转。国际货币基金组织在2016年4月发布的《世界经济展望》(春季报告)中,调低了世界经济增长的预期值,但提高了中国经济增长的预期。

其次，外部金融环境趋于改善。美联储延迟加息，国际金融市场企稳，第一季度美元指数回调4.3%。国际资本重返新兴市场。根据国际金融协会统计，3月新兴市场资本净流入368亿美元，远高于2月净流入54亿美元的规模。第一季度新兴市场货币普遍走强，摩根大通新兴市场货币指数累计上涨4.4%，摩根大通—彭博亚洲货币指数上升3%。

最后，央行通过公布人民币汇率指数和重申了以参考一篮子货币调节人民币汇率的走势方针政策，加强与市场的政策沟通，在美元回软的背景下，市场预期趋于稳定。3月，反映结汇意愿的收汇结汇率为58.7%，较1月回落2.8个百分点；反映购汇动机的购汇付汇率为74.4%，较1月回落15.3个百分点；结汇率和付汇率之差为–15.7个百分点，较1月收窄12.4个百分点。

### （三）前景展望

相信如果能够准确预见到现在的结果，前期可能就不会有人再去争议是守汇率还是守储备。因为应对临时性的资本流动冲击，用外汇储备干预市场，本身也是持有外汇储备资产的应有之义。

当然，现在还不能认为中国已安然渡过资本流出的冲击。因为无论是国内经济复苏势头,还是美联储加息节奏和美元汇率走势,未来都可能存在较大变数。

第一，权威人士指出，中国经济短期内有可能呈L形的复苏。而且，各界对于投资信贷过快增长、房地产价格重新升温也非议颇多，担心改革被延误、发展难持续。

第二，如果美联储加息预期重启、美元重新走强，那么人民币汇率就有可能面临下调压力。同时，在宽流动性、低利率环境下，世界经济复苏持续低迷，国际金融市场逐步进入风险暴露期，也将对我国外汇市场的稳定带来挑战。

第三，人民币汇率参考一篮子货币调节机制才刚刚推出，市场需要有一个学习和认知的过程。同时，这种汇率调节机制还需要经过市场震荡的检验，方能真正取信于市场。

## 第三节　应对资本流动冲击的政策分析框架

说到“不可能三角”（impossible trinity），大家的第一反应可能是“三元悖论”（trillema，又称“蒙代尔三角”或“克鲁格曼三角”）。但除此之外，还有一个“不可能三角”，即应对资本流入或者流出的冲击，不可能汇率浮动、外汇干预和资本管制三大工具一个都不用。

### 一、两个“不可能三角”

#### （一）第一个“不可能三角”：三元悖论

开放经济的“三元悖论”，讲的是宏观经济政策的搭配问题，即货币政策独立、资本自由流动和汇率稳定三个目标不能同时兼顾，三者只能取其二。

其中，一个常见的问题就是，当货币政策面临“稳经济”与“稳汇率”的目标冲突时，究竟应该优先考虑哪个。一般来讲，大国开放经济体应该是经济增长、物价稳定、增加就业等对内平衡的目标优先，只有在特殊的情况下，才是国际收支平衡的对外平衡目标优先。

#### （二）第二个“不可能三角”：汇率浮动、外汇干预和资本管制必选其一

这是中微观层面的政策应对。即面临资本过度流入或者集中流出的冲击时，外汇政策无外乎三大工具——汇率浮动、外汇干预和资本管制。让汇率涨跌，属于价格出清；用外汇储备干预和实行资本流动管理，属于数量出清。

对于这三大工具，各方的偏好不同。有的希望汇率稳定，因为担心贬值会

诱发市场信心危机；有的宁可守储备而不愿意守汇率，认为外汇储备下降是国家财富流失且干预不可持续；有的不愿意用资本管制手段，担心会影响对外开放的形象。

然而，面对资本流动冲击，汇率、储备和管制都不想动用是不可能的，这三大工具至少要用一个，或者是组合起来使用。

## 二、“三元悖论”在中国的实践

### （一）汇率并轨时期

1994 年汇率并轨时，中国外汇资源比较短缺，1993 年年底仅有外汇储备 212 亿美元。所以，当时国际收支平衡的目标比较重要，汇改强调既要稳定汇率，又要增加储备。不过，那时为了遏制国内经济过热，从 1993 年下半年起就实施了从紧的财政货币政策，这从源头上也抑制了过热的外汇需求，奠定了汇率并轨超预期成功的经济基础。也就是说，“稳经济”与“稳汇率”二者之间并不存在目标冲突。但自此之后，我国外汇储备大幅攀升，不再成为宏观调控的重要目标。2006 年年底，中央经济工作会议明确指出，我国国际收支的主要矛盾已经从外汇短缺转为贸易顺差过大、外汇储备增长过快，因此必须把促进国际收支基本平衡作为保持宏观经济稳定的重要任务。

### （二）亚洲金融危机时期

亚洲金融危机初期，中国政府果断地对外承诺人民币不贬值，同时国内货币政策要“保增长”。至于“稳汇率”的任务，则交给了外汇管理。

亚洲金融危机期间，我国选择了货币政策独立和汇率稳定，而牺牲了资本的自由流动。

### （三）本轮国际金融危机时期

1. 2014 年之前

2008 年国际金融危机之后，在全球宽流动性、低利率的环境下，中国曾经历了较长时期的外汇储备快速积累。外汇储备规模最高时达到3.99万亿美元，较2007年年底增长了1.6倍。但这并非是为了防范资本流动逆转冲击，而是为了阻止人民币汇率过度升值冲击国内经济增长和就业的预防性措施。对于学者或者相关部门来讲，汇率市场化改革对外经济再平衡至关重要，但在政府看来，却远没有那么重要和迫切。

2. 2014年之后

2014年第二季度特别是2015年“8·11”汇改以来，在国内经济下行、美联储加息、美元升值的背景下，中国面临资本持续外流、外汇储备下降、汇率贬值等压力。央行采取的货币政策主要着眼于“稳增长”，连续降准降息。

在2016年2月26日二十国集团（G20）上海会议的记者招待会上，央行行长周小川重申，中国作为经济大国，更多考虑的是整个宏观经济的状况，不会过多地基于外部经济或者资本流动来制定中国的宏观经济政策，指出当前中国的货币政策取向是“稳健略偏宽松”。这为3月1日再次降准降息做了充分的铺垫。

**3. 2015年年底央行货币政策趋于谨慎的客观原因**

“8·11”汇改后，在资本流出、储备下降、外汇占款减少的一段时期下，央行没有像市场预期的那样及时采取降准的措施进行对冲。有一种说法是，央行担心降准会释放较强的货币“放水”信号，刺激贬值预期，加剧资本外流，不利于汇率稳定。这或许在主观上是当局的一个担心，但在客观上并非如此简单①。

首先，根据“蒙代尔—弗莱明”模型，在固定汇率的情况下，货币政策是无效的，财政政策是有效的。从这个意义上讲，财政政策应该更加积极有为。有人分析中国之所以能够在亚洲金融危机期间实现“保8”的经济增长目标，很重要的原因就是财政政策发挥了重要的作用。2016年3月9日，美联储前

① 2010年11月初，央行行长周小川对外讲了一个“池子”理论。即资本大量流入的时候，央行会收购外汇，造成外汇储备增加，央行通过提高准备金率来深度冻结流动性，对冲外汇占款的增加。反之，资本流出、外汇储备减少时，央行应该通过降准来释放流动性，对冲外汇占款的下降。

主席伯南克在博客中也建议中国政府针对当前的经济困境，应该发挥定向的财政政策的积极作用。

其次，中国现在还面临通缩威胁，PPI 已经连续四年同比负增长。而在通缩环境下，货币政策就像“推绳子”，其作用有限。

再次，货币调控不仅要看过程，更要看结果。实际上，2015 年第四季度，外汇占款虽然减少了，但 12 月底之前货币市场利率整体还是比较平稳的。主要是因为实体经济和股票市场均不活跃，融资需求不大。为对冲而对冲，市场流动性过剩，不能被实体经济吸收，就有可能造成金融市场的资产价格泡沫。

最后，外汇占款下降，央行资产减少，对央行资产负债表有收缩作用。降准只能解决结构问题，把一部分冻结的流动性释放出来，却不能影响央行资产负债表的总量情况。同期，央行采取了中期借贷便利（MLF）、常备借贷便利（SLF）、抵押补充贷款（PSL）等定向微调的措施，才部分抵消了资产负债表收缩的影响。

## 三、新“不可能三角”在中国当前的实践

如前所述，亚洲金融危机期间，“稳汇率”的任务交给了外汇管理。历经 1998 年到 2000 年三年时间，我国最终能保持汇率不跌、储备不降，就是通过加强和改进外汇管理来实现的。当前，中国再次面临资本流出、储备下降、汇率贬值压力，不过这一次与前次在三大外汇政策工具的使用方面却大相径庭（见表 1–3）。

**表 1–3　亚洲金融危机与当前应对资本流出冲击的政策选择**

| 工具 | 时　期 | |
| --- | --- | --- |
| | 亚洲金融危机期间 | 当　前 |
| 汇率政策 | 无（人民币兑美元汇率中间价基本稳定在 8.28 元人民币 / 美元。直到 2005 年 7 月 21 日汇改，将人民币汇率一次性升值 2.1%，人民币兑美元由 8.2765 元人民币 / 美元升至 8.11 元人民币 / 美元。） | 有（参考一篮子货币调节，将人民币兑美元市场汇率稳定在一个区间。到 2016 年 3 月底，人民币兑美元汇率中间价下跌 5.3%，市场价（CNY）下跌 3.8%；中国外汇交易中心（CFETS）口径的人民币汇率指数较 2014 年年底下跌 1.9%。） |

（续表）

| 工具 | 时期 | |
|---|---|---|
| | 亚洲金融危机期间 | 当前 |
| 外汇干预 | 无（除个别月份外，基本没有动用外汇储备干预市场。到2000年年底，外汇储备余额为1656亿美元，较1997年年底增加了257亿美元。） | 有（动用外汇储备支持汇率稳定是重要措施。截至2016年3月底，外汇储备余额是3.21万亿美元，较2014年6月底的高点回落7806亿美元，其中2015年8月以来累计减少4387亿美元，占到56%。） |
| 资本管制 | 有（1. 加强经常项目对外支付的真实性审核；2. 严格资本项目用汇管制；3. 加大外汇执法力度，严厉打击逃汇和骗购外汇。） | 有（1. 引进宏观审慎措施；2. 加强跨境资本流动的真实性审核。） |

资料来源：作者整理

### （一）汇率政策选择

亚洲金融危机期间，我国把人民币兑美元汇率中间价维持在一个点上，即基本稳定在8.28左右。而这次经历了“8·11”汇改初期及2016年1月的市场震荡后，央行逐渐加强了和市场的沟通，尝试着用参考一篮子货币调节引导市场预期，取信市场，即将人民币兑美元市场汇率稳定在一个区间。

汇率制度或政策选择一直是一个颇有争议的国际金融话题，并没有所谓的最优解。对于中国来讲，维持汇率稳定有一个重要的前提，就是不能把汇率维持在一个明显高估或者低估的水平上。现在虽然有人认为人民币汇率有所高估，但至少不存在所有指标都指向人民币高估。而且，很难讲汇率问题是中国所有经济问题的症结所在。有人建议采取一次性贬值或者自由浮动，但如果经济不能有效企稳，汇率仍会“跌跌不休”。

现在每项汇率政策调整的方案都是有利有弊的，事前很难做出精确的利弊分析。对于中国来讲，目前比较有可能的情况是，汇率水平调整的经济影响小（对出口的激励作用有限，反而可能招致竞争性贬值的指责和贸易保护主义的报复）、金融影响大（增加企业偿债负担，刺激企业和家庭增持外汇资产或境外资产），实质影响小、信心影响大。不管我们是否接受和承认，人民币汇率都在一定程度上起到了国内外信心锚的作用。

下一步，关键看参考一篮子货币的调节能否取信于市场。对于参考一篮子货币调节，市场有一个学习和认知的过程。从 2015 年 12 月 11 日推出人民币汇率指数至 2016 年 1 月中旬对市场解释参考一篮子货币调节人民币汇率走势，迄今为止时间并不长，同时尚未经历过市场震荡的检验，其实施效果有待进一步观察。

### （二）外汇市场干预

亚洲金融危机期间，中国政府承诺人民币不贬值，但同时又不以消耗外汇储备的方式来维持汇率稳定。所以，1997 年外汇储备虽然只有 1400 亿美元，但从来没有人议论中国的外汇储备够不够用的问题。可这一次为了维持汇率稳定，央行明显消耗了一定规模的外汇储备。

对于外汇储备的减少，一方面要看外汇储备的用途。很明显，外汇储备的减少，一部分变成了境内机构和家庭的分散持有，另一部分变成了企业债务偿还，这都符合国家改革或者宏观调控的目标。从国际投资头寸表看，2015 年，整个外汇储备规模减少 5127 亿美元，其中，非储备资产增加 2932 亿美元，契约性债务偿还 3681 亿美元，二者合计 6613 亿美元，相当于外汇储备降幅的 129%。

另一方面要看是不是可承受。现在的情形是，外汇储备虽然少了，却没有影响基础的对外支付能力。以传统预警指标衡量，2015 年年底，我国的外汇储备 / 进口的支付能力为 23.8 个月，远超过 3~4 个月的警戒标准，比 2014 年年底还延长了 0.3 个月；外汇储备 / 短期外债的偿付能力为 3.6 倍，远超过 1 倍的警戒线。

当然，外汇储备的多寡并非一个绝对的客观指标，而是市场感受，有其主观性。外汇储备越降、持续的时间越长，对市场信心的冲击就越大，就会形成预期自我强化、自我实现的恶性循环。特别是，境外炒家热炒中国外汇储备不够用，一方面用舆论绑架政府，另一方面用言论煽动市场恐慌情绪，增加它们的胜算。我们必须识破和揭露境外炒家的这种伎俩。

### （三）资本管制手段

资本管制工具，一要看有没有用，二要看愿不愿用。

如果判断开放经济环境下，管制是无效的，那么一切都无从谈起。同时也就意味着，只剩下汇率和储备两个工具可以选择了。但是，现在许多学者甚至国际金融组织热衷于讨论如何运用直接或间接、市场或行政的资本管制工具，调节和影响跨境资本流动。难道是他们都在知其不可而为之吗？[①]显然，比较合理的解释是，我们既不能对资本管制的有效性过于迷信，也不能妄自菲薄。

那么，接下来的问题则是愿不愿用管制的手段。这取决于两种心态。一种是认为现在的资本流出所造成的冲击是暂时的，是可承受的。那么，用消耗外汇储备的方式对冲资本流出和维持汇率稳定，未尝不是恰当的政策选择。这也是各国持有外汇储备的初衷之一。另一种则是担心恢复外汇管制，可能会影响我国的对外开放形象，影响人民币的可自由使用地位。然而，没有必要将“资本管制”妖魔化。实际上，危机后全球津津乐道的宏观审慎政策，本身就是对市场经济的逆周期干预，只不过它们是主要基于市场的、价格的手段，出于防范系统性而非个体风险的目的。

资本管制不是贬义的，而是中性的。首先，调节跨境资本流动不一定要靠“堵”，也可以采取“疏”的措施。如资本大量流入时，采取扩大流出的措施对冲，现在大量流出时，也可以采取扩大流入的方法对冲。其次，可兑换，国际化也并不是不允许资本管制。当年，运用海关、外汇局、银行三家联网的技术加强进口购付汇真实性审核，也是被假报关单骗汇逼出来的。现在借机采取一系列宏观审慎的措施，平滑跨境资本流动，也是一次难得的练兵机会（见表 1–4）。

---

① 如果资本管制无效，那么所谓汇率制度的“中间解”也不成立，就只剩下了“边角解”。并且，危机后国际社会津津乐道的逆周期调节工具——宏观审慎政策也成了海市蜃楼。甚至，不仅难以倒逼中国扩大金融开放，反而有可能使开放变得更加拘谨。

表 1–4　2014 年下半年以来中国应对资本流出压力的政策选择

| 时间 | 工　具 | | |
|---|---|---|---|
| | 汇率政策 | 外汇储备 | 资本管制 |
| “8·11”汇改前 | 无（人民币汇率中间价发挥锚定作用） | 有（以抛售外汇储备的方式弥补外汇供求缺口） | 无 |
| “8·11”汇改初期 | 有（人民币市场汇率CNY 一度连续跌停） | 有（以抛售外汇储备的方式弥补外汇供求缺口） | 无 |
| 2015 年 9~11 月 | 无（人民币汇率中间价重新企稳） | 有（以抛售外汇储备的方式弥补外汇供求缺口） | 有（引进宏观审慎措施，加强跨境资金流动的真实性审核） |
| 2015 年 12 月 11 日 ~ 2016 年 1 月 10 日 | 有（人民币汇率重启贬值） | 有（以抛售外汇储备的方式弥补外汇供求缺口） | 有（引进宏观审慎措施，加强跨境资金流动的真实性审核） |
| 2016 年 1 月 11 日至今 | 有（以人民币汇率参考一篮子货币调节引导市场预期） | 有（以抛售外汇储备的方式弥补外汇供求缺口） | 有（引进宏观审慎措施，加强跨境资金流动的真实性审核） |

资料来源：作者整理

2016 年 2 月 25 日，美国财长雅各布·卢在参加二十国集团上海会议前夕，接受《华尔街日报》专访时表示，中国已经有资本管制了，所以不是要不要做，而是怎么做的问题。中国还没有 3 万亿美元外汇储备的时候，就有许多人批评中国外汇储备太多了，现在又说外汇储备不够用。对参考一篮子货币调节人民币汇率走势要仔细观察，才能得出结论。但他希望中国能够向外界表明，当市场需要人民币升值时，中国能够允许其升值，这才是真正的市场化。

## 四、主要结论

第一，经济稳、金融稳，才是货币稳的关键，对内平衡优先才是“王道”，外汇干预和资本管制都是临时性的手段和工具。只要宏观经济健康，跨境资本流动就会回归经济基本面，人民币汇率就有可能重新回稳乃至走强。

第二，不要给汇率、储备和管制三个工具做出价值判断，贴上道德标签，它们本身没有绝对的好坏之分，而是各有利弊，事前难以做出精准的评判。而且，利弊是动态演化的，并非一成不变。

第三，政策目标应该尽早确定，一旦定了就不要变，手段、工具要同目标相匹配，以提高目标承诺的可信度和实现目标的可能性。亚洲金融危机期间，中国政府较早就确认了人民币不贬值的政策。其间中国经济的调整很痛苦，外汇管理的压力也很大，但人民币汇率维稳才得以一直持续到 2005 年“7・21”汇改。

第四，根据“丁伯根理论”，实现一个政策目标至少要采用一个政策工具，可用的工具越多，对每个工具的依赖程度就越低。当前，央行采取的是上述三个工具组合使用，即人民币汇率不是守一个点，而是一个区间，有一定的弹性；外汇储备不是不用，而且已经有了一定的消耗；资本管制除了采取一系列宏观审慎的新措施（如对远期结售汇征收外汇风险准备金、对境外机构非居民人民币存款征收存款准备金等）外，主要是加强了银行结售汇和人民币跨境收付的柜台真实性审核；等等。

第五，鉴于市场对政策的反应存在诸多不确定、不稳定的因素，有必要在情景分析、压力测试的基础上，做好应对预案，以求有备无患。可以预见，如果基本面好转，则数量调节工具的使用力度将大大降低；而一旦基本面恶化，则资本管制的执行力和有效性将决定外汇干预成功的概率。

# 第 二 章

# 外汇去哪儿了

关于热钱流入或者资本外逃，我们总能听到很多耸人听闻的说法或者活灵活现的故事。然而，大到政府做调控或者监管，小到企业和个人做资产负债摆布，除了听故事之外，还要摆数据，如此才能做出总体评判并精准施策。

## 第一节　经常账户顺差去哪儿了

我国对外金融资产大于负债，对外头寸为净资产（见图 2-1），是世界重要资本净输出国和第二大对外净债权国。自 2009 年国际金融危机爆发以来，

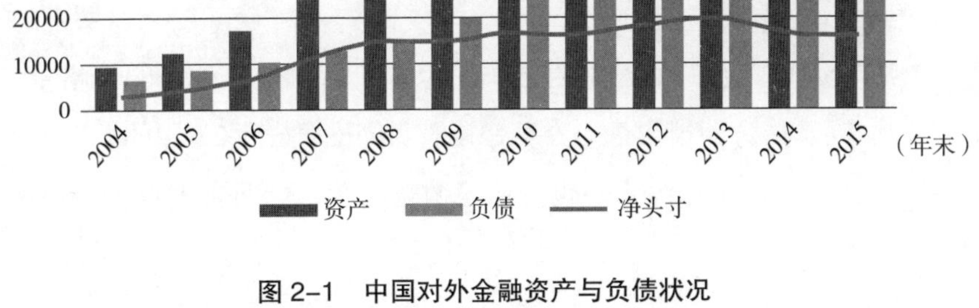


**图 2-1　中国对外金融资产与负债状况**

资料来源：国家外汇管理局

我国经常账户持续较多盈余，截至2015年年末，累计顺差达15888亿美元，理应推动对外净资产进一步大幅增加。然而，与此同时我国对外净资产为15965亿美元，较2008年年末的14938亿美元仅增加了1027亿美元。有分析认为，危机后我国遭受了巨额跨境资本交易损失。事情果真如此吗？

## 一、经常账户差额不等于对外净头寸变动

从理论上讲，只有经常账户顺差才能成为对外净债权国：经常账户顺差反映为对外净资产增加；经常账户逆差则意味着对外净资产减少。

但这只是理想的情形，现实中从经常账户顺差到对外净资产增加还可能出现以下漏损：一是受到净误差与遗漏方向的影响。如果净误差与遗漏为负，则意味着国际收支平衡表（BOP）口径的资本与金融账户（含储备资产变动，下同）逆差较大，国际投资头寸（IIP）口径的对外净资产增加有可能更多；反之，则意味着资本与金融账户逆差较小，对外净资产增加有可能更少（见公式2.1）。其中，金融账户差额形成对外金融资产负债的变化（即交易引起的对外净头寸变动），而资本账户包括资本转移以及非生产非金融资产的获得和处置（前者指债务减免及投资捐赠等，后者指自然资源、租约及许可等），不影响对外金融资产负债，因此，后者无论是顺差还是逆差，均需予以剔除（见公式2.2）。

经常账户差额 =（资本账户差额 + 金融账户差额 + 净误差与遗漏额）（公式2.1）

Δ 交易引起的对外净头寸变动（即金融账户差额）=（经常账户差额 + 资本账户差额 + 净误差与遗漏额）（公式2.2）

二是受到非交易调整因素的影响。主要包括市值重估后的价格变动、汇率变动，以及债务冲销和重新分类等其他变化（即公式2.4中的后三项）[①]。这些因素既可能是调增因素，也可能是调减因素，令期末相对于期初对外

① 债务减免是由交易双方决定的，一边记资本转移，一边记债务下降或资产下降，资本转移属于资本账户。债务注销则是单方的决定，不记入交易，属于非交易变动中的其他变化。

净资产的变动不等于金融账户的逆差（含储备资产变动，下同）①（见公式 2.3）。

IIP 期初头寸 +Δ 交易引起的对外净头寸变动（即 BOP 金融账户差额）+Δ 非交易引起的对外净头寸变动（包括价格变动、汇率变动，以及债务冲销、重新分类等其他变化）= IIP 期末头寸（公式 2.3）

Δ 对外净头寸变动［即（IIP 期末头寸 –IIP 期初头寸）］= BOP 金融账户差额 + 价格变动 + 汇率变动 + 其他变化（公式 2.4）

## 二、经常账户盈余漏损去哪儿了

根据上述公式 2.3 和公式 2.4，具体分析 2009 年到 2015 年上半年，经常账户顺差转化为对外净资产变动的过程中究竟发生了什么？

首先，来看经常账户顺差同资本与金融账户之间的对应关系。结果发现，自 2009 年以来我国国际收支平衡表中的净误差与遗漏项目长期为负，导致了经常账户顺差的巨大漏损（见图 2–2）。由公式 2.1 可知，2009~2015 年，净误差与遗漏累计负值 5546 亿美元（相当于经常账户顺差的 35%），同期经常账户顺差只有 10342 亿美元能够转化为资本与金融账户的逆差。事实上，同期资本与金融账户差额的构成是：金融账户累计逆差 10558 亿美元（含储备资产变动），资本账户累计顺差 216 亿美元。其中，资本账户顺差不形成对外净资产，应予以扣除。即经常账户顺差中，只有金融账户逆差 10558 亿美元转化为交易引起的对外净资产增加，占到 66%。进而，由公式 2.2 可知，IIP 口径非交易引起的对外净头寸调减了 9531 亿美元。

接着来看非交易调整的具体分布情况。由公式 2.2 可知，非交易调整的分布是，2009~2015 年对外资产调减了 1143 亿美元，对外负债调增了 8390 亿美

① 例如，人民银行公布，2015 年外汇储备余额减少了 5127 亿美元，而国际收支平衡表显示的全年外汇储备资产减少了 3423 亿美元（外汇储备的实际减少），二者之间 1704 亿美元的差额就是因为汇率和资产价格变动等非交易因素（这里是估值效应）引起的外汇储备降幅调增。

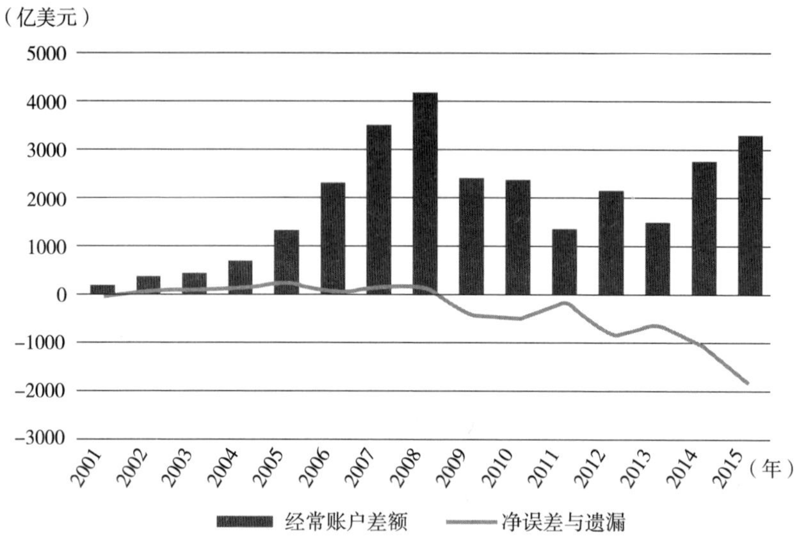


**图 2–2 中国经常账户差额和净误差与遗漏额**

资料来源：国家外汇管理局

元[①]，因为对外负债的调增幅度更大，导致对外净资产调减了 9533 亿美元（因为四舍五入的关系，该数值与前数存在些许差异）（见表 2–1）。

进一步分析，又有以下有趣的发现，对外金融资产中，对外直接投资（其中

**表 2–1 IIP 非交易因素调整的具体构成** （单位：亿美元；%）

| | 2008 年年末 | 2015 年年末 | 金融交易 | 非交易调整 | 调整幅度 |
|---|---|---|---|---|---|
| 净头寸 | 14938 | 15965 | 10558 | –9531 | –62 |
| 资产 | 29567 | 62189 | 33765 | –1143 | –2 |
| 1. 直接投资 | 1857 | 11293 | 5991 | 3445 | 52 |
| 2. 证券投资 | 2525 | 2613 | 997 | –909 | –35 |
| 3. 金融衍生工具 | 0 | 36 | 34 | — | — |

① 由于 2015 年之前，人民币兑美元汇率总体单边升值，所以各种形式的人民币负债折美元后更多，这也是造成我国对外负债调增的重要原因。但 2015 年人民币汇率出现了一定幅度的下跌，这有助于我国对外负债负担的调减（具体讨论详见本章第三节“外汇储备去哪儿了”）。

（续表）

| | 2008 年年末 | 2015 年年末 | 金融交易 | 非交易调整 | 调整幅度 |
|---|---|---|---|---|---|
| 4. 其他投资 | 5523 | 14185 | 11116 | –2454 | –25 |
| 5. 储备资产 | 19662 | 34061 | 15627 | –1228 | –5 |
| 5.4 外汇储备 | 19460 | 33304 | 15443 | –1599 | –6 |
| 负债 | 14629 | 46225 | 23206 | 8390 | 28 |
| 1. 直接投资 | 9155 | 28423 | 17049 | 2219 | 12 |
| 2. 证券投资 | 1677 | 8105 | 2871 | 3557 | 73 |
| 3. 金融衍生工具 | 0 | 53 | 13 | — | — |
| 4. 其他投资 | 3796 | 9643 | 3273 | 2574 | 38 |

注：调整幅度 = 非交易调整 / 期初期末余额的算术平均值。

资料来源：国家外汇管理局

包含主权财富基金的投资）存量调增了 3445 亿美元，调整幅度为 52%，表明这部分投资的估值收益还是相当可观的；对外证券投资和其他投资存量则调减幅度较大，分别达到 909 亿美元和 2445 亿美元，调整幅度分别为 35% 和 25%，表明我国对外非直接投资的风险管理水平还有待进一步提高；外汇储备资产存量虽有所调减，但减幅为 1228 亿美元，调整幅度仅为 5%，表明从较长时间段看，我国外汇储备的币种和资产较好地规避了市场剧烈波动的风险，体现了“安全、流动、盈利”三性原则下的稳健经营风格。

对外金融负债中，外来直接投资存量调增了 2219 亿美元，调整幅度为 12%，这相对于我国对外直接投资的非交易调增幅度要小得多，主要是因为外来直接投资的基准较大；外来证券投资存量调增了 3557 亿美元，调整幅度为 73%，显示外来证券投资的估值收益相当可观；其他投资存量调增了 2574 亿美元，调整幅度为 38%，据外汇管理部门解释，其中也受银行补报往期漏申报对外负债数据的因素影响。

## 三、对外净资产缩水不同于跨境资本交易损失

第一，外来投资存量出现估值收益应正面解读。我国企业境外上市市值上

升，虽然增加了我国对外负债，但也说明企业股价上涨或者境外股东持有增多，是我国企业得到国际投资者认可的表现。外来直接投资估值上升，意味着外资企业在华经营状况良好，反映了我国外商投资环境友好，有利于吸引更多的外资尤其是长期资本进入我国。正如企业通过上市，在一级市场募得资金用于公司发展，公司股票在二级市场价格上涨，可以帮助公司赢得良好的市场信誉，并有助于公司进行再融资。所以，将二级市场的股价上涨视为公司的损失，显然有失偏颇。

第二，估值产生的损益并非真正的损益。例如，现在外商投资企业的固定资产都有一个估计的市场价值，但真正清算时特别是当许多外商投资企业集中清算时，却未必就是当时所估的价值。而且，如果汇率是浮动的，当外资企业集中撤资时，还可能面临汇率波动的风险。外来股权类的证券投资也是如此。不同于传统的、具有契约性偿还义务的外币外债，外商直接投资和股权类证券投资现在的市场估值，并非是境内对外约定的未来必须赎回或偿还的外币价格。

第三，正确解读净误差与遗漏长期为负。出现误差与遗漏是国际收支统计的正常现象。按照借贷记账法，作为轧差项，国际收支平衡表中均会设置“净误差与遗漏”项目。从国际可比口径看，我国“净误差与遗漏”的状况相对来讲是适宜的（见表 2–2）。正常情况下，统计意义的净误差与遗漏符号应该是随机分布的。如果符号一直在贷方（正值），则说明可能少记流入或多记流出；如果一直在借方（负值），则说明可能多记流入或少记流出。因此，不应简单地把净误差与遗漏为负理解为资本外流或外逃。从 2009 年起，我国国际收支平衡表“净误差与遗漏”项目连续出现在借方（见图 2–2），从经济意义上理解，既可能是少记了资本外流，也可能是多记了经常账户收入。但具体是怎么分布的，缺少可信的实证方法。从统计上讲，未来需要通过健全对外债权统计、加强抽样调查、尝试推测估算的方法等，提高统计工作质量。统计就是统计，它不做道德判断而只是客观记录。实际上，即便是海关查获的进出口走私物品，最终也是要反映在国际收支口径的货物贸易数据中的。

表 2-2 净误差与遗漏额 / 国际收支口径货物贸易进出口额的国际比较（单位：%）

| 国家 | 年份 | | | | | | | | | | |
|---|---|---|---|---|---|---|---|---|---|---|---|
| | 2005 | 2006 | 2007 | 2008 | 2009 | 2010 | 2011 | 2012 | 2013 | 2014 | 均值 |
| 中国 | 1.90 | 0.20 | 0.70 | 0.80 | –2.10 | –2.00 | –0.40 | –2.20 | –1.97 | –3.31 | –0.84 |
| 英国 | 0.60 | 0.10 | 1.50 | –0.80 | –3.50 | 0.60 | 1.60 | 1.60 | 1.36 | 0.56 | 0.27 |
| 德国 | 1.40 | 1.90 | 1.80 | 1.10 | 1.20 | -0.90 | 0.10 | 0.10 | 1.26 | 1.11 | 1.14 |
| 日本 | –1.50 | –2.80 | 1.30 | 3.40 | 3.20 | 3.00 | 2.40 | 2.40 | –2.90 | 1.96 | 0.83 |
| 美国 | 1.20 | –0.20 | 2.90 | –1.70 | 5.40 | 1.80 | –2.40 | –2.40 | 0.77 | 6.72 | 1.63 |

资料来源：国际货币基金组织

第四，有些非交易调整无法在存量或流量上做出追溯调整，由此可能导致 IIP 之间不可比，以及 BOP 与 IIP 之间不可比。例如，据外汇管理部门解释，2015 年开始使用新的国际标准 BPM6 公布数据，统计方法有所调整，因此，第一季度末与之前采用 BPM5 标准编制的对外资产负债头寸不可比。其中，2015 年第一季度对外证券投资负债比 2014 年年末多出 4537 亿美元，主要是企业境外上市股价由成本法改为市值法统计，这一口径调整导致我国对外负债增加约 3600 亿美元。而这笔交易无法往前追溯调整，这导致了 IIP 之间的不可比。前述对中资银行人民币外债数据错报的调整，无法确认其具体发生的时间，因此，也就无法对 BOP 流量数据追溯调整（为保持统计数据的稳定性，统计上有时也允许这种不调整）。

第五，要进一步提高利用两个市场两种资源的能力。如前所述，相比于官方外汇储备投资，民间对外投资的估值收益总体上是可观的，促进“藏汇于民”有助于提高外汇资源的使用效率。党的十八届三中全会明确提出要让市场在资源配置中发挥决定性作用，党的十八届五中全会进一步提出“十三五”规划期间要坚持开放发展，发展更高层次的开放经济。因此，扩大金融业双向开放，有序实现人民币资本项目可兑换，推动人民币成为可兑换、可自由使用货币也就是其中的应有之义。

第六，未来我国对外资产负债结构有望进一步改善。首先，由于我国经常账户收支持续较大盈余，有利于进一步增加我国对外净债权；其次，伴随着资本账户有序开放和人民币汇率双向波动增强，我国“藏汇于民”的进程加快，央行与民间部门之间的资产负债的置换进一步加速，将改善我国资产在官方、负债在民间的主体错配情况。最后，受益于人民币在国际上使用越来越广泛，海外配置人民币资产越来越多，将有助于我国减少货币错配，提高抵抗汇率波动风险的能力，在对外资产负债的估值调整方面争取一定的主动。

## 第二节　资本外流去哪儿了

自 2014 年第二季度起，我国国际收支改变了“双顺差”的局面，呈现“经常账户顺差、资本账户逆差”的格局[①]。截至 2015 年第四季度的前七个季度里，累计经常账户顺差 5905 亿美元，资本账户逆差 6189 亿美元（见图 2-3）。

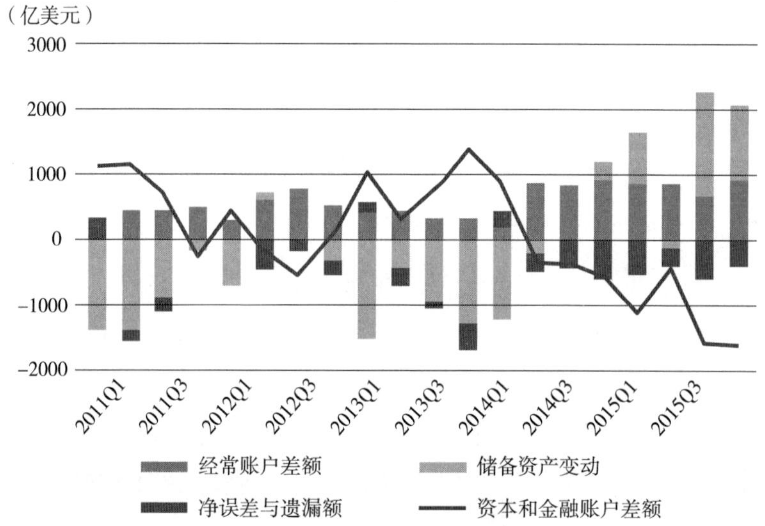


**图 2-3　2011 年第一季度～2015 年第四季度国际收支状况**

资料来源：国家外汇管理局

① 本文所指资本项目，仍为国际货币基金组织《国际收支手册》第五版（BPM5）中不含“储备资产变动”的“资本和金融项目”，而非《国际收支与投资头寸手册》第六版（BPM6）中含“储备资产变动”的“资本和金融账户”（后同）。

中国资本外流问题再次引起了海内外的广泛热议，相关解读莫衷一是、众说纷纭。结合国家外汇管理局公布的 2015 年国际收支数据，从国际通行口径入手，有助于我们更好地剖析当前中国资本外流问题，正本清源、去伪存真。

## 一、“藏汇于民”是我国资本外流的重要原因

资本外流的正规渠道无外乎“藏汇于民”和“债务偿还”(或债务去杠杆)。所谓“藏汇于民”，包括境内主体增加外汇存款、出口延收和进口预付，以及对外直接投资和证券投资、存放和贷放境外等。所谓“债务偿还”，既包括境内主体减少国内外汇贷款、本外币外债，以及进口延付和出口预收等，也包括境外主体减持存款、债券和股票等人民币资产，以及减少来华直接投资等。

从国际收支口径看，2014 年第二季度至 2015 年第四季度，我国于对外投资项下（即国际收支平衡表中“非储备性质的金融账户”的资产项下）净流出 7907 亿美元，于外来投资项下（即 国际收支平衡个中“非储备性质的金融账户”的负债项下）净流入 1717 亿美元（见图 2-4）。与之对应的是，截至 2015

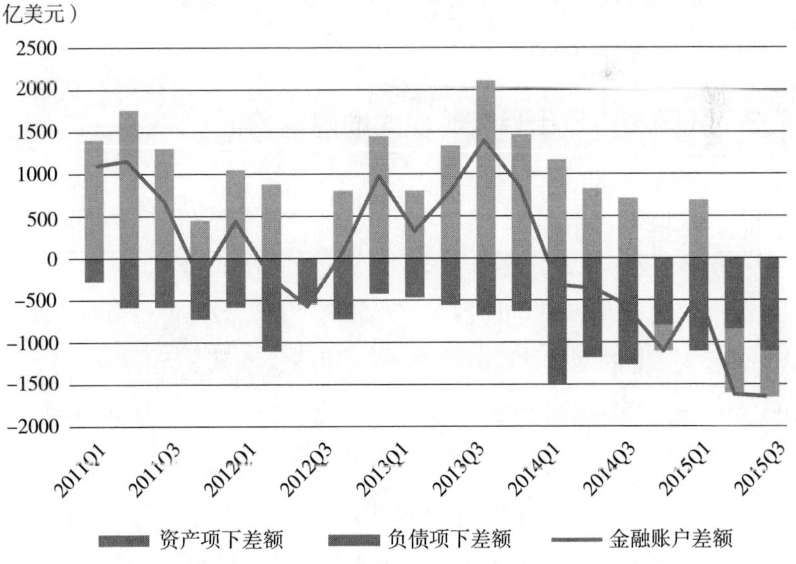


图 2-4　2011 年第一季度 ~ 2015 年第四季度资本流动

资料来源：国家外汇管理局

年年末，我国对外金融资产中，储备资产占比 54.8%，较 2014 年 3 月末减少了 9.9 个百分点（见图 2-5）。这反映了外汇资产由国家集中持有向民间分散持有的变化，从流量看，同期外汇储备下降可以理解为央行与民间部门之间发生了外汇资产的置换。

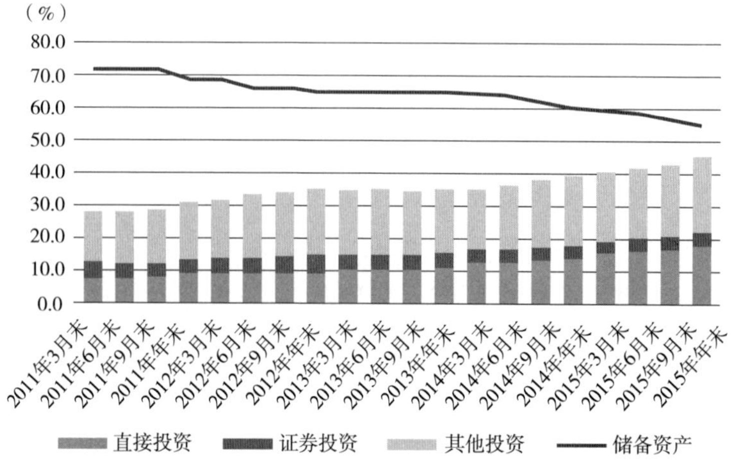


**图 2-5　2011 年第一季度 ~ 2015 年第四季度对外金融资产结构**

资料来源：国家外汇管理局

## 二、我国资本流出具有明显的顺周期特征

2014 年第二季度至 2015 年第四季度，我国对外投资的净流出中，直接投资占 37%，证券投资占 11%，其他投资（含金融衍生工具，下同）占 52%（见图 2-6）。其背后更深层次的原因是，在经济下行、美元走强等内外部因素综合作用的情况下，市场主体由以往“资产本币化、负债美元化”转为“资产美元化、负债去杠杆”的财务操作，结汇意愿减弱、持汇动机增强。由此，银行将外汇存款增加多于贷款，以及因代客远期净售汇提前购汇对冲的部分，存放或贷放境外，导致银行部门对外资本输出增加，该两项合计占同期其他对外投资项下净流出的 91%（见图 2-7）。但这都是传统的跨境资本流动渠道，是通过银行部门境内外资产负债的摆布调整来实现的（如果加上证券投资，则银行

部门在我国跨境资本流动中的主导地位将更加凸显)。

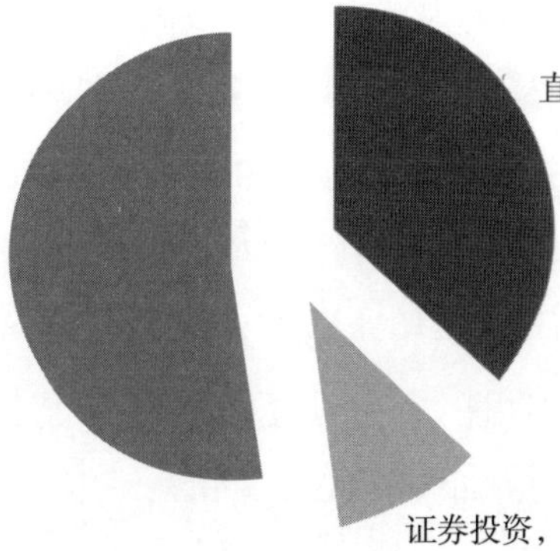


**图 2-6　2014 年第二季度 ~ 2015 年第四季度资产项下净流出构成**

资料来源：国家外汇管理局

**图 2-7　2014 年第二季度 ~ 2015 年第四季度对外其他投资资本流动构成**

资料来源：国家外汇管理局

从交易性质看，我国跨境资本流动的顺周期特征更加显现。2014 年第二季度至 2015 年第四季度，直接投资和证券投资项下分别为净流入 1717 亿美元和净流出 64 亿美元，而其他投资项下净流出 7753 亿美元。特别是波动性较大的跨境证券投资，尽管 2015 年各季度由前期净流入转为净流出，但这主要是因为对外证券投资（资产）项下的净流出增加，外来证券投资（负债）项下直到第三、第四季度才转为净流出，这反映了下半年股市与汇市交叉影响的结果（见图 2–8–1）。至于其他投资项下，对外其他投资（资产）持续净流出的同时，外来其他投资（负债）也在 2014 年下半年由净流入转为净流出，使得同期该项目下的资本净流出达到 3657 亿美元（见图 2–8–2），这也反映了狭义的“债务偿还”（即具有契约性偿还义务的对外负债）模式早已开启。只是因为同期外来直接投资和证券投资项下依然为较大规模的净流入，广义的“债务偿还”尚未正式启动，而仅有 2015 年第一、第三、第四季度才出现了净流出（见图 2–9）。

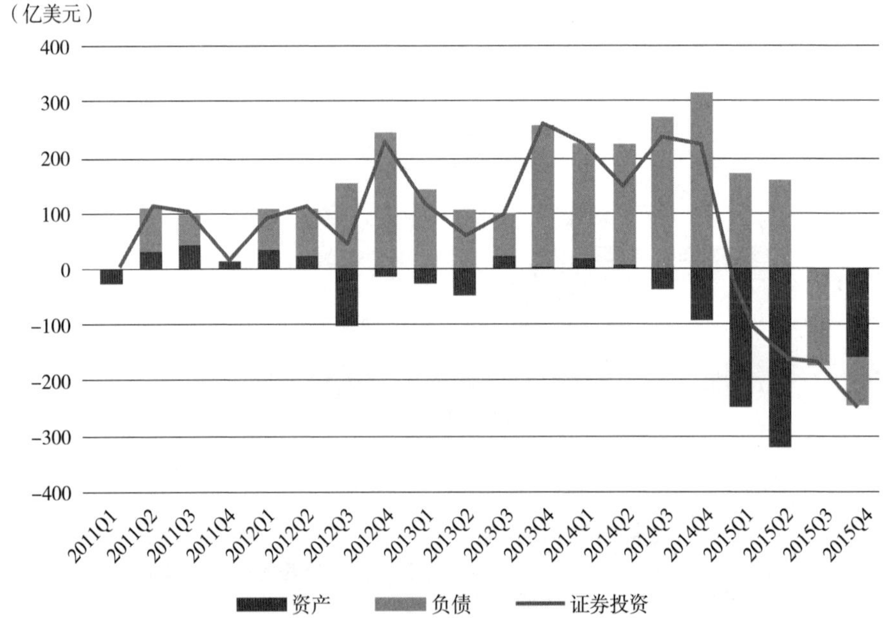


**图 2–8–1　2011 年第一季度 ~ 2015 年第四季度证券投资项下资本流动**

资料来源：国家外汇管理局

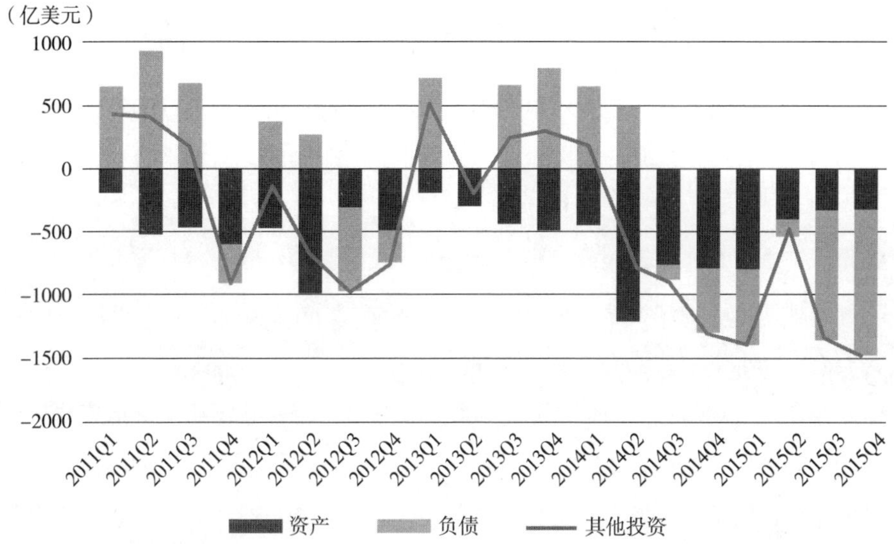


**图 2-8-2　2011 年第一季度 ~ 2015 年第四季度其他投资项下资本流动**

资料来源：国家外汇管理局

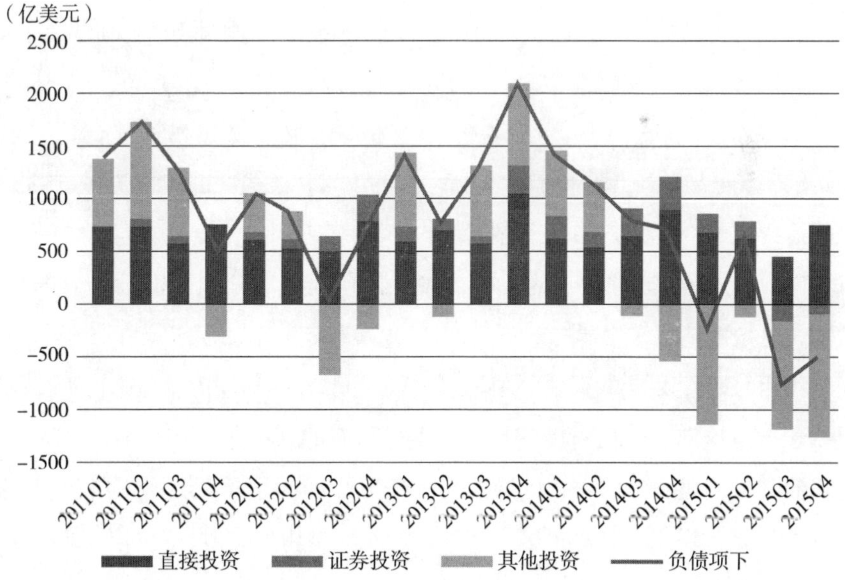


**图 2-9　2011 年第一季度 ~ 2015 年第四季度外来投资项下的资本流动**

资料来源：国家外汇管理局

## 三、资本外流不等于资本外逃

当前我国资本外流是客观存在的，但这不能简单地视同为资本外逃。

第一，我国资本外流主要是由“藏汇于民”引起的，有利于企业和居民优化资产负债结构，符合国家宏观调控和改革的方向，对我国来说，“经常账户顺差、资本账户逆差”属于一种合意的国际收支结构。因此，对于现阶段的资本外流现象应该理性看待。鉴于我国经济体量大、外汇储备多，对此应有一定的容忍度和承受力，不必过度解读和反应。

第二，无论从资产负债端还是从交易性质看，当前我国跨境资本流动都具有明显的顺周期特点，银行部门是跨境资本流动的主要渠道。这种跨境资本流动的结构性特征，一方面具有较高的可控性，不同于一般意义上的永久性的资本外逃；另一方面也对宏观审慎管理和逆周期调节工具的有效性提出了挑战。

第三，一旦未来因为信心危机刺激境内机构和个人恐慌性囤积外汇，并触发国内企业加速偿还外债和外资加速撤离，情况就会变得更加复杂严峻。对此，必须树立底线思维和风险管控意识，有充分的心理和措施准备，在情景分析和压力测试的基础上拟定和完善应对预案，基于最坏的打算，争取最好的结果。“8·11”汇改之后，央行采取价格与非价格、市场与非市场的手段稳定市场、稳定汇率是必要的。但巩固和深化新汇改的成果，还需要通过改革和调控改善经济前景，重拾市场信心，这是稳定外汇市场的基础；加强市场沟通，减少不确定性，这是防止市场恐慌的关键；减少市场干预，实现汇率能涨能跌的双向波动，这是推进汇率改革的方向。

第四，尽管我国许多对外负债是以人民币计价，对境内主体来讲不存在货币错配，但这部分负债对应的是境外主体持有的人民币资产。境外主体仍因此而面临汇率风险敞口，其减持人民币资产的调整同样也会影响人民币汇率。“8·11”汇改以来，香港地区市场兴起的疯狂抛售人民币、兑回港币的波澜，导致港币兑美元汇率位于7.75的强方保证，香港特区政府迫于形势只得入市干预。而离岸市场人民币汇率的走弱，也给在岸市场的维稳工作带来挑战。因此，国家宏观层面仍不能忽视对外人民币负债增长可能产生的风险，需要进一步协调人民币资本项目可兑换与国际化进程。

第五，对于非正规渠道的违规资本流出，督促银行柜台业务加强真实性审核可起到一些治理效果，但由于这些交易大都披着合法的外衣，收紧管理必然会影响正常的对外交往和生产经营，有悖于贸易投资便利化的目标。按照“有管理的资本项目可兑换”思路，在风险可控的前提下稳步拓宽资本流出流入渠道，有助于变暗为明，降低金融开放风险。

## 第三节　外汇储备去哪儿了

2015 年“8·11”汇改优化了人民币兑美元汇率中间价报价机制，人民币汇率市场化程度进一步提高。汇改后，贬值预期加强，资本外流增加。为维护人民币汇率稳定，央行采取了包括提供外汇流动性、实施外汇风险准备金制度、加强银行结售汇和跨境人民币业务真实性审核在内的一系列干预措施。截至 2015 年年底，我国外汇储备余额 33304 亿美元，较 2014 年 6 月底的历史高点下降了 6629 亿美元（见图 2–10）。前两年，大家还在感慨外汇储备多了是个负担，现在转而开始担心外汇储备不够用。究竟该如何看待目前的外汇储备规模问题呢？

### 一、市场干预和估值变化是导致外汇储备下降的两大主要因素

过去一年半时间，外汇储备余额下降 6600 多亿美元。其中，一部分是央行为外汇市场提供流动性，导致交易引起的外汇储备资产减少；另一部分是因为汇率和资产价格变化引起的估值变动，是账面的损益。如美元升值，则非美元资产折美元就减少。再如，债券和股权类资产按市场价值重估，也会产生账面的损益。

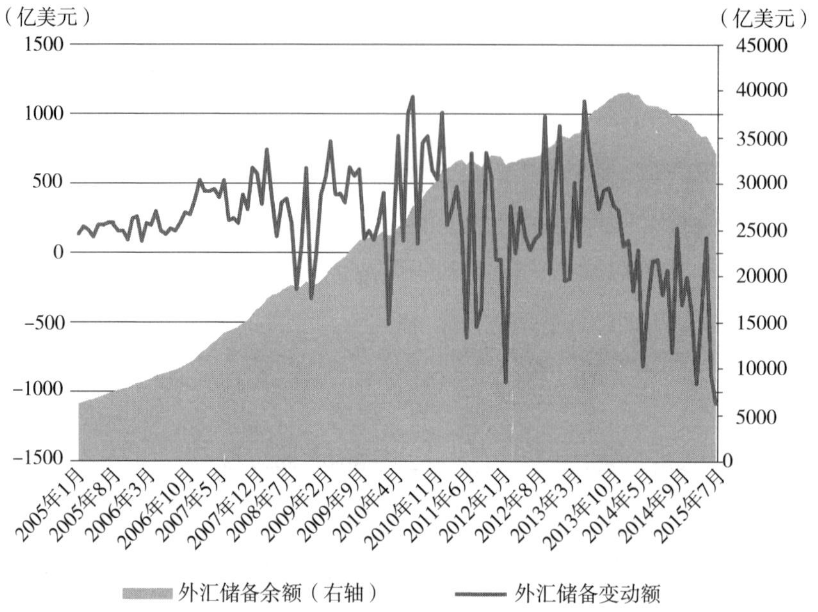


**图 2–10　2005~2015 年月度外汇储备余额**

资料来源：中国人民银行

从最新的季度国际收支数据看，2014 年 6 月至 2015 年 12 月的 18 个月中，外汇储备余额累计减少了 6629 亿美元。其中，剔除估值效应后的外汇储备资产减少了 3720 亿美元，占外汇储备余额降幅的 56%，估值造成的储备账面价值减少 2909 亿美元。后者没有实际的跨境资本流动，况且市场价格可能今天跌下去，明天又涨回来，只要不发生实时的交易，就不会形成实际的损益。由于我国外汇储备余额较大，所以估值效应的波动规模也就相应较大。

但从不同时期来看，外汇储备资产变动对外汇储备余额变动的影响不尽相同（见图 2–11）。2014 年下半年，外汇储备余额减少 1502 亿美元，外汇储备资产减少 298 亿美元，仅占外汇储备余额降幅的 20%。2015 年上半年，外汇储备余额减少 1492 亿美元，外汇储备资产减少 666 亿美元，占外汇储备余额降幅的 45%。2015 年下半年，外汇储备余额减少 3635 亿美元，外汇储备资产减少 2757 亿美元，外汇储备余额降幅的 76%。这种动态变化反映了央行外汇市场干预压力的变化，尤其是“8·11”汇改的影响。

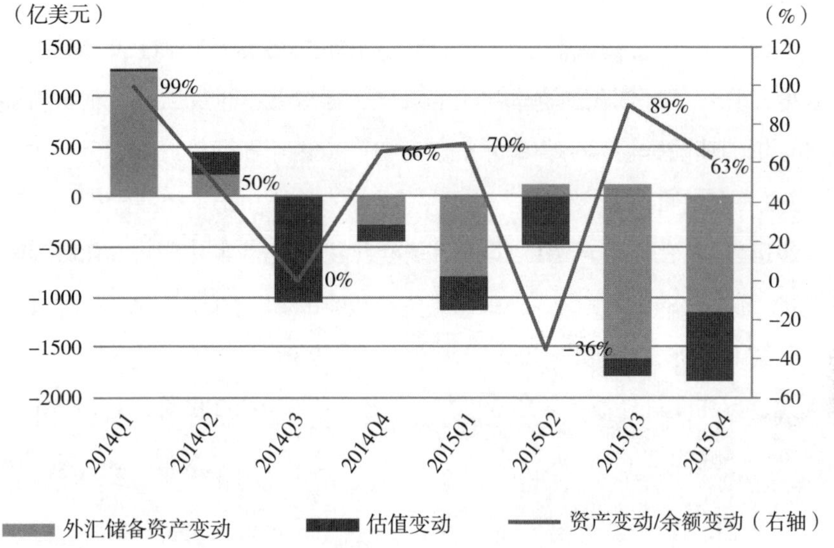


**图 2-11　2014~2015 年外汇储备余额变动构成**

资料来源：中国人民银行；国家外汇管理局

有必要指出，根据国际货币基金组织的定义，外汇储备资产是货币当局可以控制的、随时使用的对外资产。近年来我国创新外汇储备运用，向中投、政策性银行、丝路基金等机构的注资，以及通过商业银行发放的委托贷款等，都已经从公布的外汇储备余额中做了剔除。如果仍是央行股权或者债权，则记录在央行其他外汇资产项下；如果是由财政部发行特别国债购汇注资的，则已经移出了央行资产负债表。也就是说，现在央行公布的外汇储备余额，都是央行可以动用的外汇资产，哪怕是一些中长期证券，也都随时可以在二级市场变现，以满足流动性的要求。

## 二、“藏汇于民”同“债务偿还”共振扩大外汇储备降幅

### （一）流量和交易角度的外汇储备资产变动去向分析

本章第二节“资本外流去哪儿了”，运用国际收支平衡表，从流量和交易的角度，分析了近期我国资本流出的去向，即“藏汇于民”和“债务偿还”。这种分析框架同样适用于分析外汇储备资产（剔除了估值影响）变动的原因（见表2–3）。

2014年第三季度至2015年第四季度，我国经常账户顺差5045亿美元，资本账户逆差5842亿美元，外汇储备资产减少3721亿美元。从国际收支平衡表看，其中，新增对外投资（即“非储备性质的金融账户”的资产项下）6402亿美元，契约性对外债务偿还3950亿美元，合计10352亿美元，相当于外汇储备资产降幅的278%。从交易角度看，这一时期，对外投资增加（即“藏汇于民”）是导致资本外流、储备下降的主要原因。

表2–3 跨境资本流动情况 （单位：亿美元）

| | 2014年Q3 | 2014年Q4 | 2015年Q1 | 2015年Q2 | 2015年Q3 | 2015年Q4 | 2014年Q3~2015年Q4 | 2015年Q1~Q4 |
|---|---|---|---|---|---|---|---|---|
| 2.2.1 非储备性质的金融账户 | –400 | –586 | –1127 | –444 | –1,626 | –1659 | –5842 | –4856 |
| 资产 | –1198 | –1284 | –813 | –1123 | –857 | –1127 | –6402 | –3920 |
| 负债 | 798 | 698 | –314 | 680 | –769 | –532 | 560 | –936 |
| 2.2.1.1 直接投资 | 265 | 510 | 361 | 247 | –67 | 80 | 1396 | 621 |
| 2.2.1.1.1 资产 | –376 | –378 | –324 | –385 | –508 | –661 | –2633 | –1878 |
| 2.2.1.1.2 负债 | 641 | 889 | 685 | 632 | 441 | 741 | 4028 | 2499 |
| 2.2.1.1.2.1 股权 | 505 | 692 | 588 | 520 | 426 | 661 | 3393 | 2196 |
| 2.2.1.1.2.2 关联企业债务 | 136 | 197 | 96 | 112 | 14 | 80 | 635 | 302 |
| 2.2.1.2 证券投资 | 235 | 220 | –81 | –160 | –172 | –252 | –209 | –665 |
| 2.2.1.2.1 资产 | –38 | –96 | –252 | –321 | –1 | –159 | –865 | –732 |

**（续表）**

| | 2014 年 Q3 | 2014 年 Q4 | 2015 年 Q1 | 2015 年 Q2 | 2015 年 Q3 | 2015 年 Q4 | 2014 年 Q3~2015 年 Q4 | 2015 年 Q1~Q4 |
|---|---|---|---|---|---|---|---|---|
| 2.2.1.2.2 负债 | 273 | 315 | 170 | 161 | –171 | –93 | 656 | 67 |
| 2.2.1.2.2.1 股权 | 140 | 213 | 62 | 150 | –57 | –5 | 503 | 150 |
| 2.2.1.2.2.2 债券 | 133 | 102 | 108 | 11 | –114 | –87 | 153 | –82 |
| 2.2.1.3 金融衍生工具 | 0 | 0 | –8 | 1 | –14 | 0 | –21 | –21 |
| 2.2.1.3.1 资产 | 0 | 0 | –10 | –13 | –12 | 0 | –34 | –34 |
| 2.2.1.3.2 负债 | 0 | 0 | 2 | 14 | –2 | 0 | 13 | 13 |
| 2.2.1.4 其他投资 | –900 | –1316 | –1398 | –533 | –1373 | –1487 | –7008 | –4791 |
| 2.2.1.4.1 资产 | –784 | –810 | –227 | –405 | –337 | –307 | –2870 | –1276 |
| 2.2.1.4.2 负债 | –116 | –506 | –1171 | –128 | –1036 | –1181 | –4138 | –3515 |
| 2.2.1.4.2.1 其他股权 | 0 | 0 | 0 | 0 | 0 | 0 | 0 | 0 |
| 2.2.1.4.2.2 货币和存款 | 398 | –10 | –342 | 168 | –509 | –542 | –837 | –1226 |
| 2.2.1.4.2.3 贷款 | –576 | –537 | –580 | –179 | –375 | –533 | –2779 | –1667 |
| 2.2.1.4.2.4 保险和养老金 | 0 | 0 | 6 | 8 | 5 | 5 | 24 | 24 |
| 2.2.1.4.2.5 贸易信贷 | 52 | 9 | –221 | –136 | –140 | –126 | –561 | –623 |
| 2.2.1.4.2.6 其他 | 8 | 32 | –34 | 11 | –16 | 15 | 16 | –24 |
| 2.2.1.4.2.7 特别提款权 | 0 | 0 | 0 | 0 | 0 | 0 | 0 | 0 |
| 2.2.2 储备资产 | 1 | 300 | 802 | –131 | 1605 | 1153 | 3731 | 3429 |
| 2.2.2.4 外汇储备 | 4 | 293 | 795 | –130 | 1606 | 1151 | 3721 | 3423 |

注：契约性债务偿还 = 外来直接投资项下关联企业债务偿还 + 外来证券投资项下债券投资减少 + 外来其他投资项下除股权和保险养老金以外的债务偿还。

资料来源：国家外汇管理局

2015 年全年，我国经常账户顺差资本账户逆差 4853 亿美元，外汇储备资产减少 3423 亿美元。其中，新增对外投资 3920 亿美元，契约性对外债务偿还 3319 亿美元，合计 7239 亿美元，相当于外汇储备降幅的 211%。从交易角度看，这一时期“藏汇于民”导致的外汇分流规模虽然大于债务偿还规模，但两者大体匹配，这反映了“8·11”汇改后，随着人民币贬值预期趋强，企业加速了债务偿还（见图 2–12）。

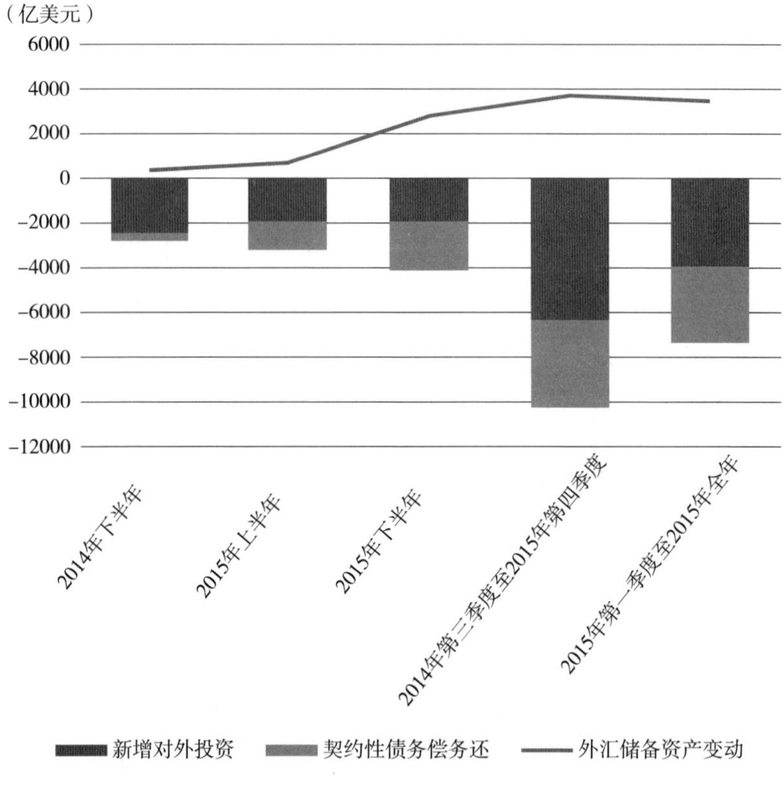


**图 2–12　外汇储备资产变动的构成分析**

资料来源：国家外汇管理局

### （二）存量角度的外汇储备余额变动去向分析

除此之外，还可以运用国际投资头寸表，从存量和包括非交易调整（即因为汇率和资产价格变动，以及其他统计调整引起的变化）的角度来分析外汇储备余额（包含估值影响）下降的原因，得出的是类似但更为精准的结论（见表 2–4）。

**表 2-4　对外金融资产负债变动情况**　　（单位：亿美元）

| | 2014 年 6 月末 | 2014 年年末 | 2015 年 6 月末 | 2015 年年末 | 2014 年 6 月末至 2015 年年末变动 | 2014 年年末至 2015 年年末变动 |
|---|---|---|---|---|---|---|
| 净头寸 | 18327 | 16028 | 14822 | 15965 | –2362 | –63 |
| 资产 | 63845 | 64383 | 64460 | 62189 | –1656 | –2194 |
| 1 直接投资 | 8071 | 8826 | 10227 | 11293 | 3222 | 2467 |
| 1.1 股权 | 6958 | 7408 | 8713 | 9393 | 2435 | 1985 |
| 1.2 关联企业债务 | 1113 | 1418 | 1514 | 1901 | 788 | 483 |
| 2 证券投资 | 2612 | 2625 | 2760 | 2613 | 1 | –12 |
| 2.1 股权 | 1650 | 1613 | 1777 | 1620 | –30 | 7 |
| 2.2 债券 | 961 | 1012 | 983 | 993 | 32 | –19 |
| 3 金融衍生工具 | 0 | 0 | 39 | 36 | 36 | 36 |
| 4 其他投资 | 12603 | 13938 | 13720 | 14185 | 1582 | 247 |
| 4.1 其他股权 | 0 | 0 | 1 | 1 | 1 | 1 |
| 4.2 货币和存款 | 4001 | 4453 | 3150 | 3895 | –106 | –558 |
| 4.3 贷款 | 3672 | 3747 | 4658 | 4569 | 897 | 822 |
| 4.4 保险和养老金 | 0 | 0 | 200 | 172 | 172 | 172 |
| 4.5 贸易信贷 | 3884 | 4677 | 4547 | 5137 | 1253 | 460 |
| 4.6 其他 | 1046 | 1061 | 1165 | 412 | –634 | –649 |
| 5 储备资产 | 40558 | 38993 | 37713 | 34061 | –6497 | –4932 |
| 5.1 货币黄金 | 450 | 401 | 624 | 602 | 152 | 201 |
| 5.2 特别提款权 | 112 | 105 | 105 | 103 | –9 | –2 |
| 5.3 在 IMF 的储备头寸 | 65 | 57 | 46 | 45 | –20 | –12 |
| 5.4 外汇储备 | 39932 | 38430 | 36938 | 33304 | –6628 | –5126 |
| 5.5 其他储备资产 | 0 | 0 | 0 | 7 | 7 | 7 |
| 负债 | 45518 | 48355 | 49638 | 46225 | 707 | –2130 |
| 1 直接投资 | 24458 | 25991 | 27459 | 28423 | 3965 | 2432 |

（续表）

| | 2014年6月末 | 2014年年末 | 2015年6月末 | 2015年年末 | 2014年6月末至2015年年末变动 | 2014年年末至2015年年末变动 |
|---|---|---|---|---|---|---|
| 1.1 股权 | 23061 | 24076 | 25248 | 26181 | 3120 | 2105 |
| 1.2 关联企业债务 | 1396 | 1915 | 2211 | 2242 | 846 | 327 |
| 2 证券投资 | 6317 | 7962 | 9753 | 8105 | 1788 | 143 |
| 2.1 股权 | 5147 | 6513 | 7483 | 5906 | 759 | –607 |
| 2.2 债券 | 1169 | 1449 | 2270 | 2200 | 1031 | 751 |
| 3 金融衍生工具 | 0 | 0 | 108 | 53 | 53 | 53 |
| 4 其他投资 | 14743 | 14402 | 12318 | 9643 | –5100 | –4759 |
| 4.1 其他股权 | 0 | 0 | 0 | 0 | 0 | 0 |
| 4.2 货币和存款 | 4413 | 5030 | 4611 | 3267 | –1146 | –1763 |
| 4.3 贷款 | 6775 | 5720 | 4341 | 3293 | –3482 | –2427 |
| 4.4 保险和养老金 | 0 | 0 | 85 | 93 | 93 | 93 |
| 4.5 贸易信贷 | 3282 | 3344 | 2987 | 2721 | –561 | –623 |
| 4.6 其他 | 165 | 207 | 195 | 172 | 7 | –35 |
| 4.7 特别提款权 | 108 | 101 | 98 | 97 | –11 | –4 |

注：（1）非储备性质对外资产 = 对外资产 – 储备资产；（2）契约性对外负债 = 外来直接投资项下关联企业债务 + 外来证券投资项下债券投资 + 外来其他投资项下除股权和保险养老金以外的负债项目。

资料来源：国家外汇管理局

2014年第三季度至2015年第四季度，我国外汇储备余额减少6629亿美元。从国际投资头寸表看，其中，非储备对外资产增加2842亿美元，契约性对外债务余额减少3317亿美元，合计8158亿美元，相当于外汇储备降幅的123%。截至2015年年末，储备资产占我国对外金融总资产的比重为54.8%，较2014年6月末回落了8.7个百分点，这反映了外汇资产由国家集中持有向民间分散持有的转变。从存量角度看，这一时期，“藏汇于民”和契约性对外负债余额减少都是外汇储备余额下降的主要原因。

2015 年全年，我国外汇储备余额减少 5127 亿美元。其中，非储备对外资产增加 2738 亿美元，契约性对外债务余额 3774 亿美元，合计 6512 亿美元，相当于外汇储备降幅的 127%。从存量角度看，这一时期，契约性对外负债余额减少对外汇储备余额下降的影响更大，这也反映了新汇改后，受贬值预期影响，境内机构进一步加快债务偿还（见图 2–13）。

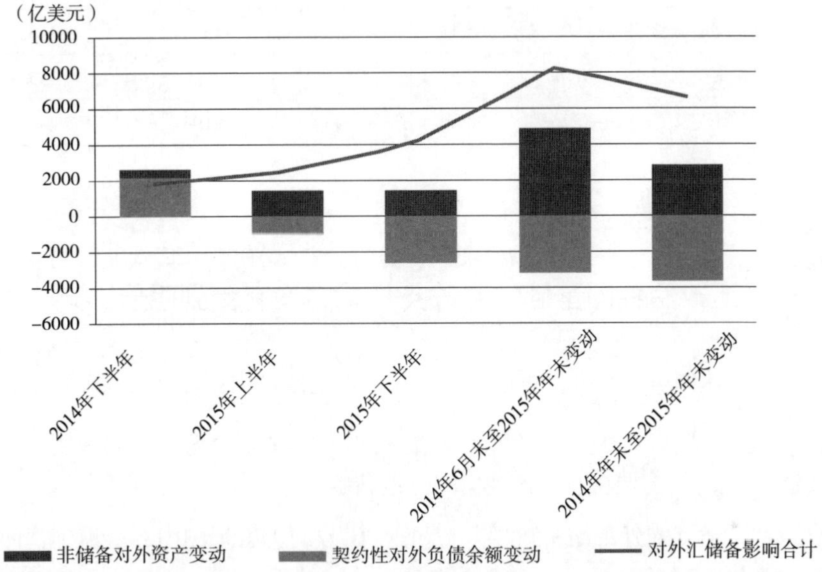


**图 2–13　外汇储备余额变动的构成分析**

资料来源：国家外汇管理局

需要指出的是，之所以从流量和存量角度分析外汇储备变动的去向，是因为非交易调整因素的影响（见表 2–5）。其中，资产方都是非交易调减，即对外投资按市值重估后减少，主要反映了国际市场美元升值带来的汇率折算的影响；负债方总体是调减[①]，但 2015 年下半年出现了调增，主要反映了“8·11”汇改后人民币贬值，导致人民币负债折美元减少的影响。这也正是在贬值周期

① 负债方的非交易调整主要不是受汇率和资产价格变动的影响，而是受统计方法的调整，或者统计数据的补报（具体讨论详见本章第一节“经常账户顺差去哪儿了”）。

下，美国经常账户常年赤字，对外净负债却越借越少，出现所谓“暗物质”的重要原因。

表 2–5 对外金融资产和负债的非交易调整因素 （单位：亿美元）

| | 2014 年下半年 | 2015 年上半年 | 2015 年下半年 | 2014 年 6 月末至 2015 年年末 | 2014 年年末至 2015 年年末 |
|---|---|---|---|---|---|
| 资产方的非交易调整 | –378 | –580 | –602 | –1560 | –1182 |
| 负债方的非交易调整 | –848 | –284 | 499 | –633 | 215 |
| 合　计 | –1226 | –863 | –104 | –2194 | –967 |

资料来源：国家外汇管理局

## 三、汇改后我国基础性对外支付能力没有受到明显影响

对于发达经济体来讲，货币可自由兑换，汇率自由浮动，所以理论上它们不用持有外汇储备。而对于新兴市场和发展中国家，存在货币不可自由使用的“原罪”，因此，需要持有一定规模的外汇储备。

所谓“适度的外汇储备规模”，是指一国政府为实现国内经济目标，而持有的用于平衡国际收支和维持汇率稳定所必需的外汇储备量。关于外汇储备的适度规模，国际上并无统一的标准，它受国民经济发展状况、对外贸易和金融开放度、外汇管制程度、对外资信情况，以及经济政策选择等因素的影响。

关于适度外汇储备规模的量化标准，也是随着国际经济金融的发展而动态演进的。20 世纪 60 年代，当时国际资本流动尚不活跃，以美国经济学家、耶鲁大学教授罗伯特 · 特里芬为代表的学者认为，只要能够满足 3~4 个月进口，外汇储备就算是比较充足的。20 世纪 90 年代，遭遇亚洲金融危机的冲击后，以前美联储主席格林斯潘为代表的人士又提出，充足的外汇储备要满足当年到期短期外债支付的需要。最近几年，又出了一套新的量化标准，认为外汇储备既要考虑进口支付、短债偿还的需要，还要应付外来证券投资、外来直接投资

的汇出需要，甚至还要兼顾境内主体资产多元化的需要。

以传统警戒指标衡量，我国外汇储备规模早已远远超过进口支付和短债偿还所需要的最低外汇储备量（见图 2-14）。而且，在经历了资本外流、储备下降后，以此衡量的我国基础性国际清偿能力不仅没有削弱反而有所增强。2015 年年底，我国进口支付能力（进口额 / 外汇储备余额 ×12 个月，国际警戒标准为不低于 3~4 个月的进口额）为 23.8 个月，较 2014 年年底提高了 0.3 个月。2015 年年末，我国（外币）短债偿还能力（短债余额 / 外汇储备余额，国际警戒标准为不低于 1 倍）约为 6.3 倍，高于 2014 年年底的 5.6 倍的水平；（本外币）短债偿还能力为 3.6 倍，也高于 2015 年第一季度末的 3.2 倍的水平[①]。

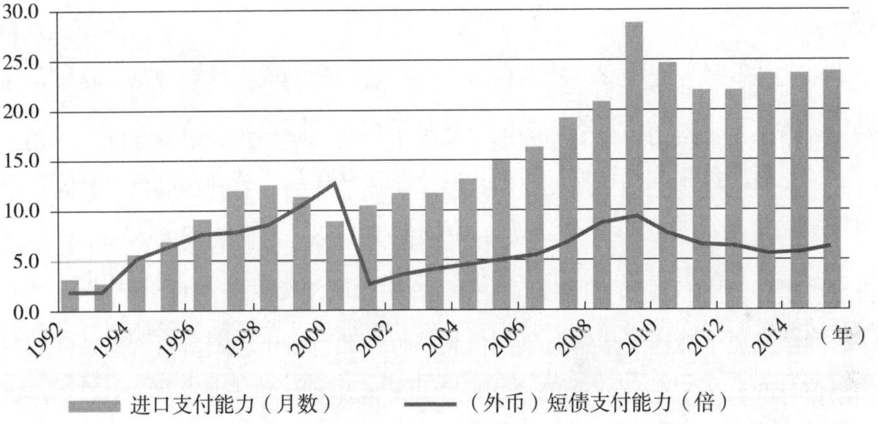


**图 2-14　1992~2015 年我国国际清偿能力变化**

资料来源：中国人民银行；国家外汇管理局

市场之所以对外汇储备规模问题开始担心，主要是因为只注意到外汇储备资产方的变动，而忽视了负债端的变化，只有将两者的变动结合起来考虑，才能得出更加客观的结论。

① 由于我国从 2015 年起公布本外币全口径的外债数据，所以，2015 年的外债数据与之前的数据不可比。

## 四、理性看待当前市场关于外汇储备规模的担忧

如上所述，按照国际可比口径，尽管近来面临跨境资本持续流出的挑战，我国对外支付能力并未发生实质性的改变。也就是说，前期虽然消耗了一定的外汇储备，但是与之相伴的是对外支付负担的下降，并没有伤及国家的根本。至于现在市场质疑央行维持汇率稳定的能力，主要是基于以下几方面的原因。

一是市场预期的善变性。市场总是根据自己的偏好，选择性地忽视某方面的信息，以致形成单边预期。同样是 4 万亿美元外汇储备，前些年还众口一词说是太多了，现在却又出来了一个 2 万亿 ~4 万亿美元规模才合适的说法，就是典型的例子。至于 2 万亿 ~4 万亿美元规模才合适的说法，其科学性也是值得商榷的[①]。因为进口支付能力和短债偿付能力的警戒指标至少都是从国际金融危机的教训中总结出来的，而前者却从未经过实践检验。

二是新旧体制的过渡期。目前正处于汇率从单边走势向双向波动转变，从政策锚向市场锚转变的“阵痛期”。市场汇率围绕均衡汇率上下波动，同时又不可能偏离均衡汇率太远是价值规律。但由于市场波动不足，市场预期未能充分释放，较易形成单边预期。特别是在转轨过程中，由于缺乏参照系，其间市场震荡加剧甚至可能超调。从这个意义上讲，当前出现集中购汇、“挤兑”外汇储备的情形，也有一定的合理性。

三是市场信息的非对称性。针对市场传言，汇改后央行在外汇市场上采取了许多非常复杂的操作。市场认为这些操作可能不够透明，进而引起了诸多猜测甚至以讹传讹。而信息不对称的本身就意味着不确定性和市场风险，这就难免会引起市场的担心和疑虑。

然而，当前讨论外汇储备的适度规模问题并非没有意义。理论联系实际、国际联系国内，我们对此的基本看法是：

---

① 进一步讨论详见第四章第五节“不宜过分夸大外汇储备充足性标准”。

第一，对于大国来讲，经济对内平衡优先，外汇储备（资产）变动是经济运行的结果而不能作为预设的目标。过去二十多年我国外汇储备的大幅积累，主要不是出于提高国际清偿能力的考虑，而是为适应稳定汇率、稳定出口和稳定经济的需要。

第二，如果目前的外汇市场震荡是临时性冲击，那么用外汇储备平抑供求、稳定汇率是适当的，这本身也是积累外汇储备的一个重要目的，无可厚非。如果是长期冲击，则可能要注意同其他政策协调配合；否则，再多的外汇储备也没有用。

第三，尽管新的外汇储备适度规模理论未经实践检验，但它也揭示了一个道理，即汇率形成的市场化即使不是货币可兑换、国际化的前提条件，也应该是配套条件。克服汇率浮动恐惧，是我国发展更高层次的开放型经济、扩大金融业双向开放必须迈过去的"坎儿"。

第四，深化汇率形成机制改革，既要尊重市场规律，让市场供求发挥越来越大的作用，容忍汇率波动扩大，也要防止市场失灵，加强和改进市场调控，改善市场沟通和预期引导。

## 第四节　人民币汇率由单边升值转向双向波动

2014 年年初，人民币兑美元汇率经历了一轮快速的升值，市场汇率一度升至 6.04，许多人惊呼人民币汇率将进入 5 时代。然而，2 月中旬起，特别是 3 月 17 日汇改将人民币兑美元日浮动区间由 1% 扩大到 2% 以后，人民币汇率快速反向下跌，由此拉开了人民币汇率由单边升值转向双向波动的序幕。市场猜测是非市场的力量导致了这种变化。而笔者认为，当前我国外汇市场已进入多重均衡状态，"3 · 17" 汇改是市场的胜利。

## 一、有关多重均衡理论的简介

在经济学意义上多重均衡（multiple equilibrium），是指在给定的条件下，受市场预期影响，市场既可能向好的方向发展，也可能向坏的方向发展。通俗地讲，就是不管你信不信，反正我信了；而只要我信了，市场就有可能朝着我预期的方向发展。

20世纪末，亚洲金融危机爆发引发了学术界对货币危机模型研究的新高潮。当时，将新兴市场货币危机归纳为三种类型。

第一种类型是财政贸易失衡、短债比例过高、外汇储备不足引起的基本面危机。如泰国是因其经常账户赤字占比过高、短债占比过重等经济金融基本面的脆弱性，成为引爆东南亚货币危机的导火索。

第二种类型是多重均衡状态下，因为市场情绪逆转而触发的流动性危机。如新加坡、马来西亚、中国香港等国家和地区经济基本面均没有多大危机，但因为泰铢危机后，投资者对整个亚洲地区投资风险进行重估，资本流向逆转，导致众多亚洲货币大幅贬值或者承受了较大的贬值压力。接着，东南亚货币危机“漂洋过海、攻城略地”，逐渐演变成席卷全球新兴市场的亚洲金融危机。

第三种类型是因为道德风险而对外过度举债引发的危机，又被称为道德风险危机模型。有学者认为，亚洲金融危机爆发前，亚洲存在普遍的裙带资本主义、政府干预经济，尤其是汇率僵化形成隐性担保，鼓励了当地投资者过度冒险且对外币风险敞口未进行有效对冲。资本流入枯竭甚至逆转后，引发市场集体抛售资产的行为，进而演变成债务和货币的“双重危机”。

## 二、2014年“3·17”汇改前夕国际收支状况

近年来，我国跨境资本流动波动日益频繁。从季度国际收支数据看，2005年汇改以来到2013年年底，累计出现了6次资本净流出，其中4次发生在2008年全球金融危机以后。现在评论市场是外汇流入还是流出压力，一定要先界定时间段，因为市场的牛熊转换非常快。例如，2011年前三个季度大家

还谈论热钱流入、人民币汇率升值问题，第四季度则转为资本外流、人民币汇率贬值压力。12 月初，银行间外汇市场上人民币兑美元交易价连日跌停或触及跌停，外汇局出来澄清跌停不等于人民币贬值。再如，2012 年年初重现资本回流、人民币升值压力，而第二、第三连续两个季度资本外流、人民币再现贬值预期，第四季度则又转回热钱流入和人民币升值压力（见图 2-15）。可见，如果我们事前不对表，讨论问题就可能会缺乏共同的基础，就是鸡同鸭讲、文不对题。

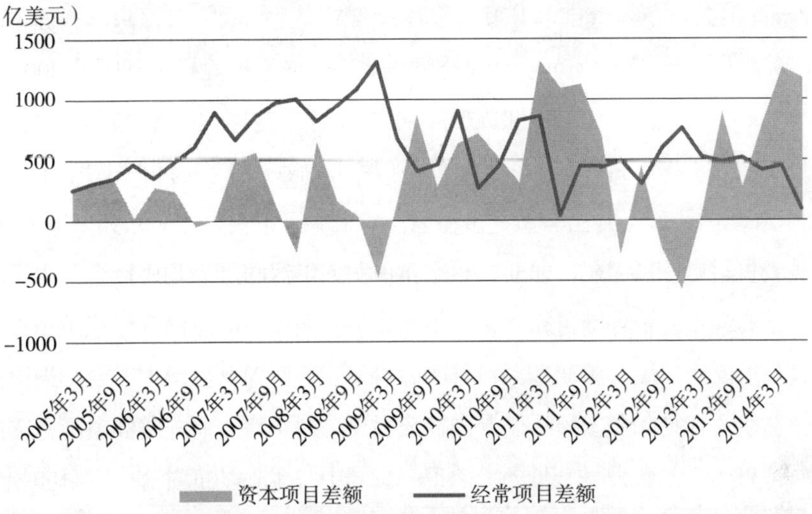


**图 2-15　2005~2014 第一季度国际收支状况**

资料来源：国家外汇管理局

跨境资本流动已成为影响我国国际收支状况的主要因素。从理论上讲，如果国际收支顺差、外汇储备增加主要来自经常账户顺差，则国际收支状况是稳定的，否则就是不稳定的。2005~2009 年，经常账户顺差与资本账户顺差对我国国际收支总顺差的平均贡献率分别为 74% 和 26%；国际金融危机爆发后的 2010~2011 年，其平均贡献率分别为 40% 和 60%；2012 年贡献率分别为 117% 和 -17%，2013 年又转为 36% 和 64%（见图 2-16）。资本项目对国际收支顺差的贡献超过经常账户，则意味着人民币汇率走势越来越具有资产价格属性，汇率容易出现快速调整或者超调。

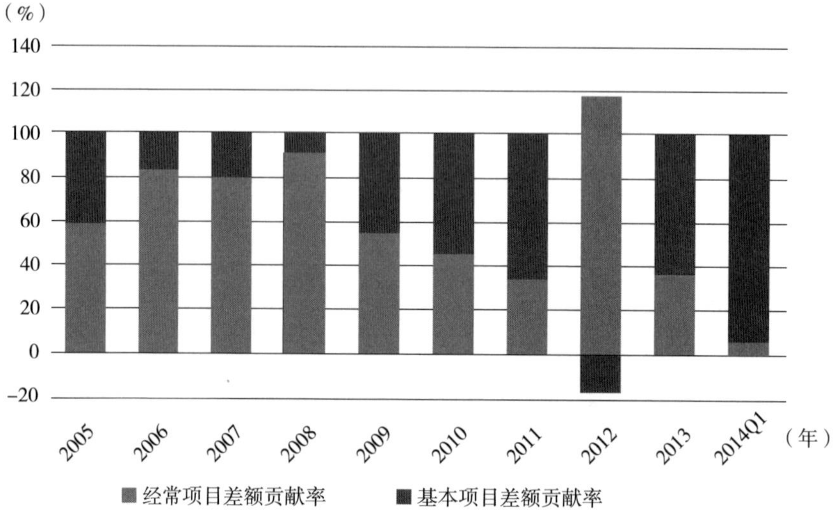


**图 2-16　2005~2014 年第一季度国际收支差额构成表**

资料来源：国家外汇管理局

短期资本流动对我国国际收支状况的影响越来越大。直接投资通常被认为是稳定的长期资本流动，而非直接投资形式的资本流动（包括国际收支口径的证券投资和其他投资）则被认为是不稳定的短期资本流动[①]。从 2005 年年初到 2013 年年底的 36 个季度里，人民币汇率总体面临升值压力，其中共有 15 个季度非直接投资资本流动为逆差，占到整个观察期的 42%（见图 2-17）。可见此类资本流动的波动之大。进一步分析，2005~2010 年的 24 个季度中，只有 3 个季度非直接投资资本流动差额相当于基础国际收支差额（即经常账户与直接投资差额之和）的一半以上；2011 年年初到 2013 年年底的 12 个季度中，却有 7 个季度占比超过一半（无论正贡献还是负贡献）（见图 2-18）。

① 国际货币基金组织通常用这个指标衡量一国热钱流入流出状况，而不是简单地用外汇储备变动减 FDI 流入和贸易顺差。

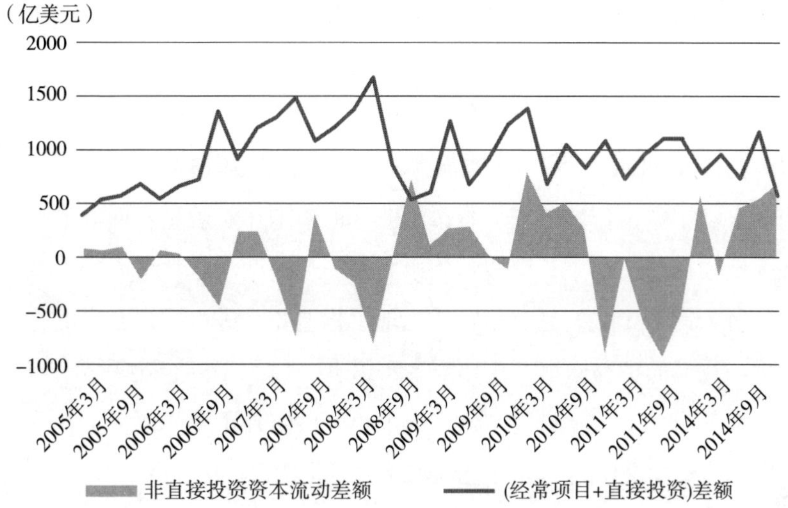


**图 2–17　2005~2014 年第一季度国际收支构成**

资料来源：国家外汇管理局

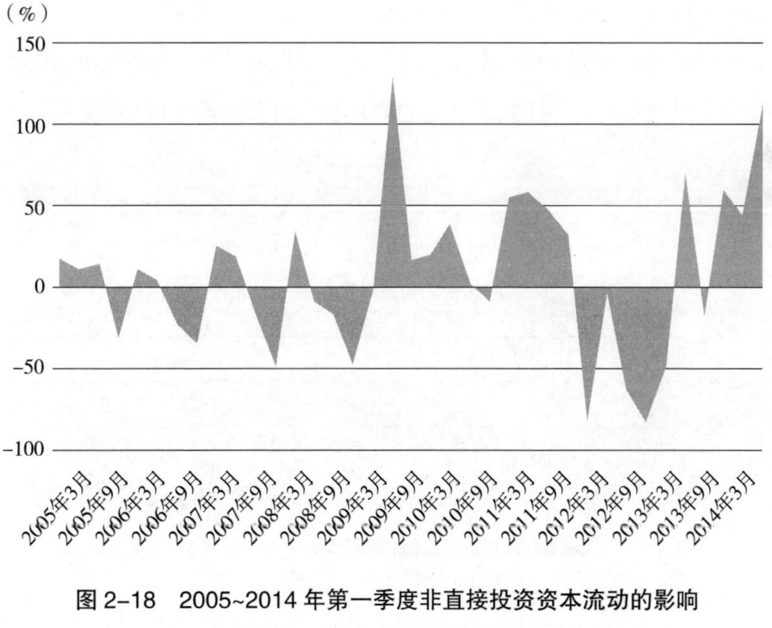


**图 2–18　2005~2014 年第一季度非直接投资资本流动的影响**

资料来源：国家外汇管理局

人民币汇率预期是影响套利交易的主要因素。自本次国际金融危机爆发以来，主要发达国家先后出台量化宽松的货币政策并不断加码，全球利率低企、流动性泛滥，借低息负债买高息资产的利差交易盛行，包括中国在内的新兴市场普遍面临国际资本大量流入的压力。进入 2013 年以来，尽管其他新兴市场大都出现了资本外流、本币贬值，但中国在宏观基本面健康、人民币汇率弹性较低的情况下，套取本外币利差、远即期汇差和境内外价差的无风险套利行为有增无减，甚至年初还出现了构造贸易进行融资套利的行为，以致内地与香港的贸易数据严重错配。2013 年，因为境内企业采取"资产本币化、负债外币化"或者说是"做多人民币、做空外币"的财务运作，非直接投资资本流动由 2012 年年净流出 2123 亿美元转为年净流入 1382 亿美元，涨幅达 3505 亿美元，完全可以解释同期外汇储备资产多增 3340 亿美元的变动。然而，利差交易的利差和汇差两个条件缺一不可。高息货币不贬值的前提假设一旦不存在，形势就可能急转直下。2011 年年底和 2012 年第二、第三季度，我国出现较大规模的非直接投资资本净流出，就是在国际金融动荡、国内经济下行，市场风险偏好降低的背景下，人民币汇率升值预期弱化甚至转为贬值预期时发生的（见图 2–19）。2011 年第四季度到 2012 年第三季度，非

**图 2–19　2010 年以来境内外人民币汇率走势**

资料来源：中国外汇交易中心

直接投资形式的资本净流出累计达2492亿美元，抵销了同期基础国际收支顺差3910亿美元的64%，同期国际储备资产仅增加749亿美元。面对近4000亿美元的基础国际收支顺差，当时境内主体不过是做了一个增加外汇存款和对外资产、减少外汇贷款和对外负债的调整（见图2–20）。2012年有相当长一段时期，央行基本停止了对外汇市场的干预，境内外汇率差价也大大收敛。

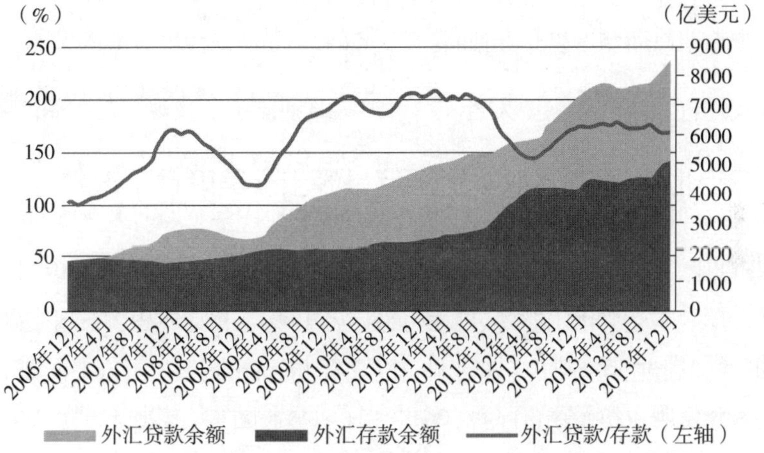


**图2–20　2006~2013年外汇存贷款变化**

资料来源：中国人民银行

## 三、人民币汇率波动印证了市场的力量

在过去二十年中，人民币双边和多边汇率持续坚挺，逐渐形成并强化了市场关于人民币汇率长期升值不可避免的印象。然而，2014年2月中旬以来，尤其是3月17日扩大银行间市场人民币汇率日间浮动区间以来，人民币汇率波动明显增强，特别是在银行结售汇持续顺差的情况下，人民币汇率却出现了反向调整。这种结果看似出人意料，实际却在“情理之中”。

首先，汇率趋向均衡合理为人民币汇率双向波动创造了宏观条件。我国自1994年汇率并轨确定实行以市场供求为基础的、有管理的浮动汇率安排以来，始终坚持主动、渐进、可控的原则，逐步完善人民币汇率形成机制，人民币汇率形成市场化程度不断提高，并逐渐趋向均衡合理水平。从 2010 年开始，我国经常账户顺差占 GDP 的比重已经回落到国际认可的合理标准以内，2013 年 GDP 比重是 2.0%，2014 年第一季度进一步降至 0.3%。近年来，人民币汇率趋向均衡合理，进一步促进了国际收支尤其是经常账户收支平衡。反过来，我国又抓住国际收支趋向平衡、汇率接近均衡的有利时机，进一步加快人民币汇率形成市场化改革。因此，理解近期人民币汇率波动，不能只孤立地看其水平变化，更要与央行利用人民币汇率双向波动，扩大汇率浮动区间的改革结合起来。

其次，资本流动影响加大为人民币汇率波动奠定了微观基础。如前所述，这次危机发生后，主要发达经济体纷纷采取量化宽松的货币政策，造成全球低利率、宽流动性，使得新兴经济体经常面临脱离本国基本面的资本流动波动冲击，中国也深受其影响。现在，资本项目已超过经常账户成为我国国际收支顺差、外汇储备增加的主要来源。特别需要指出的是，尽管 2013 年以来，人民币即期汇率呈现升值态势，但远期市场上人民币汇率却呈现贬值，显示当前外汇市场有升值压力却无升值预期。2014 年前两个月远期结售汇签约顺差创历史纪录（见图 2–21），就因为当时在人民币远期汇率贬值而即期汇率稳定的条件

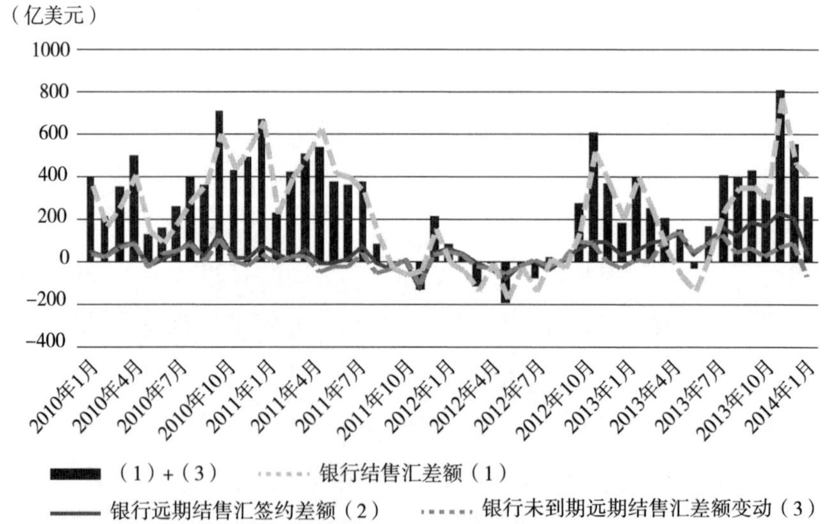


图 2–21　境内零售市场外汇供求状况

资料来源：国家外汇管理局

下，企业选择远期结汇在财务上更有吸引力。套取本外币利差、远即期汇差、境内外利差汇差的无风险套利行为空前活跃，令 2014 年第一季度经常账户顺差只有 72 亿美元的情况下，资本账户顺差仍达到 1183 亿美元，实际外汇储备资产增加达 1258 亿美元。

再次，多重均衡状态下的市场供求是影响汇率走势的重要而非唯一因素。过去二十年人民币汇率走强的重要逻辑是外汇供大于求，国际收支顺差、外汇储备增加。然而，当资本流动对国际收支的影响加大后，汇率会越来越偏离商品属性，而更多地具有类似股票、债券等的资产价格属性，心理预期、价格重估等非流量、非交易因素对汇率的影响加大。如美元汇率自由浮动，全球市场上的美元供求是基本平衡的，但美元汇率仍然有升有跌。其升值不能简单地用资本流入来解释，贬值也不能简单地用贸易赤字来诠释，因为美国的国际收支平衡本身就是经常账户逆差与资本账户顺差的组合。在每个时点上，美元对主要货币的汇率都是市场产生的短期均衡汇率。影响美元汇率走势的因素有很多，但不同时期，不同的因素对美元汇率走势产生不同的影响，令美元汇率短期出现上下波动。随着人民币汇率越来越市场化，贸易投资顺差、本外币正利差等，不再必然等于人民币汇率升值。

最后，近期人民币汇率水平变化是可以解释的。从理论上讲，均衡汇率是指经济对内对外同时达到平衡时对应的汇率水平。如果经济对内对外平衡指向一致，就比较好判断本币汇率高估还是低估；但如果两者指向相悖，就难以做出明确的判断。中国现在的情况就是，从国际收支、外汇储备变动等对外指标看，人民币汇率似乎仍然低估；但从国内产能过剩、经济下行等对内指标看，人民币汇率则又似乎有所高估。2014 年以来，正是国内经济增长稳中趋缓、外贸进出口比较低迷、信用违约事件开始暴露，以及美联储 QE（量化宽松）加速退出等内外部因素，触发了汇率预期分化、推动资本流动波动。特别是当人民币汇率波动加大以后，对前期看涨人民币单边升值的套利交易形成挤出效应，并释放出平仓购汇的需求，反过来又进一步推动汇率的波动和加大资金流出的压力。虽然 2014 年第一季度各月银行即期和远期结售汇持续顺差，但顺差规模逐月回落可能反映了市场交易策略从做空美元转为回补美元空头的大幅调整，进而对人民币汇率施加了下行压力。事实上，2014 年 2 月，反映场外市场外汇供求的银行结售汇顺差与未到期远期净结汇余额变动的合计额为 545 亿美元，比 1 月下降了 32%，3 月进一步回落至 307 亿美元，又环比下降了 44%（见图 2–21）。进入 4 月以后，外汇市场进一步做出了适应性调整。境内外人民币汇率的差价大幅收窄，第一季度境外人民币汇率 CNH 相对境内人民币汇率 CNY 日均差价是 169 个基点，4 月初到 25 日差价收敛为 30 个基点。而且，第一季度的 CNH 相对于 CNY 总体是升值的，4 月以来 CNH 对 CNY 呈现了有时相对强势、有时相对弱势的交替变化。这表明，随着人民币汇率波动加大，现在的汇率水平逐渐被境内外市场广泛接受和认可。未来，跨境资本流动和人民币汇率双向波动将成为一种新常态。

总之，我们应该相信市场、尊重市场、敬畏市场、顺应市场，同时要用市场化的方式去培育市场、引导市场。

## 四、外汇市场趋向一种好的均衡

人民币汇率目前仍只是波动而非逆转。从双边汇率看，尽管近来人民币汇率出现了一定程度下跌，但相对于 2005 年汇改以来人民币累计 30% 多的升幅，实在无关痛痒。截至 2014 年 6 月底，人民币对美元汇率中间价累计升幅仍达到 35%。前 5 个月，人民币对美元汇率中间价连续下跌，6 月转为升值 0.3%；而境内外交易价则自 5 月起连续两个月回升。从多边汇率看，5 月人民币名义有效汇率指数下跌 0.5%，实际有效汇率指数下跌 0.6%，均为连续第 4 个月环比下跌，但 2005 年汇改以来人民币名义和实际有效汇率仍分别升值了 28% 和 37%，在国际清算银行监测的 61 种货币中均位列第三。从境内外汇差看，现在 CNH 围绕 CNY 上下波动，二者日均价差第二季度收敛到 37 个基点，较第一季度日均差价回落了 137 个基点，甚至低于 2012 年外汇供求平衡时期日均差价 62 个基点的历史低位，表明人民币汇率处于被市场广泛接受和认可的水平。

人民币汇率双向浮动既有可能也有效果。随着近年来资本账户顺差对我国国际收支平衡的影响逐渐加大，人民币汇率也越来越具有资产价格属性，境内外汇市场已进入了多重均衡状态。非直接投资形式国际资本的顺周期流动有可能抵销经常账户与直接投资的较大规模顺差，减缓外汇储备的积累。2012 年呈现“经常账户顺差、资本账户逆差，储备资产小幅增加”的国际收支平衡格局，就是一个很好的案例。2013 年以来，境内外市场人民币汇价即期升值、远期贬值。正是在人民币有升值压力而无升值预期的背景下，2014 年第一季度经常账户与资本账户顺差分别贡献了我国国际收支总顺差的 7% 和 93%，非直接投资资本净流入相对于基础国际收支交易顺差（即经常账户与直接投资差额之和）的 66%，无风险套利活动是造成当时外汇供大于求的重要原因。据测算，2 月，衡量人民币利差交易吸引力的夏普比率为 6.7%，人民币是最好的新兴市场套利交易货币。另据估算，2014 年年初香港地区市场以预期人民币单边升值和低波动率为主的目标可赎回远期（即 TRF）产品规模达到 1500 亿~3500 亿美元。2014 年 2 月中旬以后特别是 3 月中旬扩大人民币汇率波幅以来，人民币汇率双向波动导致前期境内外看涨人民币单边升值的交易反向平仓，购汇需求大幅释放。4 月，人民币利差交易的夏普比率为 –4.5%，人民币一举变成较差的新兴市场套利交易货币。可见，现阶段人民币汇率双向浮动后，确实能起到分化预期、抑制投机、改善供求的作用，其效果远好于其他手段或者工具。

## 五、积极适应跨境资本流动双向波动新常态

对于跨境资本流动和人民币汇率双向波动，我们应当理性看待，并保持政策定力和市场容忍度。过去，我们比较习惯于人民币汇率长期单边升值，套利资本持续大量净流入，外汇储备连年大幅增加的旧常态。然而，随着经常账户收支趋向平衡，人民币汇率趋于均衡合理水平，在国内外经济金融形势错综复杂的背景下，跨境资本流动有进有出，人民币汇率有涨有跌，甚至出现外汇储

备阶段性减少，可能成为一种新常态。我们必须正视这种变化，容忍在一定程度和范围内的跨境资本和人民币汇率的双向波动。我国早已明确不追求外汇储备越多越好，一直在积极致力于促进国际收支基本平衡，国际收支顺差减少、外汇储备增长放缓的调整结果，符合预期目标。特别是“藏汇于民”和债务去美元化的调整路径，也符合改革和调控的方向。考虑到随着人民币汇率形成市场化改革不断推进，央行逐步淡出常态式外汇市场干预，将来必然是贸易顺差越大、资本流出越多，外汇供求才能自主性平衡。对此，市场不应过分渲染，政策也不必过度反应，而应该冷静观察、客观分析。

此外，应加强对跨境资本流入、流出的双向监测预警，完善宏观与中观层面的应对预案。随着经济市场化和国际化程度日益加深，影响我国跨境资本流动和人民币汇率走势的因素日益复杂化、多样化。我们常见的错误是，总是假定其他条件不变，研究某个和某几个变量变化可能造成的影响，结果往往可能以偏概全、似是而非。因为在任何时点上，都同时存在影响跨境资本流动和人民币汇率上行或者下行的因素，只是可能在某阶段某个因素发挥了主导作用，而其作用也是可能随着时间的推移而此消彼长、动态地发展演变的。前述两个明显的背离现象，再次生动地教育我们，不能过分依靠过去的经验主义。由于内外部不确定、不稳定因素较多，跨境资本流动和人民币汇率走势的波动将更加频繁，预测将更加困难。无疑，国内经济企稳情况、房地产市场走势、财政金融风险暴露状况，以及世界经济复苏态势、主要经济体尤其是美国货币政策走向等国内外经济金融形势的发展演变，是未来一段时期必须关注的重点。在此基础上，应加强对跨境资本流入和流出的双向监测预警，并根据可能出现的不同情形完善应对预案：在宏观层面，应根据国际收支新变化，完善财政货币政策、汇率政策等宏观经济政策的应对措施；在中观层面，应在对现行跨境资本流动监管体系压力测试的同时，不断充实政策工具。

最后，应当引导市场树立正确的金融风险意识，更好地适应跨境资本流动和人民币汇率的双向波动。通过持续的、广泛的投资者教育，引导市场主体改变单边线性的思维定式，正视双向波动的涉外经济风险。企业不能以市场判断替代市场操作，而应建立严密的财务纪律，有效地管理各种货币敞口或错配风险。正确认识外汇衍生品和贸易融资产品的功能与作用，基于实际生产经营的需要，适度使用相关产品，用其锁定成本或收益，将不确定性变成确定性，然后集中精力做好主业，而不应该将其用作投机赚钱的工具。

## 第五节　从国际收支视角看跨境人民币业务发展

国家外汇管理局国际收支分析小组发布的《2012年中国跨境资本流动监测报告》显示，2012年，我国非银行部门跨境人民币收入与支出之比为0.99:1，收支相抵后略有净流出，其中经常账户人民币净流出、资本项目人民币净流入各400多亿美元。跨境人民币的循环模式，与历史上英美日等国本币国际化初期从资本项下输出、经常账户回流本币的模式大不相同。这种差异不仅体现在统计含义上，更体现在政策含义上。

### 一、跨境人民币从经常账户输出、资本项目回流由来已久

在2010年和2011年跨境人民币业务试点初期，人民币快速走出国门，每年非银行部门跨境人民币大规模净流出，替代了当期购汇，加剧了外汇储备增长压力。2012年，由于经常账户净流出、资本项目净流入，二者相抵后，跨境人民币收支基本平衡。看似跨境人民币业务对国际收支平衡影响缓解，但其实不能掉以轻心。

从国际收支概念上讲，当期只要有人民币流出，就必然有等额的人民币回流，否则国际收支就无法平衡。按照权责发生制，即使人民币沉淀境外，也会形成境内对境外的本币负债增加。2010~2011年跨境人民币呈现大量净流出（主要是货物贸易进口支付人民币），是因为其回流主要通过银行中介进行，如通过境外人民币业务清算行或境内代理行，以非居民人民币存款形式转存境

内，通过境外同业或联行拆入人民币，通过三类境外银行进入境内银行间债券市场，等等。这并不反映为非银行部门交易，但在编制国际收支平衡表时，记录为证券投资和其他投资负债项下的资本流入，与经常账户流出相对应。最终，当期包括银行和非银行部门的全口径的跨境人民币收支实现了基本平衡。

2012年跨境人民币收支平衡反映了跨境人民币业务发展的新进展。随着近年来跨境人民币业务逐渐由经常账户扩大为资本项目交易，人民币越来越多地从外来直接投资、境内机构境外人民币发债和境外人民币借贷等资本项目渠道回流。这部分交易反映为非银行部门资本项下的人民币回流，基本消化了经常账户项下的人民币输出，非银行部门的跨境人民币收支实现了自我平衡。除前述银行部门的回流渠道继续发挥作用外，2012年还新增添了一条合格的境外投资者（RQFII）回流渠道，记录在银行部门项下①。因为非银行部门跨境人民币收支已基本平衡，新开辟的人民币回流渠道，则意味着在银行部门内部进行对外人民币资产负债的增量和存量调整。

## 二、不同的本币国际循环模式对国际收支平衡的影响不同

从历史上看，美、英、日等国本币国际化初期，其模式都是以对外投资、借贷（如美国马歇尔计划、日本的黑字还流计划）等形式从资本项目流出，以出口收款等方式从经常账户回流。而跨境人民币以进口支付方式从经常账户流出，以非居民人民币存款、借贷、直接投资、证券投资等形式从资本项目回流。两种模式均萌发于本国贸易顺差规模较大时期，也都实现了本币的跨境收支平衡。但是，前者顺应了货物贸易顺差对应资本账户逆差平衡国际收支的一般模式，而后者却对国际收支有不同的影响。

由下面三步，可推理出后一种本币国际循环模式对国际收支平衡的影响。第一步，假定货物贸易收支平衡，进口付本币、出口收本币。这种情形下，国

---

① 资本项目交易中不包含RQFII净汇入数据。目前，RQFII在资金跨境汇入环节进行国际收支申报，直接影响我国银行部门吸收非居民存款的余额，不直接影响非银行部门证券投资项目。

际收支口径的经常账户和资本项目收支都是平衡的（如果从进口付汇到出口收汇之间在境外没有迟滞，甚至资本项目都没有任何交易），外汇储备没有变动。第二步，假定货物贸易收支平衡，进口付本币、出口收外币，境外获得本币后作为投资回流，境内收取外币后卖给央行再以外汇储备资产形式在境外运用。这种情形下，经常账户收支平衡，资本项目收支顺差，外汇储备资产增加。第三步，假定货物贸易收支顺差，则上一步演变成为经常账户和资本项目“双顺差”，外汇储备资产增加。20世纪七八十年代，日本、德国极力抵制本币国际化，正是由于担心非居民持有日元、马克资产越多，本国对非居民负债越多，也就意味着资本流入越多，进而产生更大的本币升值压力。德国当年一度采取负利率政策，对非居民马克存款倒收息。

现阶段跨境人民币从经常账户输出、资本项目回流的循环模式有其客观必然性。在初始阶段，如果没有先期人民币的大量输出，就不会有后来跨境人民币业务的大发展。国际金融危机背景下，国际货币体系多极化的发展趋势激发了海外对人民币资产的需求。顺势而为，推动跨境人民币使用范围迅速从计价、结算走向投资、储藏，有助于跨境人民币业务从无到有地快速起步，为人民币在未来国际金融新格局中占据有利地位创造条件。如果未来海外持有人民币资产规模足够大，那么，中国与世界的联系将更加紧密、利益更加攸关，从而可能为中国更好地利用“两个市场、两种资源”提供更大的空间。一方面，从过去以转存境内为主的形式被动回流人民币，发展到今天通过外商直接投资等多渠道回流本身也是一种进步。但另一方面，中国需要为此做好经常账户逆差加速到来的准备。正是因为各国不断积累美元储备，美国国际收支逐渐从经常账户顺差、资本账户逆差转为经常账户逆差、资本账户顺差，并产生了特里芬难题，美元危机频发，布雷顿森林体系才终告瓦解。

## 三、本币计价的资本流动在国际收支意义上与外币等价

首先，区分居民和非居民是国际收支统计的一个最基本的原则，即只有居

民和非居民之间的交易，才会构成国际经济交易。例如，国内企业收入了外汇，存到境内银行，这是属于居民和居民之间的交易，在国际收支账户上没有反映。而假如银行拿了外汇存款以后，到境外去用，就记录为银行部门的对外投资，一般反映在其他投资项下或者证券投资项下的资产运用。

其次，国际收支统计“认人不认钱”，只要是居民与非居民的交易，不管是外币做计价结算的货币，还是本币做计价结算的货币，国际收支都有统计[①]。因此，本币形式的资本流入也是资本流入，也会影响国际收支平衡，进而影响外汇储备的变化。这不仅有统计含义，也有政策含义。即只要是从境外借入或投入的资金，即便是人民币资金（如人民币外债、人民币合格境外机构投资者资金等），也属于资本流入，会扩大国际收支顺差、增加外汇储备；反之，则是资本流出，也会加大国际收支逆差、减少外汇储备。

再次，当人民币行使国际货币职能时，它就等同于外汇。对于已经开放的资本交易，允许以本币形式流入，只是将结汇地点由境内转向境外，不会影响资本流入的总量。但是，当对外币形式的资本流入有所控制，增加本币形式的资本流入，政策含义却不尽相同。如从国际收支角度看，RQFII 与 QFII（合格的境外机构投资者）均属于证券投资项下的资本流入，增加 RQFII 额度就等于增加 QFII 额度，只是 QFII 项下是外汇进入内地后转换成人民币再投资股票、债券，RQFII 项下则是在境外结汇后再进入内地投资。同理，人民币外债与外币外债也是等价的，但人民币外债绕开了外债规模控制和结汇限制。

最后，由于境内外市场的监管规则不同，境内外资金不能充分融通，导致境内外价格经常出现差异，进而可能诱发利用跨境关联交易进行跨市场和监管政策的套利活动，削弱境内金融外汇管制的有效性。如 2012 年年底，有些境内企业就利用境外 CNH 价格相对境内 CNY 大幅溢价的机会，大量增加对境外

① 虽然央行对跨境人民币业务有一个单独的统计系统，但国家外汇管理局很早就有这样基于居民非居民原则的数据采集系统，即国际收支统计申报系统。在国际收支平衡表和国际投资头寸表中，都既有本币也有外币的跨境收付，既有本币也有外币的对外金融资产负债。从 2015 年第一季度起，国家外汇管理局才开始公布本外币全口径的外债数据。但我们可以从国际投资头寸表里把相关数据摘取出来，把数据还原后，推算出公布之前的全口径外债数据。

人民币支付，实际在境外通过关联公司购汇支付进口款项，套取境内外汇差。这在政策上符合跨境贸易人民币计价结算的规定，在微观上也有助于降低企业财务成本，只是在宏观上减少了境内购汇，扩大了境内外汇市场供求缺口，加大了人民币升值的压力。

## 四、坚持本外币统筹考虑，进一步发展跨境人民币业务

一是从大平衡角度统筹本外币业务发展。无论是QFII还是RQFII，外汇外债还是人民币外债，都是资本项下的流入，最终都将影响国际收支平衡和宏观调控效果。经常项下输出、资本项目回流本币的跨境流动模式并没有从根本上消除国际收支失衡的隐患。因此，不能就人民币谈人民币，而要从国际收支角度评估跨境人民币流动的影响，谋划跨境人民币业务的发展方向。

二是从有效性角度形成本外币监管合力。最短的木板决定了木桶的存水量，一旦对涉外经济活动的管理打开了一个缺口，就可能造成“管涌”。为避免监管政策套利，相关部门应该加强政策协调和信息沟通，形成监管合力。监管协调并非一味趋严，而应寻找新的平衡点。总体上，本币管理稍收一点、外币管理稍放一些。

三是从促平衡角度鼓励资本项下本币输出。现阶段应借鉴相关国家历史经验，既可鼓励以人民币形式对资本短缺国家提供借贷和投资，也可尝试以人民币计价，海外向我国融资后再换成外汇汇出。同时，还要多开辟经常账户人民币回流的渠道，兼顾促平衡与国际化两个目标，以此推动跨境人民币业务的健康发展。

# 第三章

# 聚焦“8·11”新汇改

2015 年 8 月 11 日，人民银行发布公告，将优化人民币兑美元汇率中间价的报价机制，以提高人民币汇率的市场化程度和基准地位。本轮改革之后，我国资本外流情况加剧，汇率贬值、储备下降的压力也随之加大，深化人民币汇改面临巨大挑战。本章试图梳理“8 · 11”汇改的来龙去脉，并提出对策建议。

## 第一节　2005 年“7 · 21”汇改十年记

2005 年 7 月 21 日，人民币兑美元一次性升值 2.1% 后，开始实行以市场供求为基础、参考一篮子货币调节、有管理的浮动汇率制度。“8 · 11”汇改正值 2005 年 7 月人民币汇率形成机制改革（即“7 · 21”汇改）十周年。“8 · 11”汇改是汇率市场化改革的延续。了解“7 · 21”汇改十周年的成绩与问题，对于更好地理解“8 · 11”汇改大有裨益。

### 一、汇改十年人民币汇率不再低估

汇改十年，人民币双边和多边汇率总体走强。从 2005 年 7 月重启汇改至 2015 年 4 月末，人民币兑美元汇率中间价累计升值了 35%，国际清算银行编制的人民币名义有效汇率（NEER）和实际有效（REER）汇率指数分别累计升值了 42% 和 56%。其中，2008 年 9 月自国际金融危机爆发以来，人民币双边汇率累计升值 12%，名义有效汇率指数和实际有效汇率指数分别升值 32%

和 27%。在全球金融震荡，主要经济体因实施货币刺激政策而陷入竞争性贬值的情况下，人民币再次像亚洲金融危机时期那样，在国际货币体系中扮演了“定海神针”的角色。

**图 3–1 人民币汇率走势**（单位：元人民币 / 美元；2010 年 =100）

资料来源：中国人民银行；国际清算银行

汇改十年我国经常账户收支趋向基本平衡。自 1994 年外汇体制改革以来，我国经常账户收支（主要是货物贸易）连年顺差，2005 年以来顺差更是不断扩大，2007 年达到峰值，是当年国内生产总值的 10.1%。自 2008 年国际金融危机以来，该比例逐年回落，自 2010 年起降至国际认可的合理标准以内。2014 年全年，经常账户顺差 2197 亿美元，同比增长 48%，与国内生产总值之比为 2.1%，较 2013 年回升了 0.5 个百分点，但仍低于国际认可的合理标准。2015 年第一季度，随着货物贸易顺差大幅反弹，经常账户顺差激增至 789 亿美元，同比扩张了 10.3 倍，与同期国内生产总值之比为 3.4%。这是国内经济下行、国际大宗商品价格下跌导致顺差扩张的集中体现。

汇改十年人民币汇率趋于均衡合理水平。2005 年以来，经常账户顺差占比急剧上升，一度成为国际社会非议人民币汇率政策、发起对华贸易和投资保护主义行动的重要借口。2007 年 6 月，国际货币基金组织专门出台新的《成员国双边政策监督的决定》，重点加强对成员国汇率政策实施的监督，这被认为是就人民币汇率问题进一步向中国施压。随着我国经常账户收支趋向基本平衡，尤其是 2011 年起经常账户顺差占 GDP 之比基本维持在 2% 左右，显示人民币汇率水平趋向合理。2012 年起，国际货币基金组织将对人民币汇率水平评估的结论从“显著低估”改为“温和低估”。2015 年 5 月底，国际货币基金组织更是明确宣布人民币汇率水平“不再低估”。这既显示了中国经济再平衡的积极成果，也为中国更好地参与全球经济治理改革争取了主动。

## 二、汇改十年人民币汇率形成市场化大发展

汇改十年人民币汇率的浮动区间逐步加大。2005 年 7 月 21 日汇改之初，银行间市场（即批发市场）人民币兑美元汇率日间有管理的波幅为中间价（或基准价）的 ±0.3%；2007 年 5 月 21 日波幅扩大到 ±0.5%；2012 年 4 月 16 日进一步扩大到 ±1%；2014 年 3 月 17 日扩大到 ±2%。与此同时，2005 年 9 月起，银行对客户办理结售汇业务使非美元货币对人民币的挂牌汇率浮动区间限制被取消；自 2014 年 7 月起，美元兑人民币的挂牌汇率浮动不再受限。自此，银行结售汇市场（即零售市场）取消了汇率浮动区间管理。

汇改十年人民币汇率逐渐呈现有涨有跌的双向波动。2005 年汇改以来，人民币汇率总体呈现单边升值走势。自 2011 年年底起，受内外部不确定和不稳定因素的影响，人民币汇率开始呈现有涨有跌的双向波动。2011 年 11 月底到 12 月初，银行间市场人民币兑美元汇率交易价一度触及日间汇率波幅上限。2012 年第四季度起，随着内外部市场环境回暖，资本大量回流，人民币汇率又呈现出新一轮单边升值走势，2014 年年初，一度最高交易价上升至 6.04 元人民币兑 1 美元。进入 2014 年 2 月特别是 3 月中旬，人民币汇率日间波幅进一步扩大至 ±2% 以后开始维持有升有贬的震荡走势，汇率弹性进一步增强（见图 3–2）。

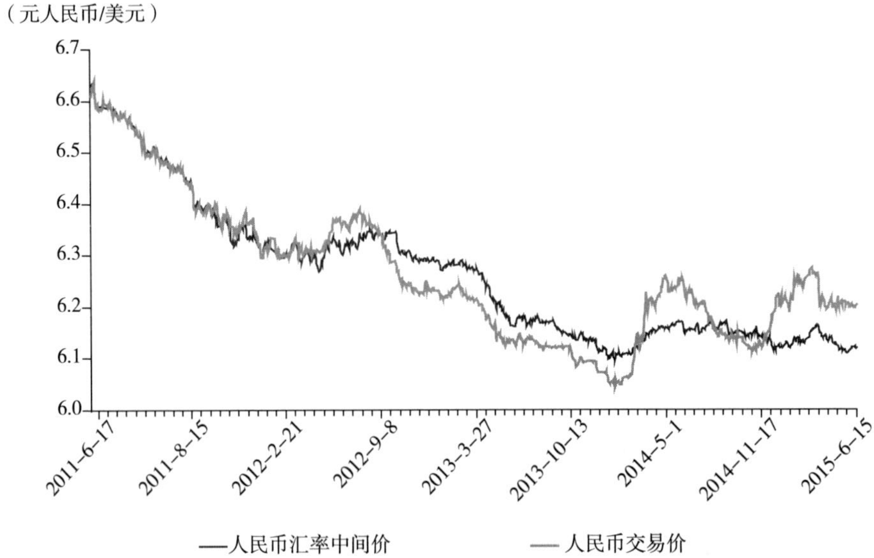


**图 3-2　人民币汇率中间价与交易价走势**

资料来源：环亚经济数据库

汇改十年，人民币汇率资产属性逐渐显现。1994 年外汇体制改革，汇率并轨，我国就确立了现行“以市场供求为基础的、有管理的浮动”汇率安排。过去二十多年，人民币双边和多边汇率的升值，从本质上反映了国际收支持续“双顺差”，市场外汇供大于求的客观结果。其中，2005~2009 年，经常账户顺差与资本账户顺差对我国国际收支总顺差和外汇储备资产增加的平均贡献率分别为 73% 和 27%。2010 年、2011 年和 2013 年平均贡献率分别为 36% 和 64%。2014 年平均贡献率分别为 85% 和 15%，其中，第一季度分别为 7% 和 93%，第二至第四季度分别为 136% 和 –36%。从理论上讲，如果国际收支顺差、外汇储备增加主要来自于经常账户顺差，则其来源是稳定的；反之，如果主要来自资本账户顺差，则来源有可能是不稳定的。而且，当外汇储备变动主要是资本流动驱动时，则意味着汇率具有资产价格属性，也就容易出现汇率超调。结合 2014 年第一季度的国际收支状况和年初人民币汇率加速升值的事实，不难理解后来人民币汇率的单边预期被打破后会呈现双向波动的态势。实际上，从2013年下半年开始，人民币汇率升值预期逐渐消退，各期限的人民币兑美元远期价格逐渐由美元贴水转为升水，意味着未来人民币兑美元贬值，这主要反映了本外币利差的方向，符合利率平价的远期汇率定价原理（见图3-3）。

**图3-3　境内外1年期人民币远期汇率走势**

资料来源：彭博社

汇改十年，外汇市场逐渐进入多重均衡状态。所谓多重均衡，就是在给定贸易投资和本外币利差状况下，外汇市场既可能出现资本流入或本币升值压力，也可能出现资本外流或本币贬值压力。2014年以来，在经常账户收支趋向基本平衡、人民币汇率趋于均衡合理的情况下，跨境资本流动和人民币市场汇率的波动性明显增强，境内外汇市场呈现出三个明显背离：一是贸易顺差与外汇储备增长相背离。2014年第二至第四季度，海关统计的外贸进出口顺差合计达3635亿美元，同比增长67%，同期外汇储备资产却下降了70亿美元；2015年第一季度，外贸进出口顺差为1237亿美元，同比增长6.4倍，但外汇储备资产却减少了795亿美元，2014年同期为增加1258亿美元。二是本外币正利差与套利资本流向相背离。2014年尽管美联储逐步退出量化宽松的货币政策，但人民币利率仍持续高于美元利率，下半年境内反映利差交易货币吸引力的夏普比率甚至由负转正、大幅回升，但境内企业延续了第二季度以来的“资产外币化、债务去杠杆化”的财务运作调整。2014 年境内外汇贷存比由年初的 125% 逐步回落至 12 月末的 99%，2015 年 3 月末进一步下降至 82%；2014 年上半年，进口跨境贸易融资增加 428 亿美元，下半年转为下降 877 亿美元，2015 年第一季度进一步减少 227 亿美元。三是外汇供求关系与人民币汇率走势相背离。2014 年上半年，反映零售市场外汇供求关系的即远期结售汇顺差为 1674 亿美元，而境内人民币兑美元汇率中间价贬值 0.9%，交易价贬值 2.5%；2014 年下半年，境内人民币兑美元汇率中间价升值 0.6%，交易价升值 0.02%，而即远期结售汇却为逆差累计为 818 亿美元；2015 年前 4 个月，人民币兑美元汇率中间价和交易价均先贬后升，但即远期结售汇逆差逐月扩大，累计逆差为 1384 亿美元。上述三个背离均反映了跨境资本流动的顺周期特点，进一步凸显了人民币汇率的资产价格属性。市场决定汇率并非单纯的市场供求决定，一些非交易的、非流量的因素（如市场预期）发挥着越来越大的作用。这表明当前形势下人民币汇率双向波动是可能的，而且双向波动对于调节国际收支确实有效。

汇改十年，境内外人民币汇率差价趋于收敛。2005 年汇改以来，特别是随着 2009 年以来跨境人民币业务试点不断扩大，全球范围内使用人民币交易的人越来越多。据国际清算银行 2013 年 4 月的调查数据显示，全球日均人民币外汇交易量达 1200 亿美元（其中，在岸市场成交量 419 亿美元，离岸市场成交量 781 亿美元），人民币已从 2010 年 4 月调查时的全球第 17 大交易货币跃升为第 9 大交易货币。境外人民币外汇交易已形成了全球 24 小时不间断的交易网络。由于在岸市场与离岸市场的参与主体和交易规则不同，境内外人民币汇率存在差异是必然的，但近年来两者的差价趋于收敛且呈现双向震荡（见图 3-4）。2011 年，两者的日均差价为 179 个基点，其中日均差价 60 个基点以上的月份占 75%；2012 年为 62 个基点，日均差价 60 个基点以上的月份占 17%；2013 年为 83 个基点，日均差价 60 个基点以上的月份占 25%；2014 年为 82 个基点，日均差价 60 个基点以上的月份占 58%；

2015 年前 4 个月为 85 个基点，日均差价 60 个基点以上的月份占 75%。境内外差价收窄表明，当前人民币汇率正处于境内外市场接受和认可的均衡合理、自主出清的水平。

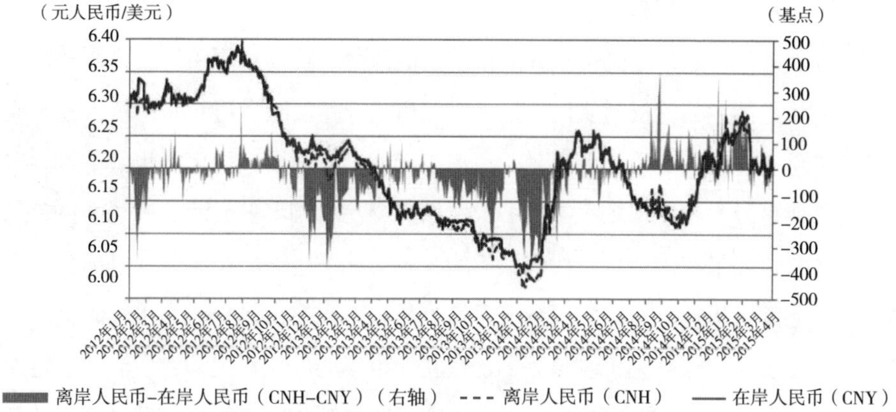


**图 3–4　境内外人民币即期汇率走势**

资料来源：路透社

## 三、汇改十年市场化改革依然未有穷期

人民币汇改必须进一步增强人民币汇率弹性。新兴市场普遍存在既担心本币升值影响出口的竞争力，又害怕本币贬值增加债务负担的“浮动恐惧”。随着人民币汇率市场化改革不断深化，人民币汇率弹性逐步增加，套利资本流动也得到了抑制。但是，目前人民币汇率的波动性无论与成熟市场还是新兴市场的货币相比，均处于较低水平。国际经验表明，只要采取固定或者僵化的汇率安排，就容易受到资本流动的冲击。无论大国还是小国，概莫能外。固然经济体量大、外汇储备多的经济体具有较强的抗风险能力，但即便是 20 世纪六七十年代经济总量、黄金储备雄踞世界第一的美国也无法挽救美元危机，最终导致了布雷顿森林体系瓦解。我们必须克服有压力时不敢动、没压力时又不想动的“浮动恐惧”，抓住当前外汇供求基本平衡、汇率水平基本合理的有利

时机，积极推动相关改革。当然，随着人民币汇率弹性不断增强，人民币汇率有涨有跌就会成为经常性状态，各界不必过度解读，也不必过度反应。境内各类市场主体应该控制好自身的汇率敞口风险，对外适度举债，并恰当运用合适的金融工具管理好敞口风险。

发展外汇市场是人民币汇改的重要组成部分。目前离岸市场人民币外汇交易量尤其是衍生品的交易量已超过了在岸市场，这反映了近年来跨境人民币业务发展迅速。但人民币外汇交易的在岸市场发展滞后于离岸市场也是不争的事实，主要是因为在岸市场限制较多，价格和交易机制不够灵活，市场主体参与不够充分。如果在岸市场发展继续迟缓，就可能被进一步边缘化，进而丧失人民币汇率的定价权。这些问题解决之道不是阻止在岸市场与离岸市场的互联互通，而是应该消除体制机制障碍，加快在岸市场的发展。另外，发展有一定深度和广度的外汇市场，是完善市场化汇率形成机制的客观需要。反过来，随着人民币汇率市场化改革深入，国内银行和企业等经济主体的市场意识和管理水平不断提高，如何更有效地降低本外币资产负债和防范利率、汇率等市场风险，也对外汇市场发展提出了高要求。另外，境内银行间市场人民币汇率交易价经常性地触及日间浮动区间的上下限，其实也在一定程度上反映了一些问题，如外汇市场的深度和广度不够和流动性不足。下一步，应该从丰富交易产品、扩大交易主体、放松交易限制、完善基础设施、鼓励双向开放等方面着手，大力发展境内外汇市场。

进一步摆正人民币汇率政策的位置。没有只涨不跌的货币，汇率有涨有跌，有利于吸收来自于内外部的冲击。印度最近之所以经济表现亮丽，成为新的国际投资热土，正是因为经历了 2013 年的资本外流、本币下跌（见图 3–5）。亚洲金融危机之后，新兴市场汇率弹性普遍增强，也被认为大大改善了这些经济体在本轮国际金融危机中的经济韧性。作为大型开放经济体，我国应该对内平衡优先，将汇率政策作为次要政策，将其还原为政策工具，当作经济运行的结果而非目标。只要专心致志地把自己的事情办好了，自然就无惧于其他经济体政策调整溢出效应的冲击，也不必担心海外不会增加配置人民币资产；否则，万事皆休。在央行淡出外汇市场常态干预的同时，汇率政策应该被善意地忽视。而且，汇率政策虽是宏观调控的重要工具，却不能包治百病，甚至起不到决定性的作用。要处理好市场和政府的关系，相信却不能迷信市场。一方面，要充分发挥市场配置资源的决定性作用，加快外汇市场发展和双向资本账户开放，进一步完善人民币汇率市场化形成机制；另一方面，要加快建立健全逆周期调节的宏观审慎框架下的外债和资本流动管理体系，不断提高透明度，减少信息不对称，提高市场有效性。

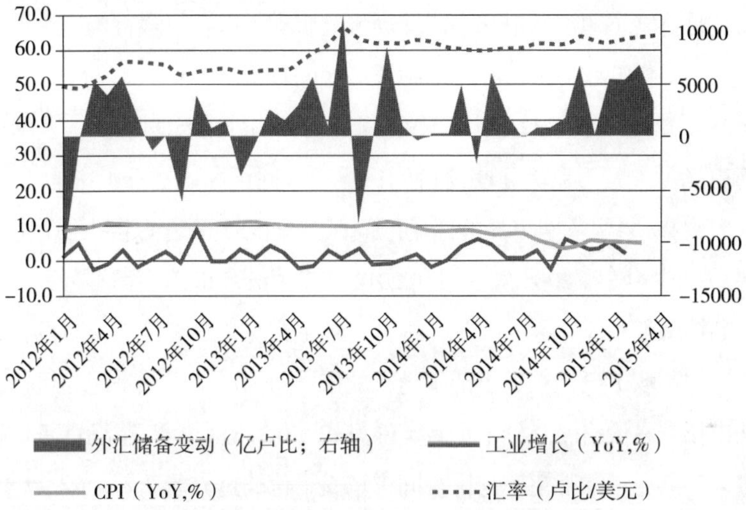


图 3–5 印度的主要经济指标

资料来源：环亚经济数据库

## 第二节 人民币汇率形成市场化改革再破局

完善人民币汇率市场化形成机制是全面深化改革、完善金融市场体系的一项重要内容。继 2014 年 3 月 17 日扩大银行间外汇市场人民币兑美元交易价浮动区间之后，人民币汇率机制改革再次突破。2015 年 8 月 11 日，人民银行公告完善人民币汇率中间价报价，由做市商在银行间市场开盘前参考上日收盘价，综合考虑外汇供求情况以及国际主要货币汇率变化报价形成。

## 一、人民币汇率市场化改革再下一城

1994年年初，人民币官方汇率与外汇调剂市场汇率并轨，我国开始实行以市场供求为基础的、有管理的浮动汇率制度。所谓有管理的浮动，就汇率调控而言主要包括：对人民币汇率中间价（又称基准汇率）的制度安排，对银行间市场交易价格（即市场汇率）的浮动区间管理，以及对银行为客户办理本外币兑换（即结售汇业务）的挂牌汇率浮动区间管理。

2005年7月二次汇改以来，银行间市场（即外汇批发市场，人民币汇率形成的市场）人民币兑美元交易价的日浮动区间逐渐由基准汇率的上下0.3%逐步扩大到2%，银行间市场的浮动区间已基本能够满足正常情形下汇率波动的需要。同时，随着2005年9月和2014年7月分步取消银行对客户办理本外币兑换的挂牌汇率浮动区间限制，银行结售汇市场（即外汇零售市场，人民币汇率执行的市场）已经实现了汇率随行就市、自由浮动。只是因为银行通常在银行间市场交易价格的基础上加减点的方式定价，在结售汇市场竞争较为充分的情况下，避免了挂牌汇率与银行间市场交易价的过分偏离。

人民币汇率中间价形成的市场化也是汇率机制改革的重要组成部分。1994年汇率并轨以后，人民币汇率中间价参考上日银行间市场交易价的加权平均价格形成。2005年7月汇改之初，改为由上一交易日的收盘价形成。2006年1月4日，央行在引入询价交易方式和做市商制度的同时，改汇率中间价形成方式为当日开市前由中国外汇交易中心向做市商询价，去掉最高和最低价后得到的加权平均价作为当日的基准价格，并授权其对外发布，这是强化中间价形成的市场作用、淡化官方色彩的一种有益尝试。2014年7月，取消人民币兑美元挂牌汇率的浮动区间限制后，人民币汇率中间价的基准或参考汇率的色彩更加凸显。

长期以来，人民币汇率中间价在引导市场预期和稳定汇率方面发挥着重要作用。尤其是当零售市场人民币汇率率先实现自由浮动以后，中间价更是对挂牌汇率和交易价格走势均发挥了重要的牵引作用。有时银行间市场的交易价有可能出现涨停或者跌停，但中间价的相对稳定，防止了市场汇率的持续升值或者贬值，而基于市场汇率定价的挂牌汇率也由此保持了基本稳定。中间价成为央行汇率政策操作的重要中介目标，也是市场解读汇率政策取向的重要窗口。

但是，由于人民币汇率中间价形成透明度不高，供求信息反映不全面，加上中间价波动率较低，导致银行间市场交易价与中间价长期背离。在单边市场环境下，近年来虽然银行间市场汇率波幅不断扩大，但交易价通常在中间价的升值或者贬值区间波动，使中间价很多时候成为一个不可交割的价格，影响了其代表性和权威性，同时也导致交易价动辄涨停或者跌停，制约了汇率整体弹性的改善。2014 年，通过 6 个月对美元期权的隐含波动率指标测算，境内人民币汇率的波动率只有 2.2%，在 20 多种主要货币和新兴市场货币中垫底，欧元、英镑、日元、加元、澳元、瑞郎的波动率在 6.6%~8.9%，新加坡元、新台币和韩元的波动率分别为 4.6%、3.7% 和 8.1%。

这次“8 · 11”汇改优化了做市商报价，回归到了以上日收盘价作为定价基础的做法，这是国际上通行的一种基准价格形成机制，有利于提高中间价形成的市场化程度，保持价格的连续性和透明度，较好地解决了前述两种价格的背离问题，提升了中间价的市场基准地位，并拓宽了市场汇率的实际运行空间。以中间价形成的市场化作为突破口，更是抓住了提升汇率形成市场化整体水平的牛鼻子。否则，仅仅是日间波幅不断扩大而中间价不动，仍有可能重复汇率波动先扩大，然后又降低。每次调整后不久几乎都是旧态复萌，市场又重新陷入对改革新举措的无限遐想和期盼之中。

## 二、加快外汇市场发展的配套改革至关重要

大力推进外汇市场建设一直是完善汇率形成机制的重要组成部分。只有建

立具有足够深度和广度的有充分流动性的外汇市场，才能进一步发挥其资源配置、价格发现和风险规避的功能。当前境内外汇市场常常出现涨跌停的情况，其实也一定程度地反映了外汇市场深度广度不够、流动性不足的问题。从过往的实践经验看，每当人民币汇率形成市场化改革取得重大进展的时候，外汇市场发展也会随之取得重大突破。

2005年汇改以来，我国逐渐具备了即期、远期、外汇掉期、货币掉期和期权等市场基础产品体系，形成了电子集中竞价、电子双边询价、做市商制度和货币经纪公司声讯经纪服务的多样化交易模式，开展了场外交易集中净额清算，交易报告库建设初具雏形，中国外汇交易中心作为交易主平台和定价中心、上海清算所作为中央对手集中清算机构的专业化服务功能也日益成熟。2014年，各类人民币外汇产品累计成交量较2004年增长12.3倍，其中衍生品交易量增长324倍，占交易总量的比重由2004年的1.8%增长至2014年的43%。另据国际清算银行2013年4月的最新调查数据显示，全球日均人民币外汇交易量达1200亿美元，其中在岸市场成交量419亿美元，离岸市场成交量781亿美元，人民币已从2010年4月调查时的全球交易货币排行的第17位跃升为第9位。根据国际货币基金组织估算，2014年人民币外汇的日均交易量约为2500亿美元。

这次人民币汇率中间价报价改革，将进一步提升汇率形成的市场化水平，为外汇市场发展提供新机遇，对外汇市场建设提出新需求。人民银行新闻发言人在阐述下一步汇改安排时，强调要加快外汇市场发展，丰富外汇产品，包括推动外汇市场对外开放、延长外汇交易时间、引入合格境外主体、促进形成境内外一致的人民币汇率。具体来讲，下一阶段外汇市场培育可以从以下几方面发力：一是鼓励非银行金融机构进入银行间外汇市场，形成交易主体风险偏好多元化格局，提高外汇市场流动性；二是支持境内银行为境外主体提供人民币外汇兑换服务，吸引更多符合条件的境外机构在风险可控的前提下参与银行间外汇市场交易，适当放宽境内金融机构参与境外人民币外汇市场的限制；三是适当突破实需原则，加快在岸市场人民币外汇衍生品交易的发展，引进人民币外汇期货交易；四是加强外汇市场风险监测，健全外汇交易数据报告库制度，以及时、全面、准确地掌握外汇市场运行状况及演进趋势。

外汇市场在国际上早已是一个成熟市场，有许多经验可供借鉴和汲取，发展市场的关键是转变观念意识。第一，坚持发展理念，改变人民币外汇交易的在岸市场发展滞后于离岸市场的状况，消除体制机制障碍，加快在岸市场的发展与赶超。第二，尊重市场规律，只有坚持“三公”原则、适销原则，控制好杠杆率，采取灵活的交易机制才有利于更好地扩大市场深度广度，更好地发挥金融服务实体经济的作用。第三，坚持改革创新，境内外市场价格趋同是大势所趋，不存在在岸价格与离岸价格谁胜谁败的问题，应该积极探索风险可控的境内外市场互联互通的过渡模式。第四，加强基础工作，要把外汇市场监管的重心逐渐从产品准入管理，转向完善市场基础设施和加强市场风险监测，不断提升监管能力和水平。

## 三、汇率机制改革的意义在外汇市场之外

2013 年年底，中国政府明确提出要加快实现人民币资本项目可兑换。人民银行机关领导在 2015 年 3 月底的中国发展高峰论坛上表示，年内要实现人民币资本项目可兑换，随后在 4 月的国际货币基金组织与世界银行集团春季年会上又进一步阐释要实现“有管理的可自由兑换”。6 月，有关部门更是一改跨境人民币业务或跨境人民币使用的隐晦提法，发布了首份《人民币国际化报告》，正式对外公布了将人民币国际化纳入国家战略目标。

然而，内外部的不确定、不稳定因素较多。从外部看，美联储加息预期增强，美元汇率进入上升周期，国际金融危机持续发酵，地缘政治冲突不断；从内部看，在“三期”叠加背景下，国内经济下行压力较大，通货紧缩趋势显现，财政金融风险逐步释放。特别是近期国内出现了资本外流、储备下降，股市也经历了暴涨暴跌，这重新激发了境内外关于现阶段中国改革开放进程的热烈讨论和诸多猜测。

国内外的经验教训表明，开放的资本流动和僵化的汇率制度是最危险的宏

观政策组合。无论大国还是小国，只要固守某个汇率水平，就有可能遭受货币攻击，如 20 世纪 60 年代的美国、1992 年的英国、20 世纪 90 年代的亚洲和拉美新兴市场，以及最近的瑞士等。从这个意义上讲，当前进一步完善人民币汇率市场化形成机制，与加快人民币资本项目可兑换和推进人民币国际化的开放战略部署是一脉相承的，并形成了逻辑上的自洽。增加汇率弹性有助于进一步夯实扩大对外金融开放的基础，降低金融开放的风险。

这次汇率改革与 7 月以来国内债券市场对外开放的新举措表明，中国的改革开放步伐仍然在按计划有条不紊地进行着。这也正契合了习近平总书记所强调的："必须适应经济全球化新趋势、准确判断国际形势新变化、深刻把握国内改革发展新要求，以更加积极有为的行动，推进更高水平的对外开放……以对外开放的主动赢得经济发展的主动、赢得国际竞争的主动。"他在解读党的十八届三中全会通过的《关于全面深化改革若干重大问题的决定》时更是明确指出，破解发展难题，化解风险和挑战，除了深化改革开放，别无他途。

## 四、汇率形成机制比汇率水平更加重要

汇率贬值有两个英文单词的表达方式：一个是 depreciation，另一个是 devaluation（汇率升值对应的则分别是 appreciation 和 revaluation）。二者中文同名却不同义，经济含义与政策含义更是大相径庭。前者是指浮动汇率制度下，由市场供求关系驱使的汇率水平变化；后者是指名义或者实际固定汇率制度下，由官方人为主导的汇率水平调整。人民币汇率改革的方向，一直是要解决市场化的形成机制问题，而不是单纯的汇率水平高低问题。

当今主要世界货币大都实行浮动汇率安排。国际货币基金组织披露的外汇储备币种构成的七种货币中，美元、英镑、日元、澳元、加元均是自由浮动。欧元虽然在内部是不可撤销的固定汇率安排，但欧元对欧元区和欧洲汇率机制中的其他货币都是自由浮动。瑞士法郎过去三年内曾经盯住欧元，但自 2015 年 1 月 15 日起也与欧元脱钩，重归自由浮动。人民币作为新崛起的大国货币，

正在被世界各国越来越广泛地使用，走向浮动汇率安排，应该不算是离经叛道、特立独行。

国际货币基金组织在2015年4月的《世界经济展望》（春季报告）中讨论近期主要货币之间的汇率变化时指出，主要货币间汇率水平的巨大变化，主要是受不同国家间经济增长、货币政策和低油价的影响。这种变化促进了需求在不同经济体之间的重新分配，总体上是对世界经济有利的。从这个意义上讲，有的货币涨、有的货币跌，不能算作是货币战争的零和游戏。而且，相关经济体基本面好转以后，在浮动汇率制度安排下，该货币自然就有可能重新走强。正如2008年国际金融危机之初，市场均看空美元，而现在美国经济强劲复苏、美联储货币政策趋于正常化，美元又重回强势周期。

对于中国来讲，完善市场化汇率形成机制一直是改革的重要目标。尤其是2005年汇改以来，人民币汇率无论双边还是多边都出现了较大幅度的升值，国际货币基金组织已经明确表示人民币汇率不再低估，这为进一步推进人民币汇率改革创造了有利条件。当前加快人民币汇率形成机制改革的意义在于，一方面积极配合加快构建开放型经济新体制的整体战略部署；另一方面也是为了增强宏观调控的独立性、自主性，更好应对内外部不确定性的挑战，保持经济和金融的稳定。在稳定基础上，中国进一步深化改革、扩大开放，不仅是中国之福，也是世界之福。

## 第三节　汇改只会迟到却不会缺席

“8·11”汇改之初，人民币汇率发生了较为剧烈的波动，引起市场的广泛关注，特别是触发了境外对于中国加入全球竞争性贬值的担忧。然而，过分关注人民币汇率水平变化，是对本次汇改极大的误读。汇改是顺应扩大对外开放新形势的重大举措，核心是完善市场化汇率形成机制，而不是调整人民币汇率水平。

## 一、人民币新汇改的制度背景

第一个背景是加快人民币可兑换进程。2013 年年底，党的十八届三中全会明确提出要加快实现人民币资本项目可兑换。2015 年 3 月底，中国人民银行行长周小川在中国发展高峰论坛上明确表示，年内要实现人民币资本项目完全可兑换。隔月，在国际货币基金组织和世界银行春季年会上，他又进一步阐述要实现“有管理的可自由兑换”。2015 年 6 月，国内股票市场的剧烈震荡一度引起海内外对于中国有可能放缓对外开放步伐的担忧。然而，从 7 月以后密集出台的加快国内银行间债券市场开放、扩大境内商品期货市场外资准入等方面的措施来看，中国仍在按既定路线图和时间表推进改革开放步伐。8 月 13 日，中国人民银行副行长、国家外汇管理局局长易纲更是公开表示，中国政府有信心、有定力推动人民币资本项目可兑换按照既定的日程表向前稳步有序地实现，而“不是说遇到一点波动或者说遇到一点外边发生的事情就可以轻易改变的”。

第二个背景是加快人民币国际化步伐。2008 年国际金融危机的爆发，对以美元为主导的现行国际货币体系提出了挑战。为摆脱对美元的依赖，2009 年起中国开始了跨境人民币业务试点，鼓励人民币跨境使用。自此，人民币的全球交易和使用越来越广泛。2015 年 6 月，中国人民银行首次发布《人民币国际化报告（2015）》，一改过去跨境人民币业务或人民币跨境使用等隐晦的提法，正式对外宣告将人民币国际化纳入国家战略。

第三个背景是中国经济开放程度已经比较高。从法律制度看，在国际货币基金组织划分的七大类四十个子项的资本交易项目中，中国自评估有 85% 的项目已经实现了不同程度的可兑换。从操作角度看，由于对外贸易投资交往规模较大、海内外企业联系广泛、跨境人员往来特别是海外华人华侨较多，加上毗邻香港特区自由金融市场的特殊因素，人民币资本项目的实际可兑换程度又要比法定程度高出许多。因此，即便没有人民币可兑换和国际化的进一步推进，资本管制、外汇管理也不可能是“铁板一块”了。2014 年 3 月的汇改实践表明，在当前贸易大顺差、本外币正利差的形势下，人民币汇率双向波动是有可能实现的，而且双向波动以后的确能对无风险套利活动起到一定的抑制作用。

## 二、汇率制度选择的国际经验

第一个经验就是主要国际货币大都是采用浮动汇率制度。国际货币基金组织披露的全球外汇储备的七种货币中，美元、英镑、日元、加元和澳元都是长期实行自由浮动的汇率安排。2015 年 1 月 15 日，瑞士法郎与欧元脱钩以后，也恢复了自由浮动。有必要指出的是，将欧元归入不可撤销的固定汇率安排是一种误导。因为汇率是一种货币对另一种货币的比价，欧元区内只有欧元这个超主权货币，而没有其他主权货币，区内也就不存在汇率问题。鉴于欧元对美元、日元、英镑等其他货币都是浮动的，所以，将欧元也归入浮动汇率安排更为妥当。

第二个经验是固定汇率与资本自由流动是危险的政策组合。国内外的经验教训表明，不论大国还是小国，只要固守某个汇率水平和某个汇率区间，就容易招致货币攻击。如 20 世纪 90 年代的亚洲金融危机，是小型开放经济体货币被攻击的经典案例。20 世纪 60 年代，美国经济规模和黄金储备均居世界第一，但美元危机依然不断，最终不得不于 20 世纪 70 年代初放弃了"双挂钩"的布雷顿森林体系安排。1992 年，英国遭受货币攻击，最终英镑被迫离开欧洲联合浮动汇率机制，而乔治·索罗斯则一战成名，成为"打败英格兰银行的人"。

第三个经验是单边升值驱使的货币国际化是不可持续的。如 20 世纪 80 年代中期，由于日本政府应对日元升值的宏观经济政策失误，造成资产泡沫，进而酿成了泡沫经济破灭，日本经济陷入长期停滞，日元国际化盛极而衰。反过来，汇率贬值也不一定意味着该币种的储备资产必定减少。如 2014 年第三季度到 2015 年第一季度期间，美元强势升值，全球公布各币种构成的外汇储备的美元价值减少了 2%。其中，美元资产价值基本未变，但其他六种主要储备货币资产的持有量保持了 5%~14% 的增长，只是由于汇率贬值，导致美元价值下降。

## 三、没有所谓的改革最佳时机

任何政策选择都有机会成本，任何改变都要承担一定风险，所谓改革的最佳时机客观上是不存在的。评价当前改革时机是否合适有两个维度：一是看改革条件是否成熟，二是看不改革的风险。

当前实现汇改逆势突破的有利条件包括：

（1）人民币汇率处于均衡合理水平，人民币不存在大幅升值或者贬值的基础。即便是人民币新汇改以后，远期人民币汇率进一步下跌，但主要反映的是本外币利差状况，而没有很强的单边预期。

（2）尽管国内出现了一定程度的资本外流和储备减少，但仍属于意料之中的有序调整，国际收支仍属于基本平衡的范畴。

（3）不同于股票市场，汇率形成是在以机构为主体的银行间市场，国家外汇储备充裕，央行拥有较强的外汇市场调控能力。

（4）过去二十年主动、渐进、可控的人民币汇率形成机制改革总体是成功的，无论在应对汇率贬值或升值压力，还是在促进汇率双向波动方面，央行均积累了丰富的调控经验，确立了良好的市场信誉。

而不改革的主要风险有：其一，国内经济结构调整和转型升级不可能一蹴而就，僵化的汇率制度和政策将制约其他政策的调控空间；其二，随着我国开放型经济发展，顺周期的资本流动冲击不可避免，特别是人民币可兑换和国际化步伐正在加速推进，僵化的汇率安排将招致货币攻击；其三，不改中间价报价方式，交易价与中间价的偏离将会继续存在，扩大日波幅以后也只会加剧而不会改善，这会进一步影响中间价的市场基准地位和代表性，甚至影响到人民币争取加入特别提款权篮子货币能否实现。

市场给我们留下的政策犹豫期可能越来越少，改革的时间窗口有可能稍纵即逝。有时候，改革或许只能是两害相权取其轻的无奈之举。当然，在面对诸多不确定性的情况下实施改革，我们必须清楚自己在做什么，清醒认识改革可能产生的后果，并周密谋划、拟订预案，以最坏的打算、争取最好的结果。

# 第四节　资本外流已非单纯基本面原因

2015年"8·11"汇改使得人民币汇率市场化程度进一步提高，但改革后我国资本外流情况加剧。2016年伊始，外汇市场继续动荡。对2014年第二季度至2015年第四季度的国际收支数据分析结果表明，我国资本外流既有国内经济偏弱、国际美元走强等基本面的原因，同时也受单边贬值预期造成的预期自我强化、自我实现的"挤兑"外汇的影响。

## 一、经济下行和美元走强是我国资本外流的基本面因素

自2014年第二季度起，我国开始出现资本外流，截至2015年第四季度，国际收支口径的资本项目连续七个季度逆差。导致我国出现资本外流的基本面原因，既有来自国内经济下行的内部冲击，也有来自国际美元走强的外部冲击。

从内部冲击看，一是国内经济下行导致投资的风险溢价上升，资本流出增多。2014年9月就是因为统计局公布的8月经济数据欠佳，导致境内外汇率差价跳升。随着中国经济调整的不断深入，关于中国经济硬着陆的舆论不绝于耳，这进一步增加了投资者的疑虑。二是国内经济下行导致国内财政金融风险释放，国际投资者对中国市场的投资风险重估。近年来，银行资产质量、地方政府融资平台、房地产市场走势等问题，总是被市场不断炒作。2015年中的A股市场异动，进一步加剧了这方面的担忧。7月，银行即远期结售汇逆差合计561亿美元，而上月逆差为71亿美元。市场情绪恶化，外汇供求失衡加大，有可能是"8·11"汇改的诱因之一。三是稳增长政策力度加大，改变本外币利差和人民币供求关系。2014年11月央行同时降准降息，就触发了从当年年底到来年初银行间市场人民币兑美元汇率的连续跌停。而美欧日实行量化宽松货币政策后，本币汇率大幅走弱的经验，进一步刺激了境内加速偿还美元债务和资产多元化配置。

从国际上看，美元走强，一是带动人民币被动升值，造成对中国出口竞争力受损、人民币汇率高估的担忧。2014年年初至2015年7月，美元指数累计升值了21%，国际清算银行编制的人民币名义和实际有效汇率指数分别升值了11.6%和11.3%。市场预期随着美联储步入加息周期，美元进一步走强，人民币继续盯住美元有可能难以维系。同时，走出生产者价格指数（PPI）连续多年负增长的通缩阴影，也需要人民币汇率的调整。二是美元加息和升值的预期改变利差交易的条件，刺激国内企业加速偿还美元债务。2008年全球金融海啸以来，在全球宽流动性、低利率的环境下，由于人民币汇率单边升值、低波动率，导致我国境内机构大举对外举债，利差交易盛行。到2014年年底，外币外债高达8955亿美元，较2008年年底增长了1.3倍，其中美元债务占到80%，短期外债占比由58%上升至76%。而相当一部分利差交易未做套期保值，对于人民币贬值非常敏感。三是市场对美元升值周期经常伴随着新兴市场国际收支危机的解读，引发对人民币汇率贬值的担心。2015年3月，在美元指数强势冲击100的背景下，国内企业出现了大量预防性购汇，当月银行即远期结售汇逆差达到777亿美元。3月中旬以后，随着美元汇率技术性回调，加之国内重申汇率维稳基调，第二季度银行即远期结售汇逆差326亿美元，远低于第一季度逆差1200亿美元的水平。

## 二、“8·11”汇改前的资本外流主要受基本面因素影响

通常，当人民币汇率升值/贬值预期比较强烈的时候，境内外汇率差价（即境内CNY同境外CNH的差价）会拉大，因此，境内外汇差可以作为评估市场人民币汇率预期的替代指标。从这个意义上讲，离岸人民币市场（CNH市场）的发展，给我们提供了一个观察人民币汇率预期的参照物，而且数据的可获性和连续性均有保障。

2014年4月初至2015年6月底，境内外日均汇差57个基点，与2012年外汇供求基本平衡时期日均差价61个基点基本持平，显示人民币汇率预期基

本稳定。这意味着 2014 年第二季度到 2015 年第二季度，正是观察基本面因素主导跨境资本流动的一个较好的时间窗口，或者说是一次较好的自然实验。

2014 年第二季度至 2015 年第二季度，我国国际收支口径的经常账户顺差累计 4332 亿美元，资本项目累计逆差 2903 亿美元，外汇储备资产累计减少 736 亿美元。其中，资产（即对外投资，包括对外直接投资、对外证券投资如 QDII/RQDII 和对外其他投资如对外放款等）项下净流出 5923 亿美元，负债（即外来投资，包括外商直接投资、外来证券投资如 QFII/RQFII 和外来其他投资如外债等）项下净流入 3018 亿美元。可见，“藏汇于民”是前期我国资本外流的主要原因，反映了外汇资产由央行集中持有向民间部门分散持有的转变过程。截至 2015 年 6 月末，储备资产占我国对外金融总资产的比重为 58.6%，较 2014 年 3 月末回落了 6.8 个百分点。

同期，外来其他投资项下累计净流出 1440 亿美元，而之前的五个季度为净流入 2785 亿美元，这表明市场开启了美元利差交易平仓模式。但由于外商直接投资和外来证券投资项下仍是净流入，同期负债项下总体仍维持净流入格局。

## 三、汇改后贬值预期加大了我国资本外流压力

“8·11”汇改优化了人民币兑美元中间价报价机制，导致的直接后果是 8 月 11~12 日，人民币汇率中间价主要依据上日收盘价连续下调，市场交易价连续跌停。这引起了关于人民币加入竞争性贬值的市场恐慌，人民币贬值预期骤然升温。尽管当局采取了包括抛售外汇储备、实施宏观审慎管理、加强跨境资本流动真实性审核等一系列维稳措施，但人民币贬值预期迟迟未能消退。2015 年 7 月初至 12 月底，境内日均汇差 352 个基点，远高于此前 57 个基点的日均水平。其中，8 月 11 日至 12 月 31 日日均差价更是高达 440 个基点。

分析 2015 年下半年的国际收支状况，可以较好地观察市场预期带来的影响。这一时期，国内经济持续调整、国际美元高位盘整，基本面因素没有发生

大的变化，但同期A股市场经历了牛熊切换，境内外日均汇差扩大至315个基点，人民币贬值预期陡增。

考虑到剔除官方的国际储备资产（包括外汇储备、黄金储备等）后，我国对外净负债2万多亿美元，出于债务负担增加的担忧，市场天然对人民币贬值较为敏感。结果，下半年出现了资产和负债项下流出叠加，造成我国外汇储备降幅扩大。下半年，资本账户逆差达到3285亿美元，外汇储备资产减少2757亿美元。其中，资产项下净流出1984亿美元，负债项下净流出1301亿美元。

负债项下由顺转逆的主要原因，一是外汇局统计的本外币外债合计减少1485亿美元，而上季度还是增加51亿美元；二是国际收支口径的外商投资企业资本金净流入降至1087亿美元，同比下降9%，为2010年以来同期最低；三是外来证券投资项下的股票投资净流出62亿美元，为2012年以来首现，上半年为净流入212亿美元（见表3–1）。

**表3–1 “8·11”汇改前后跨境资本流动状况** （单位：亿美元）

| | 2014Q1 | 2014Q2 | 2014Q3 | 2014Q4 | 2015Q1 | 2015Q2 | 2015Q3 | 2015Q4 |
|---|---|---|---|---|---|---|---|---|
| 金融账户 | 820 | –347 | –400 | –586 | –1127 | –444 | –1626 | –1659 |
| 资产 | –642 | –1505 | –1198 | –1284 | –813 | –1123 | –857 | –1127 |
| 负债 | 1462 | 1157 | 798 | 698 | –314 | 680 | –769 | –532 |
| 直接投资 | 613 | 538 | 641 | 889 | 685 | 632 | 441 | 741 |
| 股权 | 487 | 425 | 505 | 692 | 588 | 520 | 14 | 661 |
| 关联企业债务 | 126 | 113 | 136 | 197 | 96 | 112 | –171 | 80 |
| 证券投资 | 206 | 138 | 273 | 315 | 170 | 161 | –51 | –93 |
| 权益 | 75 | 91 | 140 | 213 | 62 | 150 | –57 | –5 |
| 债务 | 131 | 47 | 133 | 102 | 108 | 11 | –114 | –87 |
| 其他投资 | 643 | 481 | –116 | –506 | –1171 | –128 | –1036 | –1181 |
| 外汇储备资产 | –1258 | –228 | 4 | 293 | 795 | –130 | 1606 | 1151 |

资料来源：国家外汇管理局

## 四、关注单边贬值预期下“挤兑”外汇的行为

资本流动只是影响汇率走势的诸多因素之一，资本外流并不意味着本币汇率必然贬值。正如美国国际收支常年是“经常账户逆差、资本账户顺差”，如果只用经常账户赤字来解释美元的贬值、资本项目盈余来解释美元的升值，显然失之简单。我国现在正从经常账户和资本项目“双顺差”的旧常态进入“经常账户顺差、资本账户逆差”的新常态。这对我国来说其实属于一种合意的国际收支结构，有助于经济实现内外均衡。在这种国际收支格局下，随着人民币汇率市场化程度的不断提高，人民币汇率有涨有跌、双向波动将越来越常态化。

目前我国基础国际收支状况依然强劲，不论是“藏汇于民”还是“债务偿还”，正常用汇都是有保证的。2014 年第二季度至 2015 年第四季度，我国经常账户与直接投资顺差合计 7553 亿美元，较前七个季度增长 17%。其间，只有 2015 年第一、第三、第四季度，负债项下出现了大量流出，外汇储备资产才出现了较大降幅，人民币汇率有较为明显的贬值压力。而其他四个季度，资产项下净流出，负债项下仍为净流入，外汇储备资产涨跌互现、小幅波动，人民币汇率保持基本稳定（见表 3-1）。

内外部基本面因素导致的资本外流，应该已经在资本项目由前期大量顺差转为逆差中得到了体现。现在只是因为市场一致性的贬值预期，造成了集中“挤兑”外汇的局面。反过来，外汇储备下降、资本管制收紧，又进一步加剧了贬值预期，诱发了进一步的恐慌性购汇。

## 五、尽快适应人民币汇率双向波动是必须“过的坎”

### （一）汇率市场化改革是大势所趋

党的十八届三中全会提出，要发挥市场在资源配置中的决定性作用。2015 年 8 月 11 日，人民银行优化人民币兑美元汇率中间价报价机制（即“8·11”汇改），提高中间价形成的市场化和基准性，这是人民币汇率形成市场化改革的

延续，是完善金融市场体系的内在要求。

党的十八届五中全会提出，要坚持开放理念，发展更高层次开放型经济，扩大金融业双向开放，有序实现人民币资本项目可兑换，推动人民币加入特别提款权，成为可兑换、可自由使用货币。

僵化的汇率制度容易招致货币攻击，实行灵活的汇率安排是国际潮流。国际货币基金组织披露的七种主要国际储备货币，都是浮动汇率安排；世界前十大经济体货币中，除了人民币和俄罗斯卢布外，其他货币包括印度卢比、巴西雷亚尔，也均实行浮动汇率。反过来，如果要坚守一个汇率水平，则资本管制必不可少。“8·11”汇改之后，为稳定汇率，我国加强跨境资本流出管理也是情理之中。而汇市维稳有可能影响中国资本账户开放，也是目前市场的一大担忧。

### （二）双向浮动是市场化的自然结果

根据“价值决定价格”“价格围绕价值上下波动”的市场经济价值规律，市场汇率会围绕均衡汇率上下波动，同时又不可能偏离均衡汇率太远。

然而，均衡汇率只是合理汇率水平的理论价值，并无市场公认、统一的标准或模型，无法事前计算出来，而只能通过事后评估。在汇率形成越来越市场化的情况下，由于市场对于均衡汇率有不同的解读和预判，如有关心长期因素的、就有关心短期因素的，有关心实体经济因素的、就有关心金融因素的，有关心经济因素的、就有关心非经济因素的。市场的看法既不可能统一，也没有必要统一。

基于市场预期的分化，出现有涨有跌的双向波动将会越来越常态化。特别是在新旧体制转轨过程中，由于缺乏参照系，其间市场震荡加剧甚至出现超调也是可能的。

### （三）汇率预期要重视但不能盲从

2015 年年底，人民币汇率波动率达到 2.1%，较“8·11”汇改前的 1.1% 有所提高，但在世界主要货币中仍然排名靠后。这难以满足汇率管理体制过渡的需要。由于市场波动不足，市场预期未能充分释放，较易形成单边预期。这在短期内会导致汇率杠杆调节作用的失灵，从长远来看则会积累汇率超调的压力。

然而，市场预期哪怕是绝大多数人的预期，也并非一贯正确。1994 年年初汇率并轨，当时市场普遍预期人民币汇率将“破九望十”。但结果是，当年人民币汇率不跌反升了 3.0%，外汇储备规模翻了一番，从此人民币走上了新兴世界强势货币之路。

同时，市场预期是善变的，随波逐流容易迷失方向。2014 年年初人民币汇率升值加速，当时市场普遍预期人民币将进入“五”时代。然而，随着人民币汇率从单边升值转为双向波动，以致演变成现在的不断下跌走势，市场又纷纷猜测人民币要“破七到八”。这与此前中国股民由极热到极寒的预期变化之快、之大何其相似。因为市场总是根据自己的偏好，选择性忽视某方面的信息，以致形成单边预期，这也是资产价格容易超调的重要原因。

### （四）树立正确的投资理念和风险意识

支持“藏汇于民”是改革开放的大方向。随着企业实力壮大、居民收入提高，其本身也有资产多元化配置的客观需求。2016 年年初，境内机构和个人持有外汇或配置境外资产的兴趣骤然升温，甚至传闻出现了到银行排队购汇的现象。然而，如果仅仅因为预期人民币贬值就增持外币或者境外资产，那就是非健康的投资理念了。

因为外币资产利息收益几乎为零，境外投资也存在市场不熟悉、交易成本高等风险，在不做仔细研究的情况下，短期内大举增持境外资产或外币资产并非最佳选择。至于由此引发居民抢购外汇的风潮，则更令人唏嘘，因为通常只有出现危机、动荡和战乱时才会有挤兑外汇、黄金的行为。我国虽然面临经济社会转型的挑战，但仍然保持经济成长、社会安定，国际影响力上升的势头。作为一个贸易顺差、外汇储备大国，出现这种情形，不仅国人扼腕叹息，恐怕外国人也是一头雾水。

市场主体应树立正确的汇率风险意识，不要用市场判断替代市场操作，不要以赚不赚钱、花不花钱来决定要不要套期保值。企业应该建立严格的财务纪律，控制货币错配风险、用好金融避险工具。

### （五）加快适应汇率双向波动

从国际经验看，随着汇率弹性的增加，从低波动率到双向波动，各方不了解、不熟悉，过度反应、过度解读在所难免，这是汇率市场化改革必须经历的阵痛。市场和政府各司其职，主动适应汇率双向波动，是改革平稳过渡的重要前提。

市场应该增加承受力，不必对汇率波动过度反应，更不应妄加猜测，自己吓自己，而应该多从市场中寻找人民币汇率涨跌的答案。

政府也要容忍市场波动，保持客观中立，少对具体汇率水平发表意见，减少外汇市场干预，加快外汇市场发展，不断便利市场主体使用和交易外汇。

## 六、改善市场沟通和预期引导是政府必须“补的课”

全面深化改革既要发挥市场配置资源的决定性作用，也要更好发挥政府的作用。调控就是政府弥补市场失灵的一项重要职责。而政府调控市场，一方面靠做，另一方面靠说。有时候会做不如会说，说比做还重要，可以达到四两拨千斤、事半功倍的效果。特别是在当前新旧常态的过渡时期，人心不稳、传闻四起，市场沟通和预期引导就显得更为重要了。

做好市场沟通和预期引导，诚意很重要。要尊重市场，把市场主体放在平等的位置而不是对立面，心平气和、设身处地、换位思考。只有平等待人，以真心换真心，才容易取得市场的认可和谅解，获得社会的支持。

做好市场沟通和预期引导，专业是基础。要了解市场，说对话不要说错话，说内行话不要说外行话，摆事实、讲道理，以理服人、以德服人。强词夺理、倚势欺人，市场很可能是口服心不服。而且，可能的结果是，越不着调，市场就越没有信心，形势进一步恶化。

做好市场沟通和预期引导，信誉必不可少。市场经济是诚信经济、信用经济，政府调控市场也要依赖于其公信力和可信度。因此，政府要说真话不要说假话、说能说的不要说不能说的、说该说的不要说不该说的。说到就要做到，不知道的不说、做不到的不说、没想清楚的也不说。若是说到做不到，甚至说一套做一套，失信于人，就可能挫伤市场信心、损害政府信用。由此造成的政策信号混乱，更会增加市场的不确定性，加剧市场的震荡。

做好市场沟通和预期引导，技巧要把握。汲取2005年汇改的经验成功做法，要多谈机制、少谈水平，淡化汇率贬值的话题性。有些言论多用市场的嘴去说，更能体现其客观公正性；有些言论少用官方背书，也有助于增强政策的回旋余地。

做好市场沟通和预期引导，主动很必要。将舆论阵地拱手相让，很可能会增加工作的被动性。要加强舆情的收集与分析，适时、适度地做出反应。尤其在敏感时期，政策不透明也不稳定，极易引发市场风险。对于政策的不实传闻要及时澄清，以减少无谓的市场恐慌；对于确定出台的措施，也不要指望能够瞒天过海，而应该主动宣传引导，争取社会的理解和支持。

## 第五节　如何应对资本流出冲击

前一段时期，国内出现“资本外流”，引起各方关注。近期，外流态势趋稳，但造成持续外流的深层原因仍在，隐忧未除。为此，政策面宜妥为分析、筹划，在汇率、储备和管制三大政策工具中做出选择和搭配，多管齐下、标本兼治，防范、降低可能的风险。

### 一、全面、理性看待资本外流的影响

当前的外流有积极一面。“藏汇于民”和“债务偿还”是我国资本持续净

流出的主要渠道。根据最新的国际收支正式数据，2014 年第二季度至 2015 年第四季度，我国资本项下累计净流出 6189 亿美元，其中，资产项下（即对外投资，包括对外直接投资、对外证券投资如 QDII/RQDII 和对外其他投资如对外放款等）资本净流出达 7907 亿美元；负债项下（即外来投资，包括外商直接投资、外来证券投资如 QFII/RQFII 和外来其他投资如外债等）资本净流入达 1717 亿美元，其中债务性资本净流出（即一般意义上的偿还外债）达 3147 亿美元，只是因为外来直接投资和股票投资依然大量净流入，负债项下继续呈现顺差。国际收支呈现“经常账户顺差、资本账户逆差”，于我国是一种合意的平衡结构，有助于更好地利用“两个市场、两种资源”，提高宏观调控的独立性。无论是外汇资产由国家集中持有转为民间分散持有的“藏汇于民”，还是降低杠杆、减少汇率敞口的“债务偿还”，都符合国家改革和调控的方向。我国基础国际收支状况表现强劲，同期经常账户与直接投资顺差合计为 7553 亿美元，较前七个季度增长 17%，市场主体有序的资产多元化配置和债务去杠杆需求均有保障。

但是，资本持续外流，又有可能使我国陷入贬值预期自我强化、自我实现的恶性循环，短期看会造成市场价格失灵，长期看会积累汇率超调压力。资本集中流出将影响国内经济金融稳定，触发系统性风险。对此，我们不能掉以轻心。

## 二、应对资本流出的主要思路

从国际经验看，应对资本外流不外乎汇率浮动、外汇干预和资本管制三种外汇政策工具[①]。前者负责价格出清，后两者负责数量出清。既想汇率不跌，又想储备不降，还想管制不用，即汇率稳定、储备增加、金融开放三个目标同时实现是不可能的。根据“丁伯根法则”，实现某个政策目标，需要不少于一个政策工具。在前述三个应对资本外流的工具中，如果想守住汇率目标，就必须牺牲增储备或不管制的目标；如果想守住储备目标，就必须牺牲稳汇率或不

① 具体讨论详见第一章第三节“应对资本流动冲击的政策分析框架”。

管制的目标；如果想守住开放（即继续推进货币可兑换和国际化）目标，就必须牺牲稳汇率或增储备的目标。对于汇率稳定、储备增加和金融开放这三个目标，究竟哪一个是处于政策优先级别的，需要早做决断，以便尽早谋划。

对于中国这样一个大型开放经济体，汇率政策是次要政策，影响有限。其一，当前中国经济面临内部与外部冲击、结构与周期性问题叠加的挑战，显然不是一个具有总量政策特征、较强溢出效应的汇率工具能够解决的。期冀汇率能够一次性调整到位也显然不切实际。如果届时经济仍然不能够企稳，则汇率有可能呈现螺旋式下降。在全球经济复苏疲软、国内贸易顺差较大的情况下，人民币贬值还会加剧对货币战争、竞争性贬值的担心，可能招致国际上对华实施更猛烈的贸易报复措施。

其二，在物价下行压力下，货币政策刺激形同“推绳子”，通过汇率浮动增加货币政策独立性是否迫切，也值得商榷。中国抵御亚洲金融危机的成功经验，恰恰是人民币不贬值政策背景下（类似固定汇率制度），财政政策有效、货币政策无效，积极的财政政策在保增长方面发挥了重要作用。何况，长期以来，人民币兑美元的双边汇率已经成为中国一个重要的信心锚。如果要寻找一个新的锚，过渡期间市场情绪波动在所难免，其调整适应过程也难以预料。这可能给当下正在进行的结构性改革带来新的不确定性，增加改革的复杂性和艰巨性。

其三，作为一个崛起的新兴经济大国，中国的宏观经济政策溢出影响越发重要。甚至有一种看法认为，人民币兑美元汇率同美元利率一样，是当今世界经济的两块“压舱石”。不论是人民银行的汇率政策还是美联储的利率政策，其一举一动必然举世瞩目。其任何变化都有可能会在全球市场引发巨大的蝴蝶效应。

官方外汇储备瘦身无须过分担忧。我国外汇储备余额自 2014 年 6 月底达到 3.99 万亿美元之后，开始见顶回落，到 2016 年 2 月底累计减少了 7909 亿美元，其中“8 · 11”汇改以来的 7 个月累计减少了 4490 亿美元，占到 57%。据官方解释，外汇储备的减少，一部分变成了民间持有的外汇资产或者境外资产，一部分变成了企业的外债偿还，反映了市场主体的顺周期财务管理行为，以及支持国内企业“走出去”和实施“一带一路”战略的成效。理论上讲，如果判断前述内外部冲击是短期现象，那么用外汇储备干预来稳定本币汇率、抑制资本流出是恰当的。因为持有外汇储备的一个重要目的，就是平滑跨境资本流动。而且过去我国一直在想方设法瘦身，近年来出台了一系列创新外汇储备运用的做法。这次趁着市场调整，用市场化的方式支持“藏汇于民”、减少债务负担，也未尝不是一件好事。

有学者质疑外汇储备的减少有可能造成国家财富的流失。但是，顺周期行为恰恰是市场的本性，宏观调控才是逆周期的，国家不可能也不应该与民争利。至于说前期从事利差交易的套利者得以全身而退，由于利差交易的发起方主要是境内机构和企业，也是肥水不流外人田，是左口袋与右口袋的关系，似乎也谈不上是国家总福利的损失。当然，这种隐性的汇率担保，有可能会助长逆向选择和道德风险。从这点来讲，前期金融开放与汇率改革有所脱节，加剧了当前跨境资本流动的钟摆效应。

尽管近期外汇储备降幅较大，但从传统的外汇储备充足性标准看，我国对外偿付能力并未受到实质性损害。2015 年年底，我国进口支付能力（外汇储备 / 进口额）为 23.8 个月（国际警戒标准为不少于 3~4 个月的进口额），较 2014 年底提高了 0.3 个月;（本外币全口径的）短债偿还能力（外汇储备 / 短期外债余额）为 3.6 倍（国际警戒标准为不低于短债余额的 1 倍），高于年初（一季度末）的 3.2 倍[①]。

当然，外汇储备是否够用还取决于市场的主观判断。外汇储备并非多多益善，过多则边际收益递减，也并不必然提振市场信心；反过来说，太少了也不行，会使边际成本增加，对市场信心造成冲击。这种市场感受与外汇储备客观的多寡无关，容易形成外汇储备降得越快，汇率贬值预期就越强，外汇买盘就越多、

① 我国从 2015 年第一季度开始公布本外币全口径的外债数据，以前只公布外币外债数据，因此 2015 年的外债数据与之前的数据不可比。

卖盘越少，外汇供求失衡加剧的负反馈效应。当局需要妥善应对由此可能引起的恶性循环。

人民币刚刚成为特别提款权篮子货币，考虑到人民币国际化形象而不愿采用管制手段，则要认真思量。首先，中国好才能世界好，对此不应本末倒置。其次，“入篮”本身不要求人民币可兑换、国际化，即便可兑换、国际化，也是可以管理的。

正如剧场失火时，若无工作人员的耐心疏导，“囚徒困境”下的自发行为一涌而出，极可能造成重大伤亡事故。同理，资本若是放手不管，也会给一国经济带来巨大的灾难。其实，在走到启用“国际收支保障条款”这一步之前，国际规则和惯例已经预留了巨大政策空间。例如，经常项目可兑换，允许真实性审核，只要它不造成过分的延误；经常项目可兑换只管兑换不管交易，如果因交易限制而导致兑换的不便，不构成限制；经常项目可兑换只管对外支付和转移，不管对外收入，等等。再如，资本项目可兑换允许出于宏微观审慎目的，对跨境资本流动实施逆周期调节，如各种形式的托宾税措施，就是通过调整交易成本来影响跨境资本流动，这比简单限制或禁止一种交易更为柔性、科学，因为不可交易是最大的风险；资本项目可兑换没有国际统一标准和要求，国际组织也容忍保留适度的资本管制措施，等等。亚洲金融危机期间我国外汇管理政策的调整，就不是重走人民币不可兑换的老路，而是一次落实经常项目可兑换条件下真实性审核原则的实战演习，通过实现海关、外汇管理局、银行三家电子联网，避免假报关单进口骗汇的漏洞。

## 三、应对资本流出压力的政策措施

首先，经济金融稳定是货币稳定的基础。想要稳定跨境资本流动，须先稳定国内经济和金融。为此，中央经济工作会议提出，在适度扩大总需求的同时，要着力加强供给侧结构性改革，着力提高供给体系质量和效率，加强宏观、产业、微观、改革、社会政策“五大政策配套”，完成好三去、一降、一补“五大重点任务”，增强经济持续发展动力。其中，降息减税、简政放权等“降成本”的措施，本身是对人民币实际有效汇率的向下校正，能改善出口竞争力。加快金融供给侧改革，保持国内金融市场健康稳定发展，增强人民币金融资产吸引力，也是对人民币贬值风险的有效对冲。

其次，坚持综合施策应对资本外流。如果汇率、干预、管制三个外汇政策工具组合使用的话，即所谓“中医疗法”，可以降低对某种工具的过度依赖。这三种工具搭配越具有内在的逻辑一致性，市场对实现预定的政策目标就越有信心，政府就越省事轻松。具体来讲，现阶段，在人民币汇率不存在明显高估的情况下（如贸易顺差扩张和全球贸易份额上升就不能指向人民币汇率高估），可以完善参考篮子货币调节为基础，形成有限度的人民币汇率双向波动，抑制单边投机；以雄厚的外汇储备为依托，适时适度打击市场炒作行为，避免市场为投机情绪所左右；牢牢把握改革开放的主动权，一方面通过加快金融市场对外开放，增加外汇供给，提振市场信心；另一方面通过引入宏观审慎管理措施，甚至启用最低限度的外汇管制措施，调节外汇供求，减少恐慌情绪下市场的无序波动。

最后，加快调整适应跨境资本双向波动。成熟的市场必须以成熟的市场参与者为基础。随着国际收支趋于基本平衡、人民币汇率弹性增加，跨境资本有进有出、人民币汇率有涨有跌将日益常态化。现在市场出现过度反应和解读在所难免，是改革必须经历的阵痛。未来，应该市场的归市场，政府的归政府。市场要增加承受力，不应妄加猜测，而应多从市场中寻找答案，合理套期保值。政府也要容忍市场波动，保持客观中立，加快市场发展，减少外汇干预，不断便利市场主体使用和交易外汇。同时，政府调控市场，一方面是做，另一方面是说。政府要注意牢牢把握舆论主导权，做好市场沟通和预期引导。以参考篮子货币调节为突破口，完善与市场的汇率政策沟通；以树立正确的投资理念和风险意识为落脚点，持续加强对市场参与者的教育。

# 第 四 章

# 这次不一样

“8 · 11”汇改以后，市场形成了较强的人民币贬值预期。然而，不论是贬值压力还是单边预期，之前我们都曾经遭遇过。本章拟从分析中国过去应对贬值压力和单边汇率预期的经验入手，得出对今天改革的借鉴与启示。

## 第一节　标本兼治奠定汇率并轨改革的超预期成功

1994 年是人民币弱强转势的重要分水岭。当年的汇率并轨之所以取得超预期成功，既得益于从紧的财政、货币政策从源头抑制了过热的外汇需求，也得益于外汇体制改革集中外汇供给保证了外汇需求，还得益于实施一揽子改革尤其是全面实行出口退税政策刺激了出口高增长。

### 一、经济过热、汇率贬值是汇率并轨的重要背景

1994 年汇率并轨之前，我国实行官方汇率与（外汇调剂）市场汇率并存的双重汇率制度。官方汇率主要调节计划内的外汇收支行为，市场汇率主要调节计划外的外汇收支行为。

双重汇率制度与社会主义市场经济体制建立之前，我国长期实行计划分配与市场调节并行的经济双轨制，但方向是不断提高市场调节外汇收支行为的比重。到汇率并轨前夕，使用官方汇率的外汇收支行为仅占到 20%，使用市场

汇率的比重（即外汇留成的比重）达到80%。其中，官方汇率实行的是有管理的浮动；市场汇率从1988年4月起开始自由浮动，直到1993年2月重新限价，并于当年7月再次放开限价。

汇率并轨之前的1992年和1993年，中国经济结束1989年以来的调整，分别增长14.3%和13.9%，经济出现过热迹象（见图4–1）。1993年，广义货币供应增长37.3%，较1992年增速上升6.0个百分点；剔除债务偿还后的政府支出增长30.3%，上升25.1个百分点；消费物价14.7%，零售物价上涨13.2%；出口增长8%，进口增长29%，进出口逆差122亿美元（见图4–2）。

在此背景下，人民币官方汇率虽然基本稳定在5.80左右，但外汇调剂市场汇率从1992年年中的6左右一路跌至1993年年初超过8的水平。自1993年2月起，外汇调剂市场被重新限价，但导致场内交易、场外加价盛行。当时，还没有建成全国统一的外汇市场，有的只是一个个划地而治的调剂市场或中心，在个别地区甚至出现了10元以上的成交价格。

1993年7月，政府出台了一系列治理整顿财政金融秩序的铁腕措施，并首次以抛售外汇储备的市场化方式干预外汇调剂市场，将市场汇率稳定在

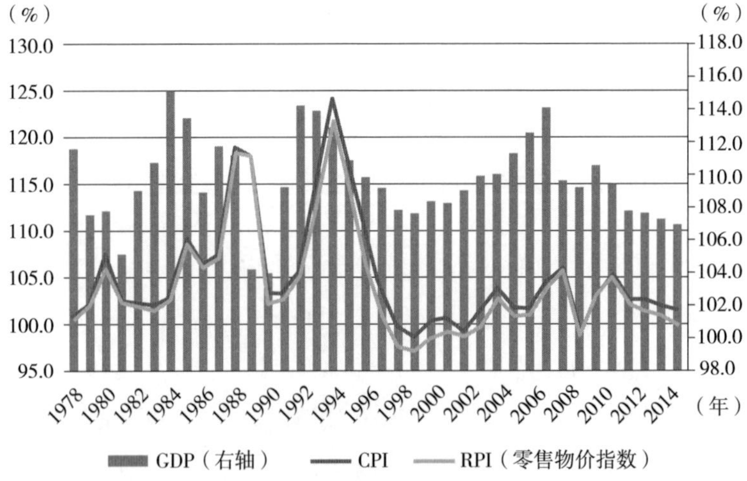


**图4–1　中国经济增长与物价走势**（PY=100）

资料来源：国家统计局

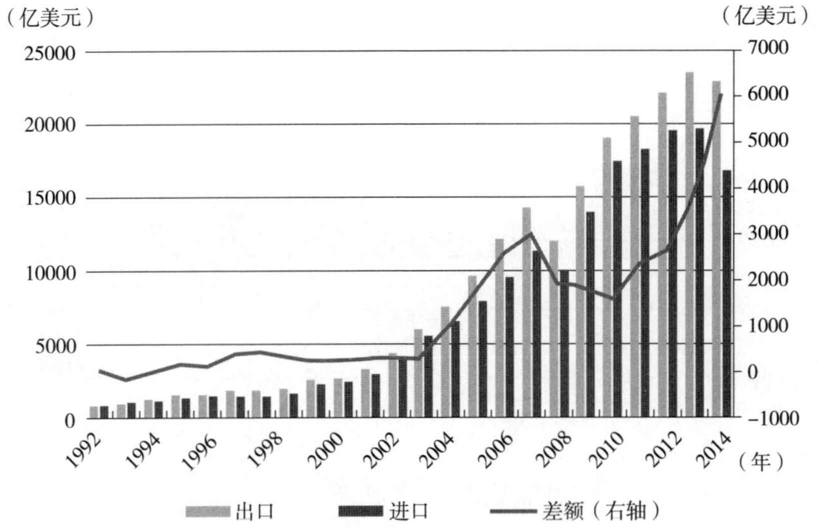


**图 4–2　中国外贸进出口情况**

资料来源：海关总署

8.70 左右并放开限价，直至 1994 年年初汇率并轨。同时，要求银行严控对有汇不卖或者买汇不用的企业贷款，甚至收回贷款或调入的外汇。

## 二、标本兼治、疏堵并举是汇率并轨成功的主要原因

1994 年年初，我国实施了重大的外汇体制改革，官方汇率 5.80 一次性与市场汇率 8.70 并轨，开始实行以市场供求为基础的、单一的、有管理的浮动汇率制度，建立全国统一规范的外汇市场，取消外汇留成和上缴，实行银行结售汇制度，实现人民币经常账户有条件可兑换。

1994 年之前，人民币汇率呈螺旋式贬值，是一种弱势货币。中央对 1994 年外汇体制改革提出的任务是“稳定汇率、增加储备”。起初，这被认为是不可能完成的任务。然而，一年下来，人民币汇率不仅没有像市场预期的那样“破九望十”，反而在消费物价上涨了 24.1%，零售物价上涨 21.7%（见图 4–1）的情况下，升值了 2.9%；外汇储备不减反增 304 亿美元，较 1993 年年底翻了一

番还多（见图 4–3）。

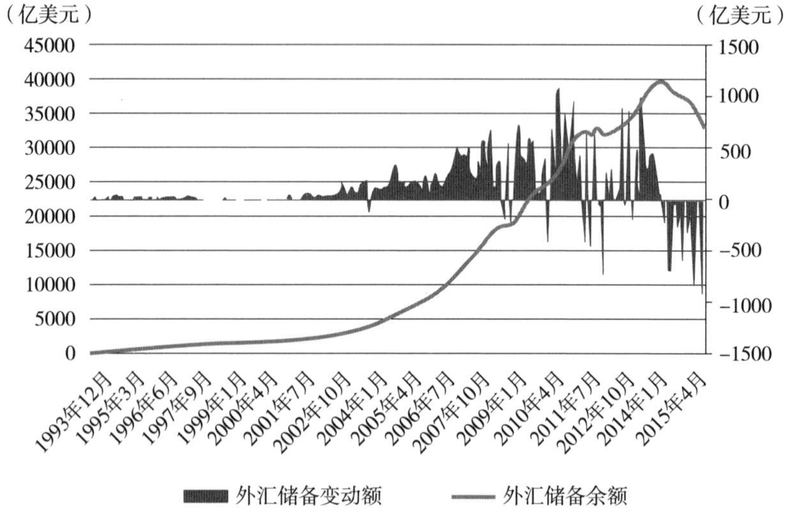


**图 4–3　中国外汇储备余额及其变动额**

资料来源：中国人民银行

1994 年汇率并轨成为人民币由弱转强的分水岭。1994 年年底到 1995 年年初，墨西哥比索大幅贬值，引发墨西哥金融风暴，导致新兴市场震荡。最后，美国财政部强力介入救助墨西哥才平息了危机。这也算是对人民币汇率新体制的一次“小考”，中国胜利过关，人民币汇率继续保持稳中趋升的走势。事实上，早自 1995 年起，市场就开始争议为什么人民币对外升值对内贬值，外汇储备增长从哪里来以及是否够用等问题。

汇率并轨取得超预期成功的主要原因有三：

第一，实行从紧的财政货币政策，从源头上抑制了过热的外汇需求。1994 年，广义货币供应增长 34.5%，较上年增速回落了 2.8 个百分点；一年期人民币存款利率为 10.98%，远高于同期限美元存款利率 3.81%；剔除债务偿还的政府支出增长 22.9%，增速回落了 7.4 个百分点（见图 4–4）。1993 年成为我国历史上最后一次年度贸易逆差，1994 年出口增长 32%，进口增长 11%，全年顺差 54 亿美元（见图 4–2）。

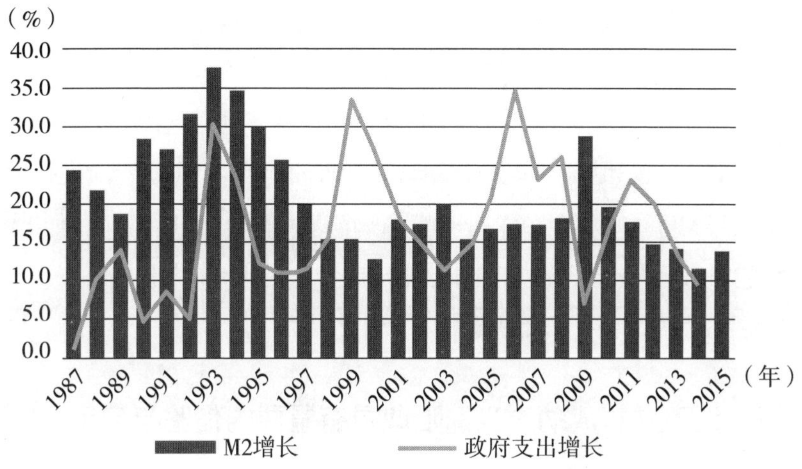


**图 4–4 中国政府支出与广义货币供应增长**

资料来源：环亚经济数据库

第二，取消外汇留成与上缴制度，从制度上集中外汇供给，保证了外汇需求。1994 年改革没有完全延续以前的老路，而是在汇率市场化的大框架下，有进有退，大胆采取了强制结汇的制度安排，要求中资企业经常账户外汇收入必须全额卖给银行。同时，宣布实现人民币经常账户有条件可兑换，集中外汇供给，保证中资企业进口及与进口有关的运费、保费、佣金等贸易从属费用的购汇需求。为保持外汇政策的连续性，减轻改革带来的震荡，这次没有将外商投资企业纳入银行结售汇体系，而是保留了外汇调剂中心，继续为其办理外汇买卖。但当时对外商投资企业有外汇收支自求平衡的管理要求，它们长期就是外汇净卖出方，这种处理并没给市场造成压力，反而体现了一种非常智慧的制度安排。

第三，不是人民币汇率低估，而是出口退税新政给出口高增长插上了翅膀。有一种说法认为，1994 年汇率并轨时的汇率水平为 8.70，较当时的企业出口换汇成本低一元钱左右，所以并轨时人民币一次性对外大幅贬值甚至低估奠定了汇率并轨成功的基础。事实上，并轨前夕使用 8.70 汇率的外汇收支活动已经占到 80%，加权平均的人民币汇率是 8.12，人民币汇率的实际调整幅度只有 6.7%，而不是 33.3% 的大幅调整；况且，8 以上的汇率水平在 1993 年年初就已经出现，但当年出口增长只有 8%，考虑到 1994 年国内通胀水平更高，很难说同一个汇率水平在 1993 年就是高估，1994 年则是低估了，全年国际清算银行编制的人民币实际有效汇率指数还升值了 11%；再者，出口高增长应归功于当年实行了财税金融体制一揽子改革，其中从 1994 年起全面实行基于增值税的出口退税制度（之前是部分出口商品享受退税）尤其引人注目，平均 10 多个百分点的退税率无疑是对出口的极大激励。

## 三、汇率并轨成功对当前汇改具有重要的借鉴与启示

经济稳定是货币稳定的前提条件。1994 年汇改成功的关键是实施从紧的财政、货币政策，从源头抑制了过热的外汇需求。没有这一根本保障，仅靠 200 亿美元的外汇储备是难以守住汇率的。尽管 1994 年经济增长（13.1%）和通货膨胀还在惯性冲高，但中央扭住适度从紧的财政、货币政策的“牛鼻子”，到 1996 年实现了经济“软着陆”，奠定了人民币由弱转强的基础。有的贷款指导更是明确指向有汇不卖或者买汇不用的企业。1996 年，我国经济增长 9.9%，消费物价上涨 8.3%，零售物价上涨 6.1%，贸易顺差 122 亿美元，年底外汇储备余额 1050 亿美元，人民币兑美元汇率较并轨初升值了 4.8%。当然，由于当时国内经济过热，需要实行并也可以承受从紧的财政、货币政策，这与当下情形大相径庭。同样的道理，市场已经将新兴经济体做了好和坏的区分，只要国内经济好，货币自然就能稳；否则，守汇率将困难重重。

均衡汇率不可能提前预知。虽然 1994 年汇率并轨时，市场普遍认为人民币进行了一次大幅贬值，甚至事后还认为人民币汇率是低估的。然而，市场根据适应性预期得出的主流观点仍是人民币还会进一步贬值。即便是 1994 年至 1996 年人民币汇率稳中趋升、外汇储备大幅增加，市场仍不相信人民币已经走向强势，老百姓持有外汇存款的积极性依然很高（直到 2001 年年底以后才改变乃至逆转），中资企业则限于强制结汇制度不能持有外汇。这对当前汇率机制改

革的启示是，指望通过人民币汇率一次性调整消除单边预期是不可能的，除非有经济基本面的改善；否则就可能陷入预期自我强化、自我实现的恶性循环。

牢牢把握改革开放的主动权。毋庸讳言，尽管1994年外汇体制进行了一系列重大改革，但当时人民币的可兑换程度依然较低，刚从不可兑换走到经常账户有条件可兑换。其中，取消外汇留成和上缴，重启强制结汇制度，既可以说是改革，因为它与经常账户有条件可兑换是挂钩的；也可以说是重新收紧管制，这奠定了当年汇改成功的一个重要制度基础。至于其他方面的用汇，不论是经常项下还是资本项下均受到较多限制。从这个意义上讲，面对“三元悖论”，既想稳定本币汇率又想保持货币政策独立，资本管制是不可或缺的。甚至审时度势而不是墨守成规，对一些制度安排相机调整，也是为了将来走得更好、更远。正如1994年取消外汇留成与上缴制度，但并没有妨碍我国最终走向经常账户外汇收入意愿结汇。

## 第二节　外汇管理助力人民币免疫亚洲金融危机冲击

1998年，面对亚洲金融危机冲击，中国政府承诺人民币不贬值。危机历时三年之久，最终汇率不跌、储备没降，在经常账户完全可兑换的新开放环境下，中国果断、有力实行外汇管理政策调整的成功实践。

### 一、亚洲金融危机是人民币保卫战的重要背景

1994年汇率并轨之后，随着国内经济“软着陆”，以市场供求为基础的、有管理的浮动汇率制度运行平稳，人民币汇率稳中趋升、外汇储备持续大幅增加。截至1996年年底，人民币兑美元汇率较并轨之初累计升值了4.8%，国际清算银行编制的人民币名义有效汇率指数（NEER）和实际有效汇率（REER）指数分别升值了4%和29%（见图4–5）；外汇储备增长了42倍，进口支付能力（外汇储备/进口额 ×12个月）从1993年年底的2.4个月增至9.1个月，短债偿付

能力（外汇储备 / 短期外债）由 1.6 倍提高到 7.4 倍（见图 4–6）。随着国际收支状况改善，我国于 1996 年年底取消剩余经常账户汇兑限制，正式接受《国际货币基金组织协定》第八条款义务，实现了人民币经常账户完全可兑换。

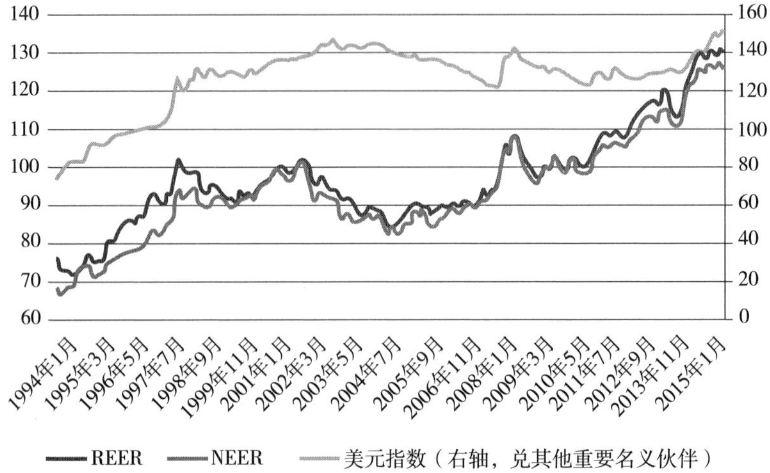


**图 4–5　人民币与美元汇率指数**（2010=100）

资料来源：国际清算银行；美联储

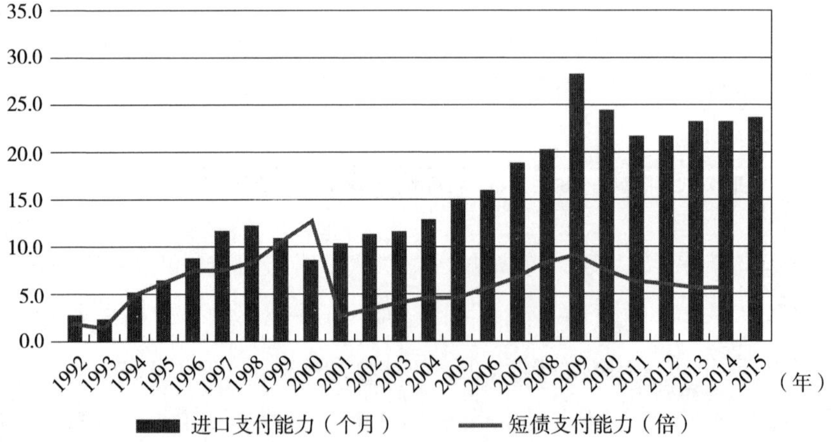


**图 4–6　中国国际清偿能力变化**

资料来源：海关总署；中国人民银行；国家外汇管理局

危机触发了货币竞争性贬值。1997年下半年，美元兑其他重要贸易伙伴（主要新兴经济体）货币平均升值17%，而上半年还只是升值了1%。其中，我国重要贸易竞争对手——亚洲新兴市场货币普遍兑美元贬值，同期人民币名义有效汇率指数升值了11%。

中国的外汇管理新体制刚经历了墨西哥金融风暴“小考”后不久，又迎来了亚洲金融危机冲击的“大考”。1997年7月2日，泰国失守联系汇率制度，泰铢急剧贬值，并不断蔓延深化，演变成席卷新兴市场的亚洲金融危机。

危机导致投资风险重估。危机令“亚洲经济奇迹蒙尘”，引起全球对包括中国在内的亚洲地区投资风险的重新考量。中国银行业已经技术性破产，竞争性贬值令中国经济增长引擎受损等市场传闻不绝于耳，资本加速流出我国。1997年，经常账户顺差大幅飙升，而我国资本账户顺差骤降近一半，1998年上半年还出现了进出口顺差、贸易结售汇逆差所谓“贸易顺差不顺收”的情形，全年更是出现了并轨后首次年度资本净流出63亿美元（见图4–7）。

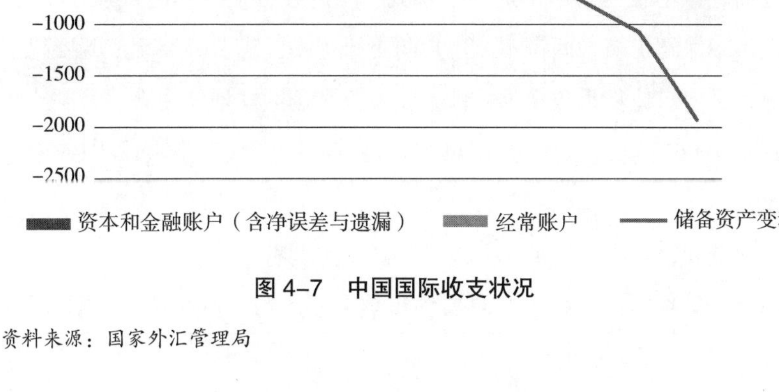


图4–7　中国国际收支状况

资料来源：国家外汇管理局

中国经济自身也遭遇困境。1997 年经济增速虽有 9.2%，但下半年增速下行加快，1998 年第一和第二季度进一步降至 7.2% 和 6.9%。刚刚摆脱通胀压力，通缩威胁又悄然而至。1997 年消费物价上涨 2.8%，零售物价上涨 0.8%，而且后者最后三个月已连续同比负增长。1998 年国企改革、减员增效，年底非私营部门就业较 1996 年年底减少约 2100 万个，社会就业压力增加。同年，我国还遭遇了百年一遇的洪涝灾害。

面对“内忧外患”，1998 年 3 月 17 日，新上任的朱镕基总理在“两会”记者招待会上宣布，必须确保中国经济发展速度达到 8%，通货膨胀小于 3%，人民币不能贬值。

## 二、外汇管理政策果断调整，扛起“稳汇率”的大旗

宏观调控及时转向保增长。20 世纪 90 年代中期，中国曾经面临经济过热，所以宏观调控的政策立场是从紧的财政、货币政策，甚至还把实施适度从紧的财政、货币政策写进了 1996 年开始执行的“九五”规划。然而，面对突如其来的国际金融冲击、经济形势逆转，政府及时调整宏观调控取向，转而实行积极的财政、货币政策。1998 年，剔除债务支付后的政府支出增长 33.5%，增速较 1997 年提高了 18.1 个百分点；连续降息三次，到年底一年期人民币存款利率为 3.78%；连续六次提高出口退税率，稳定出口。同时，继续深入推进国企改革，发行特别国债为四大银行补充资本金。

然而，保增长给稳汇率提出了挑战。国内经济下行和通货紧缩压力较大，需要低利率保驾护航，而资本流出形势下稳汇率又需要高利率。既要稳定人民币汇率，又要保持货币政策独立性，无疑需要创造性地使用外汇管制的政策工具。这是 1996 年实现人民币经常项目可兑换以后，在有国际规则约束下的第一次练兵。

危机期间，我国“稳汇率”的外汇政策主要有三：

一是加强经常账户购付汇真实性审核。前述的“贸易顺差不顺收”现象，

主要是指进口骗汇。经常项目可兑换以后，企业进口支付可凭有关单证直接到银行柜台办理，银行仅承担单证表面真实性审核义务。而货到付款项下，银行无法实时校验是否有真实的进口，结果一些不法企业借机伪造进口报关单到银行骗购外汇。为此，当局先是采取了要求一定金额以上的进口支付先到海关手工“二次核对”，再到银行办理购付汇手续的临时性举措。同时，加大技术开发力度，于1998年9月正式启用了海关、银行、外汇局三家联网的“进出口报关单联网核查系统”，实现了企业进口购付汇可以在银行柜台通过该系统逐笔实时核验的功能，避免了进口骗汇的操作漏洞，从根本上扭转了“贸易顺差不顺收”的形势。

二是进一步收紧资本项下的用汇管理。尽管当时人民币从不可兑换走到了经常账户完全可兑换，但对资本项目仍有较为严格的管制。基于当时的外汇形势，当局明确限制购汇提前偿还外债，并规定除境外带料加工、境外战略收购以及海外援助项目外，限制购汇对外直接投资。另外，当时居民个人只有因私出境才能一年一次性购汇1000美元或2000美元。

三是加大对违法违规外汇收支行为的立法和执法力度。高法提供司法解释，明确逃汇和伪造公文骗购外汇可以入刑，加大了威慑和惩治力度。对于银行、企业相关人员包括高管涉及违法违规交易，有主观恶意的，可追究个人行政责任或法律责任。要求出口收入限期调回，并在全国范围内开展打击出口逃汇和进口骗汇的专项行动。重申地方政府不能对外提供担保，对广国投和粤海进行破产清算，遏制道德风险。清查对外商直接投资提供固定回报的行为，抑制隐性外债。

1998~2000年亚洲金融危机期间，我国面临资本外流、汇率贬值压力。最终，人民币兑美元汇率基本稳定在8.28左右的水平，直至2005年7月人民币汇改。危机期间，外汇储备余额除个别月份微降外，总体呈上升趋势。到2000年年底外汇储备余额达到1656亿美元，较1997年年底增加了257亿美元。“9·11”恐怖袭击以后，美元由强转弱，亚洲金融危机平息，人民币汇率保卫战取得全胜，并重归升值通道。

## 三、亚洲危机期间的人民币维稳对今天仍有借鉴意义

亚洲金融危机时期的国内形势与当前更加相近。1994年汇率并轨时，经济内外均衡目标一致，调控方向一致，这是与当前的最大区别。而亚洲金融危机期间的形势与现在的相似度更高，国家既要保经济增长，又要保持汇率稳定，利率政策难以二者兼顾。同时，亚洲金融危机之前，我国已实现人民币经常账户完全可兑换，接受了《国际货币基金组织协定》第八条款义务。现在，人民币资本项目可兑换和国际化程度已有较大提高，人民币符合“可自由使用”标准，已被批准纳入特别提款权篮子货币。

决策果断、措施有力是货币保卫战成功的关键。尽管汇率并轨后，我国外汇储备持续大幅增加，到1997年年底已有1399亿美元的规模。但中央基于外汇储备仍不充裕的基本判断，仍不打算以消耗外汇储备来支持人民币汇率，而是于1998年年初就提出了“稳定汇率、增加储备”的工作目标，而且在国内外各种场合不断重申承诺人民币不贬值的政策立场。面对资本流出的局势，当局一方面稳住人民币汇率，另一方面针对“贸易顺差不顺收”的异常情况，立即组织开展外汇大检查、重拳出击，立即查找管理漏洞、亡羊补牢。政策信号明确，市场沟通到位，加之相关管理措施配套有力，增强了政府不贬值承诺的可信度和执行力。

牢牢把握改革开放的主动权。开放条件下并非不允许管理跨境资本流动，外汇管制正是亚洲危机期间实现稳汇率目标的重要制度保障。然而，当时一个最大的外部约束就是第八条款义务。前述对货到付款项下进口支付采取海关手工“二次核对”的做法，就造成了对外进口支付的一定延误。1999年年初，国际货币基金组织专门派出技术小组，对中国涉嫌构成经常账户汇兑限制的做法进行质询。后来解释那只是临时性措施，后期通过启用电子化手段解决真实性审核问题后已经予以取消，基金组织对此表示认可。之后，汲取这一经验，又在服务贸易购付汇环节引入税务凭证要求，通过税收手段增加骗购外汇的成本，同时也帮助税务部门加强涉外税收征管。至于不可兑换的交易项目，当局如何

管理，外界根本不会置喙。此外，国际社会也是以成败论英雄。亚洲金融危机期间，人民币不贬值，不仅有利于中国金融的稳定，也有利于世界金融的稳定，赢得了国际上的广泛赞誉，并从此真正奠定了人民币新兴世界强势货币的地位。

资本外流情形下汇率稳定并非没有可能。1998~2000 年，我国年均经常账户与直接投资（即基础国际收支）顺差之和为 629 亿美元，比 1994~1997 年的年均水平高出 26%。在严格外汇管制的情况下，尽管同期资产项下（包括对外直接投资、证券投资和其他投资）的资本净流出较前四年的平均水平增加了 2.2 倍，负债项下（包括外来直接投资、证券投资和其他投资）的资本净流入下降了 4%，但整体仍维持了国际收支基本平衡略有盈余的局面，剔除估值效应后的年均外汇储备资产增加 86 亿美元，成绩来之不易。2014 年第二季度至 2015 年第三季度，我国基础国际收支顺差 6754 亿美元，较前六个季度增长了 26%，无论是“藏汇于民”还是债务偿还，合理用汇都是有保障的。只是现在需要一个外力干预，打破一致性预期引致的集中购汇行为；否则，就可能要接受一个单边预期下市场汇率超调的后果。

## 第三节　两次成功“稳汇率”的经验与启示

当前，我国面临资本外流、储备下降、汇率调整的压力。1994 年汇率并轨和 1998~2000 年亚洲金融危机期间，我们曾经面临类似的挑战，最终圆满完成了“汇率稳定、储备增加”的任务。认真学习借鉴这两次货币保卫战的经验，有助于我们坚定汇改必胜的信念。

### 一、前两次货币保卫战的胜利于今天是一笔宝贵的财富

1994 年汇率并轨和 1998~2000 年亚洲金融危机期间抵御人民币汇率贬值压力的成功经历，从不同角度提供了正反两方面的经验。

一是“攻”与“守”的阶段不同。1994 年“稳汇率”是从无到有，不但要阻断人民币呈螺旋式贬值，还要增加外汇储备，以及推进人民币经常账户有条件可兑换。1998 年“稳汇率”却是要守住人民币汇率不跌，守住外汇储备不降，同时还要守住经常账户完全可兑换成果不失。

二是“主”与“次”的目标差异。1994 年，“稳汇率”是外汇短缺环境下的主要矛盾，宏观调控极力配合完成“稳定汇率、增加储备”的工作任务。当时经济内外均衡目标高度一致，高利率政策既有利于抑制经济过热，也有利于支持汇率稳定。1998 年，“保增长”是主要矛盾，“稳汇率”是要给“保增长”创造有利的金融环境。低利率政策主要服务于“保增长”目标，“稳汇率”只能依赖于“强管制”手段。

三是“放”与“收”的手段差别。1994 年，由于开放程度较低，除取消外汇留成与上缴是收紧管理外，汇率并轨、实行银行结售汇、建立全国统一规范的外汇市场、实现人民币经常账户有条件可兑换都属于制度红利。因此，1994 年的“稳汇率”是靠改革和发展的办法来解决前进中的问题的。而到 1998 年时，新体制运行已多年，人民币已实现经常账户完全可兑换，亚洲金融危机暴露了新体制的一些问题。所以，1998 年“稳汇率”主要是靠加强和改进外汇管理来实现的。

可以说，“8・11”汇改后所遇到的问题，在那两次都基本经历过。与当年相比，现在的明显优势在于：

一是经济体量大，抗风险能力强。2015 年，经济规模分别相当于 1994 年和 1998 年的 14 倍和 11 倍。这导致 2015 年资本账户逆差（含净误差与遗漏）高达为 6739 亿美元，绝对规模分别相当于 1994 年和 1998 年的 28.4 倍和 26.7 倍，但差额与 GDP 之比是 –6.0%，分别仅为 1994 年和 1998 年的 1.5 倍和 2.5 倍（见图 4–8）。

二是外汇储备多，对外偿付能力足。2015 年年底，外汇储备规模分别相当于 1994 年和 1998 年的 65 倍和 23 倍，进口支付能力分别是 1993 年和 1997 年的 10 倍和 4 倍。

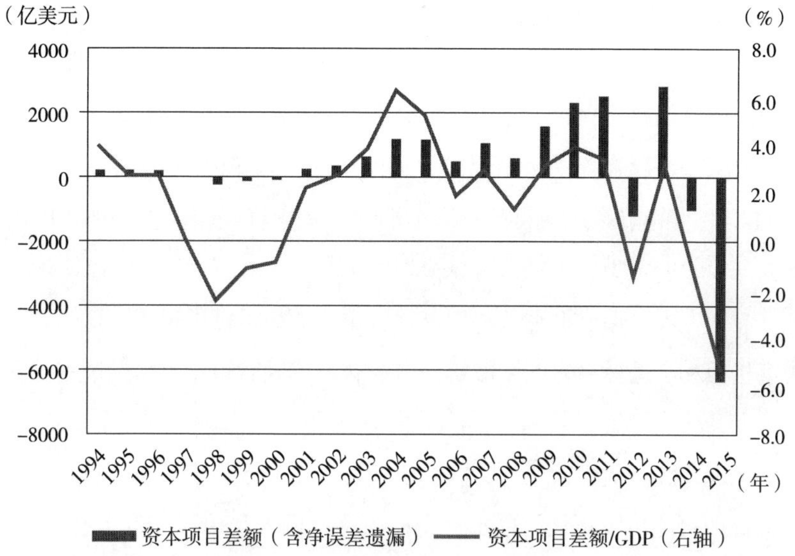


**图 4–8　中国跨境资本流动的影响**

资料来源：国家统计局；国家外汇管理局

三是政策底牌多，危机应对空间大。迄今为止，当局主要是以抛售外汇储备、宏观审慎管理等市场化手段来应对资本流出冲击，基本没有出台什么新规定。当局了解市场情况、主导交易规则、掌握政策工具，远没有到山穷水尽的地步。

## 二、战术上仍需要重视当前遇到的新挑战

一是大多数人对于资本外流、汇率贬值压力的持续性和严峻性，在思想和措施上准备不足。所谓“由俭入奢易、由奢入俭难”。过去较长时期内，我国经历的是资本流入、人民币升值压力，现在看到人民币汇率波动难免风声鹤唳、草木皆兵。尤其是市场习惯于一遇到压力，当局就强力维稳，而这次却交由市场决定，难免不适应。而市场沟通方面存在的问题，一定程度上增加了市场不确定性，加剧了市场恐慌。

二是中国国际影响力提高、政策溢出效应增大，政府有太多的两难甚至多难选择，政策出手难免有所顾虑。比如说，1994 年汇率并轨，人民币汇率一次性较大幅度调整，当时国际社会可能不太关注中国的汇率政策变化。而现在作为第二大经济体和第一大贸易国，人民币汇率政策的一举一动都举世瞩目，“8·11”汇改的市场化初衷就一度被曲解为竞争性贬值。再例如，以前中国经济的开放程度不大，人民币可兑换程度不高，怎么管理外汇，基本属于内部事务。而现在人民币已被纳入特别提款权第三大权重篮子货币，这既是对中国在改革货币和金融体系方面所取得进展的认可，同时也是对中国进一步深化改革、扩大开放的鞭策。

三是现在经济更加市场化、国际化，许多传统政策工具已不复存在，即使存在，管理可能也不再像以前那么得心应手。例如，1994 年和 1998 年国家还有强制结汇或者限额结汇的要求，现在即便把意愿结汇恢复到强制结汇，而因为出口可以收入人民币，这一要求已经难以落实。再如，1998 年可以限制购汇对外直接投资，而现在“一带一路”倡议实施正如火如荼。还如，过去个人因私出境一年才能少量购汇 1000 美元或 2000 美元，现在个人没有任何原因可一年购汇 50000 美元。而调整个人外汇政策一向非常敏感，1994 年最困难的时候也没有涉及个人外汇，仍允许个人全额保留外汇。

四是资本集中流出压力上升，基础国际收支顺差占比下降，稳定汇率的难度增加。2015 年，资本账户逆差（含净误差与遗漏）与 GDP 之比为 –6.0%，高于 1994 年的 3.9% 和 1998 年的 –2.4%。同期，基础国际收支（即经常账户与直接投资差额合计）顺差 3703 亿美元，分别为 1994 年和 1998 年的 9.5 倍和 5.3 倍，但基础国际收支顺差与 GDP 之比为 2.9%，低于 1994 年和 1998 年分别为 6.8% 和 6.9% 的水平（见图 4–9）。这意味着与前两次相比，当前应对资本集中流出，基础国际收支顺差提供的对冲能力减弱。

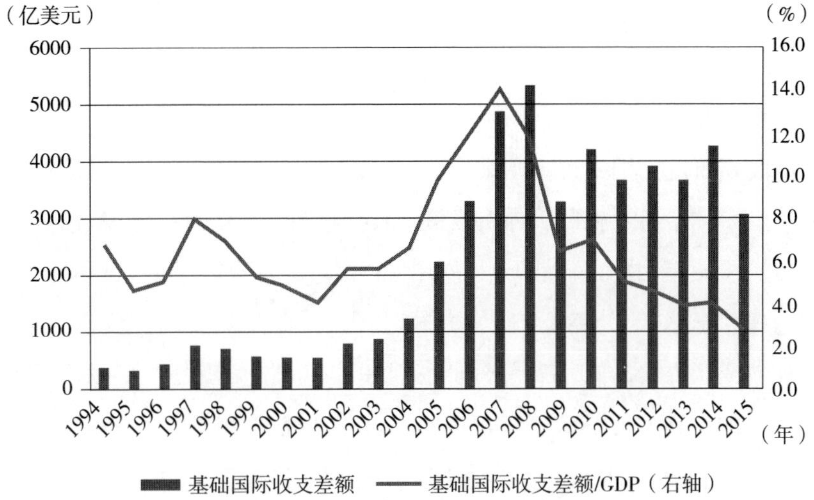


**图 4–9　中国基础国际收支状况**

注：基础国际收支差额 = 经常账户差额 + 直接投资差额。

资料来源：国家统计局；国家外汇管理局

## 三、认真汲取前两次“稳汇率”的成功经验

坚定汇改必胜的信念。有信心未必赢，但没信心铁定输。人民币汇率市场化是建设更高层次开放型经济必须迈过去的一道坎儿。如前所述，今天遇到的困难，一二十年前基本都遭遇过，也都被战胜过。今天，不过是要以与时俱进的方式方法重新克服和解决。1994 年年初，我国只有 200 亿美元的外汇储备，一年之后能够实现汇率升值、储备翻番；1998 年年初，我国只有 1400 亿美元的外汇储备，三年之后能够实现汇率不贬、储备不跌。现在，我国经济基本面良好、外汇储备充足、调控经验丰富，没有理由打不赢这场汇改攻坚战。

政策目标要前后一致。没有十全十美、有利无弊的政策方案。关键是政策目标要早定，而且定了以后就不要随意更改。政策摇摆不定，会增加市场不确定性，犹豫不决还可能错失良机。亚洲金融危机期间，我国历经的资本流出冲击长达三年之久，仍能取得汇率不贬、储备不降的胜利，于 1998 年年初就果

断决策，对外承诺人民币不贬值，没有任何拖泥带水。在这期间，尽管各界对此一直颇有争议，但官方从来没有松过口。直到2001年亚洲金融危机基本平息，才开始酝酿人民币与美元脱钩。

手段要与目标相一致。在保持货币政策独立性的前提下，应对资本外流，不外乎汇率、储备、管制等外汇政策工具。政策目标明确后，出台的政策工具要服务于政策目标，向市场传递清晰的信号，这有助于增强政策公信力，改善政策实施效果。1994年汇率并轨时期，无论是宏观调控政策，还是外汇管理放或者收的措施，都是鼓励收汇结汇、抑制购汇用汇，形成开源节流、疏堵并举的合力。亚洲金融危机期间，宏观调控“保增长”，外汇管理“稳汇率”，分工明晰，提高了人民币不贬值承诺的市场可信度以及成功的概率。

牢牢把握改革开放的主动权。“主动、渐进、可控”的“三性”原则，不仅适用于汇率形成机制改革，同样也适用于人民币可兑换和国际化。从1994年的经验来看，有些政策不合时宜，予以调整（如取消外汇留成和上缴、取消外汇兑换券等），并无碍市场化目标的最终实现。此岸或许艰难，但坚定信念，跨过险滩恶浪，便可到达光明的彼岸。当初（1998~2000年）为信守人民币不贬值承诺付出的代价，与2001年以后持续十多年的汇率单边升值和贸易投资便利化程度不断提高相比，简直不值得一提。

活学活用国际规则和惯例。其实，在走到启用“国际收支保障条款”的危机时刻之前，国际规则和惯例已经给各国预留了巨大的政策空间。例如，经常项目可兑换，允许真实性审核，只要它不造成过分的延误；经常项目可兑换只管兑换不管交易，如果因交易限制而导致兑换的不便，不构成限制；经常项目可兑换只管对外支付和转移，不管对外收入；等等。再如，资本项目可兑换允许出于宏微观的审慎目的，对跨境资本流动实施逆周期调节；资本项目可兑换没有国际统一标准和要求，国际组织也容忍保留适度的资本管制措施；等等。亚洲金融危机期间外汇管理政策的调整，绝不是重走人民币不可兑换的老路，而是一次落实经常项目可兑换条件下的真实性审核原则的实战演习。

敬畏但不要迷信市场。所谓敬畏市场，就是要让市场在汇率形成中发挥越来越大的作用，不要替市场去选择、去判断均衡汇率的水平，因为当局在这方面并不比市场具有更多的信息或专业优势。均衡汇率不是事前可以预知的，不要指望一次性的汇率水平调整可以打消市场预期。所谓不迷信市场，则是指不要为市场预期所左右。因为市场总是容易陷入情况一好就会永远好下去、一坏就会永远坏下去的单边线性思维定式，最终导致市场超调。为避免市场汇率偏离均衡汇率太远，中国政府根据市场的承受能力、宏观调控的需要，对市场失灵进行适当的干预仍是必要的。

## 第四节　汇率机制改革要妥善处理单边汇率预期

2005 年“7 · 21”汇改面临单边升值预期的挑战，但最终人民币汇率成功摆脱单一盯住美元的局面，重要的经验是新的汇率形成机制高度透明，“改机制”远重于“调水平”，预期通过引导淡化人民币升值的话题性。

### 一、单边升值预期是“7·21”汇改的重要背景

1998~2001 年，人民币汇率经受了亚洲金融危机冲击的考验，中国政府承诺人民币不贬值，人民币兑美元汇率基本稳定在 8.28 左右的水平。其间，人民币随着美元兑其他主要贸易伙伴货币汇率升值，到 2001 年年底，国际清算银行编制的人民币名义有效汇率和实际有效汇率较 1997 年 6 月分别升值了 21.7% 和 9.4%（见图 4–10）。这一时期的人民币汇率被动升值，被认为导致人民币汇率高估，中国为此付出了通货紧缩的代价，人民币实际有效汇率升值幅度远低于名义有效汇率升值幅度。

然而，2001 年年底以来，随着“9 · 11”恐怖袭击事件的爆发，以及美国高科技泡沫破灭，美联储大幅减息，美元由强走弱。到 2005 年 6 月底，美元指数较 2001 年年底下跌了 23.7%。2001 年下半年，我国曾经酝酿借亚洲金融

危机平息之际，人民币汇率重归有管理的浮动。但因为国际金融动荡、美元走势逆转，完善人民币汇率形成机制的改革计划被搁置。其间，人民币兑美元汇率继续保持基本稳定，甚至从 2004 年 10 月起，每天中间价定在 8.2765 的水平，导致人民币随美元兑其他主要贸易伙伴货币汇率贬值。同期，人民币名义和实际有效汇率分别贬值了 13.5% 和 15.1%（见图 4–10）。

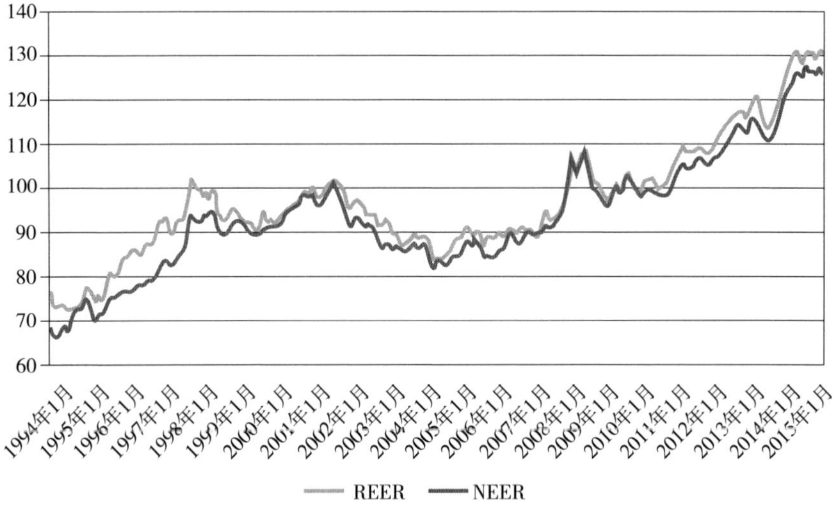


**图 4–10　人民币名义和实际有效汇率指数**（2010 年 =100）

资料来源：国际清算银行

这一时期的人民币汇率被动贬值，被认为导致人民币汇率低估。2002 年年底，时任日本大藏省主管国际事务的次官黑田东彦在英国《金融时报》上发表文章，直指中国通过货币操纵，向世界输出通货紧缩，拉开了国际上要求人民币汇率重估的序幕。其后，美国议员叫嚣将中国纳入货币操纵名单，施压人民币汇率重估；否则威胁要对中国实施贸易制裁。

自 2001 年下半年起，我国重新恢复资本大量内流，外汇储备持续大幅增加。2001 年第三季度至 2005 年第二季度，我国季度平均资本账户顺差 202 亿美元，较 1998 年第一季度至 2001 年第二季度高出 13.2 倍；剔除估值效应后的外汇储备资产（下同）季度平均增加 336 亿美元，增长 10.5 倍（见图 4-11）。

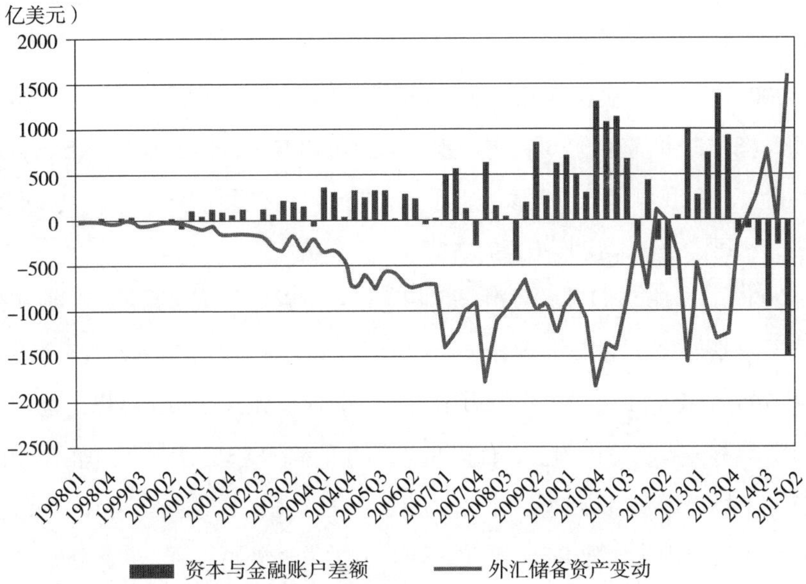


**图 4-11　中国季度资本账户差额及外汇储备资产变动**

资料来源：国家外汇管理局

可见，在 2005 年 7 月 21 日汇改之前，人民币汇率已经积累了较长时期的单边升值预期。为应对此压力，2002 年以来我国陆续出台了放宽企业购汇和持汇限制、提高个人用汇标准、实行资本项目支付结汇管理等措施，外汇管理框架逐渐从“宽进严出”转向资本流出流入“双向均衡”管理。同时，当局重启发行央行票据、提高法定存款准备金率等操作，对冲输入型流动性过剩的影响。这一时期，当局还抓住外汇储备较快增长的有利时机，创造性地运用外汇储备注资，支持国有独资银行充实资本、股改上市。

## 二、“7·21”汇改成功实现人民币兑美元汇率脱钩

自 2002 年以来，关于人民币汇率摆脱单一盯住美元，实现真正的有管理

浮动的讨论就一直不绝于耳。然而，其间美元贬值、美国股市泡沫破灭、伊拉克战争、“非典”疫情等内外部重大突发事件造成的不确定性增加，改革不断延迟。

2005 年年初，温家宝总理在“两会”记者招待会上回应关于人民币汇改问题时指出，“现在我们正在进一步研究改革的方案，使汇率对于市场更富有弹性”。“最后我可以告诉大家，这项工作我们正在进行。何时出台，采取什么方案，这可能是一个出其不意的事情。”

2005 年 7 月 21 日晚，预料之中却迟迟不见踪影的人民币汇率形成机制改革终于出笼了。改革的主要内容包括：一是人民币兑美元汇率一次性升值 2.1%，从 8.2765 升至 8.11；二是人民币不再单一盯住美元，开始实行以市场供求为基础、参考一篮子货币调节、有管理的浮动汇率制度；三是人民币汇率中间价由参考上日银行间市场加权平均价确定，改为参考上日收盘价确定，但维持人民币汇率日浮动区间 ±0.3% 不变；四是大力发展外汇市场，扩大远期结售汇业务试点范围，开办人民币外汇掉期业务。

汇改后，国内外汇市场保持了平稳运行：一是人民币兑美元汇率保持基本稳定，到 2005 年年底，人民币兑美元汇率较 8.11 仅升值了 0.5%（见图 4–12）。二是人民币名义和实际有效汇率分别升值了 5.0% 和 4.9%，这表明从一开始，人民币汇率并未真正盯住篮子货币进行调节，是外汇供求关系而非篮子货币决定了人民币汇率走势。实际上，“7·21”汇改的答记者问中，人民银行也曾经强调，参考一篮子表明外币之间的汇率变化会影响人民币汇率，但参考一篮子不等于盯住一篮子货币，它还需要将市场供求关系作为另一个重要依据，据此形成有管理的浮动汇率。三是 2005 年下半年，资本账户顺差 351 亿美元，外汇储备资产增加 1167 亿美元，分别比上半年减少了 37.6% 和 14.1%（见图 4–11），显示在单边升值预期下，国际收支、外汇供求失衡状况不仅没有恶化，反而有所改善。

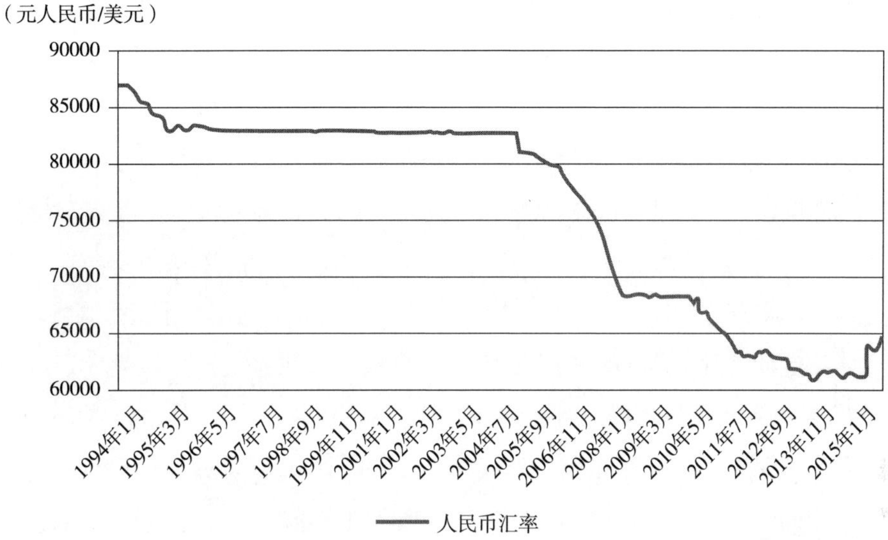


**图 4-12　并轨后人民币汇率中间价**

资料来源：中国外汇交易中心

## 三、应对单边汇率预期对当前汇改的启示

“7·21”汇改是在单边升值压力下进行的，而“8·11”汇改是处于单边贬值环境。当然，这两次改革的经济背景不具有完全的可比性。因为从理论上讲，本币可以无限供给，如果不顾忌国内通胀和资产泡沫压力，央行应对资本流入和本币升值的能力将远强于形势逆转时的情形。但是，在一些技术细节上，“7·21”汇改的做法仍值得当前借鉴。

第一，注意把握舆论宣传的主动权。如前所述，“7·21”汇改的大环境是，国际社会正在施压人民币汇率重估。所以，那次汇改才有一次性的升值，但整个宣传工作的重心放在“改机制”而不是“调水平”。对于一次性升值调整的原因，只有一两句话的解释，对升值的话题性明显进行了“冷处理”。为防止形成中国迫于外部压力而进行汇改的市场印象，当时中办、国办专门发文，部署在全社会包括军队系统开展宣传，大张旗鼓地阐释人民币汇改的“主动、渐进、可控”的“三性”原则，说明政府在人民币汇率问题上始终坚持独立自主、高度负责的原则，坚持从我国的根本利益和经济社会发展的现实出发，选择适合我国国情的汇率制度和汇率政策。

第二，注意推动新旧体制的平稳过渡。从一个旧体制转变到一个新体制，关键是迅速确立新体制的市场公信力，这时新体制的透明度至关重要。“7·21”汇改虽然官方对外宣称人民币不再单一盯住美元，而是参考篮子货币调节人民币汇率走势，但在具体操作中，通过中间价定价机制的安排（即参考上日收盘价确定），确保了新体制的可信度，减少了市场不必要的无端猜测，抑制了单边汇率预期的过度膨胀。直到2006年年初，在银行间市场上引入做市商制度后，才改中间价为开市前由做市商向中国外汇交易中心报价，去掉最高价、最低价后加权平均形成。而与之前的定价方式相比，后者明显透明度较低，成为中间价形成的“暗箱”。

第三，摒弃一次性调整实现汇率均衡的幻想。“7·21”汇改一次性将人民币汇率升值了2.1%。人民银行对此解释是，根据对汇率合理均衡水平的测算，这一调整幅度主要是根据我国贸易顺差程度和结构调整的需要来确定的，同时也考虑到国内企业进行结构调整的适应能力。诚然，一次性升值在一定程度上缓解了人民币升值的压力，抑制了“热钱”流入套利的空间。然而，均衡汇率是无法在事前量化计算的，这种基于双边汇率、贸易收支状况的汇率调整，显然不足以修正人民币汇率的失调。2005年汇改之后，到2014年年初人民币汇率转向双向波动之前，人民币兑美元汇率累计升值33.0%，人民币名义上和实际上有效汇率分别升值32.4%和41.6%（见图4–10和图4–12）。而且，“出其不意”的成功是不可复制的。当市场适应并预期了人民币单边升值后，套利资金仍会不断流入。2006~2008年，人民币兑美元汇率累计升值18.1%，外汇储备资产年均增长4082亿美元，较2002~2005年年均增幅增加了1.6倍（见图4–11）。2008年国际金融危机爆发后，人民币成为全球最有吸引力的利差交易货币，大量“热钱”流入套取汇差和利差，就更不要说持有其他更高收益的人民币资产了。

# 第五节　不宜过分夸大外汇储备充足性标准

近来，因为资本流出、储备减少，引起了市场关于我国外汇储备充足性的关注。外汇储备充足性是关于外汇储备的低限标准，应立足于守住不发生国际收支危机的风险底线，主要满足最基础的对外支付或者偿付需求，而不应无限拔高。但是，鉴于外汇储备增减的非对称性市场冲击，当局仍需高度关注外汇储备增减引起的市场反应。

## 一、外汇储备充足性与适度性是两个不同性质的问题

根据国际货币基金组织的定义，外汇储备是货币当局可获得和掌握的对外金融资产，用于满足国际收支融资、外汇干预，以及其他相关需要（如保持对本币和本国经济的信心、支持货币政策操作、实现代际间财富转移等）。但持有外汇储备是有成本的，如放弃持有其他更高收益资产的机会，增加货币投放产生的通货膨胀和资产泡沫压力，招致货币操纵指责引发的国际贸易摩擦，等等。而且，持有外汇储备的好处是边际递减，坏处是边际上升，所以，持有外汇储备并非多多益善。

从 2011 年起，国际货币基金组织开始关注适度外汇储备规模问题，并致力于将其纳入成员对外稳定性评估及政策监督中。然而，国际货币基金组织也坦承，因为各国情况不同，外部冲击风险各异，关于适度外汇储备规模（appropriate level of foreign reserves）的量化评价标准很有挑战性。

适度外汇储备规模涉及两个数量标准问题：一个是储备下限，另一个是储备上限。前者是外汇储备充足性（adequacy of foreign reserves）问题，或者是狭义的外汇储备适度性问题。上下限统筹考虑，才是广义的外汇储备适度性或合意性（optimal level of foreign reserves）问题。

严格地讲，充足性与适度性是两个不同性质的问题，不应混为一谈。当讨论外汇储备充足性问题时，应该主要是讨论储备的下限，这通常是处于外汇短

缺状态，国际收支平衡是宏观调控的主要矛盾，增加外汇储备是主要政策目标。当讨论外汇储备适度性问题时，通常是实际储备规模已远离警戒标准，外汇资源摆脱稀缺状态，国际收支平衡变成了宏观调控的次要矛盾。这时，外汇储备积累不是单纯为了防范资本流向逆转，而是为了阻止本币过快升值影响出口，进而影响增长和就业，外汇储备增减是经济运行的结果而非目标。

将本轮国际金融危机以来，新兴市场为应对主要经济体货币刺激的溢出效应，而增加外汇储备的动机简单理解为预防性需求，可能失之毫厘、谬以千里。

## 二、外汇储备充足性应主要满足基础性对外支付或偿付需要

从理论上来讲，货币需求有三个层次：第一层次是交易需求，第二层次是预防性需求，第三层次是流动性偏好。各国对外汇储备的前述需求动机，就对应着三个层次的货币需求。

所谓第一层次的交易需求，也就是应付国际支付的需要。这对应的是过去常用的“特里芬比例”，即最低限外汇储备应该能够应付 3~4 个月的进口支付需要。国际贸易是最基础的国际经济活动，应该予以最优先的保障。

所谓第二层次的预防性需求，也就是应付对外债务偿还的需要。这对应的是亚洲金融危机爆发后提出的“圭多惕—格林斯潘”（Thumb of Guidotti–Greenspan）法则，即最低限外汇储备应该能够应付一年之内到期的短期外债偿还的需要。

所谓第三层次的流动性偏好，也就是满足财富管理的需要。这对应的是近年来许多国家将一部分外汇储备转为主权财富基金单独运作。而对于这一层次的外汇储备需求，多少合适，并无标准。至于通过积累外汇储备增强外界对本币和本国经济的信心，支持货币政策操作等需要，都可以归入第三层次的需求。

根据美国心理学家亚伯拉罕·马斯洛提出的需求层次理论，人类的需求是分层次的，由低到高、逐级递进。它们分别是生理需求、安全需求、社交需求、尊重需求、自我实现需求。其中，空气、水、吃饭、穿衣、性欲、住宅、医疗等生理需要是人们最原始、最基本的需要，如果得不到满足，人类的生存就成了问题。

只有在满足了生理需求后，人类才会追求满足逐级递进的其他更高层次的需求。

国际货币基金组织提出的外汇储备充足性评价新标准，既考虑进口支付、短债偿还的需要，又考虑外来证券投资和直接投资的汇出需要，还兼顾境内主体资产多元化的需求。由此测算出来的外汇储备充足性指标自然很高。然而，这种将不同层次的储备需求动机混为一谈的评价方法值得商榷。

显然，问一个人多少钱才够花，是没有标准答案的。但是，一个人的最低生活开支，应该是能够保障还月供且提供"一日三餐"。再有余钱，日子就过得更舒适些。类似地，评价外汇储备是否充足，也应该从外汇储备的最主要用途出发，立足于守住不发生国际收支危机的风险底线。只有货币贬值而没有债务违约，都只是货币危机，而不能称为标准的国际收支危机。因此，对外汇储备充足性的需求，就是要优先保障进口支付和短债偿还这些最基本的需要。

至于满足境内主体资产多元化配置、外来直接投资和证券投资的汇出需要，以及其他方面对外汇储备的需要等，都属于更高层次的需求，不宜归于外汇储备充足性考虑的范畴，充其量是置于外汇储备适度性标准下予以考量。因为，对于外汇稀缺的国家来讲，要满足上述所有需求，这基本上是奢望。而且，外汇储备充足性的覆盖面太宽，意味着由政府包打天下，这不符合市场化方向。再者，即便上述需求得不到满足，也只会有汇率波动，而不涉及契约性对外偿还义务，不会引起债务危机。此外，进口支付和短债偿付能力等警戒标准，都是重要的国际收支危机早期预警指标，经过了实践检验，而其他标准大都过于主观，不足为训。

## 三、外汇储备是否充足归根结底是汇率安排问题

如果本币汇率自由浮动，同时本币又可自由使用，该国理论上就可以无须持有外汇储备。其中，美国最典型。在美元本位下，美国持有的外汇储备仅相当于1/5个月的进口，即使加上黄金储备后的整个国际储备，也就相当于半个月多一点的进口。德国和英国持有的外汇储备，分别相当于不到半个月和一个半月的进口。

日本是个例外。它持有的外汇储备可支付近两年的进口，但这大都是

2004 年以前干预日元升值时买入的，之后无论日元涨跌，日本央行基本都不干预，市场也鲜有关注其外汇储备规模问题。因此，是否将外汇储备规模问题“一刀切”地纳入国际评估与政策监督，需要慎重。至于外汇储备过度积累是否导致货币操纵，以致汇率根本性失调，这已属于对国际货币基金组织成员汇率政策监督的范畴，没有必要叠床架屋、另起炉灶。

外汇储备规模够不够用还与外汇市场干预有关。如果不干预市场，就用不着外汇储备，也就无所谓外汇储备多和少的问题。亚洲金融危机期间的中国既要稳定汇率又要增加储备，政府没有计划动用外汇储备去支持人民币汇率，所以，当时市场上也从来不关心中国的外汇储备是否够用。

外汇储备增减与汇率升贬是等价的。国际收支调节，汇率浮动负责价格出清，外汇储备变化负责数量出清：外汇供大于求时，要么汇率升值，要么储备增加；外汇供不应求时，要么汇率贬值，要么储备减少。因此，有关研究就是用汇率变化与外汇储备增减来构建外汇市场压力指数，市场可以从汇率或者储备的变动中观察和判断外汇供求状况的变化。

同时，外汇储备充足性很难绝对地客观，还取决于市场的主观判断。前述关于外汇储备适度性问题的成本—收益分析，是从持不持有外汇储备这个角度来评估其利弊的。还有一个维度的成本—收益分析，是将外汇储备增加和减少作对比：外汇储备增加是好事，但边际收益递减，即储备越多，对市场信心的提振边际上是减弱的；外汇储备减少是坏事，但边际成本递增，即储备减少，对市场信心的冲击边际上是增强的。这种市场感受与外汇储备客观的多寡无关，容易形成储备降得越快，汇率贬值预期就越强，外汇买盘就越多、卖盘越少，外汇供求失衡加剧的负反馈效应。

## 四、主要结论和建议

外汇储备充足性标准应主要考虑满足基础的对外支付或偿付需要，避免发生货币危机与债务危机叠加的国际收支危机。只要实际规模高于最低警戒标准，就应该属于外汇储备充足。实际规模高出低限外汇储备越多，就说明该国国际清偿能力越强。反之，越接近甚至远低于警戒标准，就要引起警戒。

汇率波动与外汇储备增减是等价的，共同反映外汇市场压力。过去经常将“汇率稳定”与“储备增加”在宏观调控目标中相提并论，是逻辑自洽的。因为，升值压力下，稳定汇率必然会导致外汇储备不断积累；贬值压力下，要稳定汇率，外汇储备也是越多越好；否则，即使初期储备很多，但持续减少也会导致市场疑虑。鉴于外汇储备增减对市场信心影响的非对称性，哪怕实际外汇储备规模已经能够满足基础性对外支付或偿付的需要，当局也不能掉以轻心。

炒作外汇储备充足性问题可能是现阶段做空人民币的一个重要策略。与一个坐拥数万亿外汇储备规模的货币当局较量，做空人民币者注定胜算不高，初期很可能成为“炮灰”。所以，它们未必真的关心外汇储备是否够用，也不会理会当局如何去澄清这个问题。它们可能通过渲染储备规模问题（包括质疑外汇储备数据质量），在舆论上绑架政府，让当局调控市场时缩手缩脚，同时煽动境内企业和个人恐慌性购汇，以进一步消耗外汇储备，提高货币攻击的胜算。

离岸人民币汇率波动较大，可能与离岸市场人民币外汇交易的流动性少有关，以致不一定需要很大的交易量就可以推动汇价巨幅震荡。而从事后鲜有巨亏消息曝光的情况来看，境外机构做空人民币的头寸较轻。2014 年年初，人民币汇率意外地由单边升值转向双向波动，当时就有很多关于赌人民币单边升值的目标可赎回远期（TRF）产品大面积损失的市场报道，甚至有传闻说中国台湾货币当局还因为客户大幅亏损而停止了岛内银行的相关业务。而现在报道赌人民币贬值的，损失仅有数亿美元。我们应该识破和揭露这种唱空不做空人民币的市场伎俩，培养理性预期，减少羊群效应，而不应该自乱阵脚。

## 第六节　资本流出不是没有底

从 2014 年第二季度起，我国开始经历资本持续净流出。境内机构和个人增持外汇资产或境外资产（即“藏汇于民”），境内企业加速外债偿还和境外减持人民币金融资产（即“债务偿还”），是资本外流的主要渠道，也是推动外汇储备下降的主要原因。央行行长周小川2016年2月13日接受媒体专访时表示，很难完全地把投机与正常的财务管理区分开，但外向型企业的结售汇策略选择和负债结构调整总是会见底的。其深层次含义是，境内不可能把所有资产都换成外汇资产或境外资产，也不可能把对外债务全部归零，到某个程度后，资本外流就会趋于收敛，届时外汇储备的下降压力也会得到化解。那么，经历了近两年时间的资本外流后，我国“藏汇于民”和“债务偿还”都取得了哪些进展呢？

## 一、企业对内外汇债务去杠杆可能趋于见底但对外债务偿还进度有快有慢

用外汇贷存比（即外汇贷款/外汇存款）可以衡量企业的债务去杠杆的情况。2015年12月，该比例为132.4%，回落到了2007年美国次贷危机发生之时的水平（见图4–13）。当然，这仍要远高于2005年“7·21”汇改（此后出现了较强的单边升值预期）之前的外汇存贷比100%以下的水平。

**图4–13　外汇贷存比和境内外汇贷款/外汇存款**

资料来源：环亚经济数据库；中国人民银行

国际金融危机之后，我国加大了对国内企业“走出去”的金融支持力度，相关境外外汇贷款明显增多（2015 年贷款余额为 3647 亿美元，是 2010 年年初余额的近四倍）。为增强数据的可比性，可剔除境外外汇贷款，使用境内外汇贷款 / 外汇存款的概念（即狭义的“外汇贷存比”）来衡量企业加杠杆或者去杠杆的情形。到 2015 年年底，狭义的外汇贷存比为 88.5%，低于 2014 年 3 月人民币汇率刚开始双向波动时 120.1% 的水平，更远低于 2010 年四五月（美联储第一轮量化宽松结束前）157% 的历史高点，并已经回落到了 2004 年年底的水平（见图 4–14）。

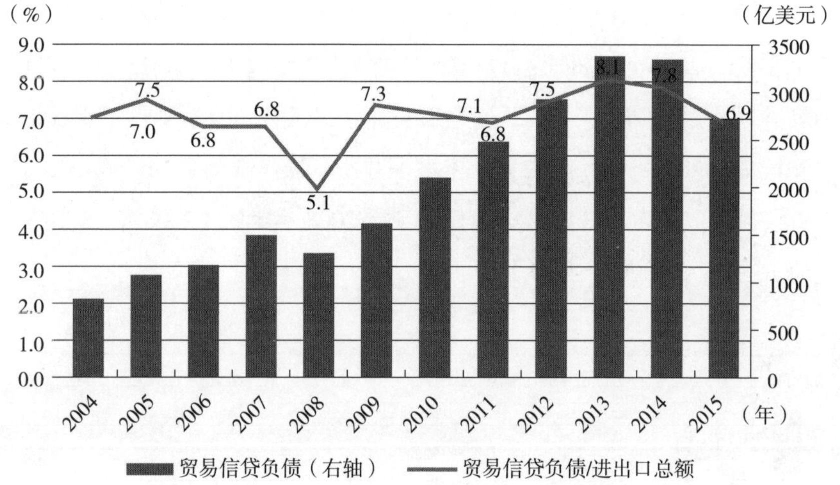


**图 4–14　贸易信贷负债与进出口总额之比**

资料来源：环亚经济数据库；国家外汇管理局

我国短期外债占比偏高，而短债中与贸易有关的信贷占到 49%。与贸易有关的信贷中，一部分是基于商业信用的进出口企业间的相互赊账，如出口预收货款、进口延期付款等；另一部分是基于银行信用的贸易融资，如海外代付、远期信用证等。

截至 2015 年年底，我国贸易信贷余额 2721 亿美元，较 2013 年年底高点下降了 19%；贸易信贷负债 / 进出口总额为 6.9%，较 2013 年年底回落了 1.2

个百分点，低于 2004 年到 2014 年占比平均为 7.1% 的长期趋势（见图 4–14）。而国内企业进口跨境融资规模已从 2014 年 6 月的高点 3674 亿美元，降至 2015 年年末的 1646 亿美元，降幅达 55%，回落至 2011 年美联储第二轮量化宽松结束前的水平。

## 二、公司部门的外汇分流推进较快但住户部门还有较大空间

通常可以用外汇存款 / 本币存款来衡量本地美元化状况。从公司部门看，2015 年 12 月，国内企业外汇存款 / 企业人民币存款为 5.8%，连续两年回升，较 2011 年的低点 3.0% 上升了 2.8 个百分点，为 2006 年以来的最高水平。虽然该水平低于 2002 年亚洲金融危机结束初期的 7.1%（见图 4–15），但考虑到 2008 年全球金融海啸以来，国内企业杠杆率上升较快，且对外投资步伐加快、资产配置更趋多元化，目前的美元化水平并不算低。截至 2015 年年末，我国对外直接投资余额为 1.13 万亿美元，相当于 2007 年年底（2008 年全球金融海啸之前）的 9.7 倍（见图 4–16）。

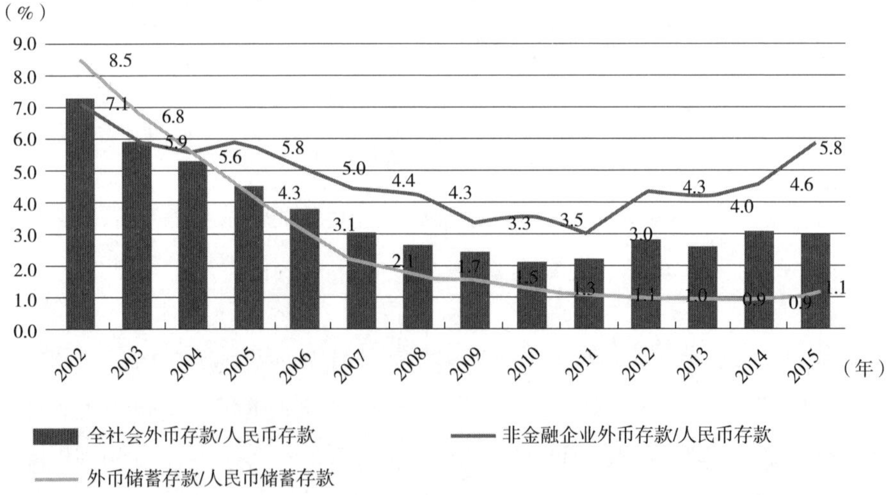


图 4–15　公司和家庭部门的外汇分流情况

资料来源：环亚经济数据库；中国人民银行

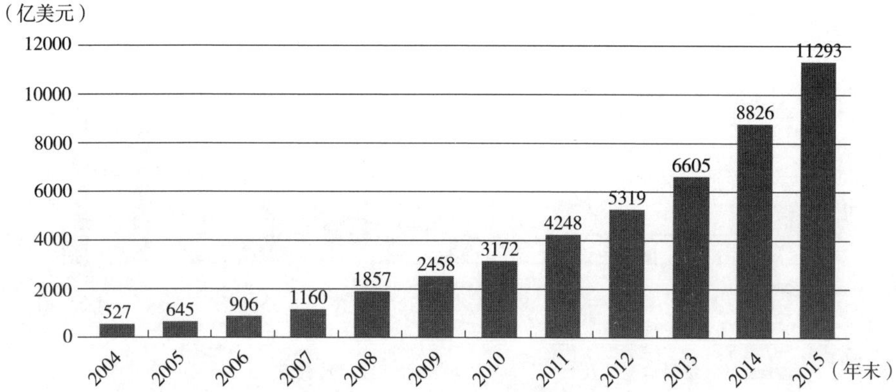


**图 4–16　我国境外直接投资存量**

资料来源：国家外汇管理局

从住户部门看，2015 年 12 月，外币储蓄存款 / 人民币储蓄存款为 1.1%，较 2014 年提高了 0.14 个百分点，为 2012 年以来的最高水平，但较 2002 年 8.5% 的高点还有较大差距（见图 4–15）。然而，考虑到近年来境内居民消费升级，服务贸易和经常转移支出增长较快，以及境内合格机构投资者（QDII）渠道的资产多元化配置增多，对住户部门实际发生的外汇分流可能有所低估。2012 年到 2015 年，服务贸易旅游支出累计达 7574 亿美元，经常转移支出累计 1539 亿美元，二者合计为 9513 亿美元，其中可能有个人以旅游观光或者赡家汇款名义购汇或者用于境外投资的外汇支出。截至 2015 年年末，对外股票投资余额 1620 亿美元，相当于 2007 年年底（QDII 推出前夕）的 8.2 倍，其中主要是个人对外股票资产配置（见图 4–17）。有鉴于此，住户部门的进一步外汇分流的空间或许没有数据显示得那么大。

从非银行部门看，2015 年 12 月，全社会外汇存款 / 全社会人民币存款为 3.0%，基本回升到了 2007 年全球金融海啸发生之前的水平，但较 2002 年 7.3% 的水平还有较大差距（见图 4–15）。不过，考虑到危机以来公司和住户部门的外汇分流和资产配置渠道日趋多元化，数据测度对所显示的美元化程度同样有可能低估。

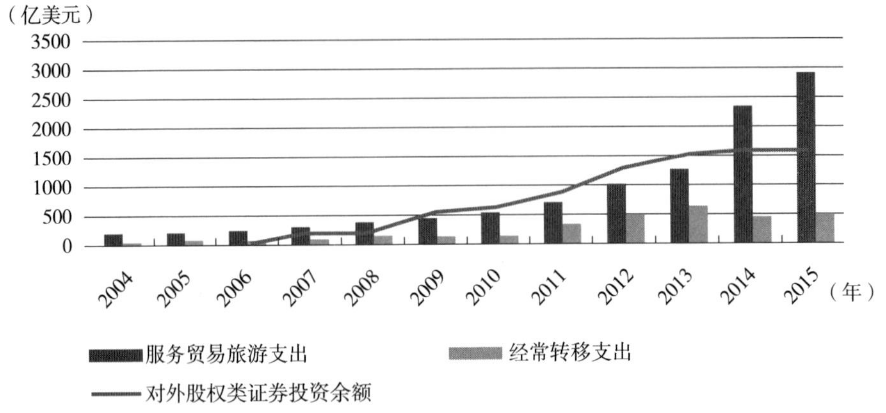


**图 4–17　服务贸易旅游、经常转移支出与对外权益类证券投资情况**

注：服务贸易旅游支出和经常转移支出为 2015 年度初步数据。

资料来源：国家外汇管理局

## 三、境外减持人民币资产刚刚起步但仍处于观望期

境外主体减持人民币资产也是我国对外负债的减少，属于“债务偿还”的范畴。从人民银行统计的境外机构和个人持有境内（在岸）人民币金融资产的情况看（见图 4–18），资本外流的大背景下总体是增加的，到 2015 年年底总规模达 3.74 万亿元人民币，较 2014 年 3 月末持有余额增加了 1775 亿元。其中，除存款减少 4459 亿元外，境外主体持有的人民币股票、债券和贷款余额均有所上升。但从 2015 年 6 月起，境外主体持有境内人民币金融资产开始下降，到 2015 年年底总降幅达 8619 亿元。

从调整路径看，境外主体从 6 月起就开始减持股票，接着 7 月减持存款，8 月再减持债券和贷款。然后，在第四季度，境外主体持有的人民币股票、债券、贷款和存款资产余额均随市场行情出现了上下波动，其中股票资产还总体出现了 702 亿元的增幅。当然，这里面不排除因为年底国内金融市场企稳形成的股票和债券资产估值的收益。但从同期境外主体持有的境内人民币金融资产余额

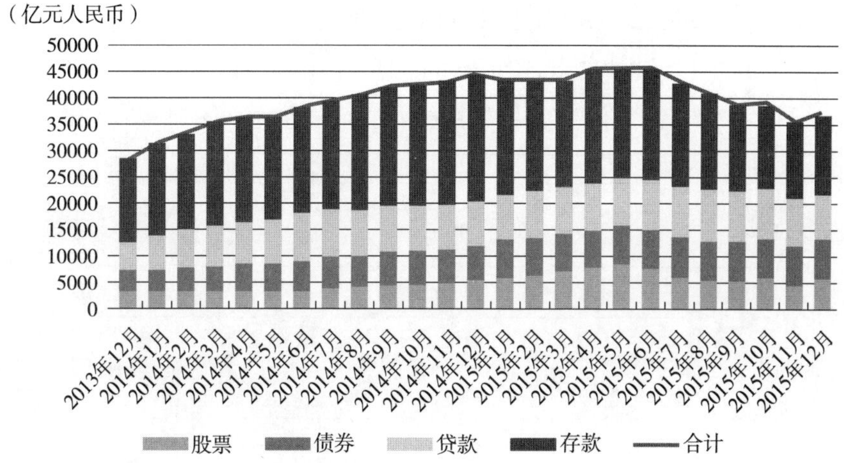


**图 4-18　境内机构和个人持有境内人民币金融资产情况**

资料来源：中国人民银行

不低于 2014 年 3 月底的总体情况来看，境外对于人民币资产尚存兴趣，并非执意出清。实际上，从境外合格机构投资者（包括 QFII 和 RQFII）和沪港通运行的情况来看，随着 A 股调整后投资价值的显现，不时有北上资金在低点增仓或补仓。

另外，在人民币贬值的情形下，我国以美元计价的资本流出规模是高估的。如 2015 年 6~12 月，以美元计价的境外持有境内人民币金融资产余额减少了 1760 亿美元，其中境外主体实际减持人民币资产折合 1361 亿美元，占到 77%；其他近 400 亿美元是境外持有人民币资产的账面汇兑损失，并没有实际的外汇流出。

从香港金融管理局统计的当地（离岸）人民币存款数据来看（见图 4-19），自 2014 年年底以 10036 亿元人民币见顶以后，整体呈现下降趋势，到 2016 年 1 月底累计减少了 1515 亿元人民币，降幅达 15%。香港人民币存款下降，主要发生在 2015 年第一季度美元指数强势过百和“8·11”汇改之后，这两个时期的人民币贬值预期相对较强。其中，2015 年第一季度，人民币存款累计减少了516亿元，相当于整个降幅的34%；2015年8月至2016年1月累计减少了1420亿元，相当于整个降幅的94%；其他月份人民币存款还是增加的，特别是“8·11”汇改之后，2015年11月和2016年1月当地人民币存款均出现了止跌企稳的迹象。

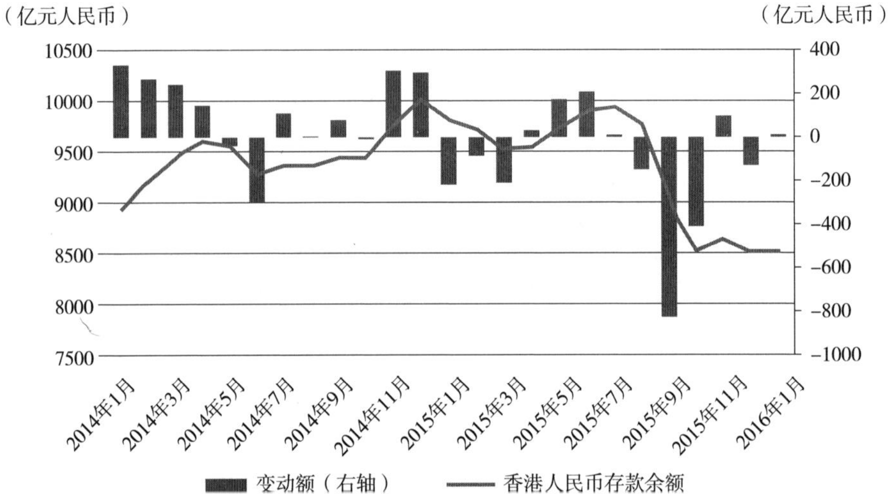


**图4-19 香港离岸人民币存款情况**

资料来源：环亚经济数据库；香港金融管理局

## 四、主要结论和相关建议

第一，从各个维度看，无论是“藏汇于民”还是“债务偿还”都已取得了不同程度的进展。与亚洲金融危机平息之初、“7·21”汇改后人民币单边升值预期增强、美国量化宽松之初等几个关键时点的相关指标相比，有些方面的外汇分流或者债务去杠杆，已经趋近底部或者顶部的水平，显示有些指标的调整可能正在接近尾声，资本持续流出的动能在迅速消耗。市场需要改变单边线性思维，树立正确的金融风险意识，控制好、管理好货币敞口。当然，也不排除市场环境恶化，还会有更加深度的调整。对此，绝不能掉以轻心。

第二,境内机构的外汇分流进展相对要快于境内个人,但外汇存款并非“藏汇于民”的主要方式。截至2015年年末,我国对外金融总资产中,储备资产占比54.8%,较2011年3月末的高点低了17.0个百分点,这反映了外汇资产由国家集中持有向民间分散持有的演变。其中,货币存款和债券形式的对外金融资产仅占7.9%,远低于2006年年末高点20%的水平。这意味着以外汇存贷比衡量的民间资产美元化的水平有所低估。当然,如果资本流出政策进一步放宽,则可能打开更大的民间资产多元化配置的空间。但若不出现一致性预期导致的境内企业和个人挤兑外汇的行为,那么我国较为庞大的经常账户和直接投资顺差仍能够满足相关需求,而不会给人民币汇率带来太大的压力。

第三,“债务偿还”的推进程度有可能要快于“藏汇于民”,下一步外汇市场维稳的压力将主要来自外汇的进一步分流。然而,限制外汇持有和使用是治标之策,根本上要通过加快国内金融市场发展,丰富金融产品、扩大交易主体、活跃市场交易,增强人民币金融资产的吸引力。这也是金融稳定才能货币稳定的应有之义。

第四,受国内经济下行和金融市场动荡影响,境外已开始减持在岸和离岸人民币资产,而且还有较大空间,是下一步“债务偿还”压力的主要来源。但是,境外投资者总体处于观望状态,有关方面需要小心应对,注意市场沟通和预期引导,避免多重均衡状况下市场走向“坏”的均衡。

# 第 五 章

# 成长中的烦恼

党的十八届三中全会和五中全会明确提出，要坚持开放发展理念，建设开放型经济新体制。汇率是联系内外部经济和金融市场的重要纽带。人民币汇率市场化改革是构建开放型经济新体制必须迈过的一道“坎儿”。适应人民币汇率双向波动，是我们必须完成好的“家庭作业”。

## 第一节　克服汇率浮动恐惧

研究表明，发展中国家和新兴市场普遍害怕汇率浮动（fear of floating），这主要是因为它们通常存在本币不可兑换，以及国内金融市场不发达而大量从境外融资的“原罪”。因此，它们往往既害怕汇率升值影响出口竞争力，又害怕汇率贬值增加对外偿债负担。那么，中国是否也会对汇率浮动过分恐惧呢？

### 一、转轨经济时期人民币官方汇率固定但（外汇调剂）市场汇率自由浮动

自新中国成立以来，人民币汇率总体经历了从官方决定到市场决定，由固定向有管理浮动的转变。大致可以分为三个阶段：第一阶段为1949–1978年计划经济时期，人民币实行盯住单一货币（1972年以前盯住英镑，1978年以后转为盯住美元）或一篮子货币（1972~1978年）的固定汇率安排。第二阶段为1979~1993年转轨经济时期，人民币实行官方汇率与外汇调剂市场汇率并存的

双重汇率安排，其中官方汇率在1991年以前是固定汇率（1981~1984年官方汇率也实行了贸易内部结算价与挂牌汇率并存的双重汇率安排，1985年1月1日起挂牌汇率并到内部结算价，恢复单一盯住美元的汇率安排），1991年以后转为有管理浮动，1988年以前外汇调剂市场汇率有限价，1988年以后转为自由浮动。第三阶段为1994年以后的市场经济时期，汇率并轨后人民币实行以市场供求为基础的、有管理的浮动汇率制度，在亚洲金融危机和本次国际金融危机期间，人民币汇率曾临时性地重新盯住美元。

其中，转轨经济时期，在打破计划经济时期的外汇统收统支，实行外汇留成与上缴制度的基础上，1980年起我国逐步发展外汇调剂业务，形成了与官方汇率并存的外汇调剂价格。起初，当局对于外汇调剂价格有限价。自1988年4月在上海成立了第一家外汇调剂公开市场起，我国陆续在全国主要城市建立了外汇调剂的公开市场交易，取消了外汇调剂限价，允许公开竞价、随行就市，外汇调剂汇率自由浮动。此后呈现有升有贬、双向波动的走势（见图5–1）。由于市场分割原因，当时中国政府按照18个外汇调剂公开市场交易形成的价格加权平均公布全国的外汇调剂市场汇率。1993年2月，因为当时国内经济过热、人民币存在较大贬值压力，才恢复了限价，但导致场外交易蔓延，贬值预期愈演愈烈。从1993年7月起，配合加强金融宏观调控，人民银行首次以市场方式抛出外汇储备、平抑调剂市场汇率，取消了外汇调剂市场限价，汇率又重新自由浮动。一直到1994年汇率并轨以后，官方汇率并到调剂市场汇率，全面实行有管理的浮动。需要特别指出的是，随着外汇留成比例的不断提高，汇率并轨前夕，通过外汇调剂市场以市场汇率8.7元人民币/美元买卖的外汇量达到80%，只有20%的外汇买卖使用5.8元人民币/美元的官方汇率。

1994年以前，在我国外汇资源总体稀缺的情况下，实行自由浮动的外汇调剂市场汇率经历了有升有贬的双向变化；而官方汇率不论是实行固定汇率安排还是有管理的浮动，汇率制定和发布的主要依据是国内企业出口换汇成本，因为企业的道德风险和逆向选择，官定汇率的调整往往滞后于换汇成本的变化，结果官方汇率呈螺旋式贬值，从1979年改革之初的1.58元人民币/美元一直贬到 1993 年年底的 5.8 元人民币 / 美元（见图 5-1）。

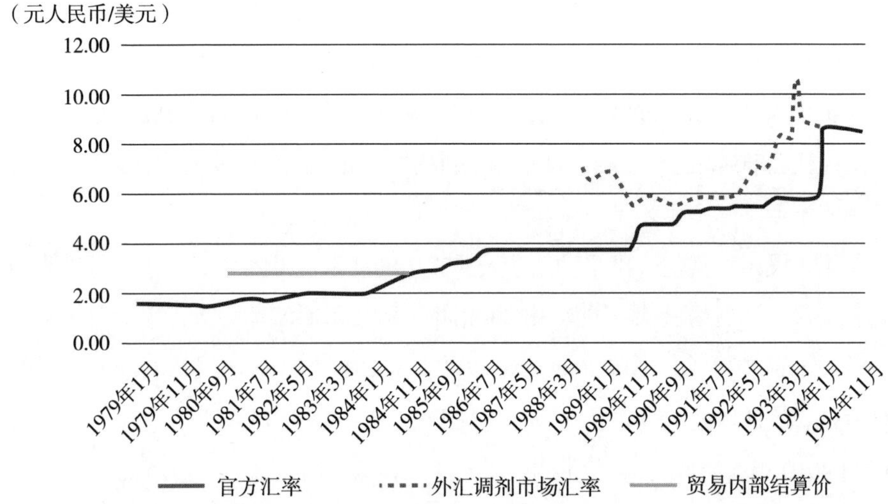


**图 5-1　1979~1994 年人民币月平均汇率**

资料来源：国家外汇管理局

## 二、市场经济时期人民币兑美元双边汇率基本稳定，但对非美元货币的双边汇率和对主要贸易伙伴的多边汇率剧烈波动

1994 年汇改后，人民币开始实行以市场供求为基础的、单一的、有管理的浮动汇率制度，其中“单一的”主要为有别于转轨经济时期我国长期实行双重汇率安排，而并非指单一盯住美元。2005 年 7 月汇改宣称人民币不再单一盯住美元，开始实行以市场为基础、参考一篮子货币调节、有管理的浮动汇率制度，其中“参考一篮子货币调节”并非盯住一篮子货币，而是要让市场在人民币汇率形成中发挥越来越大的作用。2010 年 6 月重启 2005 年汇改，实质上也仍是重归 1994 年确立的汇改轨道，即“实行以市场供求为基础的、有管理的浮动汇率制度”，于 2008 年 8 月修订发布的新《外汇管理条例》第五章“人民币汇率和外汇市场管理”第二十七条也正是如此描述现行人民币汇率安排的。

同时，我们也一直强调在保持人民币汇率在合理、均衡水平基本稳定的基础上，逐步完善人民币汇率形成机制。其中，人民币汇率基本稳定在社会认知和实际调控中，均指保持人民币兑美元汇率的基本稳定。但是，20 世纪 70 年代布雷顿森林体系崩溃以后，国际货币体系进入了浮动汇率制与固定汇率制并行的时代，其中不同程度的弹性汇率安排占主导地位，尤其是美元、欧元、日元、英镑等主要国际货币均是自由浮动。我们可以稳定人民币兑美元的汇率，却稳定不了人民币对其他自由浮动的非美元货币的汇率（见图 5–2）。尤其是欧盟作为我国最大的贸易伙伴，近年来国际市场上欧元汇率波动巨大，也导致人民币对欧元汇率波动巨大。自 2005 年汇改以来至 2010 年中，人民币对欧元汇率有升有贬，最低到过 15:1，最高到了 8.31:1，上下振幅达 30% 还多。2005 年 7 月初到 2010 年 5 月底，人民币对欧元汇率总体累计升值 18.9%。然而，这既没有影响欧盟超越美国成为我国最大贸易伙伴，也没有阻止我国在欧元区的贸易比重逐步上升（见图 5–3）。

而且，真正影响一国出口产品价格竞争力的是多边汇率而非双边汇率。尽

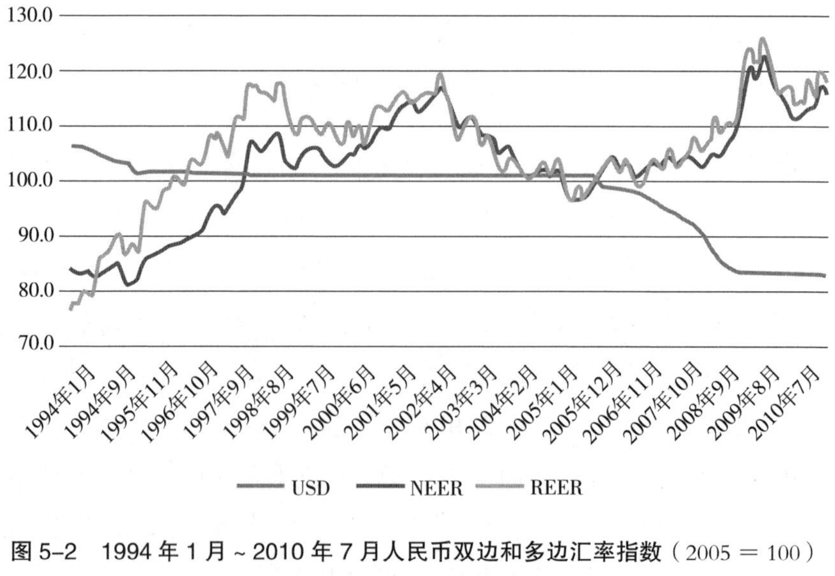


**图 5–2　1994 年 1 月 ~ 2010 年 7 月人民币双边和多边汇率指数**（2005 ＝ 100）

资料来源：美联储；国际清算银行

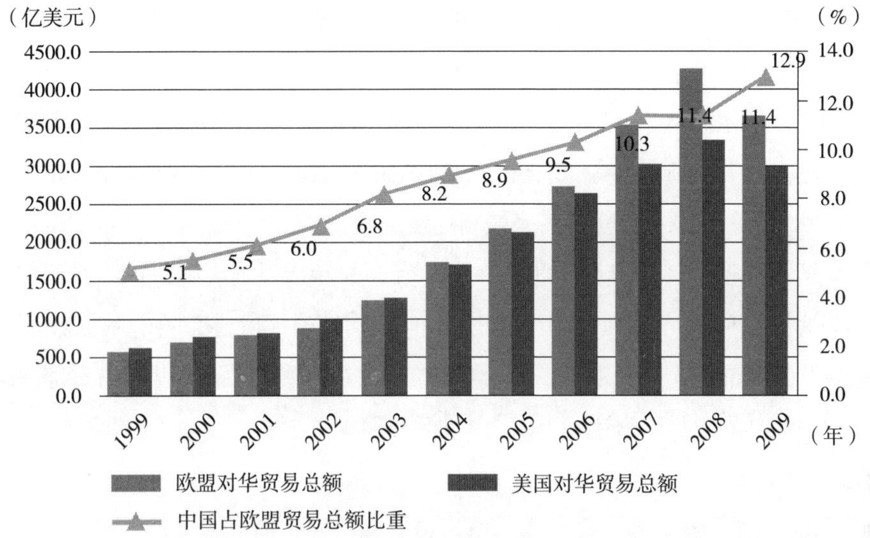


**图 5-3 1999~2009 年中美欧贸易对比**

资料来源：环亚经济数据库

管东南亚国家对华贸易主要以美元计价结算，但最终它们都要折算成本国货币来衡量交易的成本与收益，因此，最终影响对华贸易的是通过美元套算的人民币对当地货币的汇率。自从 1994 年汇改以来，人民币兑美元双边汇率保持了基本稳定，对主要贸易伙伴的多边汇率却出现大幅波动。1994 年年初到 2010 年 7 月底，人民币兑美元汇率累计升值 28.4%，人民币名义有效汇率和实际有效汇率分别升值了 37.2% 和 55.2%（见图 5-2）。在国际清算银行监测的 58 个货币中，人民币的名义和实际有效汇率升幅分别排在第九位和第八位，成为名副其实的新兴强势货币。令人欣慰的是，人民币升值并没有妨碍 20 世纪 90 年代中期以来中国对外贸易稳步扩大，以至出口跃居世界第一，进口跃居世界第二。

## 三、本次危机中弹性汇率安排使得新兴市场增强了抵御国际金融风险能力

在 20 世纪 90 年代中期肇始于泰国货币危机的亚洲金融危机中，许多新

兴市场因为僵化的汇率安排而遭受货币攻击，触发了货币危机、银行业危机乃至全面的金融危机、经济危机。1999 年和 2003 年，国际货币基金组织在汇率制度评估中均认为，“完全固定”或“完全浮动”的汇率制度较中间汇率制度优越（即汇率制度只有“两极解”没有中间道路）[①]。实际情形却是近年来中间汇率制给一些新兴经济体带来较高的经济增长、较低的汇率和物价波动，对加快贸易投资一体化起到了积极作用，就连国际货币基金组织也不得不在其 2009 年评估中承认，不同的汇率制度各有其利弊，中间汇率制亦有其优势，“两极解”并非最优。总的来讲，国际汇率制度安排趋于弹性化，实行有管理浮动和自由浮动的成员比重达一半以上（见图 5–4）。

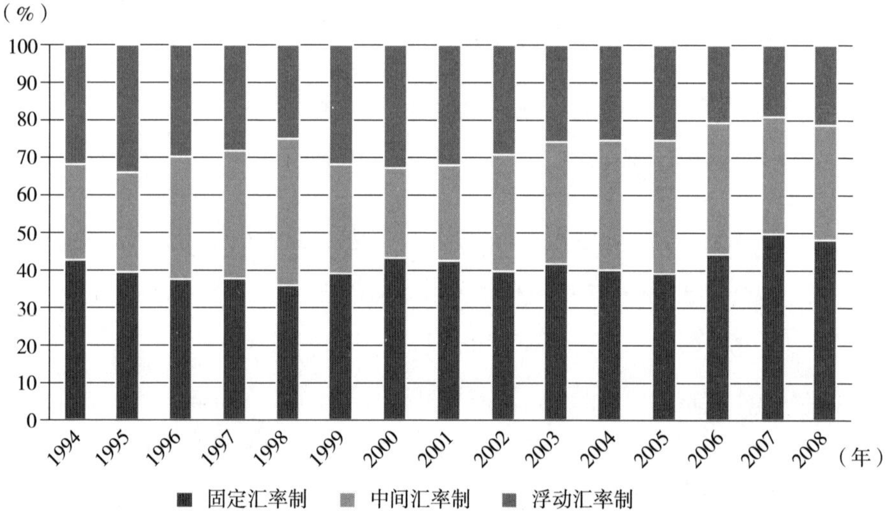


**图 5–4　1994~2008 年国际汇率制度演变**

资料来源：国际货币基金组织

从此轮国际金融危机中的表现来看，由于新兴市场汇率弹性普遍增加，尽

① 国际货币基金组织将其成员的汇率制度细分为无独立货币、货币局、传统盯住、平行盯住、爬行盯住、爬行区间浮动、不事先公布干预方式的管理浮动和独立浮动八类。通常将无独立货币的联合浮动（如欧盟的欧元）和货币局（如中国香港的联系汇率制度）归为完全固定的汇率安排，独立浮动以外的其他五种汇率归为中间汇率安排。

管本币汇率经历了剧烈波动（见图 5-5），但其金融体系抵御外部冲击的能力是增强了而不是减弱了。主要新兴经济体既没有因为货币贬值出现债务危机、金融危机，也没有因为货币升值而延误巴西、印度、韩国等国的国内利率政策的适时调整。

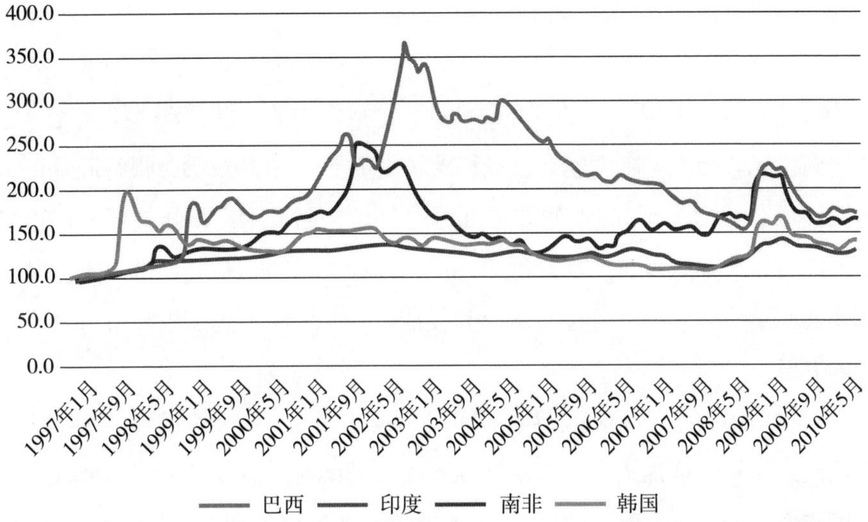


**图 5-5　1997 年 1 月 ~ 2010 年 1 月部分新兴市场货币汇率变动**（2001年1月=100）

资料来源：环亚经济数据库

## 四、几点结论

（一）本节论证人民币不必惧怕汇率浮动，并非鼓吹汇率浮动。实际上，何种汇率制度最优仍是当今世界最有争议的问题之一，基本共识是：既没有适合所有国家的最优汇率制度，也没有适合一个国家所有发展阶段的最优汇率制度。由于资源稀缺，无论选择哪种汇率安排都有机会成本，都意味着要放弃其他汇率安排可能带来的好处，且边际成本是上升的、边际收益是递减的。我们对于任何政策选择都要适时进行动态评估，不可能一劳永逸。

（二）汇率政策本是调节国际收支平衡的工具，而过于强调汇率稳定实际将汇率政策变成了目标，是对汇率政策的异化，我们要权衡把汇率政策当作工具还是目标的利弊。尤其是本次国际金融危机之后，美元存在较大的贬值和通胀风险。盯住汇率安排通常是盯住一种强势货币，以稳定国内通胀或树立信心，现在盯住美元就有可能输入通货膨胀或者不确定性，2008 年上半年国内经济出现过热倾向和资产价格飙升就是前车之鉴。

（三）汇率浮动的一个好处是变市场与央行之间的博弈为市场参与者之间的博弈，有利于激活市场多样化预期，形成汇率的双向波动，抑制无风险的单向投机。相比于国内股票市场每天法定上下 10% 的波幅，银行间外汇市场人民币兑美元上下 0.5% 的波幅既显得过小又远未用足，影响了外汇市场资源配置、价格发现和风险管理等功能的发挥。某些时候，正是因为人民币汇率波幅过窄，影响了外汇市场的交投活跃，并抑制了人民币外币衍生品市场的发展。

（四）人民币汇改重在完善机制而非调整水平，不应将人民币汇率重估作为汇改的目标。增加人民币汇率弹性不能一蹴而就，而要根据国内金融发育程度和企业承受能力稳步推进。同时，要适应汇率弹性逐渐增加的发展趋势，引导市场树立正确的金融风险意识，克服汇改过程中的人民币单边预期。随着市场化程度不断提高，人民币汇率走势受制于许多长短期因素和国内外因素的影响，每个时点上影响汇率升值或者贬值的因素都会存在，只是不同阶段、不同因素的影响力不同，但升贬值力量会此消彼长、动态转化，并非一成不变。

（五）不应过分夸大汇率调节对解决内外经济失衡的作用，汇率改革必须与其他改革和政策调整配套推进，才能有效防止汇率的超调（即过度升值或者贬值）。尤其要注意从恢复经济对内失衡入手（如转变经济发展方式、调整经济结构、理顺要素价格等方面）来解决对外失衡问题。

## 第二节　尊重价值规律是人民币汇率形成机制改革的出路

党的十八届三中全会通过的《关于全面深化改革若干重大问题的决定》明确提出，要发挥市场在资源配置中的决定性作用。发展社会主义市场经济，就必须尊重和遵循市场经济的一般规律，而价值规律就是市场经济最主要的基本规律之一。2015 年 8 月 11 日，人民银行优化人民币兑美元汇率中间价报价机制（即“8·11”汇改），这是人民币汇率形成市场化改革的延续，是完善金融市场体系、发展更高层次开放型经济的内在要求。2015 年年底特别是进入 2016 年以来，境内外人民币外汇市场震荡加剧，汇改步入新阶段。准确、完整地认识和理解价值规律，可以进一步坚定深化人民币汇率形成机制改革的信念，明确下一步改革的方向。

### 一、人民币汇率形成市场化改革正处于深水期

1994 年年初外汇体制改革，人民币官方汇率与（外汇调剂）市场汇率并轨，我国确立了以市场供求为基础、有管理的浮动汇率安排。过去二十多年来，按照主动、渐进、可控的原则推进改革，让市场供求在汇率形成中发挥越来越大的作用，人民币挂牌汇率的浮动区间限制已经取消，银行间市场人民币兑美元交易价的日浮动区间也逐渐扩大，人民币汇率双向浮动的弹性不断增强并逐渐趋向均衡合理水平。从 2012 年起，国际货币基金组织（IMF）在年度磋商报告中将对人民币汇率水平的评估结论由“显著低估”改为“中度（或温和）低估”。2015 年 5 月，IMF 更是对外明确宣称“人民币汇率水平已不再低估”。

对人民币汇率中间价报价机制的管理，是实行人民币汇率“有管理浮动”的重要内容。长期以来，人民币汇率中间价在引导市场预期、稳定汇率方面发挥了重要作用。中间价成为汇率政策操作的重要中介目标，也是市场解读汇率

政策取向的重要窗口。但由于人民币汇率中间价形成的透明度不高，供求信息反映不全面，加上中间价波动率较低，导致银行间市场交易价与中间价长期背离。在单边市场环境下，虽然银行间市场汇率波幅不断扩大，但交易价通常持续在中间价的升值或者贬值区间浮动，使中间价很多时候成为一个不可交割的价格，影响了其代表性和权威性，同时也导致交易价动辄涨停或者跌停，制约汇率整体弹性的改善。

通过“8・11”汇改，人民币兑美元汇率中间价报价机制回到了以上日收盘价作为主要定价基础的做法。这有利于提高中间价形成的市场化程度，保持价格的连续性和透明度，较好地解决了前述两种价格的背离问题，提升了中间价的市场基准地位，并拓宽了市场汇率的实际运行空间。以中间价形成的市场化作为突破口，触及了汇率改革的核心内容，走出了长期以来人民币汇率“管得多、动得少”的怪圈，为完善人民币汇率市场化形成机制开创了新局面。

在过去的二十多年，是人民币汇率走出螺旋式贬值，从弱势货币逐渐成长为世界新兴强势货币的时代。同一时期的汇率机制改革，也基本是在人民币汇率升值的市场环境下进行的。然而，最近一次改革却是直面人民币汇率贬值的压力。受内部经济下行和外部美元走强的影响，自 2014 年第二季度以来，我国经历了持续的资本净流出、外汇储备减少。2014 年 6 月末外汇储备余额达到 3.99 万亿美元的历史高点，此后开始见顶回落，到 2015 年 6 月末累计下降了 2994 亿美元，其中剔除估值影响后的外汇储备实际降幅达 962 亿美元。汇改前夕，人民币汇率交易价就已较长时期在中间价的贬值区间波动，境外人民币汇率 CNH 也长期低于境内人民币汇率 CNY。“8・11”汇改后，人民币兑美元汇率中间价主要参考上日收盘价确定,人民币汇率下跌是市场化的自然结果。

“8・11”汇改的直接后果是人民币与美元意外加速脱钩，这在一定程度上造成了市场情绪的波动，加剧了外汇市场震荡。8 月，人民币兑美元中间价下跌 4.3%，境内交易价 CNY 下跌 2.6%，境外交易价 CNH 下跌 3.5%，境内外日均差价由上月的 63 个基点扩大至 491 个基点。同期，外汇市场供不应求的缺口（银行即远期结售汇逆差合计）由上月的 561 亿美元增至 939 亿美元，外汇储备余额由上月减少 425 亿美元增至减少 939 亿美元（见图 5-6）。

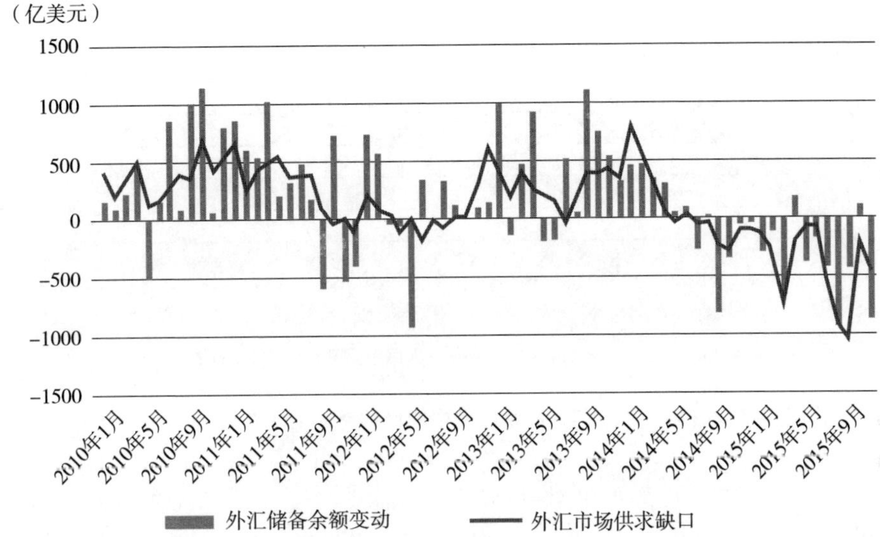


**图 5-6　2010~2015 年外汇储备余额变动与外汇市场供求缺口状况**

资料来源：中国人民银行；国家外汇管理局

为维护外汇市场平稳运行，防止市场恐慌情绪进一步蔓延，当局采取了包括提供外汇流动性、引入人民币外汇衍生品交易外汇风险准备制度、加强银行结售汇及跨境人民币业务真实性审核要求等在内的一系列干预措施。到 2015 年年底，全年人民币兑美元中间价下跌 5.8%，CNY 下跌 4.3%，CNH 下跌 5.4%。但全年国际清算银行编制的人民币名义和实际有效汇率指数分别升值 3.7% 和 3.9%，人民币仍不改强势货币特征（见图 5-7）。与此同时，随着交易价围绕中间价上下波动，人民币汇率中间价成为一个可交割的价格，提高人民币汇率中间价市场化程度和基准性的两个改革目标均已初步实现。

然而，人民币汇改依然是进行时而非完成时。尽管当局一再强调中国不会加入竞争性贬值和货币战争之中，并多次重申人民币不存在持续大幅贬值的基础，但是海内外人民币汇率贬值压力和贬值预期依然甚嚣尘上。短短一年时间，与 2014 年年初市场普遍预期人民币汇率将进入五时代的氛围大相径庭。2016 年

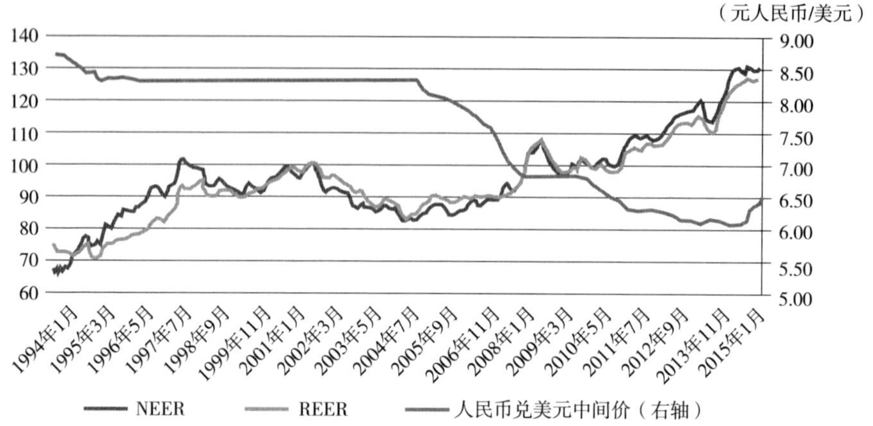


**图 5-7 1994~2015 年人民币汇率中间价和有效汇率变动**（2010=100）

资料来源：国际清算银行；中国人民银行

第一周，在岸和离岸市场人民币汇率均创下近五年的新低，境内外人民币汇率价差达到上千点。推进人民币汇率形成机制改革仍面临两难处境：如果继续强调市场发挥作用，则人民币汇率有可能进一步下跌，刺激资本外流，影响市场信心和金融稳定；如果继续强调维持汇率稳定，则汇率市场化改革和扩大金融开放有可能暂时搁置，同时贬值预期挥之不去，资本管制的效果不断降低，外汇储备还可能进一步消耗。

## 二、价值规律是解释当前人民币汇改困境成因的最佳答案

价值规律是市场经济的基本规律，凡是有生产和交换的地方，就必然会有价值规律。第一位对价值规律做出比较系统论述的是资产阶级古典政治经济学的创立者亚当·斯密。他在《国富论》一书的第一篇第七章“论商品的自然价格和市场价格”中，论述了自然价格与市场价格的关系，指出市场价格会受供求影响而上下波动，但自然价格起着“中心价格”的作用。各种意外的因素会把市场价格抬到自然价格以上或强抑到自然价格以下，但不管有什么障碍，市场价格终究会被吸引趋向于接近自然价格。这里的“自然价格”或者“中心价

格”就是指价值。

实际上，价格与价值相一致是偶然的，不一致却是经常发生的。这是因为价格虽然以价值为基础，但还受到多种因素的影响。一般情况下，影响价格变动的最主要因素是供求关系。在市场上，当某种商品或资产供不应求时，其价格就可能上涨到价值以上；而当商品或资产供过于求时，其价格就会下降到价值以下。同时，价格的变化会反过来调整和改变市场的供求关系，使得价格不断围绕着价值上下波动。

归根结底，价值规律的基本内容是“价值决定价格”，表现形式是“价格围绕价值上下波动”。市场经济规律是不以人的意志为转移的客观存在。规律只可能迟到，却不会缺席。

2015年，A股市场从疯涨到骤跌，再到市场回升的循环演变，究其深层次原因就是价值规律在股市运行中发挥了作用。首先，在市场普遍认可上证综指4000点是牛市新起点、6000点触手可及、10000点也指日可待的情况下，期待股市出现“慢牛”行情是不可能的，必然是大量投资者以加杠杆方式冲入股市，推动上证综指迅速涨到5000点以上。其次，即便过6000点、破10000点是大多数投资者的美好愿望，但没有经济基本面支持的股市是走不远的，最终股指掉头向下，在去杠杆的市场力量推动下，出现流动性枯竭的中国式股灾。再次，其间尽管当局采取了许多救市措施，但因股市估值过高而效果欠佳，仍不能扭转股指继续大幅地下跌，只是当股市调整较为充分后，才走上了“自我调整、自我修复”之路。最后，虽然经历了股市的急涨骤跌，但全年上证指数上涨9.4%，深证成指上涨15.0%，涨幅仍位居世界前列。

用价值规律同样可以解释导致当前汇改陷入困境的主要原因。“价值决定价格”意味着市场汇率不可能偏离均衡汇率太远，“价格围绕价值上下波动”则意味着不能指望市场汇率稳定在均衡合理的水平上。虽然这次汇改面临人民币汇率贬值的压力，但当局的基本判断是人民币汇率接近均衡水平，中国的宏观经济基本面不支持人民币汇率大幅贬值，这是当局认为当前市场反应不够理性的原因所在。然而，均衡汇率是合理汇率水平的理论价值，并无市场公认的、统一的标准或模型。即便是政府，也没有天然的优势，能够预知均衡汇率的具体水平。均衡汇率不是计算出来的，而是交易中市场试错试出来的。正如1994年年初汇率并轨，人民币汇率一次性将官方汇率5.80元人民币/美元并到市场汇率8.70元人民币/美元，但当时市场普遍预期人民币汇率将破九望十，市场看空情绪强烈。最终，不是说教而是事实教育了市场。当年人民币汇率不跌反升了2.9%，外汇储备规模翻了一番。从此，人民币走上了新兴强势货币之路，外汇储备规模从区区200亿美元最高增至近4万亿美元。当年做空人民币的，那使过去二十年也基本再没有机会翻身。

如果不让价值规律在外汇市场运行中发挥作用，人为地抑制汇率的正常波动，只会刺激无风险套利，令升值或贬值预期无法得到有效释放，反而可能形成预期自我强化、自我实现的汇率超调。现在关于境外存在廉价资金的认识，实际就是一种货币幻觉。当汇率波动后，境内基于利率平价理论对外币敞口进行风险对冲时，利差交易的条件就会受到很大影响。2008年全球金融危机以来，我国本外币外债大幅攀升，正是由于汇率弹性不足导致的市场扭曲。经历了2015年第三季度汇率贬值预期下的加速去杠杆，有助于我们对于人民币外债的本外币双重属性有更加深刻而清醒的认识。人民币外债对于境内机构虽然没有货币错配，但其对应的是境外机构和个人持有的人民币资产，境外人民币资产持有者却存在货币错配。我国人民币外债减少伴随着境外减持人民币资产的过程（见图5-8），同样会给在岸或者离岸人民币汇率带来下跌的压力。而收敛境内外人民币汇率的差价，同样会消耗外汇储备而不是人民币。所以，离岸人民币于我仍是外汇属性，于外才是人民币属性。

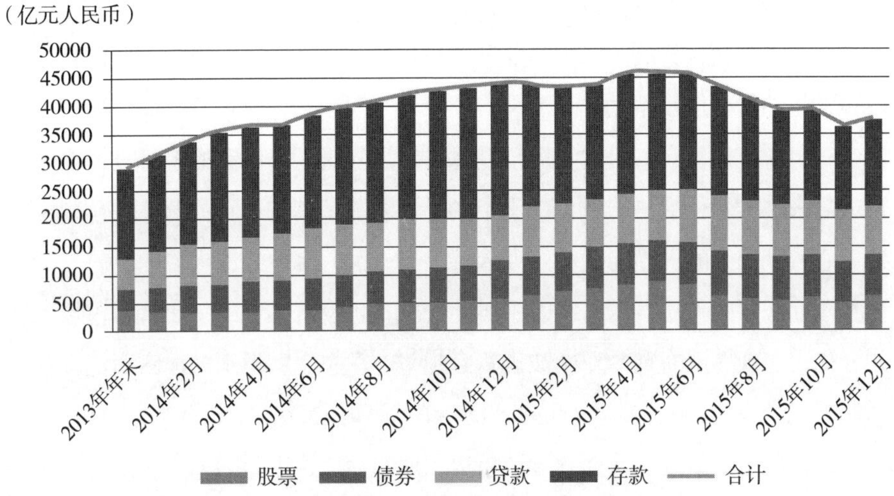


**图 5–8　2013~2015 年境外机构持有的境内人民币金融资产**

资料来源：中国人民银行

## 三、尊重价值规律进一步巩固和完善人民币汇率机制改革成果

尊重价值规律，就是要坚持市场化方向，让市场在汇率形成中发挥越来越重要的作用。判断价值规律是否在外汇市场运行中起作用，关键就是看汇率对外汇收支行为的杠杆调节作用能否正常发挥。如果汇率下跌，刺激外汇供给、抑制外汇需求的作用不能发挥，这就意味着汇率杠杆调节作用的失灵，市场运行异常，改革没有到位。

尊重价值规律，就是要坚持强势人民币理念，不被市场预期左右。强势人民币不简单等同于人民币升值，而是坚持人民币汇率走势应该跟随经济基本面。应该坚信中国宏观经济基本面不支持人民币大幅贬值，经济稳自然货币稳，强势的经济必能造就强势的货币。即便因短期市场情绪波动造成汇率调整，最终也不可能偏离均衡汇率太远。偏离经济基本面肆意投机或攻击人民币者，势必会受到价值规律的惩罚。最近两年印度经济之所以能够在金砖国家中脱颖而出，在一定程度上得益于2013年对卢比汇率较为充分的调整。而且，因为印度实行浮动汇率制度，抑制了国内企业利差交易的冲动，为现在应对美联储货币政策正常化冲击赢得了主动。

尊重价值规律，就是要克服浮动恐惧，增强对汇率波动的容忍度。在汇率形成越来越市场化的情况下，由于市场对于均衡汇率有不同的解读和预判，如有关心长期因素的，就有关心短期因素的；有关心实体经济因素的，就有关心金融层面因素的。市场的看法既不可能统一，也没有必要统一。基于市场预期的分化，出现有涨有跌的双向波动将会越来越常态化。特别是在新旧汇率管理体制转轨过程中，由于缺乏市场参照系，其间市场震荡甚至超调都是有可能的。人为地遏制市场波动，反而会导致单边预期的存在，进而影响市场出清。压制的时间越长，一旦放松乃至取消管制，市场反弹的力量就会越大。

尊重价值规律，就是要避免叶公好龙的心理，市场各方都要逐步接受和适应汇率波动新常态。汇率升贬值的影响是把“双刃剑”，对国内经济运行有利有弊，无所谓绝对的好或者绝对的坏，不必贴上价值标签和做出道德判断。尤其对于大型开放经济体来讲，汇率政策从属于经济增长、增加就业和物价稳定等对内平衡目标，汇率水平的变化是其他经济政策实施的结果而不应作为预设的目标。市场不必对汇率波动过度反应和过度解读，更不应妄加猜测，将市场分析的结论强解为国家汇率政策。相应地，政府也要容忍和适应市场波动，即便是有必要入市“维稳”，在汇率波动扩大后，胜算才会更大。另外，在汇率波动加大的环境下，市场微观主体应树立正确的汇率风险意识，不要用市场判断替代市场操作，要控制好货币错配风险、恰当使用金融避险工具。

尊重价值规律，也要更好发挥政府的作用，防止汇率短期过度波动或长期偏离均衡水平。价值规律告诉我们，市场汇率围绕均衡汇率水平上下波动是外汇市场运行的常态。但是，对于不成熟的市场而言，短期内的剧烈波动，以及长期的偏离均衡水平，有可能对实体经济形成较大的负面冲击，造成资源错配。因此，央行在基本退出外汇市场常态干预的情况下，对于上述情况进行直接或者间接干预是合适的，是对市场失灵的弥补。国际上，即便是实行自由浮动汇率的经济体也没有完全的清洁浮动。

## 第三节　学习借鉴强势美元政策

党的十八届五中全会通过的“十三五”规划建议提出坚持开放发展，必须顺应中国经济深度融入世界经济的趋势，发展更高层次的开放型经济。其中，扩大金融业双向开放，有序实现人民币资本项目可兑换，推动人民币成为可兑换、可自由使用货币是构建开放型经济新体制的重要内容。汇率是连接国内和国际两个市场的重要价格杠杆，做对汇率政策至关重要。而美国在过去二十年实施的“强势美元政策”对我国有重要的借鉴意义。

### 一、强势美元政策：由来及演变

强势美元政策的概念因克林顿政府第二任财政部长罗伯特·鲁宾（Robert）的名言“强势美元符合美国的利益”而广为流传。这一政策被认为是克林顿政府宏观经济政策中的关键，但实际上克林顿政府是以 1985~1994 年弱势美元开局的（见图 5–9）。起初，汇率政策被作为服务于美国对外贸易的工具。面对贸易赤字扩大，以及自由贸易协定对贸易政策的掣肘，削减美国贸易赤字的任务落到美元头上。美国国会赋予财政部制定汇率政策的职责，财政部长对美元政策具有举足轻重的影响。来自制造业中心得克萨斯州的财政部长都偏爱弱势美元[①]，克林顿于 1993 年就职总统后，任命了同样来自得克萨斯州的本特森（Bentsen）担任财政部长。在克林顿上任的前两年，牵动市场神经的美元兑日元汇率从 120 一直贬到 80 左右。

---

① 例如尼克松政府第二任财长 John Connolly，1971~1972 年在任期间促成美元与黄金脱钩，布雷顿森林体系解体，里根政府第二任财长 James Baker，1985~1988 年在任期间推动签署广场协议，美元大幅贬值。

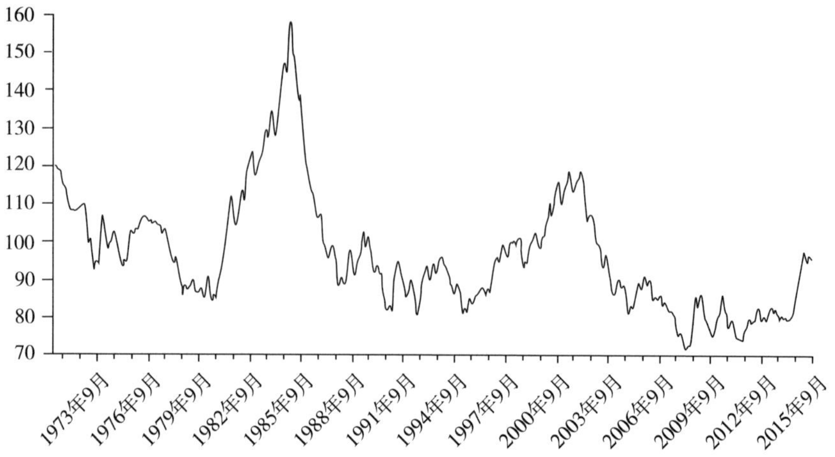


**图 5–9　1970~2015 年美元指数**（1997 年 3 月 = 100）

资料来源：彭博社

疲软的美元的确能对促进出口、抑制进口起到一定作用，但是弱势美元与美国经济增长目标乃至长远利益存在冲突。当时，美国面临在财政赤字高企的情况下促增长的难题。时任国家经济委员会主席的鲁宾一直在呼吁通过降低利率、促进投资来拉动增长。具体措施是实施“财政紧缩 + 货币宽松”的宏观调控政策，压低利率，促进私人部门投资。根据利率平价，如果美元贬值，会给国内利率带来上行压力，也会推高进口价格推升通胀，压缩货币政策宽松的空间。更重要的是，美元继续贬值可能危及美国的全球货币霸主地位。其时，在日元国际化和马克崛起影响下，美元占全球外汇储备比重正不断滑落。美元不断贬值还损害了美国金融业的信心，造成金融市场动荡。1995 年年初，克林顿任命鲁宾出任美国财政部长，后者不负众望，果断地采取了一系列措施，终使美元彻底扭转了贬值走势。汇率走强为压低通胀做出了贡献，为货币宽松赢得了空间。私人投资拉动增长，经济增长和资本流入使美国可以暂时忽视经常账户逆差的扩大。经常账户逆差如不是因为储蓄低而是因为投资高，那就不是大问题。同时，强势美元吸引国外资本源源不断地流入，可以为美国的经常账户逆差融资。美元自此开启了长达 6 年半的升势，为克林顿政府良好的宏观经济表现发挥了重要作用。

进入 21 世纪，强势美元政策在美国国内引发争议。小布什政府上台后巨大的反恐支出、减税和医疗计划导致美国财政赤字高企，经常账户赤字不断扩大。国际经济研究所所长伯格斯坦（Bergstein）针对国家经济委员会主席琳德森（Lindsey）支持强势美元的观点指出，当汇率升值或者适度高估符合美国的利益时，才适用强势美元政策。但是 2001 年强势美元政策的时机已经失去了，经济下滑、股市大跌、通胀下降、失业率开始攀升，美联储的坚决措施使短期利率大幅下降，给美元汇率带来了下行的压力。2008 年金融危机以后，面对经济复苏疲弱的局面，美国国内希望通过外需拉动增长的声音高涨。国民经济研究局前主席费尔德斯坦（Feldstein）表示，应把强势美元政策解释成“对内强势，对外保持竞争力”。对内强势是指保持购买力，控制通胀，对外保持竞争力是指美元应该通过贬值来刺激出口增长、拉动美国经济。总统经济顾问委员会前主席罗默（Romer）甚至直接指出，学过经济学原理的人都知道，强势美元并不总是好的。例如，麻烦的财政赤字扩大、令人鼓舞的美国生产力提高都会导致美元升值。美元升值是好是坏，取决于导致美元升值的原因。财政部应该坦诚地和市场沟通这一问题。与上述观点针锋相对的是，前财政部长劳伦斯·萨默斯（Lawrence Summers）一直强调，人为制造贬值来获得竞争优势的行为是短视的，长期来讲并不能增加美国的竞争力，反而会使金融市场失去信心，最终破坏促进生产力进步所必需的规则。

然而，在过去的二十年，不管美国经济形势和美元走势怎么变，美国财政部支持强势美元的表述没有发生根本性变化（见表 5–1）。微妙的变化出现在 2001 年小布什政府上台后。2001 年 7 月 19 日，小布什总统在一次谈话中称美元强势“既有好处，也有问题”，引起市场恐慌。但随后财政部长保罗·奥尼尔（Paul O’Neill）否认美国已改变强势美元政策，他说只有他才有发言权，如果政府决定改变强势美元政策，他会“租下扬基体育场向全世界宣布”。奥尼尔的继任者斯诺在 2003 年 5 月 17 日重申坚持强势美元政策，但是“美国政府不再把对主要国家的汇率作为美元强弱的标志，强势美元表示公众对美元的信心”，无疑向市场释放了政府放任汇率贬值的信号，美元朝着贬值的方向继续前进。虽然美元一路贬低（见图 5–9），之后的美国财政部部长却在公开场合均表示支持强势美元，强势美元政策一直存在。

**表 5–1 鲁宾之后的美国财政部长对美元汇率政策表述**

| 财政部部长 | 任职时间 | 对美元汇率政策的表述 |
| --- | --- | --- |
| 劳伦斯・萨默斯（Lawrence Summers） | 1999.7.2~2001.1.20 | 美国将毫不动摇地坚持强势美元政策。 |
| 保罗・奥尼尔（Paul O'Neill） | 2001.1.20~2002.12.31 | 否认美国已改变强势美元政策，如果政府决定改变强势美元政策，会“租下扬基体育场向全世界宣布”。 |
| 约翰・斯诺（John Snow） | 2003.2.3~2006.6.30 | 美国政府不再把对主要国家的汇率作为美元强弱的标志，强势美元表示公众对美元的信心。 |
| 亨利・鲍尔森（Henry Paulson） | 2006.7.10~2009.1.20 | 强势美元符合美国国家利益，但是其价值应该由开放竞争的市场来决定并且符合经济基本面。 |
| 蒂莫西・盖特纳（Timothy Geithner） | 2009.1.26~2013.1.25 | 我相信强势美元对于美国，对于美国经济的健康来说十分重要。 |
| 杰克・卢（Jack Lew） | 2013.1.25 至今 | 财政部长期以来和各党派一直达成共识，认为强势美元符合促进美国经济增长、生产力进步和竞争力提高的根本利益，我不会改变这一政策。 |

资料来源：Prasad E S.,*The Dollar Trap: How the US Dollar Tightened Its Grip on Global Finance*［M］. Princeton University Press, 2014

关于美国坚持强势美元政策的解释主要有：第一，强势美元的表述是政治上的需要。强势美元代表强势经济，政府支持强势经济是天经地义的，有利于在中长期保持对美元的信心。这也是在鲁宾之后的财政部长大多不敢公开违背强势美元表述的原因。第二，从国际货币格局来看，美元的全球货币霸主地位使美国享有包括巨额铸币税、向全球借钱消费等在内的众多特权，美元贬值不利于特权的维系。这些解释都有一定的合理性，但是似乎并不完整。例如，伯格斯坦认为，由于国际货币体系缺少更好的替代选择，美元强势并非维系美元特权的必要条件。布雷顿森林体系解体后至今，美元经过几轮升贬值周期但依旧享有特权就是例证。

## 二、强势美元政策的逻辑：浮动汇率下的汇率管理方式选择

强势美元政策的内容从未被明确定义，也没有具体实施的手段和工具。虽然鲁宾反复强调“强势美元符合美国的利益”，但其从未暗示过美元强弱的具体价位，而且，他确曾表示，“人为地干预汇率是没有意义的，汇率反映的是经济基本面”。有学者据此认为强势美元政策仅仅是一个修辞表达，没有什么实质意义。但是，回顾布雷顿森林体系解体以后美国的汇率政策历史可以发现些许端倪。

美国在浮动汇率下一直保持着对汇率的管理，只不过强势美元政策提出以后，美国的汇率管理方式发生了明显变化。退出常态干预，“口头干预＋货币政策”成为美国汇率管理的主要方式。直接负责外汇干预操作的纽约联邦储备银行公布数据显示，美国的外汇冲销干预贯穿整个20世纪七八十年代，一直是重要的汇率管理方式。但是，从1995年以后，美国就很少直接干预外汇市场[①]，在资本自由流动、外汇市场规模日益庞大的情况下，冲销干预成功率下降，负面作用上升，会影响美联储货币政策的信誉。以1995年强势美元政策出台的影响为例，美国只在1993年、1994年和1995年多次大幅干预外汇市场，之后直接干预就基本停止了。1995年2月至1998年年底，美联储大多数时候都是在降低利率和施行货币宽松，政策财政赤字也在不断缩减，宏观政策不能解释这段时间的美元升值。唯一可能的解释是，美国强劲的经济增长和美国财政部的表态影响了投资者预期，从而支撑了美元长时间走强。

① 例外只有3次，1998年6月17日干预美元兑日元汇率，2000年9月22日干预美元兑欧元汇率，2011年3月18日干预美元兑日元汇率。

口头干预成为全球主要央行一种重要的汇率管理方式。费尔德斯坦指出，1995~2003年，美联储和欧洲央行[①]总共只有两次直接干预外汇市场，大部分干预都是通过口头干预的方式进行的。萨卡特（Sakata）和塔克达（Takeda）撰文发现，在日本，直接干预外汇市场正在被口头干预取代。2005~2010年8月，日本没有直接干预外汇市场；2010~2012年，直接干预了5次。该文的实证研究表明，投资者对坚决的口头干预给予极大的信任。在央行清楚地阐明对汇率的态度后干预是最有效的。口头干预的理论基础是，作为一种货币当局与市场的沟通政策发挥了作用。伯南克指出，货币当局的口头干预不仅可以给市场释放关于未来政策的信号，改变投资者预期，而且可以通过提供有关的私人信息，影响包括汇率在内的有关资产价格。

政府对汇率大体有三种表达方式：一是支持自由放任；二是声称汇率被高估；三是声称支持强势汇率。在这三者之中，声称强势汇率可能是最合适的口头干预策略。

首先，声称自由放任可能会自己捆住手脚。汇率作为一种资产价格，受市场情绪影响巨大，有时会大幅偏离经济基本面，央行必须对汇率管理有所准备。缺乏对汇率关注的结果往往就是政府的态度不得不频繁变化。在美国历史上，20世纪80年代里根政府宣称对汇率自由放任，表示“除非在总统遇刺等极端情况才会干预汇率”。结果是，财政赤字加上货币紧缩导致美元汇率在1984年达到高峰，在1985年甚至出现泡沫，美国政府不得不改变立场，炮制出广场协议联合干预外汇市场。此外，尼克松政府也曾经从自由放任转为1971年以后追求贬值。

其次，声称汇率被高估的结果容易造成汇率过度贬值。政府往往是在汇率升值了一段时期后才宣布汇率被高估，这时贬值预期已经形成。一旦宣布汇率高估可能导致市场恐慌，汇率陷入贬值循环，止住汇率跌势比控制汇率升势要难得多。1977年夏天，美国财政部部长布卢门撒尔（Blumenthal）声称美元高估，美元陷入惯性贬值。加上出身制造业的美联储主席米勒担心失业增加，拒

① 1999年以前为德国央行的数据。

绝加息应对通胀攀升，美元贬值预期加剧。直至美联储主席换人、沃尔克上台后收紧货币政策，才扭转了美元跌势。

最后，声称强势汇率给予市场稳定的预期，同时预留了政策操作空间。声称强势汇率并不代表汇率不能贬值。汇率过强了，稍微转变口风而不需要使政府立场发生大的变化，汇率就能实现自行调整；汇率过弱了，政府拥有充足的干预外汇市场的理由。美国在声称强势汇率的情况下，通过政府措辞的细微变化引导预期，成功实现了汇率从2002~2008年的长达6年的贬值，没有引起汇率大幅波动，让汇率的变动及时反映了美国经常账户逆差过大的现实，帮助美国经济实现了对外部失衡的调整。由于稳定了市场预期，在美元贬值过程中，美国有效地防止了美元贬值可能诱发其长期国债利率攀升，减轻了政府偿债负担。如果把有效汇率的稳定作为汇率管理的绩效指标，声称强势货币的绩效可能更好。1990~2003年美国、欧元区①、日本三大经济体央行的口头干预情况来看，美国绝大多数时候都是宣称强势美元，欧央行大部分时候宣称强势欧元，日本则频繁改变口头干预的立场且频频入市干预（见表5-2），结果是日元的有效汇率的波动比美元、欧元大得多（见图5-10）。

**表5-2　1990-2003年全球三大央行对外汇市场的口头干预**

| | 美国 | | | 德国/欧元区 | | | 日本 | | |
|---|---|---|---|---|---|---|---|---|---|
| | 支持强势 | 支持弱势 | 模棱两可 | 支持强势 | 支持弱势 | 模棱两可 | 支持强势 | 支持弱势 | 模棱两可 |
| 干预的天（次）数 | | | | | | | | | |
| 1990~2003 | 125 | 2 | 28 | 77 | 14 | 23 | 40 | 71 | 26 |
| 1990~1994 | 18 | 1 | 14 | 13 | 0 | 4 | 27 | 16 | 7 |
| 1995~1998 | 31 | 0 | 5 | 3 | 11 | 4 | 12 | 4 | 4 |
| 1999~2003 | 76 | 1 | 9 | 61 | 3 | 15 | 1 | 51 | 15 |

资料来源：Fratzscher M.. Communication and Exchange Rate Policy [J]. *Journal of Macroeconomics*, 2008, 30(4): 1651–1672

① 1999年以前用德国数据。

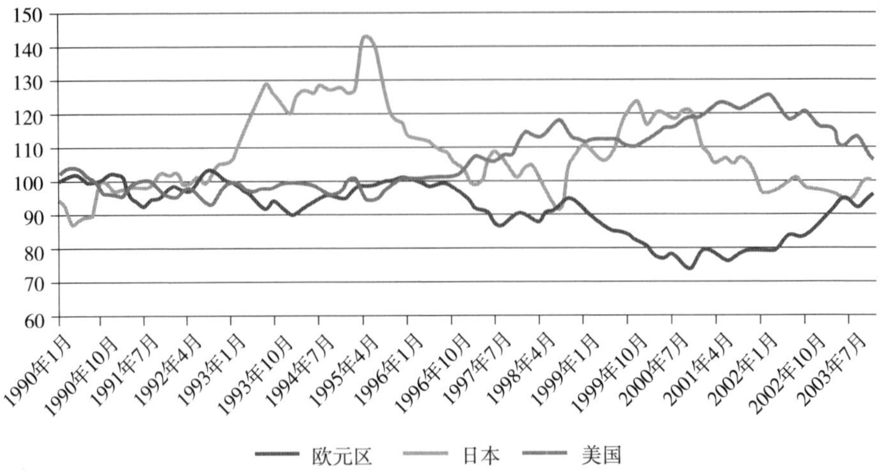


**图 5-10 1990~2013 年美国、欧元区、日本实际有效汇率走势**

资料来源：国际清算银行

综上所述，强势美元政策的完整内涵可以概括为强势美元要靠强势经济支撑，强势美国经济有利于全世界；政府只要坚守有效的经济政策，汇率就会走上应有的轨道，而不必人为地推高美元；宣称支持强势汇率，在中长期维持市场对美元的信心，并保留干预的权利；常态情况下，对汇率政策“善意忽视”（benign neglect），国内宏观经济管理的目标优先于汇率管理目标，不采取直接干预措施支持某个特定的汇率水平，让汇率成为宏观政策的结果、反映经济基本面的变化。本次国际金融危机爆发后，美国采取几轮量化宽松货币政策，造成美元贬值。而美国对外辩解的说辞是，美联储实施量化宽松的货币政策，主观是为了稳定美国的经济和金融，避免通缩和流动性陷阱，客观造成了美元供给增加、对外贬值。但美国好，世界就好。因此，量化宽松不是货币战争，不是竞争性贬值。

## 三、有管理浮动汇率制度下的中国选择：强势美元政策的启示

“8·11”汇改优化人民币兑美元汇率中间价报价机制以后，我国于 1994

年年初确立的以市场供求为基础的、有管理的浮动汇率制度已基本完善。诚然，未来人民币汇率形成机制还有改进的余地，如扩大乃至取消银行间市场波幅管理、进一步弱化中间价的基准地位等。但更为关键的问题是，如何在有管理的浮动汇率制度框架下，制定和实施人民币汇率政策。从理论上讲，制度是长期的、稳定的，而政策是短期的、可变的。正如在通胀目标制的货币政策框架下，货币政策立场可以偏紧、中性或者偏松一样，汇率政策也应该是灵活的，因时因地而变，尤其要防止短期政策的长期化、机制化。僵化的汇率制度或者汇率政策，是导致资本流动冲击、诱发货币危机的重要原因，无论大国还是小国，概莫能外。

借鉴美国的经验，适应进一步深度融入世界经济的需要，“十三五”规划期间，中国也可以逐步确立实施强势人民币政策。首先，人民币已经是世界新兴强势货币。从 1994 年汇改后到 2014 年年底，人民币兑美元双边汇率累计升值 42%，国际清算银行编制的人民币名义和实际有效汇率指数分别累计升值 65% 和 93%，分别在 61 种货币中排第三位和第六位。即便新汇改后人民币汇率有所回调，但 2015 年前三季度人民币名义和实际有效汇率仍然都升值了 3.6%。其次，强势人民币符合中国经济中长期发展趋势。尽管受市场供求关系的影响，短期人民币汇率有所走弱，但从中长期来看，中国经济保持中高速增长、结构性改革不断提高市场效率、海外对人民币资产配置需求较大等，将继续为人民币强势提供基本面的支持。最后，强势人民币政策符合中国的国家利益，有助于提振对中国经济和货币的信心，为改革开放创造良好的预期环境；有助于进一步提升中国在国际上的地位和影响力，推动人民币国际化，更好地促进中国参与全球治理。

2015 年 9 月，中国领导人访美期间阐述人民币汇率问题时，主要强调了四点：一是近期中国完善了人民币汇率中间价报价机制，加大了市场决定汇率的力度，目前人民币汇率偏差矫正已初见成效；二是从国际国内经济金融形势看，人民币汇率不存在持续贬值的基础；三是将坚持市场供求决定汇率的改革方向，允许人民币双向浮动，反对搞货币竞争性贬值，反对打货币战；四是发展资本市场、完善人民币汇率市场定价机制是中国的改革方向，不会因为这次股市、汇市波动而改变。

落实上述主张，其实就是强势人民币政策的立场。具体来讲，实施强势人民币政策，首先，要克服“浮动恐惧”，有关当局应适时、平稳地退出现时的外汇市场干预（包括行政和市场手段的干预），让人民币汇率实行真正的有管理浮动。在有管理的浮动汇率制度下，汇率应该是这样：第一，市场汇率是可变的，人民币汇率能上能下，双向波动；第二，汇率变化是透明的，人民币汇率的涨跌可以从市场找理由，而不是从汇率政策找原因；第三，汇率水平是可信的，境内外价格趋于一致；第四，汇市干预是例外的，政府基本退出外汇市场干预，实现市场自主出清。

其次，实施强势人民币政策并非主观追求人民币升值，而是按照“对内平衡优先”的原则定位人民币汇率政策。这包括三方面的具体含义：第一，做对利率比稳定汇率更加重要。即利率形成机制和调控机制的市场化改革比汇率改革更重要；当内外均衡目标冲突时，汇率政策应该给货币政策让路，为利率政策松绑。第二，汇率水平变化是结果而非目标。即汇率的短期波动应反映当时的经济基本面状况，当强则强、当弱则弱；汇率水平变化应该是其他宏观经济政策实施的结果，而不应将汇率的涨跌作为预设的目标。第三，汇率政策是对外筹码而非负担。即支持大国间应加强经济政策协调，但不能将维持汇率稳定作为单方面的国际义务；支持加强全球金融安全网建设和区域货币合作，尤其当人民币的国际使用日趋广泛后，中国能够也应该在其中发挥更大的作用。

归根结底，作为大国开放经济体，汇率政策是次要的政策，不能忽视但也不能过分夸大其作用。对于汇率，我们应该做到剑道的最高境界，即心中无剑，但剑无处不在。

## 第四节 重温泰铢狙击战和港币保卫战

中国政府已明确提出要加快实现人民币资本项目可兑换。吸取 A 股震荡的教训，认真做好国外金融危机的案例分析，梳理货币攻击的各种做法，搞清楚每个交易或市场开放的风险，只有弄懂吃透而不是想当然，开放才能够更加心中有数。无疑，从技术角度厘清泰铢狙击战和港币保卫战的路线，对于我们开放资本账户后有效应对资本流动冲击，维护国家金融安全具有重要的借鉴意义。

## 一、货币攻击：技术角度的梳理

已有较多文献从宏观层面对货币危机的原理进行分析，但是从技术角度对货币攻击进行梳理的文献相对较少。本节先从技术角度对货币攻击的路线进行梳理，对泰铢狙击战和港币保卫战建立框架性的认识，然后结合历史进行具体分析。

货币攻击的历史可以追溯到 19 世纪末 20 世纪初金本位时期。当时全球资本高度流动，某国一旦传出政治经济负面消息，就常常发生投资者对其黄金储备进行攻击的现象。金本位制度相对稳定、调节机制较为完善以及各国全力干预才使投机者偃旗息鼓（宋文兵，1999）。20 世纪 80 年代以来，金融全球化加快发展，交易技术不断进步，衍生品市场日益繁荣，货币攻击呈现出新特征。

当代货币攻击是立体攻击。国际炒家在货币、外汇、股票和金融衍生品市场同时对一种货币发动进攻，使固定汇率制度崩溃，炒家从金融动荡中牟取暴利。当代货币攻击主要沿以下路线展开。

第一，在即期市场上卖空本币。如图 5-11 所示，国际炒家先借入本币。本币来源主要包括本国货币市场、国际金融市场（离岸市场）、抛售本国股票或者债券。国际炒家会采取渐近的方式逐步吸入，以防止短期借入大量本币导致持有本币成本上升。直到手中握有足够多的本币，再对本币进行集中抛售，打压本币汇率。炒家还得注意抛售时机的选择，往往在本国金融的负面消息传出时对本币进行抛售，或者散布负面消息的谣言，带动其他投资者进行效仿。一旦本币贬值，炒家就以低价购回本币进行偿还，本币汇率价差扣除借款所需利息就是炒家的利润。上述过程中，炒家能够获取本币是攻击的关键。如果非居民能够更容易地在本国货币市场上获得本币，或者本币国际化程度较高，非居民更容易从离岸金融市场上获取本币，抑或非居民能够更方便地持有本国股票债券及出售，实施该种攻击就越容易。

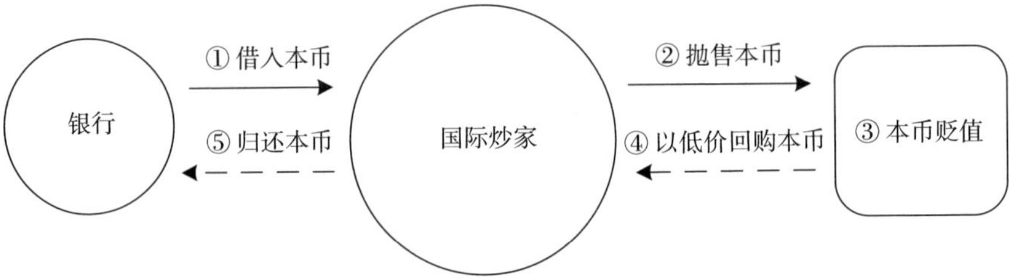


**图 5–11　国际炒家在即期外汇市场的攻击路线**

第二，在远期外汇市场上抛售本币。如图 5–12 所示，国际炒家在远期外汇市场上出售所攻击货币的远期合约,如果远期合约到期之日所攻击货币贬值，交割合约国际炒家就可获利。远期抛售本币将使本币远期汇率下跌，同时，也将对本币即期汇率形成打压。银行预计到未来要大量买入本币，就会在即期外汇市场上出售本币换取美元来轧平头寸，以便届时履约；投资者观察到远期本币贬值，也会在即期外汇市场上借入本币，通过抛售本币兑换成美元，待远期合约到期之日用较少的美元就可以换回履约所需的本币，以此套利。银行和投资者抛售本币的行为都会导致本币即期汇率贬值。这种进攻方式对国际炒家而言可谓高风险高收益。从远期合约签订日到履约日之间，炒家无须真正交易就能形成对本币的攻击，成本极低。但如果到期日本币没有贬值反而升值，炒家也将面临亏损。因此，在操作手法上，炒家会逐步订立大量履约期不同的远期合约，尽管不能确保每笔合约都获利，只要本币汇率大方向是朝贬值的方向变动的，炒家就可以在总体上获利。此外，在签订远期外汇合约的同时，国际炒家还可以利用本币外汇期货合约的空头、买入本币看跌期权等，待本币贬值之时交割合约获利。

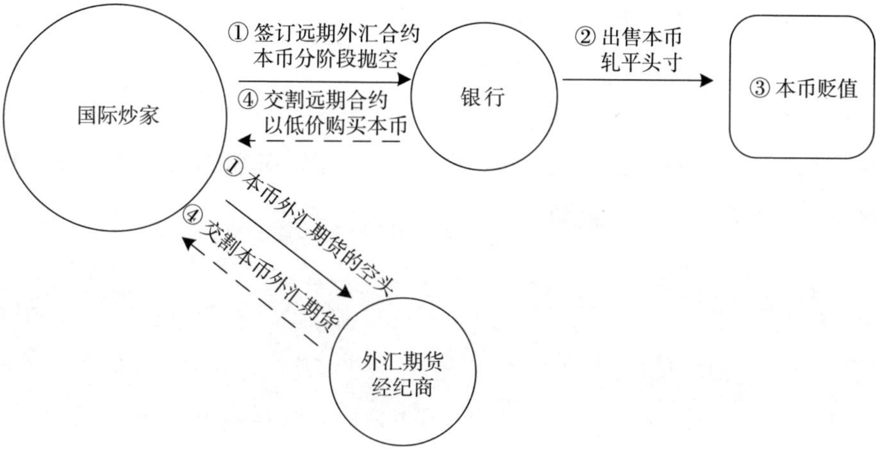


图 5-12 国际炒家在远期外汇市场和外汇期货市场的攻击路线

第三，在汇市和股市发动联合攻击。如图 5-13 所示，国际炒家在即期外汇市场上卖空本币的同时，卖空股票、积累股指期货的空头头寸。央行为了限制炒家获取本币，一般采取提高短期利率的方式来抬升炒家的资金成本。利率上升会对股市形成打压，股市下跌后，炒家就可以通过低价购回股票和交割股指期货来获利。

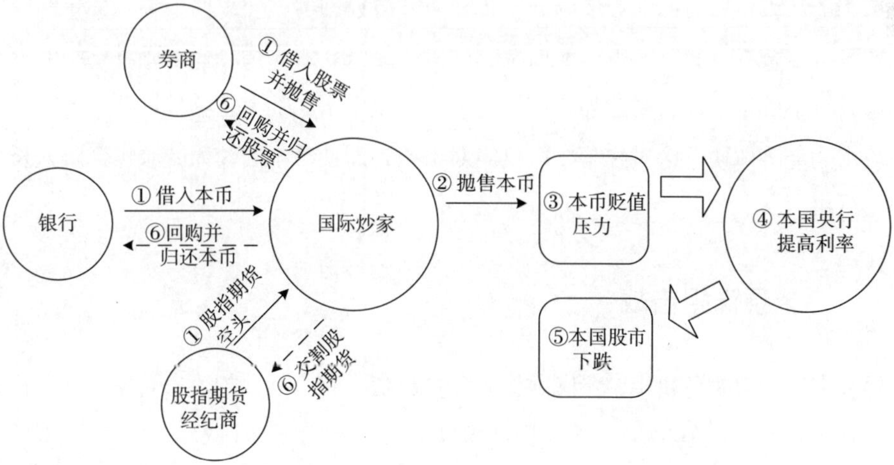


图 5-13 国际炒家在汇市和股市发动联合攻击的路线

在实际操作中，国际炒家往往是将以上两种或者三种方法一起使用。这样立体攻击的方式充分利用了利率、汇率、股票、股指期货之间的联动关系，保证可以获得高收益。如果被攻击的货币贬值，炒家可以在外汇市场获利；而若被攻击的货币没有贬值，在此过程中由于央行保卫汇率等因素，短期利率上升对股市形成打压，炒家也可以从股市上获利。

当然，现实中炒家的操作手法可能更加复杂。但有证据表明，国际炒家在发动攻击时确实曾使用基于上述三种路线的攻击方式。索罗斯在其著作中曾谈道："如果你把一般的投资组合看成是扁平或者二维的，我们的投资组合则更像建筑物。我们建立一个三维的空间，用基本股票作为抵押来扩大杠杆。我们用1000美元至少可以买进5万美元的长期债券。我们卖空股票或者债券，即借入股票或者债券待其价格下跌时再买入。我们也操作外汇或者股指的头寸，多空都有。这样创造出一个由风险和获利机会组成的立体结构。"

一般认为，应对货币攻击有三道防卫措施：外汇干预、提高利率以及交易管制。货币当局在即期和远期外汇市场购进本币可以稳定汇率；提高利率可以抬升炒家借入本币的成本；交易管制可以直接限制炒家的攻击手段。但是，每种措施又有各自的局限性：外汇干预受限于外汇储备的数量；除了炒家会利用利率上升进行攻击以外，提高利率也会对经济体内部产生负面影响，如果财政和金融系统本身脆弱，则可能引发国内金融危机；管制措施在实施过程中的效果具有不确定性，有可能加剧市场恐慌。正是由于面临上述种种挑战，加上被攻击的经济体缺乏应对经验，一旦应对不当，即使基本面较为健康也会陷入货币危机。

## 二、泰铢狙击战

在亚洲金融危机中，泰国成为国际投机资本首当其冲的攻击对象，主要根源在于其身。在1997年泰国货币危机爆发前10年里，泰国经济高速增长背后存在过度依赖外贸、贸易逆差过大等结构性问题。开放资本账户后，资本大量流入催生股市和楼市泡沫，加剧信贷扩张。跨境借款几乎不受限造成短期外债过高。由于泰铢对美元汇率保持稳定，1996 年美元升值带动泰铢升值，同时日元发生了贬值，都重创泰国出口，造成经济下滑。经济外部失衡、资产价格泡沫、金融部门脆弱、基本面负面冲击，给国际炒家以可乘之机。政局动荡、政府频繁更迭也削弱了泰国应对危机的能力。

**表 5-3　泰国实体经济基本情况**　　（单位：%）

| | 1990 | 1991 | 1992 | 1993 | 1994 | 1995 | 1996 | 1997 | 1998 | 1999 |
|---|---|---|---|---|---|---|---|---|---|---|
| 实际 GDP 增长率 | 11.2 | 8.6 | 8.1 | 8.3 | 8.0 | 8.1 | 5.7 | −2.8 | −7.6 | 4.6 |
| 失业率 | 2.2 | 3.1 | 2.8 | 2.6 | 2.6 | 1.7 | 1.5 | 1.5 | 4.4 | 4.2 |
| 通货膨胀率 | 5.8 | 5.7 | 4.1 | 3.3 | 5.1 | 5.8 | 5.9 | 5.6 | 8.2 | 0.4 |
| 财政余额占 GDP | 4.8 | 3.9 | 2.4 | 1.7 | 2.8 | 3.2 | 0.7 | −1.8 | −2.7 | −2.5 |
| 经常账户余额占 GDP | −8.3 | −7.5 | −5.5 | −4.9 | −5.5 | −8.0 | −8.0 | −2.0 | 12.5 | 9.8 |

资料来源：EIU 国家数据

国际炒家早就嗅到攻击的机会。他们的惯用手法是，一旦发现不可持续的资产价格泡沫，就卖空估值过高的有关资产或者货币使其贬值，进而牟取暴利。如果市场恐慌情绪和投资者的悲观心理形成后引发“羊群效应”，他们的火力就足以对被攻击对象形成猛烈冲击。索罗斯和他旗下的“量子基金”是对冲基金的重要代表，1992 年 9 月做空英镑令其一战成名，被《经济学人》杂志称作“战胜了英格兰银行的人”。此后，固定汇率也成为备受对冲基金“青睐”的攻击目标。

### （一）火力侦查

狙击泰铢是预谋已久的。索罗斯在其著作中承认，他的基金公司至少提前 6 个月就已预见到亚洲金融危机。在 1995 年 1 月中旬泰国的房地产价格开始下跌时，对冲基金就对泰铢进行了试探性进攻，在即期外汇市场大量抛售泰铢，但是在泰国央行入市干预下未酿成危机。当时墨西哥危机刚刚发生，各方包括世界银行和国际货币基金组织（IMF）都对泰国有信心，认为除了贸易逆差偏大以外，泰国经济比墨西哥要健康得多，并不具备发生货币危机的条件。

虽然首战遇挫，但投机资本没有放弃，“量子基金”的情报部门通过各种渠道一直在收集情报，对泰国经济金融方面的信息进行分析。索罗斯本人则坐镇后方，一边积极存入保证金、囤积货币，一边在市场上散布泰铢即将贬值的消息，吸引了大量投机资本蠢蠢欲动。随着泰国经济下行，资产价格泡沫破裂，金融部门问题显现，国际投机资本开始展开大规模进攻。

### （二）短兵相接

1997 年 2 月，以“量子基金”为代表的国际投机资本大量做空泰铢，借入泰铢（包括通过曼谷国际银行的便利借入泰铢）并抛售。2 月 14 日，泰铢汇率跌至 10 年来最低点的 1 美元兑 26.18 泰铢。泰国央行进行了坚决反击，在外汇市场上大量购入泰铢，同时提高短期利率，使投机资本的资金成本大幅提高。在这两项措施的作用下，泰铢即期汇率很快得到稳定，泰国央行暂时打退了国际投机资本的攻击。但泰国方面也付出了代价，外汇储备消耗很快，高利率对国内经济的负面影响逐渐显现，银行和企业的坏账问题开始暴露。国际炒家此役虽然遇挫，但他们由此断定泰国政府会死守固定汇率且实力不足，坚定了攻击的决心。关于事后广为诟病的死守固定汇率的问题，事实上早在 1996 年 4 月泰国央行就开始考虑放弃固定汇率，但此时已陷入两难：由于外债过高，如果泰铢贬值，企业的负债升值而资产贬值，许多企业会马上变得资不抵债，进而导致银行坏账攀升甚至引发银行危机，泰铢贬值的宏观经济后果难以预计。加上政局动荡，央行和财政部负责人怕担责任。种种原因导致泰国在放弃固定汇率的问题上一直举棋不定。

### （三）焦灼阶段

国际炒家进一步逼近，把战场延伸到远期市场。早在 1997 年年初，国际炒家就进行开始大量买美元、卖泰铢的远期外汇交易，“明修栈道，暗度陈仓”，分阶段抛空远期泰铢，泰国对此全然不知，还在大量提供远期合约。到了 2 月和3月，银行间市场上类似的远期外汇合约需求量激增，高达150亿美元。此举引发投资者纷纷效仿。到了5月中，国际炒家又开始在即期市场上大量抛售泰铢，5月底，泰铢受压下跌至1美元兑26.6泰铢的低点，泰国央行这才采取反击行动：一是干预远期市场，大量卖出远期美元，买入泰铢；二是联合新加坡、中国香港和马来西亚货币当局干预即期市场，耗资100亿美元购入泰铢；三是严禁国内银行拆借泰铢给国际炒家；四是大幅提高隔夜拆借利率。此外，泰国政府甚至采取许多非常手段，包括威逼利诱泰国的银行提供远期外汇合约的客户资料，并扬言要打击刊登不利消息的媒体，警察开始追踪发布负面新闻的人。但为时已晚，泰铢已经落入炒家布好的圈套。

国际炒家针锋相对，在6月继续出售美国国债筹集资金，对泰铢进行最后的扑杀，同时散布泰国已经黔驴技穷的消息。一些外资银行开始在报纸上刊登广告，表示可以帮助投资者将外汇汇出泰国，泰国国内的贸易商也开始做出安排，加快将泰铢兑换成美元，加速了泰国外汇储备的消耗。

### （四）失去抵抗

泰国政府一直坚守固定汇率，又没有更好的办法来反击国际炒家，经过几轮交锋，泰国的外汇储备消耗殆尽。1997年6月，泰国央行的外汇储备仅剩下60亿~70亿美元。6月19日，泰国总理仍宣称泰铢绝不贬值，但随后泰国财政部长辞职，市场恐慌情绪加剧。6月28日，泰国外汇储备减少到28亿美元，干预能力几近枯竭，完全失去了抵抗，只好于7月2日宣布放弃固定汇率，泰铢暴跌。7月28日，泰国向IMF发出救援请求。泰铢贬值标志着东南亚货币危机全面爆发，国际炒家大获全胜，并挟得胜之威横扫东南亚，菲律宾比索、印度尼西亚盾和马来西亚林吉特相继贬值，新加坡也受到冲击，逐渐演变成席卷全球新兴市场的亚洲金融危机。

## 三、港币保卫战

与泰国在经济金融方面存在许多问题不同，中国香港的经济基本面更加健康。从整体上看，中国香港有着完善的市场经济制度，经济富有活力。1997年中国香港实际 GDP 增速达到 5.1%，财政盈余占 GDP 的比重为 6.3%，通货膨胀虽然较高，但已经连续三年下降（见表 5-4）。金融方面，香港的银行体系经过 20 世纪 80 年代的危机，监管制度不断完善，资本充足率高，银行业综合实力在东南亚经济体中位居前列。香港的联系汇率制度自 1983 年施行以来运行良好，在国际上享有良好的信誉。联系汇率通过市场套利机制将港币与美元挂钩，汇率固定在 1 美元兑 7.8 港币，为香港这样一个小型开放经济体的金融稳定发挥了重要作用。同时，香港拥有 1000 亿美元外汇储备，当时位居全球第三。

**表 5-4　中国香港实体经济基本情况**　　（单位：%）

| | 1990 | 1991 | 1992 | 1993 | 1994 | 1995 | 1996 | 1997 | 1998 | 1999 |
|---|---|---|---|---|---|---|---|---|---|---|
| 实际 GDP 增长 | 3.8 | 5.7 | 6.2 | 6.2 | 6.0 | 2.4 | 4.3 | 5.1 | –5.9 | 2.5 |
| 失业率 | n.a. | n.a. | 1.9 | 2.0 | 1.9 | 3.1 | 2.8 | 2.2 | 4.4 | 6.2 |
| 通货膨胀率 | 10.3 | 11.2 | 9.6 | 8.8 | 8.8 | 9.0 | 6.3 | 5.8 | 2.8 | –4.0 |
| 财政余额占 GDP | 0.7 | 3.3 | 2.7 | 2.1 | 1.0 | –0.3 | 2.1 | 6.3 | –1.8 | 0.8 |

资料来源：EIU 国家数据

国际炒家为什么仍然敢对香港下手？首先，香港房地产市场和股票市场泡沫已经十分明显，为国际投机资本提供了攻击目标。房地产行业是香港经济的支柱产业，1997 年房地产业对 GDP 的贡献率高达 26.8%。由于香港在 20 世纪 90 年代以来通货膨胀率一直较高，居民往往用房产作为对冲通货膨胀的手段。外资的大量涌入也助推香港房价上涨，1995 年 10 月 ~1997 年 10 月，香港的房价平均上涨了 80%。股市方面，恒生指数从 1995 年年初到 1997 年 8 月的两年半时间里上涨了 1.4 倍。其次，联系汇率制并非牢不可破。在联系汇率制度下，虽然现钞的发行是以相应的美元做保证的，但是港币存款是没有保证的。例如，截至 1997 年第三季度，香港广义货币达到 28000 亿港币。虽然有近千亿美元外汇储备，但是一旦香港民众的信心发生动摇，要求把港币兑换成美元，联系汇率也难以守住。此外，当时国际炒家连续攻击东南亚固定汇率经济体得手，特别是经济基本面较好的新加坡和中国台湾也放纵汇率贬值，壮大了投机资本的声势。

### （一）交锋

从1997年7月开始，投机资本就对港币发动了多次立体攻击。香港的银行间市场隔夜拆借利率在8月19日一度达到10%，此后居高不下，一直徘徊在6%~7%。香港股市则一路下行。国际炒家第一次大规模进攻发生在10月20日。他们先在货币市场大量抛售港币，致使港币汇率下跌。银行把获得的港币卖给香港金管局，市场上港币的流动性收紧。到了清算日（10月23日），许多银行在金管局结算账户上的港币已经没有足够结余①，而金管局为了提高国际炒家借港币的成本，不仅没有注入港币流动性，反而发出通知要对反复通过流动性机制向金管局借港币的银行收取惩罚性的高息。一时间银行间市场港币难求，同业隔夜拆借利率一度飙升至300%。

虽然国际炒家没有在汇率上得手，但当天恒生指数从11700点暴跌至10600点，下跌了10.4%，他们从股市下跌中获利颇丰。香港股市大跌引发全球股市连锁反应，10月27日，道琼斯指数大跌554点，创史上最大跌幅，巴西、墨西哥等新兴市场股市也大跌。28日，恒生指数再度下跌13.7%，收报9060点。

事后，香港金管局对保卫港币的行动进行了调查和反思，并提出了一项旨在强化市场规则和透明度的30点计划，为1998年直接入市干预打下了基础。

### （二）绝地反击

临近1997年年底，危机的阴云在亚洲上空笼罩。1997年11月，日本、韩国经济相继陷入衰退。11月21日，韩国向IMF发出求助。进入1998年，国际炒家继续对港币发动攻击。1月初，印度尼西亚卢比暴跌之后，港币遭受

① 按照香港的全额即时结算体制，所有银行不得在其结算账户上隔日透支。

明显抛售压力。1 月 21 日，香港最大的投行百富勤曝出丑闻倒闭，当日恒生指数下挫 8.7%，报收 8121 点。1998 年 6 月中旬，国际炒家再次对港币发动攻击。8 月初，日元大幅贬值让人们对亚洲货币的信心降到冰点。1998 年 7 月底和 8 月初，有媒体文章称人民币将贬值，许多机构预测香港联系汇率制度将要崩溃。

1998 年 8 月，港币到了最危险的时候。国际炒家的攻击变本加厉。第一，大肆卖空港币。从 1998 年年初到 8 月中旬，每当港币利率稳定时就借入港币，到 8 月港币空头估计达到 300 亿港币以上。第二，大量积累股票和股指期货的空头头寸。香港特区政府估计，截至 1998 年 8 月，国际炒家大约有 8 万份空头合约。恒生指数每下跌 1000 点，国际炒家便可获利 40 亿港币。第三，等待时机准备抛售港币，推高利率、打压股市，然后通过股指期货空头获利。

8 月 5 日，即期外汇市场出现 300 多亿港币的卖盘，远期外汇市场也出现 116 亿港币的卖盘。8 月 6 日，香港和伦敦市场又出现 155 亿港币的卖盘。8 月 7 日，市场再出现 78 亿港币的卖盘。当日恒生指数收报 7018.41 点下跌 3.5%，5 个交易日累计跌去 917 点，2500 亿港币市值化为乌有。面对来势汹汹的卖盘，香港金管局一改以往不直接干预的做法，动用外汇储备直接入市买入港币。这使得在维持港币汇率稳定的同时，银行间利率也没有像往常一样上升。当日，香港特首董建华发表谈话表示“维系联系汇率是特区政府坚定不移的政策”。国际炒家在汇市遭遇顽强抵抗后，在股市继续发动攻击。他们大量抛售蓝筹股，继续建立股指期货空头头寸。8 月 13 日，恒生指数跌至 6660 点。

从 8 月 14 日起，港府毫无征兆地突然入市干预，发起了绝地反击。第一，购买恒生指数中 33 种成分股，拉动指数攀升，当天恒生指数上升 564 点，报收 7244 点，炒家受到初步打击。第二，在远期外汇市场上承接国际炒家的卖盘。第三，要求各券商不要向国际炒家借出股票，同时监管当局向托管银行和信托机构借入股票，切断炒家的“弹药”供应。第四，在股指期货市场展开进攻。8 月 24 日，不少对冲基金因卢布贬值遭受损失，急于从香港市场套现。港府将计就计，推高 8 月期指，逼炒家平仓。同时，拉低 9 月期指，由于 9 月期指比 8 月低 130 点，炒家转仓会有 100 多点的损失，这对炒家形成夹击之势。

第五，继续采用推高利率的方法，增加炒家成本。8 月 28 日，港府与国际炒家的较量迎来决战，港府坚决买入股票、国际炒家大肆抛售，当日股市交易量突破 790 亿元港币，高出历史最高成交额 70%。恒生指数最终站稳 7829 点。

9 月，港府出台了完善联系汇率制度的七项技术性措施（即著名的“任七招”）和维护证券市场稳定的 30 点措施，进一步巩固了战果。主要包括动用外汇储备来维护汇率和利率稳定，同时严格金融市场的交易规则，遏制投机行为。“任七招”中最主要的措施是金管局承诺持牌银行可以将其结余的港币，按 1 美元兑 7.75 港币的固定汇率向金管局兑换美元；同时以贴现窗口取代流动资金调节机制，贴现窗口的基本利率由金管局确定并根据实际情况进行调整。这大大完善了联系汇率制度，避免港币汇率和利率大幅波动。“30 点措施”主要包括：一是限制抛空港币。股票和股指期货交割期限由 14 天缩短为 2 天，使得抛空头寸必须在 2 天内回补。二是降低股指期货杠杆作用。对持有 1 万个长期或短期股指期货合同的投资者征收 150% 的特别保证金。三是完善交易报告制度。把需要呈报的持有大量股指期货合同的最低数量由 500 单位降为 250 单位，以便监管机构能够充分了解炒家情况。这些措施压缩了炒家的操作空间，同时逼炒家现形。

### （三）战果

港府的反击经过精心策划，坚决而有力。随着市场信心恢复，国际炒家眼看战斗机会已经消逝，只好悻悻退去。从双方来看，港府此役花费了 150 亿美元左右，但是随着股市回升，购入的股票有相当的盈利。最重要的是入市干预成功保住了联系汇率，挽救了市场对香港的信心，使香港金融中心的地位进一步巩固。国际炒家可能在前期股市下跌过程中利用做空股票和股指期货就已经获利较大，在随后的争夺战中虽然败下阵来，但是总体仍有可能是获利的。

## 四、启示

第一，金融市场开放无小事。因为成功实施出口导向型经济发展战略，1990 年年初泰国崛起成为“亚洲四小虎”之一。然而，当泰国雄心勃勃地为争取成为区域国际金融中心，加快金融开放步伐时，却因市场制度不完善、经济基本面状况恶化，招致了货币攻击。扩大对外开放并不必然会倒逼出必要的对内改革和调整，而且由于金融市场超调的特性，金融开放与贸易开放对实体经济的影响也不可以简单类比外推。前者的影响具有高度的不确定性，因此金融开放需要大胆设想、小心求证。资本账户开放不可孤立进行，需要一系列改革协同推进，对此泰国显然缺乏足够准备。

第二，货币攻击都是从资本流入开始的。一方面，前期大量资本流入尤其是短期资本流入，积累了经济金融的脆弱性；另一方面，投机者发起货币攻击，都要通过在岸或离岸市场获得本币资产，才能够做空本币。所以，防止资本流动冲击的工作，应该始于资本流入之时。特别是当经济繁荣时，会对国际资本产生巨大吸引力，而这往往会埋下未来资本集中流出的隐患。如果对外开放的金融市场存在诸多扭曲，则有可能被投资者蓄意利用，加倍放大，加大东道国的金融脆弱性。对此，必须居安思危、防患未然。同时，一旦遭受货币攻击，增加投机者获取本币的成本或者限制其获取本币的能力是重要的阻击手段。马来西亚实施的限制境外林吉特回流的外汇管制，以及中国香港及时出台的30点措施限制投机，均取得了明显的效果。

第三，固定汇率制度安排易受到冲击。一系列原因导致资本自由流动条件下固定汇率制度有内在不稳定性。不仅会由于经济基本面恶化引致过度扩张的宏观经济政策，最终导致固定汇率制度崩溃（第一代货币危机模型），而且会受私人部门预期的影响，经济由好的均衡转向坏的均衡，政府由支持固定汇率转向放弃固定汇率，引发预期自我实现的多重均衡危机（第二代货币危机模型），还会由于政府对企业和金融机构的隐性担保引发道德风险，造成过度投机性投资和资产价格泡沫，泡沫破裂和资本外逃导致危机（第三代货币危机模型）。泰国是基本面问题演变成流动性危机，中国香港则是传染效应的多重均衡危机。无论怎么解释货币攻击发生的原因，固定汇率的直接结果往往就是汇率高估，随后成为国际炒家的攻击目标。汇率高估增大市场对本币的贬值预期，为国际炒家做空本币提供了便利条件。有研究表明，在危机爆发前泰铢和港币都表现出高估。固定汇率在经济发展初期发挥了重要作用，随着金融市场化改革的推进，在有条件的情况下增大汇率弹性、防止汇率高估是避免被攻击的有效手段。

第四，充足的外汇储备是捍卫货币的重要但非根本保障。外汇储备越多，货币当局在外汇市场维护本币汇率的能力就越强。但是，不能自恃外汇储备体量大就放松对货币攻击的警惕。从理论上来讲，即使一国的外汇储备能够应付外债和进口支付，但居民信心一旦发生动摇，争相把本币兑换成外币，再多外汇储备也可能耗尽。特别是短期资本流入形成的外汇储备并不能作为应对货币攻击的屏障，一旦形势发生逆转，这部分外汇储备就会首先被消耗掉。另外，尽管泰国和中国香港外汇储备都曾经比较充裕，但投机者有针对性的策略仍使之沦为“自动提款机”，高额外汇储备并不能对投机者起到绝对的遏制和威慑作用。

第五，政府正确施策是应对货币攻击的关键。国际炒家在外汇市场展开大规模进攻，即使不是垄断业已形成市场主导地位，政府干预正是在维护公平和竞争的自由经济原则。但要成功应对货币攻击，需注意以下几点：一是多方协调应对攻击。货币攻击往往是立体化攻击，要仔细分析外汇市场、股票市场、衍生品市场之间的联动性，正确运用政策组合进行应对。香港的经验是在汇市、股市和期市联合进行反击。当时香港还成立了跨市场趋势监察小组，负责证券及期货运作的联合交易所、期货交易所、中央结算公司、证监会、新成立的财经事务局以及香港金管局都派代表加入小组中，共同密切监控市场形势、交换看法，对炒家的攻击行为进行预判并研究制定应对措施。二是完善市场制度。在宏观手段受限的情况下，从微观制度安排入手来抵挡国际炒家的攻击是合乎逻辑且有效的。香港“任七招”推出后明显增强了联系汇率制度的稳健性，防止了资本外逃造成的本币贬值。完善金融市场交易制度，特别是完善交易报告制度，要做到知己知彼，不打无准备之仗。泰国因交易报告制度不完善，政府无法对炒家的进攻力量进行准确分析，最后被洗劫一空。坊间甚至有传闻，如果不是 6 月泰国财长辞职助长了炒家气焰，7 月初再坚持几天到交割日，境外炒家就爆仓了。保卫港币成功的关键在于了解对手底牌。香港特区政府在反击之前就已经对炒家的资金布局和攻击策略进行了摸底，每天需要多少资金干预都心中有数，在反击时都能做到有的放矢和精准出击。三是底部的干预才能够增加胜算。“非常之时当用非常之策。”在全面评估形势后，港府出手十分果断，动用外汇储备和养老基金大量买入权重股，一击必中，迅速稳定住了股市，稳定了投资者的心理预期，为港币保卫战的最终胜利发挥了关键性的作用。最终股市上涨，盈富基金获得了可观的利润，也减轻了特区政府的救市成本。

## 第五节　中国曾经历过的被境外做空

随着中国金融对外开放不断扩大，人民币跨境使用越来越广泛，境外时而增持、时而减持人民币资产行为将越来越常态化。2015 年年底，央行行长周小川在解读“十三五”规划的金融体制改革工作时，明确提出要完善相关措施，“有效应对极端情况下境外对我实施金融攻击或制裁”。以下，本节以 2011 年年中境外做空中国的行为为例，进行分析。

### 一、境外做空中国的背景

目前，美国已成为仅次于中国香港的中国企业境外上市第二大目的地。截至 2011 年 6 月末，162 家中国企业通过 IPO（首次公开募股）或借壳在美国的纽约证券交易所、美国证券交易所、纳斯达克（NASDAQ）、OTCBB 和粉单市场（Pink Sheet Exchange）上市，总市值为 1.44 万亿美元。国际金融危机爆发后，投资者对美国市场一度丧失信心，把目光转向欣欣向荣的中国市场，中国概念股在美国股票市场受到追捧。2009 年，道琼斯中国离岸 50 股指累计上涨 53.0%，远超同期标准普尔 500 指数（上涨 23.5%）、道琼斯工业平均指数（上涨 18.8%）和纳斯达克指数（上涨 43.9%）的涨幅。但在繁荣的背后，从 2009 年开始就有少数投资人和投资机构对中国概念股发出质疑与沽空尝试，慢慢积聚不信任情绪，直至2010年美国证监会对中国概念公司“警觉”起来并展开正式官方调查，导致市场开始惊恐，再后就是被视为“中概股杀手”的浑水公司（Muddy Waters）登台表演。2011年6月8日，美国最大的非银行券商盈透证券宣布，禁止客户以保证金的方式买入132家中国概念公司的159只股票，其中约90只在美国上市。

长时间积累的不信任，以及部分投资机构利用“厌恶情绪”疯狂盈利的刺激，国际资本市场对冠以“中国”字头的上市公司进行了“集体有罪推定”，开始逐个、逐批地狙击这些已然无法分清好坏的中国概念公司。与此同时，针对地方政府债务庞大、房地产泡沫和通胀压力较大等问题的争论，使境外对于中国经济的乐观情绪降温，做空中国的领域从原先具体的中国概念公司扩大到其他涉及中国概念的金融资产。

## 二、境外做空中国的途径

### （一）做空中国企业股票

卖空（Short Selling）是证券市场的一种交易机制，指在高位判断未来证券价格将下跌的情况下，预先借入该证券并卖出，再在低位买回该证券偿还借出方以平仓获利，即“借货沽空”。除卖空外，还有一种通常意义上的做空是指卖出或者说抛售所持证券，离场观望。此次始于美国的针对中国企业股票的做空，既有卖空，也有抛售。据报道，2011年6月末在美上市中国企业的平均卖空股数占流通股的比例为5.8%，较年初增长一倍，其间最高达6.7%。道琼斯中国离岸50股指从2011年4月25日的年内高位4670点开始下跌（见图5-14），6月20日一度跌至4095点，跌幅12.3%。在美国上市的一大批中国概念股暴跌并破发，包括新浪、搜狐等在内的优质股也遭到打压，超过20家股票被摘牌或暂停交易。

随着美国股票市场做空中国概念股的大规模兴起，做空的成本也相应增大而收益下降。主要原因包括：一是容易攻击的问题股票均已被做空，做空者继续扩大做空对象的风险上升，如指控优质公司的行为不端，可能面临来自这些

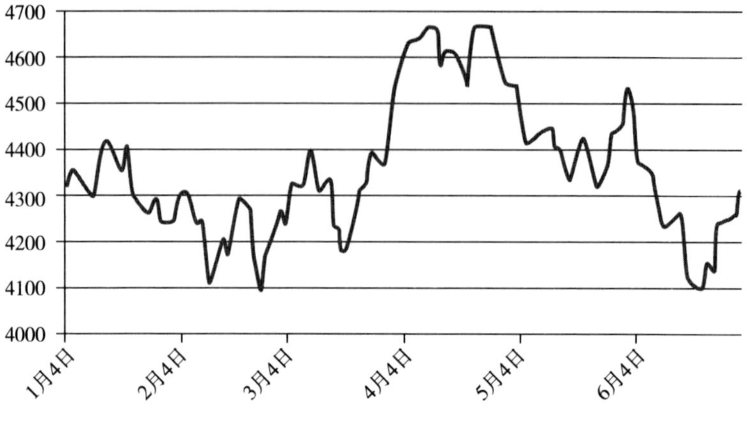


**图 5-14　2011 年上半年道琼斯中国离岸 50 股指**

注：道琼斯中国离岸 50 股指由主营业务在中国大陆、在中国香港或美国上市的 50 家中国公司股票组成。

资料来源：彭博社

公司和监管当局的法律诉讼；二是随着更多投资者关注中国概念股的问题，不仅增加了融券做空需求且更难取得股票，融券的资金成本也相应上升；三是随着中国概念股股价普遍下跌，做空的操作价值相应降低，更难找到可以获利的操作对象。有报道称，做空中国企业股票已开始转向香港市场。

香港股票市场不禁止卖空交易。截至 2011 年 6 月末，香港主板市场的 3999 只股票中，有 641 只股票（占 16%）允许进行卖空交易。此外，如果看空并想做空，并非只有"借货沽空"一条路，还可选择沽空股票期货、股票期权、股指期货、股指期权。例如，如果看空某只股票，可以卖出该股票的期货、买入该股票的看跌期权或卖出该股票的看涨期权。香港主板市场各有 38 只和 54 只股票有期货和期权。此外，香港股票市场还有 5 只股指期货和 3 只股指期权。截至 2011 年 6 月末，香港主板市场各有 132 只 H 股和 98 只红筹股，作为中国概念股，相当一部分可以进行卖空交易或有股票期货和股票期权。根据香港证监会的数据，2011 年 5 月中旬以来香港股票市场卖空交易出现增长（见图 5-15），平均每日卖空交易总成交额占市场总成交额的比例由 5 月 9~13 日当周的6.8%，最高上升至6月7~10日当周的10.1%，其中H股指成分股的该比例超过整体市场和恒生指数成分股的水平。

总体来看，此次境外做空中国企业股票，主要是源于部分中国企业财务造假以及美国会计师事务所、律师事务所、投资银行渎职甚至欺诈，并不是因看空中国经济而做空中国企业股票，可以说是一场信任危机，而非经济危机。

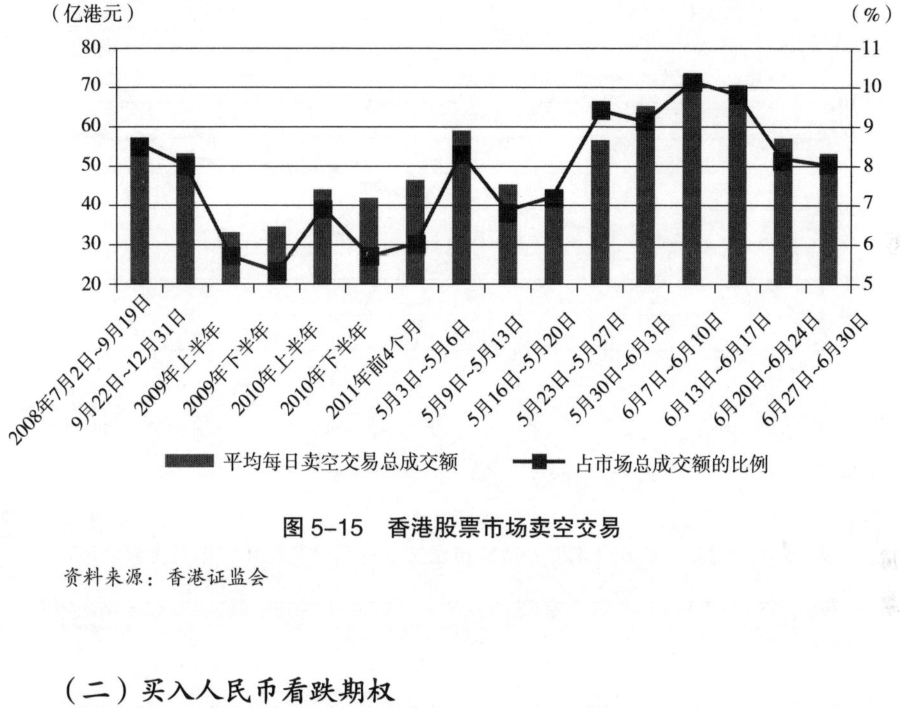


**图5–15　香港股票市场卖空交易**

资料来源：香港证监会

## （二）买入人民币看跌期权

期权是一种选择权，买方支付一定的费用（期权费）从而获取某种权利（而不是义务），在未来以约定的价格买卖约定数量的某种标的资产。例如，买入人民币看跌（美元看涨）期权是指买方有权从卖方买入美元、卖出人民币，如果未来汇率高于约定汇率（人民币兑美元贬值），买方将获益，反之仅损失期权费。

隐含波动率和价格趋势是决定期权费的两个因素：隐含波动率越大，期权越贵；与市场预期的价格走势相反，期权越便宜。由于人民币汇率弹性较低，人民币兑美元汇率的隐含波动率远小于发达经济体和新兴市场货币（见图

5–16)，因此人民币期权相对于其他货币期权较为便宜，加之人民币存在升值预期，又使人民币看跌期权相对于人民币看涨期权较为便宜（见图 5–17）。这意味以购买人民币看跌期权做空人民币的成本较低。以 2011 年 6 月末的境外无本金交割期权（NDO）市场报价为例，购买约定汇率为 7、名义本金为 100 万美元的 1 年期人民币看跌期权，期权费仅为 1240 美元（1.24‰）。如果未来人民币兑美元贬值至 7.00124 或以上，期权买方扣除所付期权费后将获益。

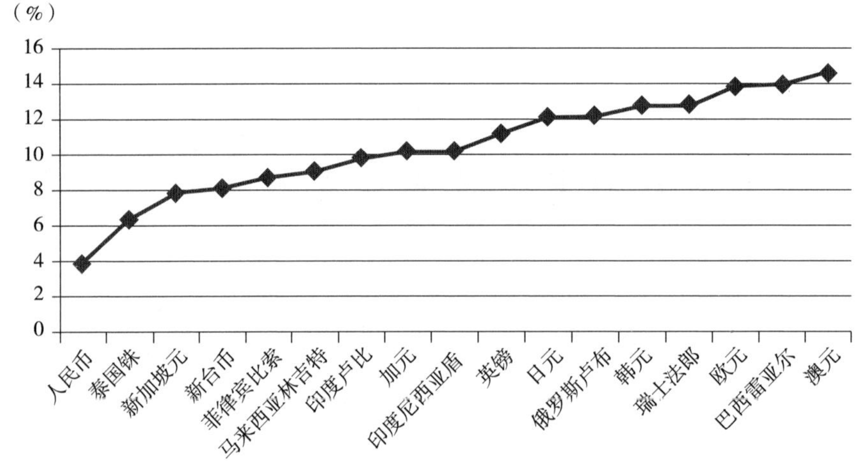


**图 5–16　2011 年 6 月末境外期权市场主要货币对美元 1 年期隐含波动率**

注：均指平价期权。

资料来源：彭博社

由于人民币期权的交易成本低，境外对冲基金可以持续数年滚动购买人民币看跌期权，一旦人民币大幅贬值这一小概率事件出现，将获得丰厚的投资收益。如果人民币没有大幅贬值，也仅损失较小的期权费。实际上，这种买彩票式的交易是期权交易员惯用的交易模式，特别是对新兴市场货币。对冲基金用这种方式看空人民币，表明看空人民币尚未成为市场主流观点，因此人民币看跌期权才会如此便宜，否则人民币看跌期权将比人民币看涨期权贵。例如，在国际金融危机最严重期间，人民币汇率一度转为贬值预期，境外 NDO（非交割期权）市场也相应出现人民币看跌期权比人民币看涨期权贵的情况（见图 5–17）。

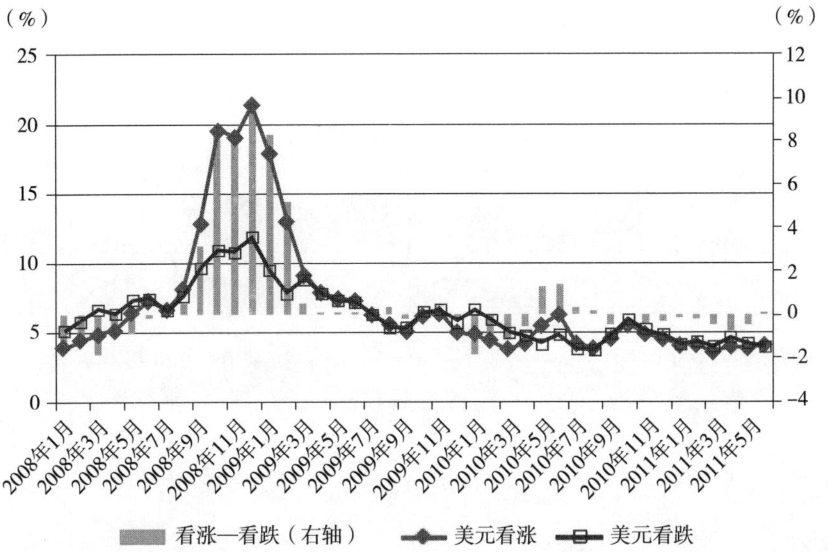


**图 5-17　2008 年 1 月 ~ 2011 年 6 月境外 NDO 市场人民币兑美元 1 年期隐含波动率**

注：美元看涨（人民币看跌）、美元看跌（人民币看涨）均指 25 个 Delta 的非平价期权。

资料来源：彭博社

境外人民币市场，尽管无本金交割远期（NDF）的流动性远好于 NDO，并且一直以来被用于投机人民币升值，但并不适合用于做空人民币（买入 NDF 远期美元）。因为一旦人民币不贬反升，将承担无限损失。

## （三）买入中国主权 CDS

信用违约掉期（Credit Default Swap，CDS）是 1995 年由摩根大通首创的一种金融衍生产品，可以被看作是一种金融资产的违约保险。金融资产持有人作为 CDS 买方，定期向卖方支付相应的"保险费"（称为 CDS 点差），一旦违约事件发生，则卖方承担买方的资产损失。一般而言，当市场认为信用主体违约风险加大时，CDS 的点差会扩大。从 2011 年 5 月以来，我国主权 CDS 点差显著上升（见图 5-18），随后有所回落。从上升幅度来看，本轮上涨并未超过

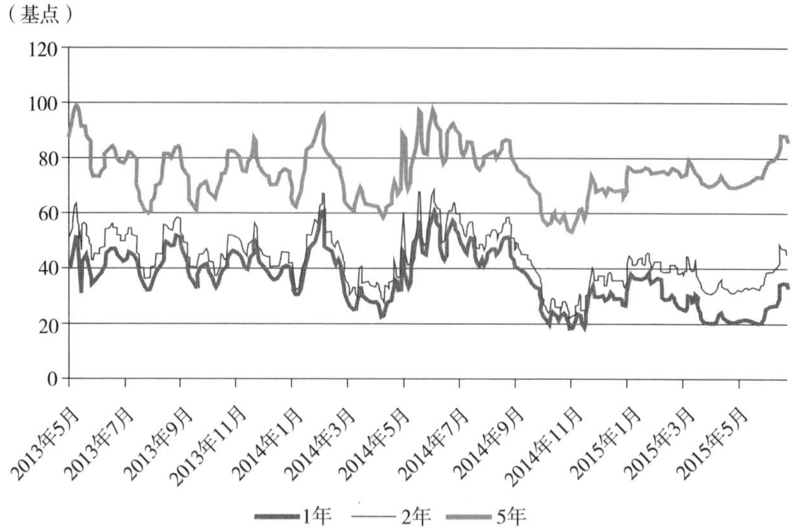


图 5-18 中国主权 CDS 价格

资料来源：路透社

2010 年的高点，表明市场对中国经济的担忧有所加剧，但仍在市场正常波动幅度范围之内。在期限结构上（见图 5-19），目前我国主权 CDS 各期限点差均超

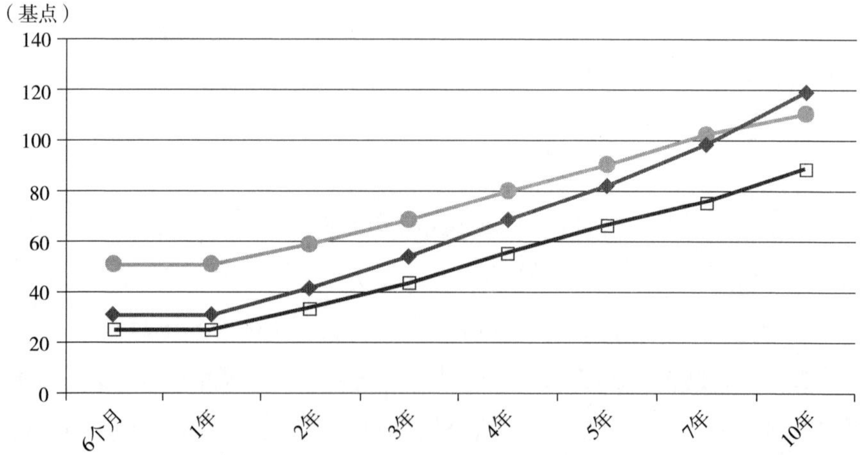


图 5-19 中国主权 CDS 价格（2011 年 6 月末）

资料来源：彭博社

过了年初水平，特别是5年期以上价格有明显上升，但未超过2010年同期价格（除10年期），显示市场对未来我国经济的判断没有根本变化。此外，目前我国主权CDS价格明显低于俄罗斯、巴西，并且期限越长，价差越大（见图5-20）。综上，尽管我国CDS价格有所上升，但仍应属于市场正常波动，不能断定境外出现系统性和针对性的做空行为。

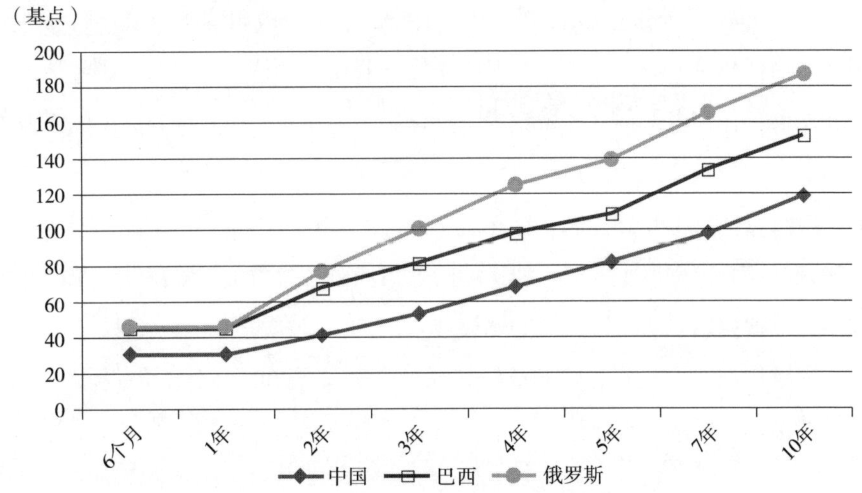


**图5-20　中国、巴西、俄罗斯主权CDS价格比较（2011年6月末）**

资料来源：彭博社

## （四）其他间接做空途径

主要是做空与中国经济密切相关的其他资产。一是做空澳元等所谓商品货币。中国对澳大利亚的铁矿石有较大的需求量，澳大利亚央行也承认中国对其铁矿石的需求是本国经济繁荣的重要推动因素，如果中国经济增长放缓，在一定程度上也将抑制其经济增长，使澳元丧失升值动力。2009年～2011年6月末，澳元对美元汇率累计升值52%，接近历史最高水平，澳元对美元期权价格显示，看跌澳元的力量已超过看涨澳元的力量。二是做空铜。中国是全球最大的铜消费国，国际铜价一直与中国宏观经济走势密切联系。如果看空中国经济，可以通过做空铜来间接做空中国。三是做空与中国经济密切联系的国外公司。随着中国经济对外开放度不断提升，越来越多的国外企业依附于中国经济，有报道称已有部分投资者开始将这些企业视为做空中国的另一种途径。

## 三、结论

2011 年中境外做空中国的现象，主要是基于少数中国上市公司财务造假引发的信任危机，导致境外市场对中国概念股重新估值，尽管对中国经济的结构和质量存在杂音，但并非做空中国整体经济前景。就影响而言，中国企业无疑是最大的受损者，境外重拾对中国概念股的信心需要一段时期，中国企业境外上市和资产定价受到抑制。在宏观层面，不会对中国跨境资本流动产生明显影响，但在一定程度上有利于纠正境内外市场对人民币汇率的持续、单向升值预期，符合控制“热钱”流入的调控方向。

回顾历次货币危机、金融危机和经济危机，一国的内部经济状况是主因，外部冲击是诱发剂和催化剂。对于当前境外做空中国的现象，关键在于如何判断中国自身经济的状况。地方政府债务庞大、房地产泡沫和通胀压力较大等境外做空中国的借口，客观上也是当前中国经济运行中存在的重大隐患，只有妥善处理这些问题，才能巩固中国经济未来持续健康发展的基础，也才能彻底打消和挫败境外做空中国的企图。

# 第六章

# 发展大国金融

2010年中国超越日本成为世界第二经济大国。这距离我们全面建成小康社会，实现中华民族伟大复兴的中国梦又迈进了一大步。金融是现代经济的核心。实现中国梦，离不开金融业对内和对外的双向开放，离不开金融业的发展壮大。

## 第一节 增加和完善金融供给是整体供给侧改革的关键环节

2015年年底，中央经济工作会议明确提出，要在适度扩大总需求的同时，着力加强供给侧结构性改革，着力提高供给体系的质量和效率，增强经济持续增长的动力。从“三期叠加”到“新常态”，再到“供给侧结构性改革”，是对中国经济现状和出路不断探索、深化认识的过程。深化金融体制改革，增加和完善金融组织、市场、产品、调控、治理等方面的供给，对于推动供给侧改革取得实质性进展至关重要。在此过程中，要处理好结构调整与稳定增长、直接融资与间接融资、金融稳定与支持发展、鼓励创新与适度监管、扩大开放与防范风险、国际经验与中国国情、政府引导与市场主导的关系。

### 一、加快金融体制改革是供给侧结构性改革的应有之义

供给侧改革的核心是实现生产要素的有效配置。总需求管理，强调通过加

大投资、扩大消费和拉动出口促进经济增长；供给侧改革，则强调经济增长的动力在于供给和生产端，通过解放生产力、提升产业竞争力来“提质增效”。根据讨论产量或GDP决定因素的生产函数，它主要由两部分组成：一部分是劳动、资本、土地等生产要素的投入，另一部分是全要素生产率的提高。金融供给侧改革，本身就是要解决资本高效配置的问题，其中利率和汇率市场化就是两个最重要的资金价格机制的改革。而劳动、土地等要素的投入，以及全要素生产率的提高等，也离不开金融解决方案。

长期以来，我国一直强调“脱虚向实”，金融要服务实体经济。而这一目标的实现，不能仅靠简单的货币刺激，近年来国际和国内都有这方面的经验和教训值得汲取和借鉴。从国际看，自2008年全球金融危机、世界经济衰退以来，主要经济体普遍采取了扩张性的宏观经济政策，尤其是非常规的量化宽松货币政策，导致全球宽流动性、低利率、高风险偏好，经济与金融进一步背离。2015年4月，国际货币基金组织在《全球金融稳定报告》中做出了两个基本判断，即全球金融风险与危机前相比不是在降低而是在积聚，同时全球金融风险在转移，即从发达国家向新兴市场转移、从银行体系向影子银行转移、从偿付风险向流动性风险转移。2015年，世界经济又实现了2009年金融危机以来的最低增速，2016年仍有继续下行之势。在全球经济缓慢复苏的背景下，经济与金融的背离扩大，国际金融有可能由风险积聚期转入风险暴露期。自2013年年中以来，世界经济与货币政策走势分化背景下的全球金融动荡加剧，可能已经拉开了国际金融风险暴露期的序幕。从国内看，中国经济新常态的所谓“三期叠加”之一，就有“前期刺激政策的消化期”。由于前期稳增长的工作过分依靠总需求管理、依赖货币刺激，延缓了经济结构的调整和增长方式的转变。而继续依靠投资拉动，推高了全社会杠杆率，加剧了当前产能过剩的压力和通货紧缩的威胁。甚至因为金融交易的暴利，进一步对实体经济的资金供给产生挤出效应。试想，炒房炒股就可以一夜暴富，谁还愿意去艰苦创业？同时，大量的流动性资金在各个金融市场间窜来窜去，形成金融体系内部循环的“空转”，导致了缺乏实体经济支持的资产价格暴涨暴跌。近年来发生的“钱荒”“债市风暴”和“股市异动”等，殷鉴不远，同时也是全球金融风险暴露的缩影。

## 二、进一步增加和完善金融供给是整体供给侧改革的关键环节

2016年年初，在“两会”上审议通过的《中华人民共和国国民经济和社会发展第十三个五年规划纲要》，在第三篇第十六章对未来五年我国加快金融体制改革进行了总体部署，同时也勾勒出未来五年我国增加和完善金融组织、市场、产品、调控、治理等方面供给的宏伟蓝图。

丰富金融机构体系。虽然我国总体金融机构类型和数量不少，但金融服务总体是不够的，特别是针对农村和小微企业的基层金融服务总体不足。同时，我国还处在经济转轨过程中，在商业性和公益性业务之间还存在金融服务的需求。为此，要构建多层次、广覆盖、有差异的银行机构体系，扩大民间资本进入银行业，发展普惠金融和多业态中小微金融组织。全面实行准入前国民待遇加负面清单管理制度，扩大银行、保险、证券、养老等市场准入。推动民间融资阳光化，规范小额贷款、融资担保机构等发展。顺应信息技术发展趋势，支持并规范第三方支付、众筹和P2P借贷平台等互联网金融业态发展。健全商业性金融、开发性金融、政策性金融、合作性金融分工合理、相互补充的金融机构体系。更好地发挥开发性金融和政策性金融在促增长、调结构方面的作用，加大对经济重点领域、薄弱环节的支持力度。稳妥推进金融机构开展综合经营。提高金融机构管理水平和服务质量，降低企业融资成本。提高金融机构国际化水平，加强海外网点布局，完善全球服务网络，提高国内金融市场对境外机构开放水平。

健全金融市场体系。长期以来，我国一直存在一方面银行体系大量流动资金用不出去，另一方面中小企业却在为“融资难、融资贵”叫苦连天的怪象。其症结之一在于，国内金融市场体系结构较为单一，过度依靠低风险偏好的、

顺周期的银行体系配置金融资源，难以实现储蓄向投资的有效转化。为此，要积极培育公开透明、健康发展的资本市场，创造条件实施股票发行注册制，发展多层次股权融资市场，深化创业板、新三板改革，规范发展区域性股权市场，建立健全转板机制和退出机制。完善债券发行注册制和债券市场基础设施，加快债券市场互联互通。开发符合创新需求的金融服务，稳妥推进债券产品创新，推进高收益债券及股债相结合的融资方式，大力发展融资租赁服务。推动同业拆借、回购、票据、外汇、黄金等市场的发展。积极稳妥地推进期货等衍生品市场创新。加快发展保险、再保险市场，探索建立保险资产交易机制。加强事中事后监管，完善退市制度，打击市场操纵和内部交易，切实保护投资者的合法权益。建立与国际金融市场相适应的会计准则、监管规则和法律规章，提高金融市场的国际化水平。

加强金融创新功能。国家强调“供给侧改革”而不是“供给侧管理”，就是要通过简政、减税，突出市场配置资源的决定性作用，而不是简单依靠政府产业政策指导、金融信贷政策扶持。通过加快金融创新，促进储蓄有效转化为投资，是支持供给侧改革的重要造血机制。为此，要创新科技金融，加强技术和知识产权交易平台建设，拓宽适合科技创新发展规律的多元化融资渠道，探索银行与创业投资和股权投资机构投贷联动，加快发展科技保险，推进建立健全促进科技创新的信用增进机制。创新绿色金融，通过再贷款、财政贴息和担保、对商业银行评级等手段鼓励银行进一步发展绿色信贷，支持排放权、排污权和碳收益权等为抵（质）押的绿色信贷，推动发展碳租赁、碳基金、碳债券等碳金融产品，推动发行绿色债券和绿色信贷资产证券化，建立绿色产业基金。

完善金融宏观调控。宏观调控是市场经济条件下政府的一项重要职能，主要是熨平经济周期性波动，维护金融平稳有序运行。为此，要完善货币政策操作目标、调控框架和传导机制，构建目标利率和利率走廊机制，推动货币政策由数量型为主向价格型为主转变。创新调控思路和政策工具，在区间调控基础上加大定向调控力度，增强宏观经济政策的针对性、准确性和前瞻性，运用大数据技术，提高经济运行信息的及时性、科学性和准确性。让市场在人民币利率形成和变动中发挥决定性作用，进一步增加人民币汇率的弹性。培育中央银行政策利率体系，完善货币政策传导机制，更好地发挥国债收益率曲线定价基准作用。有序实现人民币资本项目可兑换，提高可兑换、可自由使用程度，稳步推进人民币国际化，推进人民币资本“走出去”，逐步建立外汇管理负面清单制度。完善以财政、货币政策为主，产业政策、区域政策、投资政策、消费政策、价格政策协调配合的政策体系。增强财政货币政策协调性，促进财政资源和金融资源的结合，发挥投资对增长的关键作用。建立全面规范、公开透明预算制度，完善政府预算体制和地方政府举债融资机制，减少财政库款波动对流动性的冲击。

改进金融治理体系。2016 年年初全国证券期货监管工作会议指出，2015 年的股市异动充分反映了我国股市的不成熟，不成熟的交易者、不完备的交易制度、不完善的市场体系、不适应的监管体制等。这也是“十三五”规划提出改革金融监管体制的一个重要背景。然而，央行行长周小川在关于“十三五”规划建议的辅导读本中提出“完善金融治理”，这是一个比金融监管更加宏大的概念，其包含了金融基础设施建设和金融标准及规则制定等，是国家现代治理能力建设的重要组成部分。其主要内容包括，要加强金融宏观审慎管理制度建设，加强统筹协调，改革并完善适应现代金融市场发展的金融监管框架，明确监管职责和风险防范处置责任，构建货币政策与审慎管理相协调的金融管理体制。统筹监管系统重要性的金融机构、金融控股公司和重要金融基础设施，统筹金融业综合统计，强化综合监管和功能监管。完善中央与地方金融管理体制。健全符合国情和国际标准的监管规则，建立针对各类投融资行为的功能监管和保护金融消费者合法权益的行为监管框架，实现金融风险监管全覆盖。强化综合经营监管，实现新型金融业态监管全覆盖。构建集中统一的货币支付清算和金融产品登记、托管、清算和结算系统，建设统一共享的金融综合统计体系和中央金融监管大数据平台。以更加包容的姿态参与全球经济金融治理体系，加强宏观经济政策国际协调，支持发展中国家平等参与国际经济金融治理，积极参与全球经济金融治理和公共产品的供给。建立国家金融安全审查机制，健全金融安全网。建立安全高效的金融基础设施，实施国家金库工程。建立风险识别与预警机制，全面提高财政和金融风险防控和危机应对的能力。有效运用和发展金融风险管理工具，健全监测预警、压力测试、评估处置和市场稳定机制，防止发生系统性、区域性的金融风险。

## 三、推进金融供给侧改革需要处理好的关系

金融是现代经济的核心，是血液。可以说，如果金融供给侧改革不到位，血管不能疏通，那么整个供给侧改革就难以落到实处。在推进金融供给侧改革过程中，必须处理好以下关系。

调整结构与稳定增长的关系。不应该把扩大总需求与加快供给侧改革对立起来，二者本身是一个硬币的两面，都是经济结构调整的有机组成部分。如从支出法看的投资需求问题，就是从生产法看的资本形成问题。当前五大重点工作中，去库存、去产能、去杠杆会减少总需求，但降成本（如减税）、补短板却可能增加总需求。过去粗放式的经济增长方式和投资、外需拉动的经济发展模式已经不可持续，必须下大力气调整经济结构。如果依赖货币刺激，有可能是饮鸩止渴，将影响供给侧结构调整的压力和动力。另外，强调供给侧改革，仍然需要处理好改革、发展、稳定的关系，积极的财政政策要加大力度，稳健的货币政策要灵活适度，为结构性改革营造稳定的环境。

直接融资与间接融资的关系。直接融资和间接融资本身并无绝对的好坏之分，只是在中国直接融资的比重过低，导致了对间接融资的过度依赖，使金融风险过于集中，金融结构过于单一，还制约了货币政策效果。因为股票、债券市场较为成熟，美联储量化宽松货币政策，才可以通过低利率推动股市、债市上涨，形成财富效应，刺激投资和消费。而我国资本市场不成熟，流动性过于宽松，一方面造成股市、债市暴涨暴跌，甚至危及金融稳定；另一方面依靠银行信贷加杠杆，又导致非金融部门财务上的不可持续。为此，尽管经历了近年来的债市风暴、股市异动，但仍要保持发展资本市场的定力，提高直接融资的

比重。同时也要考虑路径依赖的现实，正视中国以间接融资为主的金融结构特征，现阶段还要进一步加强和改进银行服务实体经济的功能，如探索完善投贷联动、债转股、资产证券化以及银行事业部模式。

金融稳定与支持发展的关系。在经济下行周期，由于经济效益下滑，银行资产质量有可能恶化，这时候银行减少信贷投放本在情理之中。然而，金融与实体经济特别是与工业是利益共同体，是一荣俱荣，一损俱损的关系。实体经济是“皮”，金融是“毛”。“皮之不存、毛将焉附？”所以，在去产能、去库存、去杠杆的过程中，银行仍需要用好和创新金融工具，服务好实体经济和工业增效升级，这是壮大和发展金融业、防范金融风险的根本举措和重要内容。

鼓励创新与适度监管的关系。创新是发展的第一动力。百度、阿里巴巴、腾讯之类的创新型企业，市场在中国，上市却在海外，赚中国人的钱，中国人却难以分享公司成长带来的好处。未来应避免这样的缺憾，并降低金融交易的成本，提高金融服务的覆盖面、便捷性等，不能只依靠传统金融服务，还要依靠金融产品、技术和制度创新，疏通储蓄转化为投资的渠道。这要求金融监管部门不断减少事前审批，消除影响“大众创业、万众创新”的金融体制机制障碍。另外，也要加强事中事后监管，守住不发生区域性、系统性金融风险的底线。尤其是对于一些新兴的金融服务形式（如“互联网+金融”），监管者要透过表象看穿其金融本质，对其进行适时、适度的监管，而不能坐视金融脱媒，任其野蛮生长，以致尾大不掉，酿成新的金融风险、社会问题。e租宝、“泛亚”贵金属交易所等，就是前车之鉴。

扩大开放与防范风险的关系。加强金融供给侧改革要进一步扩大金融双向开放，更好地利用“两个市场、两种资源”，促进要素有序流动、资源高效配置、市场深度融合。另外，又要加强跨境资本流动监测，完善宏微观审慎措施，在扩大开放过程中有效防范金融风险，包括防范极端情况下的境外金融攻击与制裁。特别是要做好其他国家和地区金融危机、货币危机的案例分析，梳理出货币攻击的方式、渠道和演变路径，在情景分析、压力测试的基础上做好应对预案，防患于未然。当前应对资本集中流出压力，就是我国加快建立健全跨境资本流动宏观审慎管理框架一次练兵的好机会。正如1997年亚洲金融危机，借打击进口骗购外汇之机，在经常项目可兑换规则下，我国完善了进口购付汇真实性审核机制。

国际经验与中国国情的关系。加快金融体制改革，无论在市场建设、组织建设，还是在完善调控、加强监管等方面，都需要充分借鉴和汲取国际经验，遵循和遵守国际标准。然而，更为重要的是，要搞清楚为什么所谓的国际经验和惯例在当地能够成功，在引进到中国时，需要哪些宏观或者微观基础设施的培育和配套，以防止“食洋不化”、水土不服。特别是在对外金融开放问题上，我们要做好充分的理论和措施的准备，避免在这个问题上出现颠覆性的失误。

政府引导与市场主导的关系。通常认为，财政政策是结构性政策，货币政策是总量性政策，因此，财政政策在结构调整中应该发挥更大作用。然而，从供给角度讲，如果将货币政策扩展为金融政策，生产或者服务部门区分公益性部门、政策性业务和营利性部门、商业性业务，则结论大相径庭。对于前者，应该发挥“有形之手”的作用，财政政策比金融政策更有效；对于后者，则更应该发挥“无形之手”的作用，金融政策比财政政策更有效。在市场情绪悲观的情况下，政府介入，发挥公共部门资金的杠杆和示范作用，有助于打破预期自我强化、自我实现的恶性循环。另外，要厘清政府和市场的边界。因为所谓“新经济”是市场内生的，所以很难由政府做出顶层设计、预先安排。政府应该去除“父爱主义”，要尊重市场选择、市场规律，而不要替市场选择或者“拉郎配”。

## 第二节　可兑换条件下的国际资本流动管理

2013年年底，中国政府明确提出要加快实现人民币资本项目可兑换。2015年3~4月，人民银行在不同场合代表中国政府对外宣布，年内要按照“十二五”规划的部署争取实现有管理的人民币资本项目可兑换。相信2015年国内股票市场震荡，应该令我们对实行“有管理的”可兑换有了更为深刻的认识。

## 一、从 2015 年国内股票市场震荡可以汲取的教训

2015 年的夏季，让中国股民经历了一次从天堂到地狱的洗礼。在过去近一年的时间里，股市暴涨一倍半，然而从 2015 年 6 月 15 日 ~7 月 8 日不到一个月的时间里，股指从最高点下跌 30% 以上。直至政府采取一系列强有力的救市措施，股市才初步企稳。认真汲取这次股市震荡的经验教训，对于推进中国金融改革开放事业的健康发展弥足珍贵。

第一，牢固树立风险管控意识。中央一再强调守住不发生区域性和系统性金融风险的底线。这次的股市震荡告诉我们，机会无处不在，风险也无处不在。而且，市场形势瞬息万变，越是形势好的时候越要居安思危，加强识别和防范风险。要做最坏的打算，争取最好的或者最理想的结果。

第二，不断增强危机应对能力。这次股市动荡的诱因很多，但无疑前期上涨过快导致的估值泡沫，是致使后期股市剧烈调整的一个重要原因。监管部门必须认清市场规律，在加强监测分析的基础上，根据不同的情形拟定不同的应对预案，提高危机响应和处置能力。并且，这种预案不是闭门造车的想当然，而应该是可行的、有效的，之前应该在情景分析的基础上进行模拟测试。

第三，大力提高金融监管水平。放松管制是大势所趋，但鉴于国内金融市场机制的不健全，市场参与者的不成熟，为减少市场失灵，监管仍不可或缺。然而，监管绝对不是穿新鞋走老路，而是要适应市场环境变化，转变监管理念和方式。另外，在支持鼓励金融创新的同时，也要确定一些哪怕最低限度的监管底线，减少监管真空。

第四，继续加强统计监测工作。及时、全面、准确地统计数据，是事后分析与监管的基础。越是放松管理，越要加强统计监测，不能既没有管理，又没有数据。与此同时，不确定性是市场最大的风险。为此，还应该不断提高统计数据的透明度，降低因信息不对称造成的市场过度波动的风险。

## 二、人民币资本项目可兑换的现状

1993 年年底，党的十四届三中全会首次提出，要“逐步使人民币成为可兑换货币”。1994 年年初，人民币官方汇率与外汇调剂市场汇率并轨，取消外汇留成与上缴制度，对经常账户外汇收入实行强制结汇，我国实现了人民币经常账户有条件可兑换（即取消了贸易及与贸易有关的服务贸易从属费用，如运费、保费、佣金等对外支付和转移的限制）。1996 年年底，正式接受《国际货币基金组织协定》第八条款义务，取消了剩余的经常账户对外支付和转移的限制，实现了人民币经常账户完全可兑换。迄今为止，虽然尚未实现人民币资本项目完全可兑换，但资本项目已部分可兑换。

从法律制度看，依照国际货币基金组织划分的七大类四十个子类的资本交易项目中，中国自己评估，有 85% 的项目已经实现了不同程度的可兑换。完全不可兑换的交易主要是境外机构在境内发行股票、基金、货币市场工具、衍生品工具，以及境内机构在境外发行基金、境内居民个人对外借款六项。

从实际操作角度看，由于对外贸易投资交往规模较大、海内外企业联系广泛、跨境人员往来特别是海外华人华侨较多，加上毗邻香港特区自由金融市场的特殊因素，人民币资本项目的实际可兑换程度又要比法定程度高出许多。

从实际运行看，我国跨境资本的流动性（mobility）也在日益提高。一是，跨境资本流动对我国国际收支的影响越来越大。2010 年、2011 年和 2013 年，资本账户顺差对国际收支顺差、外汇储备增长贡献的增加已经超过了经常账户顺差的贡献，2014 年第一季度其贡献率更是达到 93%。这表明人民币汇率走势具有越来越强的资产价格属性，一些供求之外的非交易、非流量的因素有可能对汇率走势产生影响。二是，跨境资本流动的波动性明显加剧，2005 年年初至 2014 年年底，有 9 个季度出现了资本账户逆差，其中 5 次是发生在 2008 年国际金融危机之后。而且，跨境资本流出入的方向转换也越来越频繁，顺周期特征越来越明显。三是，短期资本流动的影响逐渐加大。2005~2010 年的 24 个季度中，只有 3 个季度短期资本流动差额（即国际收支口径的证券投资与其他投资差额之和）相当于同期基础国际收支差额（即国际收支口径的经常账户与直接投资差额之和）的一半以上；2011年年初到2014年年底的16个季度中，有9个季度占比超过一半。2014年，外汇储备资产较2013年增加3139亿美元，基本可以用短期资本流动由2013年净流入1251亿美元转为净流出1704亿美元的剧烈震荡来解释。

## 三、人民币资本项目可兑换前瞻

党的十八届三中全会关于“加快实现人民币资本项目可兑换”的提法，较党的十八大的“逐步实现人民币资本项目可兑换”提法更为进取。2014年，我国金融对外开放取得新的重大进展，如：改革跨境直接投资管理方式；启动“沪港通”证券交易试点；扩大境外机构在境内发行人民币债券试点；简化对外债权债务和跨境担保管理；金融开放支持中国（上海）自由贸易试验区建设；全国推广跨国公司本外币资金集中运营；积极推进人民币跨境业务发展；进一步深化人民币汇率和利率形成机制改革；等等。

2015年3月22日，中国人民银行行长周小川在中国发展高峰论坛上表示，年内将努力实现人民币资本项目可兑换。4月18日，在国际货币基金组织/世界银行春季年会上，他又进一步详细阐释了中国将使人民币更可自由使用的计划，但与此同时强调中国采用的是“有管理的可自由兑换”。在可兑换之后，中国将继续管理资本账户交易，包括使用宏观审慎方法限制跨境资本流动，以及维持币值稳定和金融环境安全。

2015年6月，国内股票市场的剧烈震荡一度引起海内外对中国有可能放缓对外开放步伐的担忧。然而，从7月以后密集出台的加快国内银行间债券市场开放、扩大境内商品期货市场外资准入、优化人民币汇率中间价报价机制等措施看，中国仍在按照既定路线图和时间表推进改革开放的步伐。8月13日，中国人民银行副行长、国家外汇管理局局长易纲在人民币汇率改革的新闻吹风会上更是明确表示，中国政府有信心、有定力推动人民币资本项目可兑换依照既定的日程表向前稳步有序地推进，而“不是说遇到一点波动或者说遇到一点外边发生的事情就可以轻易改变的”。

习近平总书记一再强调，破解发展难题，化解风险和挑战，除了深化改革开放，别无他途。他还指出，必须适应经济全球化新趋势、准确判断国际形势新变化、深刻把握国内改革发展新要求，以更加积极有为的行动，推进更高水平的对外开放，以对外开放的主动赢得经济发展的主动、赢得国际竞争的主动。人民银行领导的对外表态契合了中央的立场，表明在内外部存在诸多不确定、不稳定因素的情况下，中国将按照全面深化改革的总体部署，坚定不移扩大开放、以开放促改革促发展的信心和决心。

央行行长周小川在2015年11月25日《人民日报》上发表的《深化金融体制改革》一文，对“十三五”规划期间“坚持开放发展理念，构建金融业双向开放新体制”进行了系统的阐述。包括：

第一，扩大金融业双向开放。全面实行准入前国民待遇加负面清单管理制度，有序扩大服务业对外开放，扩大银行、保险、证券、养老等市场准入。推进资本市场双向开放，改进并逐步取消境内外投资额度限制。提升股票、债券市场对外开放程度，有序拓展境外机构参与银行间债券市场的主体范围和规模，扩大境内机构境外发行债券的主体类型和地域范围，放宽境外机构境内发行人民币债券的限制。建立与国际金融市场相适应的会计准则、监管规则和法律规章，提高金融市场国际化水平。深化内地与港澳、大陆和台湾地区的金融合作。开创我国经济金融对外开放的新局面，形成深度融合的互利合作新格局。

第二，有序实现人民币资本项目可兑换。转变外汇管理和使用方式，从正面清单转变为负面清单。放宽境外投资汇兑限制，放宽企业和个人外汇管理要求，放宽跨国公司资金境外运作限制。允许更多符合条件的境外机构在境内市场融资。加强国际收支尤其是跨境资本流动的监测、分析和预警，保持国际收支基本平衡。加强审慎管理和反洗钱、反恐怖融资审查和监管措施，建立金融处罚限制制度，有效应对极端情况下境外对我国实施金融攻击或制裁。完善外汇储备管理制度，多元化运用外汇储备。推进“一带一路”建设，加强同国际金融机构合作。推动建立多元化的全球融资框架，实现我国金融资产全球布局。

第三，推动人民币成为可兑换、可自由使用货币。进一步加强双边和多边货币金融合作，以服务“贸易投资和产业链升级”为重点，从巩固人民币计价结算货币地位，向支持人民币的市场交易和国际储备功能推进。扩大人民币在周边国家和新兴市场区域化使用的便利性，逐步向国际金融中心和发达国家延伸。推动人民币对其他货币直接交易市场发展，更好地为跨境人民币结算业务发展服务。

第四，积极参与全球治理，以更加包容的姿态参与全球经济金融治理体系。顺应经济全球化潮流，加强宏观经济政策国际协调，促进全球经济平衡、金融安全和经济稳定增长。支持发展中国家平等参与国际经济金融治理，促进国际货币体系和国际金融监管改革，推动国际经济金融秩序向着平等公正、合作共赢的方向调整。积极参与全球经济金融治理和公共产品供给，提高我国在全球经济金融治理中的制度性话语权和国际性影响力。

## 四、进一步提高国际资本流动管理能力和水平

毋庸讳言，国内对于实现人民币资本项目可兑换仍然存在一定的分歧，特别是经历了 2015 年 6 月的股市震荡后，关于资本项目可兑换应该缓行的呼声进一步增强。然而，抛开理论上的争执不谈，从操作角度看，“开弓没有回头箭”。现在已不是谈要不要开放资本账户的问题，而是要探讨在越来越开放的市场环境下如何管理国际资本流动的问题。

首先，中国已经不可能再回到“先流入后流出、先长期后短期、先机构后个人”的渐进式资本项目可兑换的起点，而是必须认真思考下一步如何推进。至少仅就利用外资而言，如果不尝试其他方式，就很难改变以利用高成本的外商直接投资为主的对外负债结构，也就难以改变我国长期以来对外净债权而投

资收益为负的局面。

其次，中国实际的开放程度已经远远高于法律许可的程度，名义上的不开放是一种鸵鸟政策，只会进一步刺激市场逆向选择，导致诸多市场扭曲。最为典型的是，国内对于居民海外投资置业有严格的政策限制，虽然每年统计到的居民海外购房也就几十亿美元，但不争的事实是海外多国因为中国投资移民蜂拥而至而不得不采取限制措施。

最后，随着开放型经济日益发展，贸易投资便利化不断推进，实施资本管制的市场和法律环境已经发生了巨大变化，一些传统的外汇管理手段可能已不再有效，需要与时俱进、开拓创新①。

综上所述，即使如期完成前述改革，也不意味着我们已经走完了资本项目可兑换的“最后一公里”或者踢完了“临门一脚”，解决可兑换之后对于国际资本流动管什么、怎么管的问题仍是当务之急。

第一，资本项目可兑换尽管没有如同经常项目可兑换那样的国际统一标准，但还是有些基本要求如负面清单管理、取消境外收入的强制调回要求、取消外汇交易的实需原则等。当然，负面清单根据具体国情，可长可短，前提是要与市场承受能力、风险控制能力、外部监管能力等相适应，守住不发生区域性、系统性金融风险底线。另外，在具体交易的管理上，可以学习借鉴基本的国际规范，而不能过于强调中国特色。如明晟国际指数公司（MSCI）在解释2015年再次与中国A股爽约的原因时，就提到了获取投资额度的可靠性、资本流动的自由度、海外投资者权益的保护三方面的顾虑。

第二，抓紧建立健全与国际规范接轨的跨境资本流动统计监测体系，并按照“公开是原则、不公开是例外”的标准不断提高统计数据透明度。同时，鉴于跨境资本流动的顺周期性和市场预期的不稳定性，应坚持对跨境资本流入流

① 例如，过去通过实施出口收汇和进口付汇核销管理，进行货物流与资金流的匹配，是亚洲金融危机期间打击出口逃汇、进口骗汇的重要手段。而近年来核销制度进行了重大改革，从逐笔核销转为总量核销，从事前管理转为事后管理，受到了外贸企业的普遍欢迎。但与此同时，现行的管理框架能否继续发挥遏制逃骗汇的作用，却需要重新评估。

出的双向监测预警，当前特别要注意密切跟踪监测美国货币政策正常化和美元汇率走势对我国跨境资本流动的溢出影响。

第三，统计监测不等于管理，扩大开放应坚持资本流动管理“外松内紧”。要转变管理方式，从规则管理转向原则管理，借鉴国际上在反洗钱、反避税、反恐融资方面的成熟做法，督促金融机构按照“了解客户、了解业务、尽职审查”的展业原则来办理相关外汇业务，理顺监管政策的传导机制，提高监管的有效性。

第四，尽管不能从根本上改变市场趋势，但在相关交易或市场开放之初设计内嵌式的宏观审慎措施（如托宾税安排）①，可发挥其内在减震器的作用。避免事到临头，手忙脚乱或者朝令夕改。鉴于货币攻击常常是跨市场传染、境内外联动，在现行金融监管框架下，要建立健全体制机制保障，加强相关部门的信息共享和政策协调，提高危机反应和处置能力。

第五，认真做好国外金融危机的案例分析，梳理货币攻击的各种做法和危机发展演变的机制，搞清楚每个交易项目开放的风险。只有弄懂吃透而不是想当然，开放才能够更加心中有数。在做好情景分析、压力测试的基础上，不断充实政策工具箱，完善相关应对预案，做到未雨绸缪。

第六，跨境资本流动放开与汇率制度僵化是最危险的政策组合，最容易招致货币攻击。继续完善市场化人民币汇率形成机制，哪怕不是前提条件，也应该是扩大资本账户开放必需的配套措施之一。2015 年 8 月 11 日，人民币汇率中间价报价机制的优化，意味着汇率整体市场化程度的大幅提升，汇率形成机制的改革提速与人民币可兑换和国际化进程稳步推进，形成了逻辑上的自洽，体现了改革的整体性和协调性，这意味着向正确的方向又迈进了一大步。

需要指出的是，学习国际规则、坚持为我所用，是积极参与国际事务的重要方式。上述管理遵循或者借鉴的是国际惯例，如果能够付诸实施，仍可

① 托宾税不一定“税”，也可以是以价格为基础的市场化工具或者手段。

以说实现了人民币资本项目可兑换，而不必妄自菲薄，过分强调“有管理”的内涵。

## 第三节 以宏观审慎措施应对跨境资本流动冲击

2013年5月5日，国家外汇管理局发布汇发（2013）20号文，主要政策内容是将商业银行的外汇贷存比（即境内外汇贷款余额/境内外汇存款余额）与银行结售汇综合头寸下限挂钩，以抑制外汇贷款的过快增长。这是在现有外汇管理政策框架下，探索宏观审慎措施的又一次大胆尝试。

### 一、主要背景

外汇储备快速增加。截至2013年3月末，我国外汇储备余额为34426亿美元，较2012年年末增加1311亿美元，同比增加72亿美元。剔除估值影响后，第一季度国际收支口径的外汇储备增加额达1571亿美元，同比增长1.1倍。

外汇收支顺差大幅反弹。2013年第一季度银行结售汇顺差1016亿美元，同比增长3倍。其中，非银行部门结汇增长23%，售汇下降16%，净结汇1693亿美元，增长4.4倍。

企业负债币种选择是影响跨境资本流动的重要因素。2013年第一季度非银行部门跨境收入中的结汇比例为63.7%，环比增加2.3个百分点、同比上升1个百分点，连续三个季度上升；跨境支出中的购汇比例为46%，环比减少5.5个百分点、同比下降16.4个百分点，连续五个季度下行。这反映出当本币无贬值风险，且外币利率低于本币、境外利率低于境内时，境内企业在负债币种选择上大举从事无风险套利行为的现状。这不同于一般意义的热钱流入，是该付的外汇没有付，或是该购汇支付的改为借外汇支付。

货物贸易是结售汇顺差增长的主要来源。第一季度货物贸易结售汇顺差同比增加1314亿美元，基本相当于非银行部门全部结售汇顺差的增加额。其中，进出口顺差上升贡献了33%，境内外汇存贷款和跨境贸易融资等财务运作因素贡献了51%，跨境人民币净支付贡献了9%（见表6–1）。

**表6–1　2013年第一季度货物贸易结售汇顺差变动影响因素**（单位：亿美元，%）

| 主要形成因素 | 本期金额 | 本期贡献率 | 同比变动额 | 变动贡献率 |
|---|---|---|---|---|
| 货物贸易结售汇差额 | 1578 | 100 | 1314 | 100 |
| 进出口差额 | 431 | 27 | 429 | 33 |
| 财务运作 | 766 | 49 | 668 | 51 |
| 其中：境内外汇存贷款（贸易相关） | 584 | 37 | 622 | 47 |
| 跨境贸易融资和信贷 | 181 | 11 | 47 | 4 |
| 跨境贸易人民币净支付 | 323 | 20 | 114 | 9 |
| 其他因素 | 58 | 4 | 103 | 7 |

资料来源：国家外汇管理局；海关总署；中国人民银行

出现上述情况的主要原因，一是实体经济大量顺差。2013年第一季度，海关统计的进出口顺差431亿美元，2012年同期只有2亿美元。2012年，境内企业境外上市筹资160亿美元，较2011年增长38%，陆续调回境内结汇。二是市场恢复“资产本币化、负债外币化”的财务运作。2013年3月末，境内外汇贷款/存款由2012年7月的低点102%回升至127%。三是政策因素。为服务实体经济，银行纷纷加大信贷支持和金融创新力度。为稳定出口，各地政府也加大了出口政策支持和考核力度。为支持国内资本市场发展，2012年批准合格境外投资者额度92亿美元，较2011年增加70亿美元。四是有些企业通过构造贸易的方式，虚增出口业绩，骗取出口退税或补贴，或者套取利差汇差，也加大了我国跨境资本流入。

为应对国际金融危机冲击，国家外汇管理局分别于2009年和2010年制定并报备了应对外汇收支风险和跨境资本异常流入的预案。2010年11月和2011

年 3 月先后两次启动应对流入的预案，2012 年 4 月取消临时性措施。2012 年年底以来外汇形势发展变化，再次触发应对流入预案的启动条件。

## 二、政策要点

2013 年 5 月 5 日，国家外汇管理局发布汇发（2013）20 号文，主要政策措施包括：一是加强银行结售汇综合头寸管理。除政策性银行外，其外汇贷存比（即境内外汇贷款余额 / 境内外汇存款余额）与银行结售汇综合头寸下限挂钩，贷存比高的银行需增持外汇头寸。二是加强对进出口企业货物贸易外汇收支的分类管理。对于资金流与货物流严重不匹配或流入量较大的企业，经甄别后纳入 B 类、C 类企业，并对其转口贸易项下外汇收支实施严格监管。三是督促银行严格执行外汇管理规定。要求银行加强业务指导，保持贸易融资合理增长，并遵循“了解你的客户”（KYC）原则加强对虚构贸易背景等行为的甄别。四是加大核查检查与处罚力度。要求各级外汇管理部门强化监测分析与窗口指导，对异常资金流入线索主动开展核查或检查，对违规流入案件依法从重处罚。

后三项措施均为传统的外汇管理手段，而第一项措施则具有较强的宏观审慎管理色彩。首先，不直接干预银行业务，利用价格传导机制影响贷款成本，类似托宾税。银行可以通过减少外汇贷款、增加外汇存款、增持外汇头寸等方式满足政策要求。增持外汇头寸产生的成本，可通过调增利率转嫁给外汇贷款人。其次，作为临时性措施，具有逆周期调节效果。当外汇流入压力加大时下限自动上升，反之下降，不撞线的影响予以豁免。整个政策设计，与现行结售汇综合头寸正负区间管理并不冲突。最后，管理关口从结售汇环节前移到收付汇环节，有利于提高监管效率。同时，所有监管依靠各家银行按惯例报送的结售汇头寸和外汇收支信贷数据，体现为非现场监管，基本无须进现场。

市场普遍认为此次调控针对性强，将会有较好的调控效果。一是与外汇贷存比挂钩，切中要害，可以起到抑制市场投机的作用，缓解流入压力。对于以融资套利为目的的虚假贸易，调控境内外汇贷款也可以起到降低杠杆，遏制虚假进出口的效果。二是加强银行结售汇头寸管理，有助于平衡境内美元供求。三是有助于形成从紧的政策预期，起到震慑效果。

市场专业机构对于政策设计思路也给予了较高评价。如采取经济手段和价格传导机制，让市场发挥更多作用，与当前推进人民币资本项目可兑换和汇率形成市场化改革不冲突；给予银行更多灵活性，银行可根据客户关系、市场形势等因素综合权衡制定经营策略；政策预留了缓冲期，让银行有一定的时间消化吸收并调整外汇业务策略，有利于维护外汇市场稳定；对银行实行差别化调控政策，减少了“一刀切”的冲击。

## 三、实施效果

外汇形势从大量净流入转向总体平衡。2013 年上半年，银行结汇 9114 亿美元，售汇 7730 亿美元，结售汇顺差 1384 亿美元。其中，1~4 月月均顺差约 321 亿美元，5 月以来顺差明显收窄，5 月顺差 104 亿美元，6 月小幅逆差 4 亿美元。

多重因素导致外汇净流入大幅减缓。一是由于美国经济复苏加快，美联储表示将逐步退出量化宽松货币政策，2013 年 5 月以来，新兴市场国家出现了货币贬值、股市下跌和资本外流迹象。二是我国经济面临下行压力，“看空中国”的市场力量有所抬头，人民币汇率升值预期有所减弱，远期价格反映的未来人民币对美元贬值幅度扩大,境内企业重现对外债务去杠杆化势头。同时，离岸人民币市场的购汇价格开始高于境内外汇市场，从境外购汇更多转向境内购汇。三是年中属于我国居民旅游留学旺季和外商投资企业分红集中期。5~6 月，旅游项下月均购汇较 1~4 月扩大 16%，投资收益月均购汇较 1~4 月扩大 83%。四是人民银行、海关总署、银监会和外汇管理局等部门分别采取了规范跨境贸易人民币结算、规范出口报关、加强银行理财产品管理和加强外汇流入管理等政策措施，抑制了通过虚假贸易进行的套利资金流动。

预期调控目标基本实现。一是境内外汇贷款势头放缓，2013 年 5 月新增贷款17亿美元，6月下降89亿美元，1~4月为月均增加197亿美元。二是贸易结售汇顺差与进出口顺差的缺口收窄，1~4月月均缺口为324亿美元，5~6月降至–43亿美元。这主要是因为跨境商业赊销和银行贸易融资从1~4月的月均净流入33亿美元转为5~6月的月均净流出218亿美元（见表6–2）[①]。三是截至6月末，全部银行结售汇综合头寸较政策出台前（5月3日）增加了225亿美元。考虑到同期银行对客户的未到期远期净结汇增加238亿美元，而银行收付实现制头寸下降13亿美元，说明银行为满足20号文规定的增持综合头寸的要求，远期结售汇没有完全在即期市场卖出平盘，20号文对银行现金头寸影响有限。

表6–2 2013年上半年货物贸易顺收顺差缺口影响因素（单位：亿美元）

| 主要形成因素 | 1~4月月均 | 5~6月月均 | 月均变动额 | 变动贡献率（%） |
|---|---|---|---|---|
| 结售汇与进出口差额的缺口 | 324 | –43 | –366 | 100 |
| 财务运作 | 122 | –152 | –273 | 74 |
| 其中：境内外汇存贷款（贸易相关） | 88 | 66 | –23 | 6 |
| 跨境贸易融资和信贷 | 33 | –218 | –251 | 68 |
| 跨境贸易人民币净支付 | 109 | 51 | –58 | 16 |
| 其他因素 | 94 | 59 | –35 | 10 |

资料来源：国家外汇管理局；海关总署；中国人民银行

## 四、主要结论

一是以经济手段为主，避免对市场主体微观行为的具体干预，不扰民（汇发20号文没有具体规定银行能不能发放境内外汇贷款以及怎样放款）。

① 跨境贸易融资中的海外代付属银行表外业务，银行无外汇资金占用。但根据有关规定，纳入了境内外汇贷款统计。据了解，银行为降低政策调控带来的冲击，普遍采取先减海外代付余额的对策，而不必考虑表内业务的外汇贷款降下来后新的外汇资金运用问题。

二是以非现场监管为主，体现管理的针对性，触及监管条件的才被规范，否则监管好像就不存在（超过汇发20号文规定的外汇贷存比上限的才被要求增持头寸，否则就继续实现正负区间管理）。

三是轻过程、重结果，监管的有效性可预期、可评估，监管意图易于被市场理解和执行（汇发20号文调控政策设计正是基于年初八成左右贸易结售汇顺差增长源于进出口顺差和境内企业财务运作的分析判断，调控结果是境内企业财务运作的反向调整可解释顺收顺差背离收窄的70%多）（见表6–1和表6–2）。

四是宏观审慎管理主要是防范系统性风险而非个体风险，属于政策上紧一扣的做法，是逆周期调节。实际上，随着外汇贷款大幅减少，进入2013年7月以来银行又开始减持结售汇综合头寸，显示了有关政策设计相对于外汇形势变化较好的弹性。

## 第四节　坚持对内改革与对外开放双轮驱动

2013年5月6日，国务院常务会议研究部署2013年深化经济体制改革重点工作，明确要“提出人民币资本项目可兑换的操作方案”。于是，关于人民币资本项目可兑换的路线图和时间表引起了社会广泛讨论。有人支持，有人反对。其实，双方分歧并非不可弥合，关键是澄清资本项目可兑换的内涵，厘清改革与开放的关系。

### 一、资本项目可兑换并非一放了之

资本项目可兑换是指取消对资本和金融交易及汇兑的限制。但现实世界里从来没有完全的自由。特别是本轮国际金融危机爆发以来，主要经济体量化宽松货币政策不断加码，全球流动性泛滥、利率持续低迷。在世界经济曲折复苏，不确定、不稳定因素较多的大背景下，国际短期资本在各个市场兴风作浪、快进快出，无论新兴市场还是发达国家都不胜其扰。连一向对资本账户开放持积极态度的国际货币基金组织也开始转变立场，支持各国审慎渐进的资本账户开放，赞同采取宏观审慎管理措施（MPMs）和资本管制措施（CFMs）影响或管理跨境资本流动。因此，实现人民币资本项目可兑换并非完全不管，也不是只管对外借债、证券投资和金融衍生品交易，以及反洗钱、反恐融资和反避税，而是要在取消大多数传统的资本管制措施的同时，建立起替代的、基于宏观审慎目的、更高效的监管手段。

根据国际货币基金组织的解释，所谓宏观审慎管理，不是基于个体风险和针对跨境资本流动，而是逆周期调节，防范系统性金融风险，维护金融稳定。有时，宏观审慎管理与资本管制措施本身也是重叠的。例如，对导致国内信贷膨胀和资产泡沫的银行对外借款进行管理，就既可以视为资本管制，也可以视同宏观审慎管理。需要特别指出的是，国际上，各种形式的托宾税已经从临时性的资本管制措施，逐渐演变成为一个常规的宏观审慎管理安排。如智利、巴西、阿根廷等资本大量流入时引入的无息存款准备金制度（URR）和金融交易税（IOF 或 FTT）安排，并没有随着流入放缓而取消，甚至资本流出压力较大时也仅是将税率或准备金比例调为零。2013 年年初，欧盟部分成员达成协议，拟于 2014 年 1 月 1 日起引入金融交易税。

## 二、改革与开放互为条件缺一不可

抛开理论和技术层面的争议，人民币资本项目可兑换支持派与反对派之间分歧的核心是改革与开放的次序。以开放促改革，打破当前许多重点领域改革无法推进的僵局，是人民币资本项目可兑换支持者的重要依据。而反对者则驳之以相关改革没有到位，资本账户开放是自毁长城，双方各执一词。但改革与开放是中国经济建设这驾马车的两个轮子，要始终坚持双轮驱动；否则，无论哪个快、哪个慢，都容易导致翻车。

改革与开放本为一体，恐难截然分开。汇率形成机制、外贸管理体制、外资管理体制等改革，本身既是对外开放的重要内容，又是金融体制、投融资体制、现代企业制度、行政审批制度等对内改革的重要组成部分。何况在经济全球化日益发展的今天，强行割裂国内与国际“两个市场、两种资源”既不可能，也无必要。

只强调改革而忽视开放，可能会错失良机。国际收支持续较大顺差是中国经济失衡的重要外在表现，既源自中国经济对内失衡，又反过来加剧国内宏观调控和结构调整的困难。资本账户不开放尤其是资本流出渠道不畅，是贸易顺差格局下国际收支市场调节机制缺失的重要体制机制障碍。发挥市场供求在汇率形成中的基础性作用是人民币汇率机制改革的既定方向，但浮动汇率不能解决均衡汇率，市场出清的汇率也并非均衡汇率。日本、德国、中国台湾等国家和地区在贸易顺差较大时，都是一边扩大资本输出渠道，一边增加汇率制度弹性。2014 年年初，人民币汇率在国内经济继续下行、外部市场环境欠佳的情况下再度走强，可能有一定的“虚火”，一边境内机构和个人用汇依然限制多，另一边无风险的利差交易盛行，国内外汇供求关系扭曲。人民币汇率的资产价格属性凸显，2014 年一季度外汇储备资产增加额（剔除估值效应）中近 2/3 来自资本净流入（含净误差与遗漏），其中主要是非直接投资形式的资本净流入，人民币汇率存在超调风险。一旦由此触发资本流向逆转，酿成信心危机，恐打乱我国改革开放的总体部署。

只强调开放而忽视改革，可能会操之过急。加入世贸组织是中国以开放促改革的又一成功实践。然而，这并非放之四海而皆准。由于国际资本流动的超调特性，贸易部门对外开放的成功经验不能简单移植到金融部门对外开放。东南亚国家正是通过出口导向型战略实现经济起飞，迈入金融开放行列后，引发了席卷整个新兴市场的亚洲金融危机。开放未必带来改革；相反，新兴市场、转轨经济在金融开放后相关改革没有到位，发生金融危机的案例却比比皆是。同时，在我国不计成本扩大出口和引进外资现象较为普遍的情况下，“以开放促改革”还可能助长对外资却不对内资开放、重利用外资却轻对外投资的不良风气，进一步加剧不公平竞争和国际收支失衡矛盾。

总之，我们不能为了改革而改革，为了开放而开放，而要统筹规划、整体设计。讲改革时要考虑开放的选项，讲开放时也要涉及改革的内容，二者不可偏废。

## 三、坚持双轮驱动，稳步推进可兑换

注意把握改革与开放的平衡。坚持改革与开放双轮驱动，就是人民币资本项目可兑换要与宏观调控、金融监管、风险控制和市场承受等能力相适应。在设计人民币资本项目可兑换的时间表时，如果评估改革总体落后，则可兑换不能操之过急，反之，则可兑换可以相应加快。在设计可兑换的路线图时，需要逐项评估，可能有些方面是改革滞后，有些方面是开放滞后，那么前者对应的资本交易项目开放应该拖后，而后者对应的开放可以提前。经济活动是市场内生而非政策设计的。资本账户开放的时间表和路线图并无严格的、唯一的最优次序，要有一定的灵活性。关键是要守住风险底线，把住资本账户最后开放或者不能开放的项目，其他项目成熟一项开放一项，风险可控情况下可以允许试错。同时，根据预先设定的政策目标和政策成本变量，动态评估改革的利弊得失，合理调节改革的进度和力度。

积极建立健全宏观审慎管理。资本项目可兑换并非一放了之，而是要建立起全新的管理框架。在可兑换过程中，要建立健全宏观层面逆周期调节的审慎管理机制，保持宏观经济稳定，防止国内经济金融运行大起大落。要逐步用微观层面、基于防范系统性风险的宏观审慎管理工具，取代传统的市场准入管理和数量控制措施，用其他部门监管和行业自律替代传统的外汇管理。要逐步从肯定式立法转为否定式立法，坚持适度监管、有效监管，而不求管得面面俱到、事无巨细。要逐步减少对行政手段的依赖，更多运用汇率、利率、税率，以及常规性的托宾税措施等价格工具调节跨境资本流动。如果评估改革总体滞后，那么上述审慎管理措施就要设计得更加周密，甚至要保留更多的资本管制措施，为改革和调整争取时间。在加强跨境资本流动监测预警的基础上，不断充实政策储备，完善应对跨境资本过度流入和集中流出的紧急预案。对于因预案触发的资本管制措施应该是临时性的，以便市场环境变化就可以及时调整或取消。

大力发展国内金融市场体系。健康的金融体系是抵御资本流动冲击的第一道防线。建立健全多层次多元化的金融市场体系，提高市场深度和广度，提升市场流动性，增强市场抗冲击能力。健全法制，明晰产权，促进社会资本的形成。在扩大开放中培育具有国际竞争力的境内金融机构，改善公司治理，建立有效的激励约束机制，不断优化对外投融资的风险管理水平。加强投资者教育，树立正确的金融风险意识，培育买者自负的投资文化，培养健康的投资理念。任何开放经济都会面临资本流出流入的冲击。面对金融日益开放的形势，要培育市场对于跨境资本流动波动的平常心，不必过分解读、过度反应。

进一步提高统计数据透明度。在推进人民币资本项目可兑换进程中有效防范和化解涉外经济金融风险，事关国家安全，责任重大。在放松管制的同时，应加强统计监测。美国次贷危机的教训，就是对金融衍生品交易既无监管又无数据，市场信息严重不对称，导致金融高度杠杆化的最好例证。透明不一定能消除危机，但不透明一定会增加危机发生的概率。应该按照“公开是原则、不公开是例外”的原则，及时、准确、完整地披露相关统计数据和信息，让各类市场主体特别是市场专业机构和人士去识别风险和控制风险。相关部门应用数据和事实说话，对外释疑解惑、引导舆论、稳定预期。

## 第五节　从 N-1 问题看超主权储备货币的发展前景

### 一、研究背景

2007 年年初美国次贷危机爆发，至 2008 年年底演变成全球金融海啸和世界经济衰退并延续至今，再次凸显了现行国际货币体系“我的美元、你的问题”的不平等性。危机后，美国更加霸气外露，进一步充分享受着美元的“过度特权”。本次危机肇始于美国，美国却能以近乎零成本向国际市场融资，美元国际储备货币的老大地位稳固，欧元、日元等货币却风雨飘摇。危机后，美国政策更加偏向国内失业和通胀等对内目标，而忽视对外目标，放纵美元汇率大起大落，不论美联储推出还是退出量化宽松货币政策，其他经济体尤其是新兴市场都饱受汇率波动和资本流动的冲击。

为此，金融危机伊始，国际社会就开始反思以信用本位为特征的美元主导的国际储备货币体系。周小川在其署名文章中开宗明义地指出，此次国际金融危机的爆发与蔓延使我们再次面对一个古老且悬而未决的问题，那就是什么样的国际储备货币才能保持全球金融稳定、促进世界经济发展，并明确提出了发展超主权储备货币体系，充分发挥特别提款权（SDR）作用的主张。斯蒂格利茨领衔的联合国改革委员会对此给予了积极响应，也主张要扩大 SDR 在国际货币体系中的地位。黄金作为历史上的超主权货币曾经长期存在，目前国际社会也有恢复金本位的提议。甚至还有天才的经济学家提出了更有创意的、更为激进的超主权货币形式，如发行纸黄金，成立世界中央银行，发行全球单一新货币，或建立基于美元、欧元、日元三方货币联盟的世界新货币的倡议等。超主权储备货币概念的面世，也招致了不少反对或者质疑的声音。艾亚尔认为，SDR 本身只是货币的衍生品，不具有货币属性，没有 GDP 也没有主权国家那样的征税能力。克拉克和波拉克以及威廉姆森则认为，由于存在网络效应和路径依赖等问题，任何新的货币都难以迅速为私人部门所接受。另外，由于既得利益的政治阻力，任何形式的超主权储备货币推出后，都将面临较大的制度和技术障碍。

那么，为了厘清国际货币体系（International Monetary System，IMS），尤其是国际储备货币体系改革，是否存在一种一劳永逸的终极最优解，不仅有理论意义更有政策含义,而且对于推动下一步全球经济治理改革具有重大参考价值。下文拟从三个方面来对此进行阐述。首先是剖析国际清偿能力产生的基础，其次是从 N-1 角度分析超主权储备货币的局限性，最后得出一些结论。

## 二、对外负债是国际清偿能力创造的主要来源

国际货币体系是各国政府为适应国际贸易与国际支付的需要，对货币在国际范围内发挥世界货币职能所确定的原则、采取的措施和建立的组织形式的总称。其中，国际货币或者储备货币的确定、国际收支调节机制的安排，以及汇率制度的选择，构成国际货币体系架构的重要内容。

1960 年，美国经济学家罗伯特·特里芬在其《黄金与美元危机——自由兑换的未来》一书中提出，美国需要通过长期贸易逆差为他国提供国际清偿能力，与维持美元国际信誉需要美国贸易长期顺差的要求形成一个悖论。这一保证流动性供给与稳定对外币值之间的内在矛盾，被称为储备货币发行国所面临的“特里芬难题”。

20 世纪 60 年代，伴随着美国财政赤字膨胀，货物贸易顺差急剧减少，国际货币体系从“美元荒”转为“美元灾”，固定汇率制下的“特里芬难题”导致美元危机频频爆发。尽管 20 世纪 60 年代后期采取了建立黄金总库、创设特别提款权等一系列分担美元储备货币压力的补救措施，但仍不能阻止 70 年代布雷顿森林体系的逐步解体：1971 年尼克松放弃布雷顿森林体系，美元与黄金脱钩；1973 年牙买加会议，各国货币与美元脱钩。这一段国际金融演进史，生动地演绎了“特里芬难题”的发展历程。

总结货币国际化的历史，本币对外输出主要有两种形式：一种是货币发行国贸易逆差，通过经常账户输出本币；另一种是货币发行国贸易顺差，通过资本项目输出本币。“特里芬难题”的本质即强调储备货币发行国通过贸易逆差、对外负债，创造国际清偿能力。然而，从历史上看，英国、美国、联邦德国、日本等国的货币国际化初期，都是从贸易顺差开始的。即使当今七大主要储备货币（美元、欧元、日元、英镑、加拿大元、澳大利亚元和瑞士法郎）在已披露的外汇储备资产中占到 95% 以上，其包括货物贸易在内的经常账户收支状况也不尽相同。其中，德国、日本、瑞士经常账户长期顺差，美国、英国、澳大利亚长期逆差，加拿大则时而顺差、时而逆差（见图 6–1）。

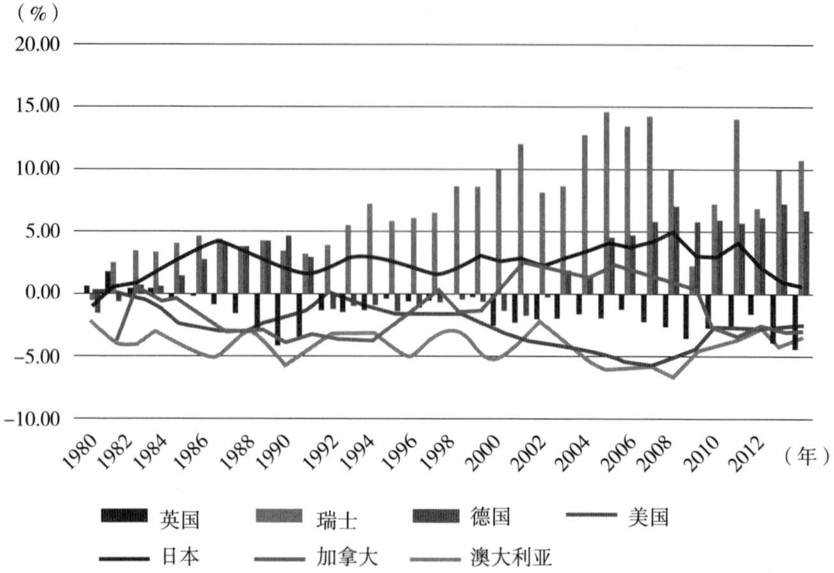


**图 6-1　1980~2013 年主要储备货币发行国经常账户收支 /GDP**

资料来源：国际货币基金组织

储备货币是最高层次的货币国际化。储备货币除了作为价值尺度和交易媒介之外，还有非常重要的价值储藏功能。本币被境外以储备资产形式持有越多（主要是债券特别是政府债券），就意味着境外对本国货币的需求越多、资本流入就越多（见公式 6.1）。从这个意义上讲，只有贸易或经常账户逆差，输出本币，才能成为储备货币。这时，货币国际化与国际收支平衡形成了良好的契合。反过来，如果一个国家的资本流入长期用于弥补贸易或者经常账户赤字，该国就难以形成外汇储备的积累。正如 20 世纪 50 年代的马歇尔计划，充其量只是帮助欧洲盟国解决了进口美国商品的支付能力问题，唯有到后期这些国家转为贸易顺差，才具备外汇储备的增加能力。

经常账户逆差＝对外净负债增加＝资本账户顺差（含官方储备资产变动，下同）＝私人部门净负债（或净资产）＋官方部门净负债（境外官方持有本币储备资产增加）

（公式 6.1）

虽然以资本项目渠道输出本币的方式，可以促进本币成为储备货币，但有可能制约本币成为主要储备货币。在经常账户顺差的情况下，如果私人部门对外资本净输出，境外官方持有的本币储备资产增加，意味着官方部门对外净负债增多，这将部分抵消私人部门资本输出的努力；如果私人部门对外资本净输入，境外官方持有的本币储备资产增加，则必然进一步推高本国官方外汇储备资产的积累，也就是官方渠道的外汇资产运用需进一步增加。这时，货币国际化就会给国际收支平衡增压而非减压，最终导致本币的国际化有违减轻对储备货币依赖的初衷。20世纪八九十年代，日元国际化的鼎盛时期，也正是其外汇储备快速积累的时期（见图6-1）。

经常账户顺差＝对外净债权增加＝资本账户逆差＝私人部门净资产＋官方部门净负债（境外官方持有本币储备资产增加形成的对外负债增加） （公式6.2）

经常账户顺差＝对外净债权增加＝资本账户逆差＝私人部门净负债＋官方部门净资产（境外官方持有本币储备资产增加，进一步推高官方外汇储备资产积累）

（公式6.3）

20世纪70年代初期，布雷顿森林体系崩溃以后，国际货币体系进入了牙买加体系时代。这是一个无体系的时代，黄金非货币化，固定汇率与浮动汇率均合法化。然而，牙买加体系依然没有消除“特里分难题”的魔咒。

2007年美国次贷危机本质上是一次国际收支危机。首先，次贷危机本质上是由次级贷款及其衍生品大规模违约，引发的债务危机。其次，美国次贷危机前后正是美国近年来经常账户赤字最大、新兴市场外汇储备积累较快的时期（见图6-1和图6-2）。而新兴市场积累了大量预防性的外汇储备，大举投资美国国债，压低了美国长期利率（形成长短期利率倒挂的“格林斯潘困惑”），助推了美国资产泡沫。最后，次贷危机正式宣告了“你买我商品、我买你国债”的国际经济双循环体系，也就是新布雷顿森林体系的瓦解。经常账户逆差国增加储蓄、减少赤字，经常账户顺差国增加消费、减少盈余，全球经济再平衡成为G20多次呼吁的、促进世界经济均衡、强劲增长的一剂良药。之所以这次债务危机不再伴随着美元的货币危机，主要是因为美国不用再像在“双挂钩”体系下那样，去捍卫某个固定的汇率水平。

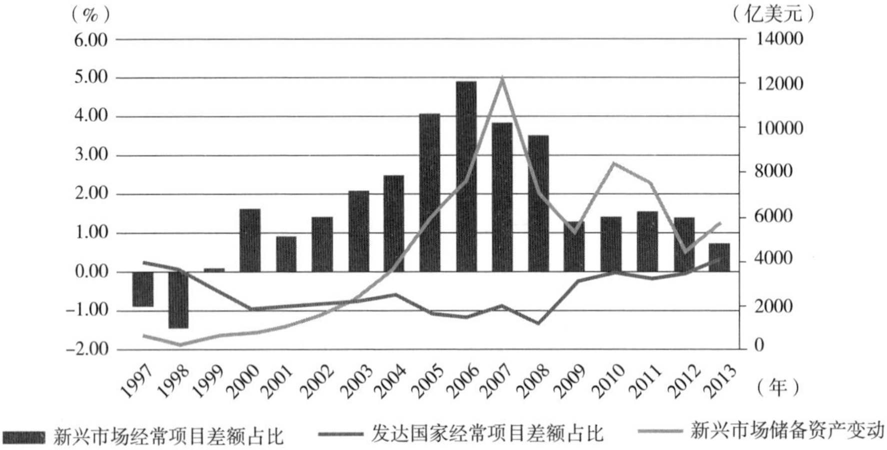


**图 6-2　发达国家和新兴市场经常账户收支与外汇储备资产变动情况**

资料来源：国际货币基金组织

## 三、超主权储备货币发展绕不开的 N － 1 问题

如前所述，对外负债仍是储备货币输出、国际清偿能力创造的主要渠道，这就存在国际收支平衡范畴的“N-1”问题。

所谓国际收支平衡范畴的“N-1”问题[①]，有跨境资本流动以及货物贸易或经常账户收支两个维度。跨境资本流动维度是指，如果一些国家要持有储备货币（即增加外汇储备），那么必须至少需要有一个资本净流入的其他国家作为储备货币发行国，也就是说增加对外负债，同时也就意味着这个国家必须是货

① 汇率政策领域也存在 N-1 的问题，即所有国家都可以选择汇率的升值或者贬值，而唯有关键货币（vehicle currency）发行国没有汇率水平选择的自由。正如只有看多边汇率，即各种形式的美元指数，才能判断美元汇率的强弱，而其他货币包括欧元、英镑、日元等，只要看它们对美元的双边汇率，就基本可以判断其汇率走势的强弱。

物贸易或者经常账户逆差。反之，储备货币持有国则是资本净流出，货物贸易或者经常账户顺差（见表 6–2 和表 6–3）。理论上，储备货币的持有（或外汇储备的增加）与储备货币的输出是一种镜像关系，即在全球范围内，N–1 个国家的外汇储备积累之和必然等于第 N 个国家的储备货币输出（即资本账户顺差）。如果没有一个这样的国家以对外负债的方式输出本币，那么任何国家都不可能积累外汇储备。

货物贸易或经常账户收支维度是指，如果一些国家要实现货物贸易或者经常账户收支顺差，那么至少需要一个其他国家货物贸易或者经常账户收支逆差。而这个逆差国的货币就有可能通过对外负债创造国际清偿能力，而成为主要储备货币。反之，顺差国可以官方外汇储备运用的方式，对冲货物贸易或者经常账户收支顺差。理论上，经常账户顺差与逆差也是一种镜像关系，即在全球范围内，N–1 个国家的经常账户顺差之和必然等于第 N 个国家的经常账户逆差。否则，如果没有一个这样的逆差国，则所有国家必然都是经常账户收支相抵，差额为零。长期以来，美国正是以经常账户持续逆差为代价，扮演着这样一个非常重要的、无可替代的世界最后消费者的角色。尽管这与前一个维度有所不同，却殊途同归，最后国际收支平衡结构均可以归于表 6–1 和表 6–2 显示的情形。

**表 6–3　储备货币持有国的国际收支平衡简表**

| | |
|---|---|
| 经常账户收支状况 | 正值，为顺差 |
| 资本项目收支状况 | 负值，为逆差 |
| 其中：非储备资产的资本项目收支状况 | 私人资本流动简化处理为零 |
| 储备资产变动情况 | 负值，为储备资产增加，官方对外投资增多 |
| 国际收支总差额 | 经常账户与资本项目差额相抵，为零 |

**表 6–4 储备货币发行国的国际收支平衡简表**

| | |
|---|---|
| 经常账户收支状况 | 负值，为逆差 |
| 资本项目收支状况 | 正值，为顺差 |
| 其中：非储备资产的资本项目收支状况 | 正值，为顺差。其中，境外持有的外汇储备增加，官方外来投资增多；私人资本流动简化处理，为零 |
| 储备资产变动情况 | 为零 |
| 国际收支总差额 | 经常账户与资本项目差额相抵，为零 |

再者，国际经济交易是一个经济利益中心（即居民）与另一个经济利益中心（即非居民）之间的经济往来。任何超主权储备货币制度的设计，相关金融机构都只能起到居间资金融通的作用，它既无义务也无能力直接承接这些主权之间的债权债务关系。所以，无论何种超主权储备货币制度，国际收支调节机制安排都是不能回避的问题。而从历史上人类超主权货币的两次伟大实践来看，均缺乏有效的、成功的国际收支调节机制。

第一次是实物本位下金本位制的实践。黄金扮演着天然的超主权储备货币的角色，其不是主权国家发行的却是超越主权国家使用的。金本位制下的国际收支调节机制是“黄金输送点”。

所谓黄金输送点，是指在金本位制下，汇率的上涨或下跌超过一定界限时，将引起黄金的输出或输入，从而起到自动调节汇率水平和贸易收支的作用。一是随着黄金输出量或输入量的增加，将减轻外汇市场供给和需求的压力，缩小汇率上下波动的幅度，并使其逐渐恢复或接近铸币平价，这样就起到了自动调节汇率的作用。二是黄金的输出输入还影响着贸易对手国的相对购买力。对于顺差国来讲，黄金输入意味着货币投放增多，通货膨胀、物价上升；对于逆差国来讲，黄金输出意味着货币投放减少，通货紧缩、物价下降。根据购买力平价理论，境内外相对购买力的变化，也将起到平衡贸易收支的作用。

20 世纪初，三大诱因导致金本位制土崩瓦解：一是黄金生产量的增长幅度远远低于商品生产增长的幅度，极大地削弱了金铸币流通的基础。二是到

1913 年年末，美、英、德、法、俄五国的黄金存储量已占世界的 2/3。黄金储量大部分为少数强国所掌握，削弱了其他国家金币流通的基础。三是第一次世界大战爆发，黄金被参战国集中用于购买军火，并停止自由输出和银行券兑现。金本位制崩溃造成了货币滥发、竞争性贬值、外汇管制、贸易管制等恶果，并最终促成了 20 世纪 40 年代美国主导的，以国际货币基金组织、世界银行、关贸总协定（世界贸易组织）为支柱的，基于规则的、合作的国际经济金融新秩序的建立。

第二次是信用本位下共同货币——欧元区的实践。欧元是当今重要的超主权储备货币，超越欧盟主权国家发行，在 19 个成员主权国家使用，是仅次于美元的第二大国际储备货币。Target Ⅱ 则是欧元区内一项重要的国际收支调节机制安排。

所谓 Target Ⅱ 是指“泛欧第二代实时全额自动清算系统”，即欧元区银行间支付系统。该系统由欧央行、成员国以及金融机构组成，通过环球同业银行金融电讯协会（SWIFT）网络组成统一清算平台，进行自动实时清算，以提高欧元支付效率与安全性，便利单一货币政策实施。Target Ⅱ 并非欧央行独立的货币政策操作系统，但因其特殊的运作机制，而成为欧元区经常账户逆差国弥补收支缺口的重要渠道。逆差国央行通过该机制向顺差国央行“再融资”，以其低利率、无期限与无额度限制的优势来弥补收支缺口。截至 2011 年 9 月末，希腊、爱尔兰、西班牙、葡萄牙和意大利五国央行通过 Target Ⅱ 向欧央行拆借了约 4700 亿欧元。2007 年年末，德国央行通过 Target Ⅱ 向欧央行提供了 200 多亿欧元贷款，2011 年年末升至 4633 亿欧元；2006 年以前，该项债权只占德国央行资产的 7%，2011 年年底占到了 55%，超过了欧洲稳定基金和其他援助计划的贷款规模。

梅勒和费里认为，欧债危机实质也是国际收支危机。通过 Target Ⅱ 的调节机制，希腊、西班牙等逆差国的经常账户逆差，就成为欧元区内如德国等顺差国的对外净债权。这种调节机制带来了以下风险和挑战：一是低成本、低痛苦的融资，将减轻逆差国调整的压力，助长道德风险；二是官方渠道的资本流入掩盖或挤出私人部门的资本流出，将延缓欧元区的经常账户调整；三是顺差国为逆差国的无条件融资，将增加逆差国的退出成本，加大欧元区的传染效应。

欧元区的国际收支危机也只有债务危机，却没有伴随着货币危机。一方面是因为南北欧的差异，导致资本从南欧流向北欧，未造成欧元的大幅贬值。只是在欧央行近期货币刺激较为明显后，欧元才整体出现较大幅度的调整。另一方面是因为欧元区内虽然是不可撤销的固定汇率安排，但欧元对外汇率自由浮动，也不存在固守某个汇率水平的义务，令索罗斯们再无机会像当年欧洲货币危机那样一战成名。

拟议中的各种超主权储备货币设计方案，大体都没有超出上述两种实物本位或者信用本位货币的范畴。而在国际收支调节机制安排上，无论是以逆差国单向调节为主的非对称调节，还是以顺逆差国双向调节为主的对称调节，均各有利弊。凯恩斯计划的一个鲜明特点，就是强调国际收支的对称调节机制安排。然而，正如特里芬所指出的，如果顺差国承担了如此广泛的关于积累班科（Bancor，凯恩斯国际货币单位）的义务，那么它就会受到通货膨胀的威胁，同时凯恩斯计划自动赋予了逆差国很大的借贷便利，这也会减轻它的调整压力。这不正是今天欧元区所面临欧债危机困境的真实写照吗？

## 四、主要结论

第一，超主权货币主导的国际货币体系可能只是理想目标，而不一定是现实选择。正如银行业发端于负债业务一样，经常账户逆差、对外负债创造国际清偿能力，也是超主权储备货币绕不开的坎儿。同时，这不仅涉及如何确定储备货币，还关乎如何设计国际收支调节机制的问题。无论是基于实物本位还是信用本位的人类实践，迄今为止均没有给出令人满意的答案。

第二，超主权储备货币不能主导但并非说其在未来国际货币体系中没有进一步的发展空间。正如既没有适合所有国家唯一的最优汇率制度安排，也没有适合一个国家任何时期的单一的最优汇率制度安排一样，国际储备货币体系可能也没有最优解。单极的或者多极的，实物本位或者信用本位、主权的或者超主权的国际储备货币体系均有利有弊。现有的超主权储备货币，包括SDR、黄金等，甚至不排除还可能创设新的超主权货币，与欧元一样都有可能成为多元化储备货币体系中的备选。甚至，基于前述N–1问题的思路，吸收顺差国的外汇储备资产转换为SDR，再借贷给逆差国以平衡国际收支，做大、做实SDR可替代账户，也可能值得尝试。当然，这并不意味着最终要用SDR可替代账户去完全取代美元。

第三，汇率制度选择也是国际货币体系构建的一项重要内容。随着货币可兑换和国际化程度的逐步提高，全球经济金融一体化日益加深，本币汇率形成的市场化至关重要。国际经验表明，采取固定或者僵化的汇率安排，会受到货币攻击。无论是大国还是小国，均概莫能外。虽然经济体量大、外汇储备多的经济体具有较强的抗风险能力，虽然20世纪六七十年代美国的经济总量、黄金储备量均居世界第一，但仍无法挽救美元危机，最终导致了布雷顿森林体系的瓦解。

第四，中国的现实选择，一要既稳步扩大人民币跨境使用，在多元化国际储备货币体系发展中占有一席之地；二要借人民币加入SDR货币篮子，提高参与国际货币体系改革的话语权；三要加快内部改革和调整，形成改革与开放双轮驱动，相辅相成、相得益彰。

## 第六节　货币国际化需要正确的理论指导

本轮国际金融危机爆发以来，以美元本位为特征的现行国际货币体系安排受到巨大冲击，国际货币体系多极化趋势进一步凸显。其中，越来越多的主权货币走向国际，成为全球“去美元化”浪潮中一道亮丽的风景。然而，对于货币国际化问题，有必要厘清一些似是而非的看法和认识。

## 一、货币国际化与国际收支平衡

减轻对美元的依赖是货币国际化的一个重要动机。然而，这一看法并非完全正确。如果本币用于对外贸易和投融资活动的计价结算，则确实可以帮助本国企业规避汇率风险，减轻对美元的依赖。但是，本币国际化并不意味着以美元资产为主的外汇储备资产可以少积累。因为后者事关一国的对外经济平衡，即国际收支平衡状况。

国际收支平衡与本币国际化本身是两个不同性质的概念。国际收支平衡是本国经济对内平衡状况在对外部门的反映。比如说，储蓄大于投资，国内有效需求不足，是经常账户顺差的主要原因；金融市场欠发达，导致对外资的过度依赖，则可能是资本账户顺差的重要原因。这些问题与用本币还是外币作为涉外经济交易的计价结算货币并无必然联系。正如，本币同样为国际化货币，日本长期经常账户顺差，美国却长期经常账户逆差；欧元为欧元区共同货币，德国长期经常账户盈余，西班牙、葡萄牙、意大利、希腊、爱尔兰等国却经常账户赤字。可见，用本币国际化来解决国际收支不平衡、外汇储备积累问题，是南辕北辙、缘木求鱼。反过来，把国际收支不平衡简单归咎于本币国际化的后果，并未能抓住问题的关键所在。

注意处理好本币国际化与促进国际收支平衡的关系。当年，美国通过“马歇尔计划”，用美元向被战争破坏的西欧国家提供官方经济援助，西欧国家再用援助的钱从美国进口商品。这种“资本项目美元输出、经常账户美元回流”的国际循环模式，在美国贸易持续盈余的情况下，契合了“经常账户顺差、资本账户逆差”的国际收支自主平衡格局，较好地兼顾了美元国际化和国际收支平衡两个目标。日本20世纪80年代实施的日元低息贷款的“黑字还流计划”，也有异曲同工之妙。但当时日本为谋求更高的国际地位和影响力，还采取了加快国内金融市场开放、放宽外资金融机构市场准入、支持欧洲日元离岸市场发展等措施，方便和鼓励非居民对日元资产的持有。这在很大程度上又进一步加大了资本流入的压力，抵消了日本以扩张性财政货币政策防止日元过度升值的努力，助长了资产泡沫。20世纪90年代后半期，伴随着日本经济陷入颓势，日元国际化水平一落千丈。大起大落、直上直下的日元国际化，也成为日本“金融战败”的苦果之一。

## 二、货币国际化与本币对外借债

新兴市场因为存在本币不可兑换和非国际化的“原罪”，饱尝货币危机与债务危机并发的国际收支“双重危机”之苦。由此得出本币国际化的另一个好处是，如果能够以本币对外举债，由于对本国企业不存在货币错配风险且本币供给无限，因此也就无债务危机之虞，那么对以本币对外借债也就不必限制。然而，是否产生国际收支危机层面的债务危机，与债务持有人结构有关，而与币种无关。

美元国际化是不可复制和推广的极为特殊的个案。本轮国际金融危机再次充分暴露了现行国际货币体系的不公平性和不合理性。危机肇始于美国，但美国却能够以近乎零成本地从国际市场融资，用于国内危机救助。借助美元是国际主要计价、结算货币，以及投资、储备货币的特殊地位，对内通胀和对外贬值成为美国转嫁危机的常用手段。美联储前主席格林斯潘甚至直言，美国永远不会债务违约，因为美联储可以无限量地印刷美钞。只是在美元债务名义本金不变的同时，其实际购买力还剩多少却是一个大大的问号。作为全球最大净债务人，美国对外净负债的增长不及经常账户逆差的积累，而作为世界最大净债权国，日本、德国、中国等国对外净资产增长却不及经常账户顺差的累积，其间差异成为一种于美国有利的国际财富转移的“暗物质”。这背后的奥妙之一在于，当美元贬值时，美国对外资产折美元出现增值，而美元对外负债的名义价值不变。这也正是美联储实施量化宽松货币政策肆无忌惮、进退自如的底气所在。而欧元作为仅次于美元的第二大国际主要货币，却远不能充分享受这份货币国际化的红利。希腊、西班牙等欧洲主权债务危机国家，仍需要以惩罚性的高利率到国际市场去筹资，同时还要实施代价高昂的紧缩性财政整固计划以赢得市场的信心。

欧洲主权债务危机表明债务持有人的构成关乎危机性质。根据国际通行的定义，“外债”是居民对非居民具有契约性偿还义务的债务，不论其是本币还是外币标价的负债。全球金融海啸以来，美国迅速摆脱了危机，欧洲却陷入了主权债务危机的泥潭。南欧国家爆发主权债务危机的主要原因是政府债务负担过重，达到 GDP 的 100% 多，远超过《马斯特里赫特条约》定下的 60% 以内的警戒标准。然而，日本政府的债务负担更重，达到 GDP 的 200% 多，居世界第一，然而日本却并没有爆发主权债务危机。其背后的主要逻辑就是，尽管二者的政府债务都是以本币计价，但南欧国家的主权债务有 60% 左右是非居民持有（美国该比例为 40% 多），属于“外债”；而日本的主权债务有 90% 以上是居民持有，却属于“内债”。正如美元作为传统避险资产，国际金融越是动荡，国际资本就越是流向美元资产，美国国债的国际信誉就越高、收益率就越低。日本的情形则是，虽然其政府债务负担很重，但在通货紧缩和日元低利率环境下，国内投资者缺乏其他更好的可替代的投资选择，政府债券长期居于市场投资组合的重要地位，日本政府也是债多不愁。而欧洲的情况却大相径庭，虽然国内债务人的本币外债不存在货币错配问题，但国内债务人减少本币外债是因境外债权人集中减持南欧国家欧元资产引起的，这就酿成了主权债务危机。当然，由于南北欧经济基本面的巨大差异，国际资本从南欧危机国家流出后流向北欧国家，德国国债收益率自危机以来屡创新低。所以，不同于新兴市场常见的国际收支危机，欧洲主权债务危机并没有伴随欧元的大幅贬值而造成货币危机。

## 三、货币国际化与本外币等价关系

从理论上讲，货币的主要功能包括价值尺度、交易媒介、支付手段、储藏功能等。货币国际化，就是相关货币功能的跨国界延伸。通常理解，外汇管理主要是管理外汇收支活动。但当本币国际化，开始行使世界货币的职能时，这种货币究竟应该视同本币还是外币监管。这不仅是一个理论问题，更是一个实践问题。

国际收支状况只与交易有关而与币种无关。国际收支是居民与非居民一切经济交易记录的总和，它并不区分是用外币还是用本币作为计价结算货币。只要是居民对非居民增加资产/负债，则不论是外币形式的对外资产/负债，还是本币形式的对外资产/负债，都会增加本国当期的资本流出/流入。因此，本币只要是采取“经常账户输出、资本项目回流”的国际循环模式，就会扩大本国对外负债，增加资本流入；只要是采取“经常账户回流、资本项目输出”的循环模式，就会扩大本国的对外资产，增加资本流出。同理，本币国际化越进入投资、储备货币的较高层次，也就意味着非居民持有的本币资产越多，本币国际化就会增加资本流入的压力。可见，任何其他货币要想扮演美元那样的主要国际储备货币的角色，必须具备“经常账户逆差、资本账户顺差”的国际收支结构这一前提条件。经常账户尤其是货物贸易顺差，是一些货币迈向更高台阶国际化的主要障碍。20世纪五六十年代，西德和日本一直比较抗拒对本币的国际化，就是担心马克和日元的国际化有可能影响出口的竞争力，进而减少贸易顺差。

跨境使用时本币与外币实际是等价关系。货币国际化通常以本币完全可兑换为条件。如果货币已经开始行使世界货币职能，而本国仍然保留金融外汇管制，则货币国际化必然会对本国的金融外汇管制造成冲击。因为对于同一种跨境交易，区别币种实行不同的监管政策，必然会造成诸多监管套利的机会。对此，管理上会防不胜防、堵不胜堵。例如，如果对外汇流入有限制，而对本币流入较少限制，则在境外将外汇换成本币后再流入境内，必然是市场主体的理性选择；反之，如果对外汇流出有限制，而对本币流出较少限制，则以本币形式流向境外再转换成外汇，就可轻松规避本国的外汇管制。从这个意义上讲，本币国际化意味着对外开放进一步扩大，资本管制难度进一步增加。如果本币国际化日新月异，而资本账户开放却想故步自封，二者之间必然形成目标冲突，并带来一系列的市场扭曲。

## 四、货币国际化与本币离岸市场发展

在国内金融市场发展滞后、本币不完全可兑换的情况下，支持境外本币离岸市场发展，也被认为是助推本币国际化的一个现实选择。通常认为，借助境外先进的金融基础设施，可以为本币国际化探索新途径、积累新经验；由于本币是在境外循环，可以减轻本币国际化对境内市场的影响和冲击。然而，上述愿望很美好，现实却很残酷。

离岸市场发展并非货币国际化的必要条件。虽然欧洲货币市场是当今最重要的国际金融市场之一，但在其20世纪50年代出现时，美元早已成为世界主要结算货币和储备货币，纽约也早已是国际金融中心。在此基础上产生的境外离岸美元市场和境内离岸美元市场（即国际银行设施，简称IBF），都是出于美国当时政治和经济战略的需要。应该说，离岸市场是美元国际化的结果而非工具。

离岸市场发展影响本土金融外汇管理的有效性。不同于美元国际化，20世纪80年代日元国际化大发展时期，日本采取了离岸市场发展优先的策略。1984年提出支持欧洲日元离岸市场发展的措施，1986年12月又建立东京日元离岸市场。据估计，日本国内武士债发行费用为欧洲日元债券发行费用的3倍左右。结果，日本企业为低成本融资纷纷在境外发行日元债，1996年欧洲日元债券市场年发行额约为武士债发行额的3.5倍，武士债市场面临被边缘化、空心化的风险。而建立东京离岸中心以后，大量日元资金从日本本土银行海外分行迂回回流境内信贷市场，导致国内信贷窗口指导失效，间接助推了国内经济泡沫的形成，最终泡沫破灭，日元国际化戛然而止、盛极而衰。事实上，20世纪60年代欧洲美元市场的蓬勃发展，本身也是东西方冷战背景下规避美国本土的资本管制和利率控制的重要产物，这倒逼20世纪70年代以来美国加快放松乃至取消金融外汇管制。

不能忽视离岸市场与在岸市场之间套利交易的冲击力。由于离岸市场与在岸市场在监管政策和市场价格方面的差异，不论是“两头在外”分割型的本币离岸市场，还是有限渗透型的离岸市场，都可能诱发活跃的跨市场套利交易。不能迷信管住了离岸市场向在岸市场渗透的渠道和规模，就能够控制这种套利活动。例如，为了规避金融外汇管制，一些新兴市场货币无本金交割的本币/外币衍生品交易（如无本金交割远期（NDF）、无本金交割期权（NDO）、无本金交割期货（ND Future））在离岸市场发展得风生水起、如火如荼。然而，即使这些不可交割本金的外汇交易不能向在岸市场平补外汇头寸，却照样可以通过价格信号作用和企业境内外关联交易安排，产生诸多无风险套利的机会，进而影响在岸市场的本币利率和汇率走势。而且，在岸市场限制越多，离岸市场就发展越快、本币的流动性就越好，反过来又进一步挑战在岸市场的本币利率和汇率定价权。

## 五、几点启示

应当高度重视货币国际化的理论与实践问题研究。坚持理论联系实际，首先要找到正确的理论，明确前进的方向和目标。只有正确的理论才能够指导正确的实践。总结日本“金融战败”的重要教训之一，就是在国力大幅提高、经济全面开放的情况下，日本方面的相关理论准备不足、经验研究不够，过于乐观、决策草率，最终导致了日本经济金融一蹶不振的严重后果。货币国际化虽然对于新兴市场、后进国家来讲是一件新鲜事物和全新试验，但国际上早有较为成熟的理论和丰富的实践，可以结合国情充分参考和借鉴，少走弯路。货币国际化是更高层次的金融开放，关乎国运，需要更加谨慎，更加注重开放的先后次序、配套条件甚至前提条件。1997 年泰国货币危机，就始于对冲基金在曼谷国际银行设施（BIBF）借泰国铢发起的货币攻击。1998 年亚洲金融危机期间，马来西亚就把关闭离岸市场林吉特的回流渠道作为外汇管制的一项重要措施。而迄今为止，新加坡和中国台湾还一直把限制非居民持有本币资产作为维护本土金融稳定、经济安全的重要制度屏障。

货币国际化应该坚持服务实体经济的原则。强势的经济造就强势的货币。

只有实现经济的可持续发展，才会有本币国际化的可持续发展。一旦经济出现问题，本币的国际化就会从哪来、回哪去，捧得越高、摔得越重。因此，在本币国际化过程中，要注意解决好经济内外均衡协调发展问题。虽然解决对外经济再平衡问题重点要从恢复对内经济入手，如理顺投资储蓄关系、提高金融配置效率等，但也要注意处理好本币国际化与促平衡的关系，本币国际化至少不应给促进国际收支平衡增加额外的负担。美元国际化的重要经验是，战后初期，美国是通过布雷顿森林体系下美元与黄金挂钩的安排，确立了美元的国际地位。20 世纪 70 年代初期，布雷顿森林体系瓦解，美元与黄金脱钩以后，美国又借两次石油危机建立了石油能源交易以美元计价结算的安排，通过美元与石油交易挂钩重新巩固了美元的国际地位，从而一举奠定了现行美元本位的国际货币体系安排的基础。而日元国际化的重要教训则是，尽管日本是大宗商品消费大国，但日元并非国际大宗商品交易的计价结算货币，因此，日本在进口中用日元计价结算的比重明显偏低，更不用说在第三方交易中使用日元了。由此可见，要使本币国际化走得更远、更扎实，创造出基于满足实际交易而非单纯财务管理需要的本币计价结算需求方为王道。

货币国际化应该坚持在岸市场发展优先原则。对外开放后，对内改革并不会自动到来。有开放、没改革，正是许多国际金融危机发生的前车之鉴。为此，要始终坚持扩大开放与深化改革整体推进。在扩大对外开放的过程中有效防范风险，加快国内金融市场发展，建立健全有深度和广度的金融市场体系，是应对跨境资本流动冲击的第一道防线。在货币国际化过程中，要想维护本土对于本币利率和汇率定价的主导权，最根本之策是放松金融外汇管制，加快在岸市场的发展。要坚持金融对内开放与对外开放并举，在条件许可的情况下，给予在岸市场的政策支持应该不低于离岸市场，甚至多数时期应该更高。另外，根据“合成谬误”理论，微观层面的个体理性并不意味着宏观层面的集体依然理性。或许，对于市场个体来讲，前述跨市场套利活动有利于降低交易成本、提高资源配置效率，似乎应该容忍甚至鼓励。但从市场总体来看，却加剧了跨境资本流动的顺周期性，有可能埋下系统性金融风险隐患，必要时应该从宏观审慎管理的角度进行逆周期调节。

货币国际化应该坚持加强本外币政策协调。如前所述，当一种货币行使世界货币职能时，本币与外币其实是等价的。如果一种跨境交易，本币放开了也就相当于外币放开了；反之，只管外币不管本币就相当于没管。从这个意义上讲，以保持国际收支平衡为目标的广义外汇管理，自然应该外延至本币计价结算的涉外经济交易，而不是狭义地仅仅管理外汇收支。为此，建立健全本外币全口径的跨境资本流动统计监测制度和体系是必不可少的。同时，为减少监管套利，还应该尽量减少本外币监管政策的差异，其中处理好货币国际化与可兑换的关系也是绕不开的主题。

# 第七章

# 风险是可以预见或预警的

在扩大开放的过程中，如何有效防范资本流入枯竭和资本流向逆转的资本流动冲击风险[①]是我们面临的重大课题。从国内外经验来看，资本流动冲击风险虽然不可预测但却可以预见。实际上，自2008年全球金融海啸尤其是美联储退出量化宽松货币政策以来，我们在预警资本流出风险方面已经积累了一定的经验，经受住了实践的检验。

## 第一节　我国跨境资本流出风险的总结与启示

2008年全球金融海啸之后，主要发达经济体纷纷实施非常规的货币政策，导致全球货币呈现出低利率、宽流动性的特点，因此新兴市场享受了一段时期的流动性过剩的盛宴，资本大量流入，外汇储备大幅增加。然而，随着美联储率先启动货币政策正常化进程，从逐步缩减购债到开始加息，部分新兴经济体受到一定冲击，我国是否存在跨境资本流出风险也备受关注。为此，我们总结了我国1998年以来（截至2013年第三季度）曾经发生过的跨境资本流出情况，以期从历史中探寻一些规律。

---

① 资本流动冲击还应该包括资本过度流入的冲击，它会造成经济过热、信贷膨胀、资产泡沫压力，一旦形势逆转，就有可能酿成国际收支危机。但基于以下两点考虑，我们并没有将其作为研究的对象：一方面，没有前期的过度流入就没有后期的集中流出，资本流入冲击最终会演变成资本流出冲击；另一方面，从理论上讲，央行可以无限地印发本币，以对冲资本流入带来的冲击，所以资本过度流入虽然会带来各种挑战，但通常不会造成危机。

## 一、我国曾出现过三种程度的跨境资本流出

从历史情况看，我国跨境资本流出既可能是整体的，也可能是局部的；既可能是持续时间较长的，也可能是短期阶段性的。1998~2013 年第三季度的国际收支季度数据显示，我国跨境资本流出主要表现为三种程度或三种层次（见图 7–1）。

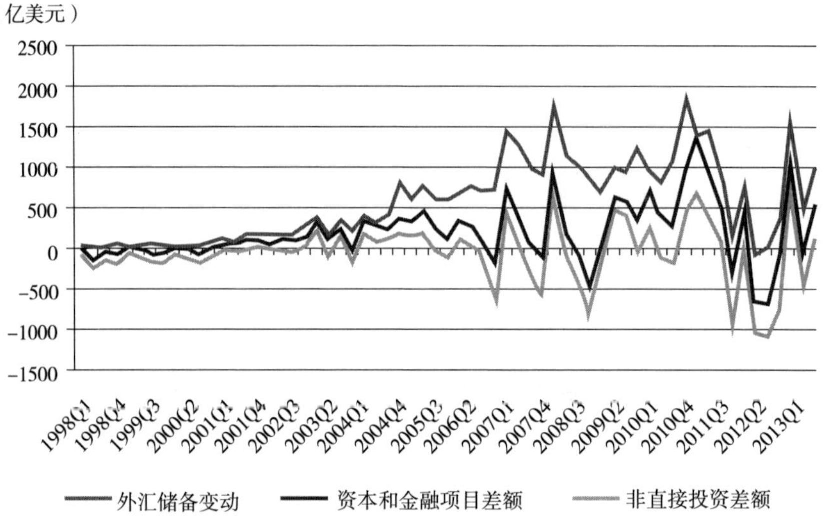


**图 7–1　不同层次的跨境资本流动**

资料来源：国家外汇管理局

一是以外汇储备下降为标志的整体流出，仅在两个特定时期出现过，持续时间较短。1998 年第二季度和 2012 年第二季度，我国外汇储备（不含汇率、价格等非交易价值变动，下同）分别下降 1 亿美元和 112 亿美元。

二是以资本和金融项目（含误差与遗漏，下同）逆差为标志的资本项目流出，主要在三个时期出现过。第一个时期是亚洲金融危机时的 1998~2000 年，三年里有 10 个季度为逆差；第二个时期是国际金融危机爆发时的 2008 年年底和 2009 年年初，持续了三个季度；第三个时期是欧美主权债务危机恶化后的 2011

年第四季度至2012年第三季度，其间，2012年还出现了多年来的首次年度逆差。

三是以证券投资、其他投资等非直接投资项目（含误差与遗漏，下同）逆差为标志的短期资本流出，相对比较频繁。1998年以来主要呈现三个阶段的特征：第一个阶段是1998~2002年，非直接投资项下资金基本表现为持续的流出；第二个阶段是2003~2007年，非直接投资逆差的季度占全部季度的40%；第三个阶段是2008~2013年前三季度，52%的季度呈现资金流出，并且双向波动更加明显。

## 二、资产外币化和债务去杠杆化是跨境资本流出的主要表现

多年来，我国经常账户保持顺差，直接投资也一直呈现净流入。非直接投资的资金流出规模及时间基本决定了我国跨境资本流出的程度和持续长短，并且表现为两大类（见图7–2）。

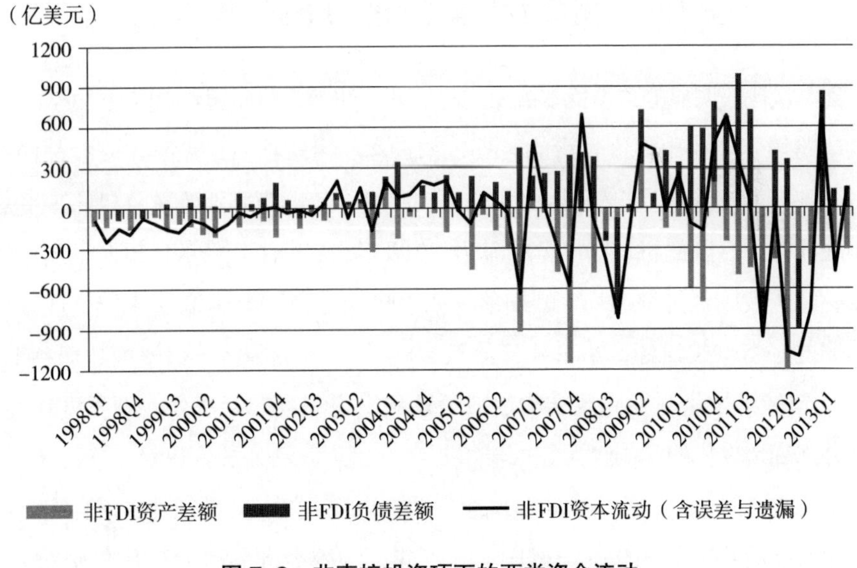


**图7–2 非直接投资项下的两类资金流动**

注：非FDI资产差额的正和负，分别代表我国对外非直接投资的净回流和净流出；非FDI负债差额的正和负，分别代表境外对我国非直接投资的净流入和净流出。

资料来源：国家外汇管理局

一类是资产流出，即境内主体（企业、个人等非央行的市场主体）的对外资产增多。此类资金流出比较普遍，在 1998 年至 2013 年第三季度共计 63 个季度里 81% 呈现流出，说明境内企业等主体持有外汇资产的实际需求一直存在。但在人民币双向波动或贬值预期下，境内主体增持外汇资产的意愿明显，往往使得资产流出规模扩大，当前主要表现为银行部门的对外存放拆放、贷款和债券投资等。一般是境内企业等主体增持外汇存款，由银行将其运用出去，在国际收支统计上表现为银行部门对外资产流出。

另一类是负债外流，主要表现为境内主体的对外债务去杠杆化。在市场环境发生变化、人民币存在贬值压力时才会体现出来，主要是在 1998~1999 年、2008 年下半年、2011 年年底至 2012 年这三个时期。在 1998 年至 2013 年第三季度的 63 个季度里，发生资金流出的季度占比为 24%。其中，企业部门对外贸易融资的下降是此类资金流出的重要表现。

## 三、历史上的跨境资本大量流出都具有顺周期特征

几次比较明显的跨境资本流出均起于外部冲击，并伴随着国内经济的下行。我国跨境资本流出程度较深的时期，如资本和金融项目逆差时，一般都伴随着外部环境的较大冲击（见图 7–3），包括 1998 年的东南亚金融危机、2008 年年底的国际金融危机、2011 年年底及 2012 年的欧美主权债务危机。上述危机发生时，我国经济增速均大幅回落，如 1998 年我国 9 年来首次未能实现年初提出的经济增长目标，2008 年年底至 2009 年年初的经济下滑速度超出预期，2012 年经济增速开始出现结构性放缓迹象，说明我国经济外向型程度较高，受外部环境变化的影响较大。

国内经济金融运行中的自身问题日益被市场关注。在外部冲击下，国内经济金融运行中的问题也逐渐暴露。2012 年，国内经济下行压力下的地方政府债务、房地产市场、民间借贷等问题曾被市场当作“看空中国”的风险点。甚至在 2012 年以后，反映外部市场波动情况的 VIX 指数已回落到欧美主权债务危机爆发前的较低水平，但我国国债 CDS 依然保持较高位置（见图 7–4），说

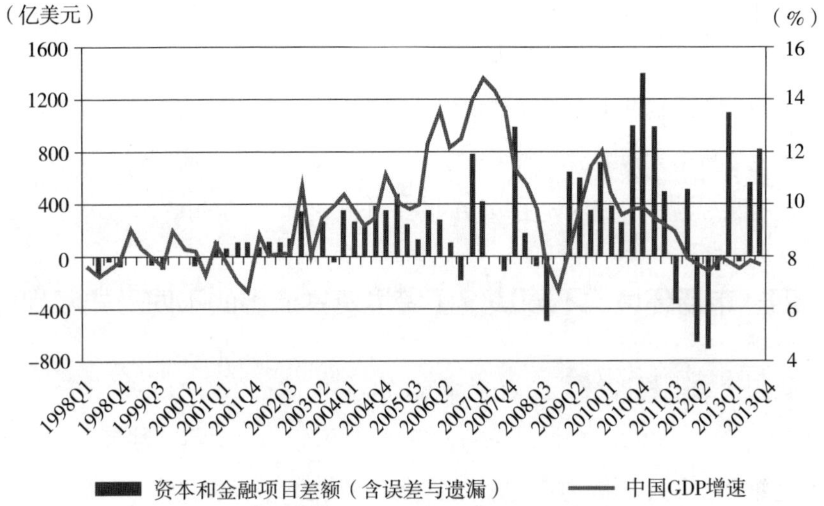


**图 7–3　中国 GDP 增速与资本项下资金流动**

注：1998 年、1999 年我国 GDP 没有单季同比增速，由季度累计增速代替。

资料来源：国家外汇管理局；国家统计局

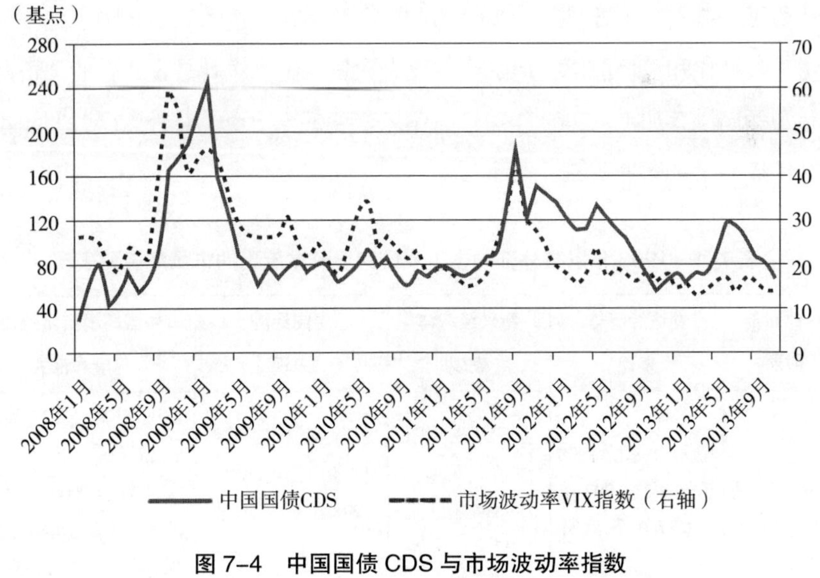


**图 7–4　中国国债 CDS 与市场波动率指数**

资料来源：彭博社

明在外部环境缓和的情况下，我国因经济下行压力、内部风险等因素而继续被市场看空。2013年年中以来，从美联储首次提出缩减QE到正式启动，新兴市场已经遭受了两轮冲击，并且表现出分化的走势，新兴经济体自身经济状况成为是否发生货币大幅贬值和资金大量外流的重要指标。在此情况下，我国经济金融运行状况与跨境资本流出风险的联系也将更加紧密。

## 四、市场环境的不同决定了跨境资本流出的不同形式和程度

我国历史上程度最深的资金流出，即外汇储备下降的1998年第二季度和2012年第二季度，非直接投资资产流出规模较高，负债方甚至表现为净流入。这两个时期具有非常相似的市场环境，即新兴市场和我国经济情况均不佳（1998年亚洲新兴市场是震源地，2012年年中开始新兴经济体普遍经济增长减速，我国均受到影响），而发达市场表现则相对较好或恢复稳定（1998年远离危机的中心，2012年年中欧美主权债务危机开始出现缓和迹象），国内居民持汇意愿增强，银行境外资产运用随之增多。之所以2008年国际金融危机时没有出现程度最深的流出，主要是因为当时的危机震源地在发达国家。我国虽然出现了债务去杠杆化和负债流出，但资产并没有大量流出。也就是说，企业“资产外币化”倾向没有加重，2009年第二、第三季度甚至出现了对外资产的回流（见表7–1）。

**表7–1　1998年以来外部冲击下我国跨境资本流出的市场环境和表现**

| 外部冲击时期 | 发达经济体表现 | 新兴经济体表现 | 中国经济表现 | 中国跨境资本流出程度和形式 |
|---|---|---|---|---|
| 1998年亚洲金融危机 | 相对平稳，1998年增速较1997年下降0.9个百分点。 | 亚洲新兴经济体是震源地，1998年增速较1997年下滑2.8个百分点。 | 受外部冲击和自身问题影响，1998年经济增速下降1.5个百分点至7.8个百分点。 | 1998年第二季度外汇储备下降。1998年第二季度至2000年第三季度资本和金融项目持续逆差。非FDI逆差中资产外流贡献82%。 |

（续表）

| 外部冲击时期 | 发达经济体表现 | 新兴经济体表现 | 中国经济表现 | 中国跨境资本流出程度和形式 |
|---|---|---|---|---|
| 2008 年国际金融危机 | 发达经济体是震源地。2008 年和 2009 年经济增速分别降至 0.1% 和 3.4%。 | 受外部冲击，2008年和2009年经济增速也出现下滑。 | 在外部冲击和经济刺激政策影响下，2008 年和 2009 年经济增速分别降至 9.6% 和 9.2%。 | 2008 年第三季度至 2009 年第一季度资本和金融项目持续逆差。非 FDI 逆差中资产外流贡献 17%。 |
| 2011 年 9 月至 2012 年从欧美主权债务危机到新兴经济体普遍减速 | 危机演变的震源地，但从 2012 年中起逐渐缓和。2012 年经济增速较 2011 年下降 0.2 个百分点。 | 受外部冲击，2012 年经济增速也有所下降，并且自当年下半年起其经济活动放缓开始受到各方关注。 | 受外部冲击和经济转型影响，2012 年第一季度起经济增速降至 7 个百分点，第二、三季度连续下滑至 7.6%、7.4%。此外，经常账户顺差与 GDP 之比大幅回落。 | 2012 年第二季度外汇储备下降。2011 年第四季度至 2012 年第四季度资本和金融项目呈现逆差（2012 年第一季度除外）。非 FDI 逆差中资产外流贡献 76%。 |

资料来源：笔者整理

## 五、主要结论

### （一）在外部环境出现震荡的情况下，我国跨境资本流动形势也会受到传染和影响

时至今日，我国经济的外向型特征更加明显，一方面体现在贸易渠道，我国进出口规模已稳居世界前列，对外贸易发展还会影响内部相关经济部门的生产经营，使得历次外部冲击都会导致我国经济增长放缓；另一方面体现在金融渠道，近年来外部流动性宽裕，境内主体对外投融资便利性不断提升、规模大幅增长。以中国香港为例，当地银行对境内非银行机构的债权规模由 2008 年年末的 1300 亿港币增长到 2013 年年末的 8000 多亿港币。在此情况下，美联

储缩减 QE 的累加影响以及部分新兴市场的大幅震荡，必然加大我国跨境资本流动的波动性。而且，跨境资本流出形式也表明，在发达市场稳定复苏的环境下，我国资本流出形式将不仅是对外债务去杠杆化，私人部门对外资产也会增多，一旦市场预期逆转，“资产外币化、债务去杠杆化”的合力可能会带来可观的流出规模。

**（二）跨境资本流出虽然体现在对外经济部门，但根本诱因在对内经济部门**

当跨境资本发生流出时，已经是在反映一种结果，其根本原因在于国内经济金融运行状况。从历史情况看，经济增长减速是我国跨境资本流出的第一大触发因素。经济合理增长虽不能说是“一俊遮百丑”，但在经济发展过程中的确更容易化解其他各类经济、金融以及社会问题。2012 年以前，我国经济增速低于 8% 的时期基本上都出现了资本和金融项目逆差。2013 年以来，随着市场对我国经济转型、主动减速的逐步认可，8% 以下的经济增速没有轻易招致看空中国的悲观情绪，但较低的增速和持续的下行还是很难被市场接受。未来一段时期，我国确立新的经济增长点仍是当前形势下面临的最大考验。目前，我国经济金融运行中还存在市场利率高企、地方政府债务、“影子银行”、房地产市场以及金融产品信用等问题，每一个方面出现实质性恶化都可能改变市场预期和跨境资本流动方向。

**（三）在现行资本管理框架下，管理顺周期的跨境资本流动的有效性降低**

虽然我国仍存在资本管制，但在历次外部冲击中都发生过跨境资本流出。如前所述，1998 年以来我国出现过三次较明显的资本和金融项目逆差时期，其中两次还导致了季度的外汇储备下降。而在此过程中，境内主体仅仅是通过外汇资产和负债的调整、财务运作的转换就实现了跨境资本大量流出，并不存在明显的违法违规行为。在顺周期的市场环境下，企业出现人民币贬值预期，主动或被动地加快偿还对外债务不可避免，而通过保留和持有外汇就可以促使银行加大对外资产的运用，而目前在此方面并无限制。2012年第二季度，我国经常账户顺差和直接投资顺差合计948亿美元，但非直接投资（含误差与遗漏）净流出一举突破1000亿美元，创历史新高，使得当季外汇储备下降。

## 第二节　预见主权债务危机冲击的开头和结尾

如前所述，2011年第四季度和2012年第二、第三季度，我国曾经出现了以国际收支口径资本和金融账户（含净误差与遗漏）逆差为特征的资本流出冲击。实际上，2011年前三个季度，我国还面临较大的资本流入和人民币升值压力，剔除估值影响后的外汇储备资产增加3731亿美元，同比增长30%。然而，当年7月美国债务上限谈判涉险过关，8月初美债降级又起波澜，同时欧洲债务危机则正由希腊等边缘国家向中心国家蔓延，始于2008年的国际金融危机正在演变为主权债务危机。当时，许多人认为中国经济一枝独秀，需要应对更大规模的热钱流入、人民币汇率加速升值的挑战。而我们9月就对于发达国家主权债务危机对我国跨境资本流动的影响进行了评估，提示要警惕短期内出现资本流出。年底，又神奇般地预测到了这个"故事"的结尾。

### 一、以史为鉴

1994年是我国涉外经济发展的一个重要分水岭。1994年起，人民币逐渐由弱势货币转为新兴世界强势货币，我国国际收支的主要矛盾也逐渐由外汇短缺转为贸易顺差过大、外汇储备增长过快。截至2011年6月底，人民币兑美元汇率较1994年年初累计升值34%，名义有效汇率和实际有效汇率升值33%和54%，升值幅度在国际清算银行监测的58个成员中分别排名第13位和第10位。1994年以来，除1998年外，我国国际收支持续经常账户、资本和金融项目"双顺差"，到2011年6月底国家外汇储备余额达3.2万亿美元，较1993

年年底增加 150 倍，相当于排名世界第二的日本外汇储备规模的近 3 倍。然而，就在这样一个大趋势中，我国跨境资本流动形势也曾出现了两次较大的波动，分别与亚洲金融危机和此次国际金融危机有关（见图 7-5）。

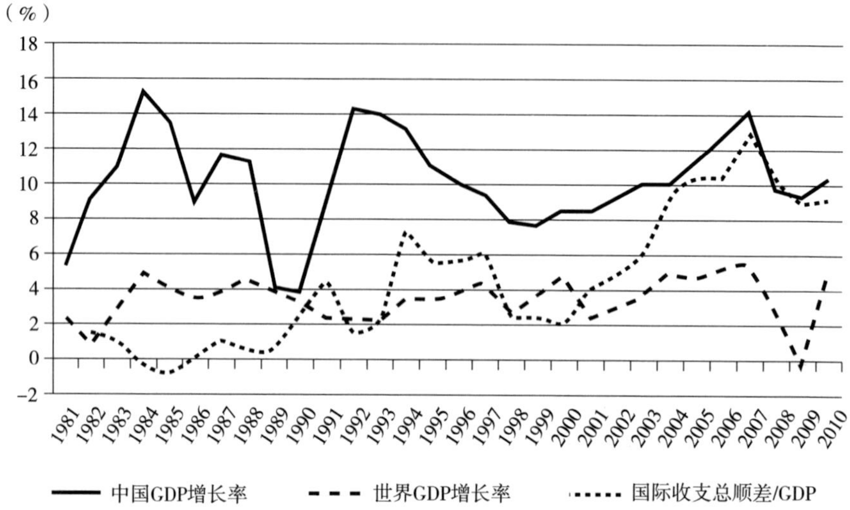


**图 7-5　中国与世界 GDP 增长及中国国际收支顺差状况**

注：阴影部分为我国跨境资本流动的近两次调整期。

资料来源：国际货币基金组织；国家统计局；国家外汇管理局

一次是 1998~2001 年的亚洲金融危机期间。亚洲是危机震源地，我国被归类为亚洲新兴市场经济体而受到冲击，多国货币竞争性贬值，我国 1994 年汇改以来人民币汇率稳中趋升、外汇储备大幅增长的趋势突然中断，1998 年上半年一度出现贸易顺差而结售汇逆差（即所谓贸易“顺差逆收”或者“顺差不顺收”），人民币也出现持续的、较强的贬值预期。另一次是 2008 年 9 月美国次贷危机演变成为全球金融海啸（以雷曼公司破产和“两房”被接管为标志）至 2009 年年初。美国等发达经济体是震源地，我国金融机构受到的影响不大但经济运行同样受到冲击，2008 年第四季度和 2009 年第一季度由于市场避险情绪上升，境外机构去杠杆化操作增多，资金流出压力加大，人民币汇率也一度出现贬值预期（见表 7–2）。

**表 7–2 我国跨境资本流动近两次波动时的主要指标表现**

| | 1998~2001 年 | 2008 年第四季度至 2009 年第一季度 |
|---|---|---|
| 宏观经济 | 1998 年和 1999 年我国 GDP 分别增长 7.8% 和 7.6%，低于“九五”计划制定时 8% 的平均增长目标。 | 2008 年第四季度和 2009 年第一季度 GDP 分别增长 7.6% 和 6.6%，而此前连续保持了五年的两位数增长。 |
| 汇率预期 | 境外无本金交割远期市场（NDF）预期人民币兑美元贬值。 | 境外市场（NDF）预期的人民币兑美元汇率由升值转为贬值。 |
| 外贸出口 | 1998 年和 1999 年出口仅增长 0.5% 和 6.1%。 | 2008 年出口增速开始下滑，2009 年出口下降 16%。 |
| 直接投资 | 国际收支数据显示，1998~2000 年外商直接投资净流入连续负增长。外资企业撤资和利润汇出增加。 | 国际收支数据显示，2009 年外商直接投资净流入下降 35%。外资企业撤资和利润汇出增加。 |
| 短期资金 | 短期套利资金（主要为证券投资和其他投资）呈净流出态势。货物贸易结售汇顺收小于进出口顺差。 | 短期套利资金呈现净流出。货物贸易结售汇顺收出现小于进出口顺差现象。 |
| 外汇储备 | 1998~2001 年外汇储备增加额基本退回到了 5 年前的水平。 | 2009 年第一季度外汇储备增加 658 亿美元（剔除汇率、资产价格变动等估值因素），是近年季度最低值。 |

资料来源：笔者整理

回顾上述两次经历，我们可以得出以下几点结论：一是世界经济不好时中国经济不可能独好，外部冲击对于我国跨境资本流动有着重大影响，而汇率预期的变化能够较好地反映外汇市场的压力（见图 7–6）；二是我国直接投资净流入格局比较稳定，但证券投资和其他投资项下（我国资本项目尚未完全开放，主要表现为与贸易相关的融资交易，见图 7–7 和图 7–8）顺逆差转化较快，在全球投资风险偏好下降时，较易出现资本流向逆转；三是由于缺乏可投资的渠道和产品，目前人民币只是趋利资产而非避险资产，市场投资风险偏好高时资本流入，反之则流出。

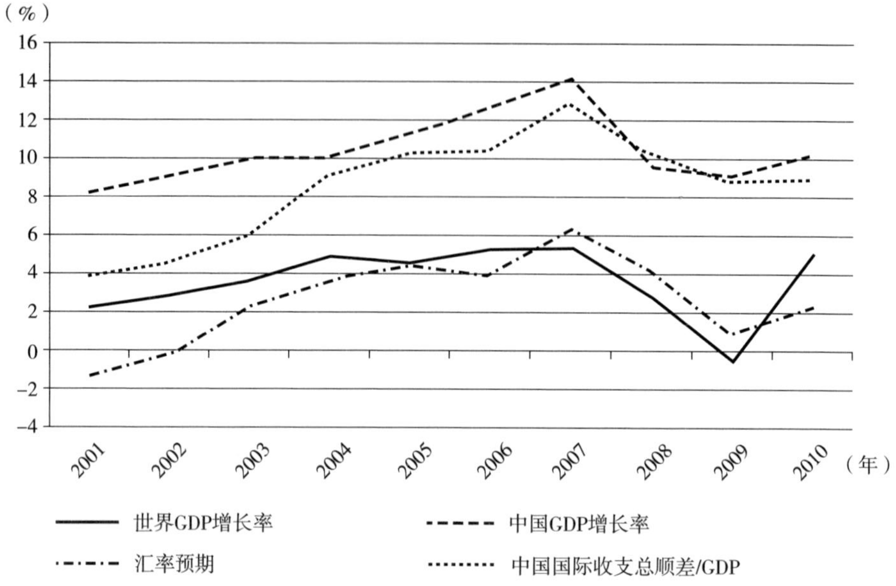


**图 7–6　2001 年以来世界和中国经济增长、汇率预期及资本流动**

注：汇率预期为境外 NDF 市场预期的一年期人民币兑美元汇率。

资料来源：国家统计局；国家外汇管理局；路透社

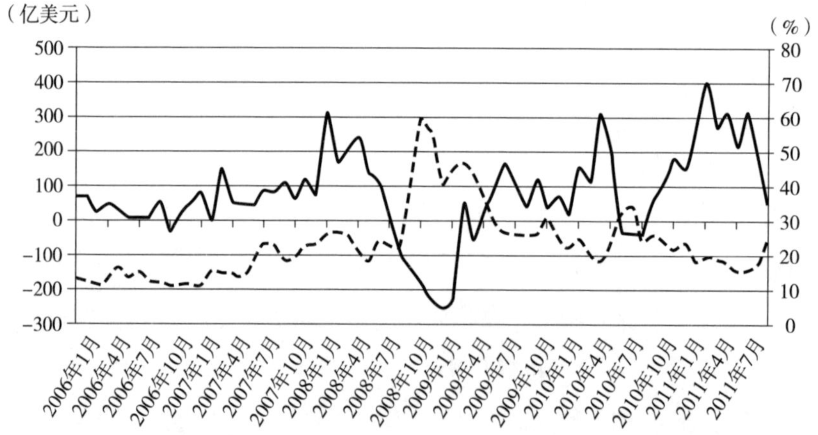


**图 7–7　中国短期套利资金流动与国际金融市场避险情绪变动**

注：阴影部分为 2006 年以来我国套利资金流出期。我国套利资金主要是与贸易相关的各种融资资金，由贸易结售汇顺差与进出口顺差差距代表。VIX 指数是市场波动率指标，数值越大，说明国际市场避险情绪越高。

资料来源：国家外汇管理局；路透社

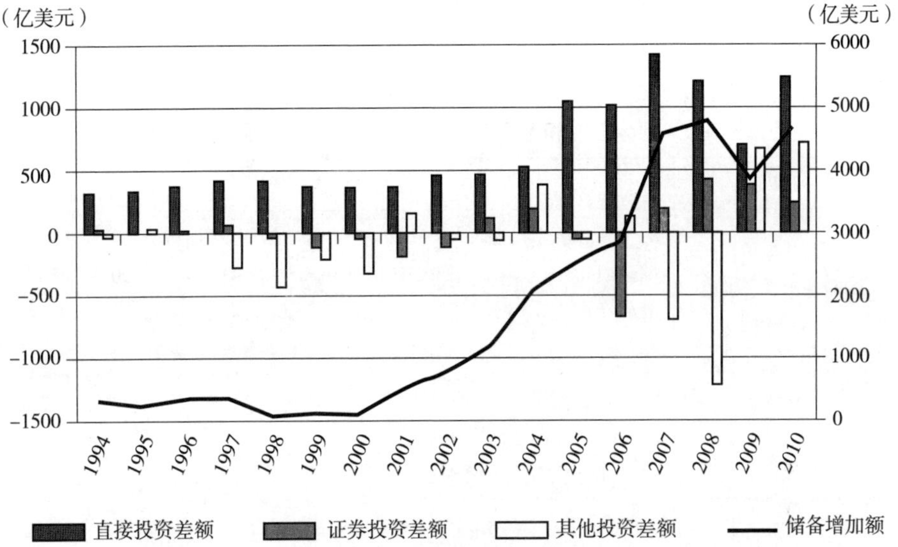


**图 7–8　中国直接投资、证券投资和其他差额情况及储备增加额**

注：储备增加额是指交易导致的外汇储备变动（剔除汇率、资产价格变动等估值因素）。

资料来源：国家外汇管理局

## 二、前景展望

综上所述，本轮危机最严重时，我国也曾出现跨境资本集中流出的压力。但这种状况持续的时间较短，2009 年 4 月以后即迅速恢复大幅净流入的势头。这主要是因为世界经济在大规模刺激政策下较快企稳（而亚洲金融危机期间，危机国主要采取了紧缩性的宏观政策，使其危机持续时间较长且经济复苏较晚），带动全球投资风险偏好迅速回升，主要发达国家实施宽松货币政策释放的流动性大量流入包括中国在内的经济复苏势头较为强劲的新兴市场。

然而，从欧美主权债务危机发展趋势看，2008 年的金融危机已经演变成债务危机，显示危机正进入第二阶段。2011 年年中，许多机构和专家纷纷预测，美国和世界经济二次探底风险上升，将延续 2008 年的金融危机（见表 7–3）。

2011年8月31日，巴西为应付世界经济可能放缓的概率提升，7个月来首次下调利率。

**表7–3 部分机构和专家对全球经济发展趋势的预测和看法**

| 机构或专家 | 主要内容 |
| --- | --- |
| 国际货币基金组织 | 8月29日表示将在下月公布的《全球经济展望》中把2011年全球经济增速由4.3%下调至4.2%，2012年由4.5%下调至4.3%；2011年美国经济增速由2.5%下调至1.6%，2012年由2.7%下调至2.0%；2011年欧元区经济增速由2.0%修正至1.9%，2012年由1.7%削减至1.4%。 |
| 美联储 | 8月30日公布的当月货币政策决策例会纪要显示，美联储认为最近一轮美国经济衰退比原先预计的程度要深，截至今年第二季度美国实际GDP还没有恢复到本轮经济衰退以前的水平。 |
| 美国白宫管理和预算局 | 9月1日发布报告称，今年上半年美国经济仅增长0.7%，是自2009年6月美国本轮经济衰退以来增长速度最低的半年。2011年美国经济增幅将为1.7%，2012年美国失业率仍将维持在9%。 |
| 部分诺贝尔经济学奖获得者 | 8月24日第四届诺贝尔经济学奖得主大会在德国召开，斯蒂格利茨、戴蒙德、莫里斯等多位诺贝尔经济学奖获得者表示欧美经济陷入长期停滞的可能性很大。 |
| 高盛集团 | 8月19日再度下调美国经济增长预期，认为美国经济复苏动能不断丧失，将美国2011年GDP增长预期由1.8%降至1.7%，2012年由3.0%降至2.1%，并预计美国经济衰退概率为33%。 |
| “末日博士”鲁比尼 | 8月8日称美国经济存在50%的衰退概率，预计2011年全年GDP增长仅为2%。8月31日又称美国经济已濒临衰退边缘。 |
| 《金融时报》马丁·沃尔夫 | 8月30日称目前发达国家经济不是有没有二次探底，而是第一次探底还没有结束。 |
| 摩根士丹利斯蒂芬·罗奇 | 8月10日表示全球二次衰退概率已达50%。 |

资料来源：笔者整理

我们也基本认同以上观点，主要理由有以下几点：一是政府后续财政刺激政策的力度有限，前期推动世界经济复苏的动力减弱。欧美主要债务危机引发了市场对财政可持续性的担忧，美国政府也面临战后以来最大的信誉危机（见图 7–9）。欧元区国家为恢复市场信心，已纷纷加强财政整顿并转向紧缩。美债上限谈判也提出了分步骤的财政紧缩计划，美债降级更给美国实施凯恩斯主义救市上了一道紧箍咒。二是发达国家货币政策持续宽松已成定局，欧央行有可能步美国、日本之后尘实行量化宽松政策。但从日本十多年的实践和美国过去两轮量化宽松政策的效果看，其刺激经济的作用有限，尤其在缺乏财政政策配合的情况下更会大打折扣。而且，欧美通货膨胀都有所抬头，货币刺激过度有可能造成滞胀。三是美国经济面临的问题是 2008 年危机的延续而非新的危机。美国失业率高企和房价继续下跌，经济仍陷于流动性陷阱中，家庭和银行部门均在修补资产负债表（见图 7–10），低利率不能有效刺激投资和消费。四是欧元区统一的货币政策、分散的财政政策，进一步加大了欧债危机解决的难度，全球金融市场有可能反复受到冲击。

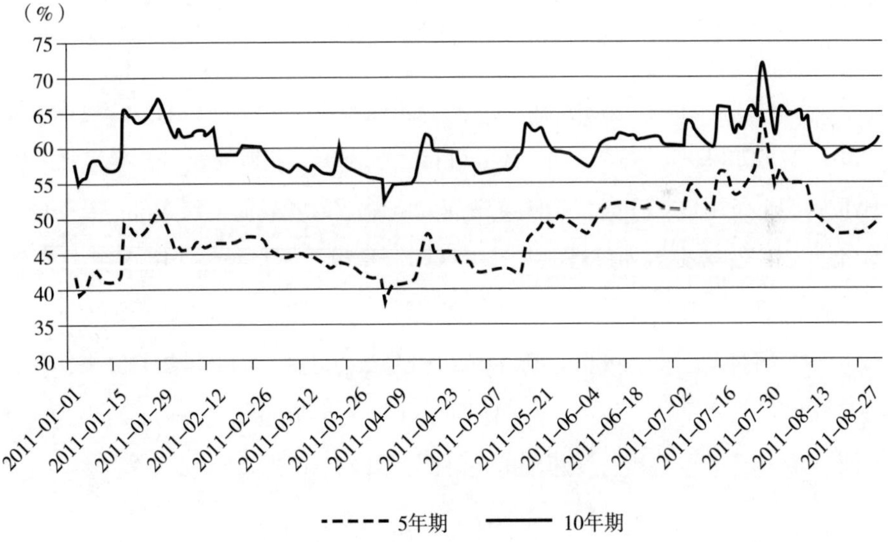


图 7–9　2011 年以来美国国债 CDS 变动

注：美国国债 CDS 为其信用违约掉期报价。

资料来源：路透社

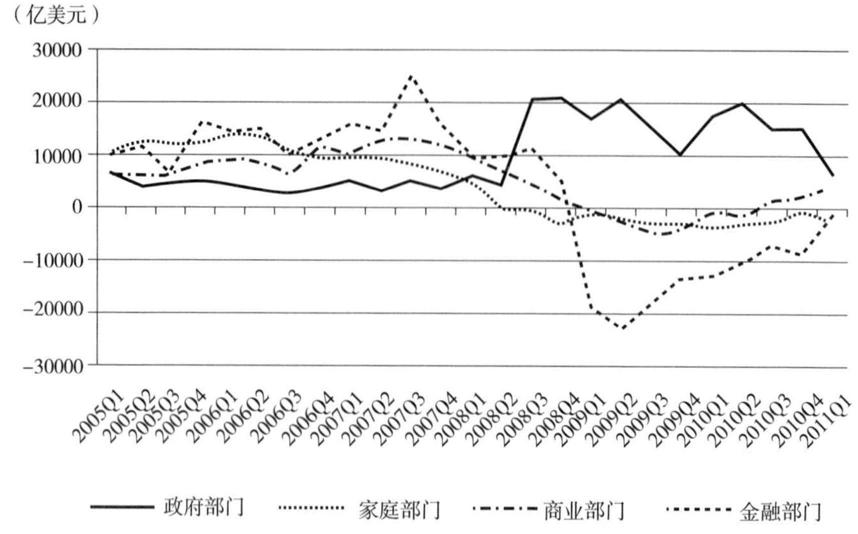


**图 7–10 美国国内各部门负债流量数据（去杠杆化进程）**

资料来源：环亚经济数据库

在上述外部环境下，我们对我国跨境资本流动的未来前景有以下几个基本判断：一是如果世界经济长期低迷，外部需求不振，我国经常账户顺差占 GDP 比重有望继续下降。二是发达国家政府经济刺激力度减弱，私人部门有可能变卖海外资产、减少海外投资。三是发达国家货币政策宽松，人民币利率高企，但金融危机后遗症持续发酵，全球投资风险厌恶情绪上升，人民币汇率预期波动加大，将抑制套利交易。实际上，2010 年 5~7 月和 2011 年 7 月以来，我国受欧美债务危机冲击的影响，均出现了外汇收支形势的剧烈波动，表现为贸易顺收重新小于顺差或银行结售汇顺差环比下降。

## 三、情景分析

在欧美债务危机导致世界经济增长放缓的背景下，其对我国跨境资本流动的长期影响可能有三种情形。

情形一：流入压力加大。前提是中国经济不受世界经济增长放缓影响而一枝独秀（中国各季度经济增长均维持在9%以上）。但从前两次的经验看，我国经济并未与世界经济脱钩，反而因为快速融入经济金融全球化而更易受到外部冲击。所以此情形发生的概率较低，约为10%。

情形二：维持净流入格局但略有下降。前提是世界经济增长放缓但未演变成二次衰退。在此情况下，我国经济增长速度放慢（各季度经济增长维持在8%~9%），跨境资本总体呈净流入格局。但由于世界经济增速放缓、国际金融动荡加剧，使得全球投资风险偏好下降，会降低国际资本流动的活跃度，增加海外融资的成本和难度，甚至不排除因母国资金短缺、资本加速回流发达国家。同时，在不确定的环境下，投资者承担长期投资风险的意愿降低，而我国缺乏吸收短期资本流入的渠道和工具。另外，从贸易顺收顺差背离的历史变化看，贸易融资是当前我国短期套利行为的主力，而我国进出口增长趋缓也会减少这方面的套利需求。我们认为，此情形发生的概率较高，约为70%。尽管如此，如果外部环境不是过于动荡，我国跨境资本净流入的规模有可能仍会维持在较高水平。

情形三：资本流动逆转。前提是世界经济出现二次衰退，我国经济也会遭受严重冲击（季度经济增长速度降至8%以下）。在此情况下，国际资本将大量回流母国，我国短期套利资本流向出现逆转。我们认为此情形发生的概率为中等，约为20%（高盛预测美国经济二次探底的概率为33%）。

## 四、圆满收场

确如预言的那样，自2011年9月底以来，受欧美主权债务危机的影响，我国跨境资本集中流出，央行出现净卖出外汇。当年年底，我们又再次预测，预计当前外汇形势可能延续至2012年年中，并特别预测了跨境贸易融资去杠杆化的情景。

在预测中，我们提出，主权债务危机引起的一些欧美机构变现境外资产、补充资本等行为，将继续加大我国企业境外融资难度。同时，部分看空中国的市场力量和美元流动性趋紧局面，还会在短期内共同导致人民币汇率预期分化。因此，预计今后几个月我国企业仍将延续债务去杠杆化进程。

本次国际金融危机爆发初期，2008 年第四季度至 2009 年第一季度的半年内，我国境内外汇贷款余额、贸易信贷负债余额和表外贸易融资余额分别回调了 16%、45% 和 51%，合计减少约 1400 亿美元。照此推算，本轮债务去美元化，我国企业在贸易融资方面可能面临约 2900 亿美元的偿还压力。考虑到欧债危机的冲击可能小于 2008 年，未来我国偿债压力大概有 1000 亿 ~1500 亿美元的规模。据估算，2011 年 10~11 月我国贸易融资净流出月均 120 亿美元左右，照此速度，集中偿债有可能持续 8~13 个月，也就是到 2012 年 5~10 月。

结果是，从 2012 年 10 月起，我国资本回流，贸易结售汇顺差大于海关进出口顺差（见图 7–11）。我们猜中了整个“故事”的开头与结尾!

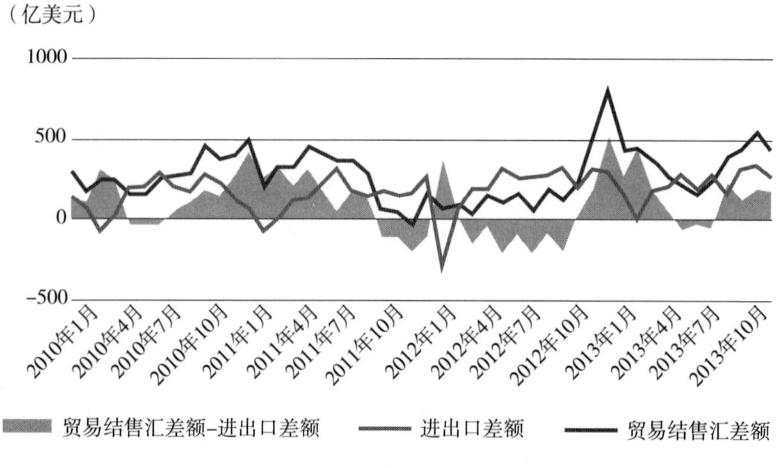


**图 7–11 2010~2013 年中国贸易顺收与顺差的背离**

资料来源：国家外汇管理局；海关总署

# 第三节　面对主权债务危机冲击处乱不惊

## 一、主要背景

2011 年年底，境内外汇市场出现了如我们所预见的变化。当年第四季度，国际收支口径的资本与金融项目逆差达到 293 亿美元，上次季度资本与金融项目逆差为 2008 年第四季度；剔除估值影响的外汇储备资产增加 117 亿美元，较上季度减少 87%（见图 7-12）。12 月上中旬银行间市场人民币对美元交易汇率连续多日触及跌停，为 1994 年汇改以来首现。

2012 年，我国跨境资本流动继续延续了这种发展趋势，第一季度跨境资本回流，但第二、第三季度资本重新净流出，第四季度起资本又重新回流，全年资本与金融项目逆差 318 亿美元，2011 年为顺差 2655 亿美元，剔除估值影响的外汇储备资产增加 932 亿美元，较 2011 年减少 76%（见图 7-12）。当时，坊间关于外资集中撤离的传闻一度甚嚣尘上，甚至有人预期欧债危机恶化、资本回流美国、日本引爆危机可能同时发生。

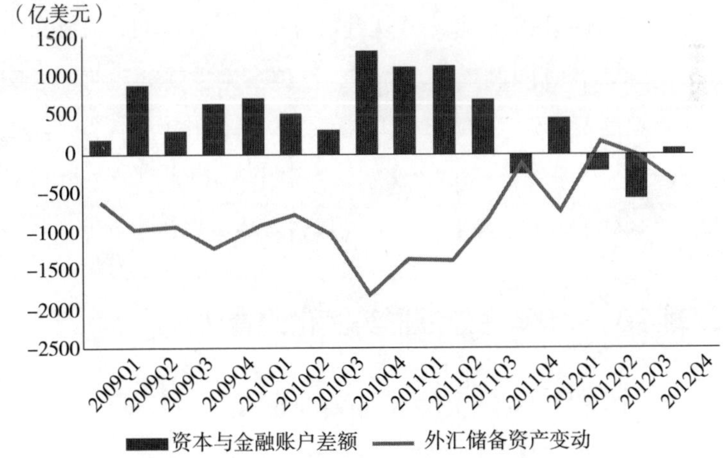


**图 7-12　跨境资本流动和外汇储备资产变动情况**

资料来源：国家外汇管理局

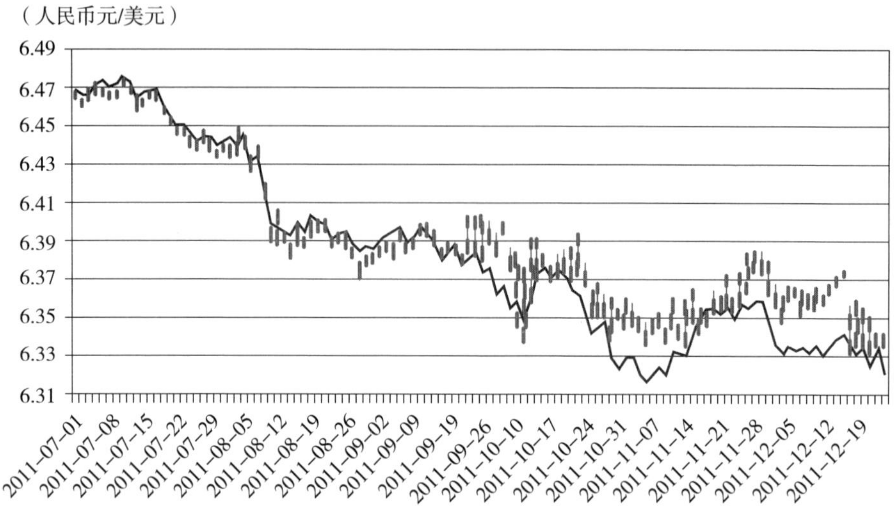


**图 7-13　人民币兑美元汇率中间价、最高和最低价及其价差**

注：曲线为人民币兑美元汇率中间价，柱状图代表每日交易最高价、最低价及其价差。

资料来源：路透社

管还是不管，这是个问题。然而，纵观 2011 年年底至 2012 年全年，除了 2012 年 4 月配合将银行间市场人民币兑美元汇率浮动区间扩大，取消了 2010 年 11 月引入的银行结售汇综合头寸现金收付制下限管理的政策外，当局并没有对资本流出采取任何限制措施。而且，这项措施主要针对前期远期结汇较多、限制银行提前卖出外汇的政策。取消后，只是便利了银行办理远期结汇业务，增加了跨境资本流入。面对跨境资本净流出，我们之所以能够保持镇定，就在于利用高频外汇收支数据，实时对跨境资本流动形势跟进评估和预判。

## 二、对 2011 年年底外汇形势变化的看法

（一）怎么了：市场与政策因素共同作用的结果。

从市场因素看：一是全球避险动机增强。自 2011 年 7 月底以来，在欧美债务危机反复冲击、国际金融市场持续动荡的情况下，全球投资风险偏好下降，资本大量撤出包括中国在内的新兴市场，流向美元等安全资产。二是跨境套利

行为反向。经济和出口增长减速、地方政府融资平台、民间借贷、房地产调控等因素被市场做空人民币的力量集中宣泄，9 月底以来境内外人民币汇率出现倒挂。由此，我国境内企业的套利行为由先前境内结汇、境外购汇转为境内购汇、境外结汇，人民币跨境收付也由前期净流出转为净流入。三是美元套利交易平仓。由于母国资金吃紧，欧美机构和企业纷纷变现境外资产，市场流动性趋紧。衡量市场流动性的泰德利差（即三月期 LIBOR 美元利率与同档美国国债收益率之差）11 月末达到 50 多个基点，较 10 月末和年初分别上升 10 个和 30 多个基点，以致 11 月 30 日六国央行联手通过货币互换安排向金融市场注入美元（见图 7–14）。在此情形下，我国企业加速对外偿还债务，9~11 月境内企业贸易项下跨境收支顺差小于海关进出口顺差累计为 277 亿美元，而前 8 个月为顺收大于顺差累计达 458 亿美元（见图 7–15）。10~11 月企业等主体跨境支出中约 66% 来自银行购汇，较 1~9 月平均水平上升 10 个百分点，显示市场购汇意愿增强（同期结汇意愿回落 9 个百分点）。

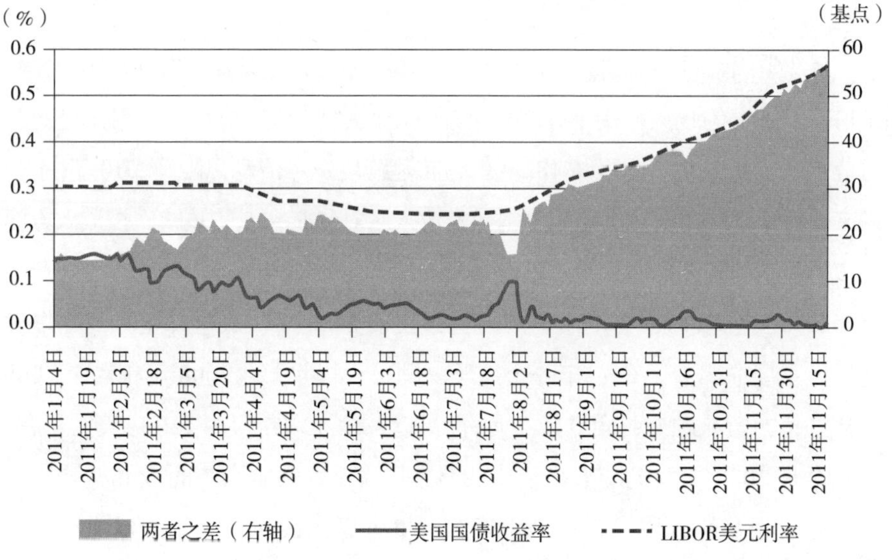


**图 7–14　3 月期美国国债收益率和伦敦同业拆借市场美元利率**

注：两者之差称为泰德利差（TED Spread），反映市场流动性情况，差距越大说明市场流动性越紧张。

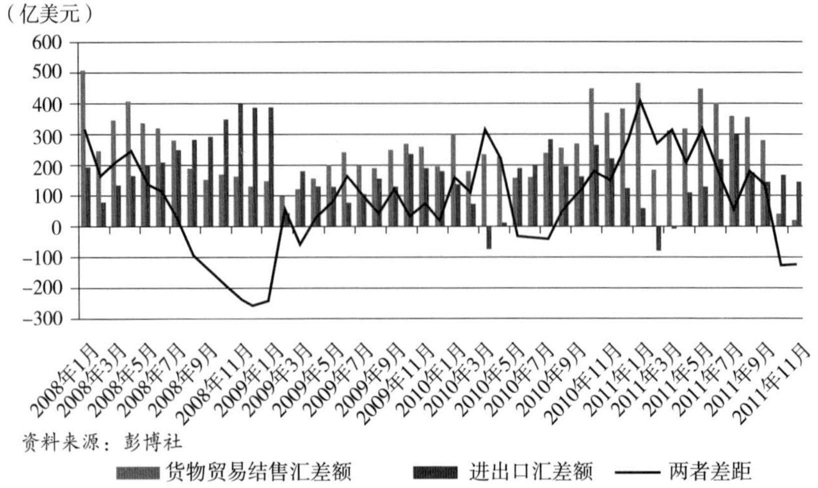


**图 7–15　货物贸易结售汇差额、进出口差额及两者差距**

注：两者差距为货物贸易结售汇差额减去进出口差额。

资料来源：国家外汇管理局；海关总署

从政策因素看，前期减顺差促平衡的调控和监管政策开始发挥作用。在稳出口、扩进口的政策作用下，2011 年前 11 个月我国进口增速高于出口 5.3 个百分点，贸易顺差同比下降 18.2%。为防范跨境资本流动风险，2010 年 11 月以来外汇管理局两次启动跨境资本异常流入应对预案，在防热钱、控流入方面采取了一系列政策措施，并对银行企业收结汇业务加大了外汇查处力度。

2011 年年底以来外汇市场震荡看似大于 2008 年年底全球金融海啸爆发之时，主要原因有三个：第一个是贸易顺差大幅收窄，2008 年年底至 2009 年年初每月贸易顺差约 400 亿美元，而最近几个月顺差仅为 150 亿美元左右；第二个是 2008 年危机以来在全球低利率环境下，我国境内企业和机构负债美元化进程加快，境内银行外币贷存比屡创新高，现在开始大量回补美元空头；第三个是 2010 年以来离岸人民币市场的快速发展，加剧了顺周期性的跨境资本流动冲击，以前持续净流出替代购汇，现在转为净流入替代结汇了。

（二）怎么看：形势变化总体利大于弊。

一是去向可辨。首先，中国面临资本流出和人民币贬值压力，是国际金融危机向主权债务危机演变的大背景下，新兴市场国家普遍出现的情况。如巴西雷亚尔、墨西哥比索、泰国铢等前期较为强势的新兴市场货币，2014 年 9 月以来已从升值转为全年贬值。其次，我国外汇净流入下降主要与实体经济活动有关，10~11 月银行代客结售汇顺差同比下降 98%，其中贸易项下净结汇减少贡献了 74%。当月，贸易结售汇顺差自 2010 年 8 月以来首次小于海关进出口顺差，这反映了企业债务去美元化和人民币跨境收付方向的转化。最后，从外汇占款变动情况看，10 月央行外汇占款减少了 893 亿元人民币，金融机构（含央行）外汇占款下降了 249 亿元人民币，这意味着央行净卖汇中有 72% 转为了商业银行增持的外汇头寸（银行外汇占款相应增加了 644 亿元人民币）。而银行增持头寸，主要是为了降低前期的货币错配和对冲客户远期净售汇的风险等。

二是趋势可控。首先，中国是高储蓄和高储备国家，本身具有较强的抵御资本流出冲击的能力。南非、印度、巴西等国正是由于近年来经常账户持续逆差，导致本轮欧债危机冲击中货币贬值幅度较大。其次，从国内储蓄投资关系、经济软着陆前景和国际分工格局等方面看，决定我国国际收支顺差的基本因素没有发生变化，外汇市场波动有可能是临时性、阶段性、局部性的。最后，境外存在人民币贬值预期但境内远期人民币仍为升值方向，而且境外贬值预期和压力远不如上次金融海啸全面爆发时。10 月，在市场大肆做空人民币的情况下，香港人民币存款仅下降 37 亿元人民币，较 8 月末仍增加了 95 亿元人民币。

三是机会可用。外汇净流入放缓甚至暂时净流出，符合减顺差、促平衡的宏观政策调控目标，全年外汇储备增幅有可能低于 2008 年。尽管未来我国国际收支仍有望顺差，但规模可能下降、波动性加大。一方面，受制于财政健康状况，各国经济刺激力度减弱，全球经济有可能陷入长期缓慢复苏，我国外部需求下降，货物贸易收支将趋于平衡；另一方面，尽管发达国家将较长时期实行低利率政策，甚至不排除美联储出台第三轮量化宽松，但欧美均存在中长期的金融去杠杆化压力，加之实施《巴塞尔协议Ⅲ》资本充足率要求，以及各种结构性问题交织在一起，国际金融将反复动荡，抑制套利资本流入我国，我国跨境资本流动振荡加剧。而这种发展变化态势，有利于我国实现国际收支平衡、减缓外汇储备积累，有利于扩大货币政策操作空间、增强宏观调控的有效性，有利于化解人民币汇率升值预期、缓解人民币汇率重估和对华贸易保护主义的国际压力。

（三）怎么办：抓住时机推动发展和改革。

加快经济转型。金融危机向债务危机的演变，显示出2008年爆发的危机将会长期化，世界经济缓慢复苏将长期制约我国外需的扩大。因此，我们还要变压力为动力，坚持以科学发展为主题、加快转变经济发展方式为主线，继续调结构、扩内需、减顺差、促平衡。要消除各种体制机制性障碍，实现消费投资出口协调拉动、三次产业协同带动的经济结构战略性调整。要继续稳出口、扩进口，积极转变外贸发展方式，逐步建立品牌技术优势，走以质取胜的外贸发展道路，逐步增强出口的非价格竞争力。

发展金融市场。未来国际金融将反复动荡，跨境资本大进大出的异动风险将长期存在。我国要加快健全投融资体系，提高储蓄转化投资的能力，减少对外资的依赖。要加快发展多层次的金融市场体系，不断提高市场深度和广度，增强抵御跨境资本流动冲击的能力。

扩大对外投资。在欧美经济经历深刻的结构调整，国际经济和货币秩序重构的过程中，扩大民间对外投资，实现“藏汇于民”是我们应对外部冲击的重要武器。要进一步简化行政审批手续，在坚持市场导向的原则下加大对外直接投资建厂和收购海外战略资源的政策支持力度。要在风险可控、监管到位的情况下，积极探索构建主体多元、渠道分散的对外投资格局，进一步提高外汇资源使用效率。

加强监测预警。在国际金融动荡中，外汇市场形势瞬息万变。要按照对资本流入和流出均衡监管的思路，建立健全跨境资本流动双向监测预警体系。要摸清资本流动的来源和去向、把握资本流入流出的规律、预测跨境资本流动的发展和变化，做到有数据、有情况、有分析、有判断。要提高涉外经济数据透明度，扩大数据披露范围和频率，增强市场主体自身识别和管理涉外经济风险的能力。要根据不同情形，制定和完善应急预案，不断充实政策储备，防范异常资本流入和流出的冲击。

改进宏观调控。未来我国将继续面临复杂多变的国际经济金融环境，经济运行面临诸多不确定性。我国要兼顾国内外形势发展变化，适时微调，提高宏观调控的针对性、灵活性和前瞻性，避免出现国内与国际紧缩的双碰头。要积极利用汇率预期分化、外汇供求改善的有利时机，进一步改进汇率调控方式，发展外汇市场，改进外汇头寸管理，增加人民币汇率弹性，形成人民币汇率有升有贬的双向波动能力。

加强宣传引导。预期管理是开放型市场经济管理的一项重要内容，有四两拨千斤的效果。要多渠道、多角度地加强宣传，引导市场主体树立正确的金融风险意识，改变单边预期。要引导市场认清形势变化，区分是预期目标还是市场冲击，减少对跨境资本流动变化的过分渲染和炒作，稳定和引导市场预期，为改革和调控创造更好的舆论环境。

## 三、动态评估自 2012 年年初以来外汇形势的变化

（一）2012 年以来外汇收支状况进一步改善，但外资主动撤离迹象尚不明朗。

结售汇顺差减少，结汇由升转降是主要原因。2012 年 1~5 月，银行结售汇顺差 230 亿美元，同比下降 90%。其中，银行结汇同比下降 5%，2011 年同期增长 36%。个人赡家汇款、投资收益、外商投资企业资本金和境外募股资金等项目结汇下降几乎贡献了银行结汇总降幅的全部，这与相关渠道跨境资本流入减少相一致。同时，跨境人民币收入占比由上年同期的 2% 上升至 10%，以及银行新增外汇存款 1026 亿美元，也对结汇产生替代作用。

尚未出现跨境资本大规模集中撤离。2012 年 1~5 月，银行售汇同比增长

42%，与2010年和2011年各年增速均为36%相比变化不大。从以下渠道看，未发现外资大规模主动撤出：1~5月，外来直接投资和证券投资撤资购汇合计增长53%，但规模仅为41亿美元；外方投资收益购汇增长20%，但远低于售汇平均增速42%。同期，境外直接投资和偿还国内外汇贷款购汇合计增长41%，但这不属于外资主动撤离。售汇增长的72%来自进口用汇，这与当下企业购汇意愿增强、外汇贷款动机减弱的主观行为有关，也不能完全归结为外资撤离。

居民个人结售汇逆差扩大。2012年1~5月，居民个人结售汇逆差同比扩大2.8倍。其中，居民个人结汇同比下降26%，2011年同期为增长35%，主要是由于居民个人海外收入和华侨华人赡家汇款下降。居民个人售汇同比增长40%，与2011年全年增速基本相当，主要是因为旅游购汇增长43%，占全部银行售汇的8%。其中，大部分是我国居民个人境外旅游和留学用汇，也不排除用于对外投资、移民转移等目的，但对整体售汇影响较小。

（二）2012年下半年仍有望保持外汇收支基本平衡，且出现资本流向逆转的风险较小

有利于我国跨境资本保持净流入的积极因素正在逐步积累：一是中央出台的一系列预调微调政策将有助于提振市场信心、保持经济平稳增长；二是各主要经济体均将保增长放到了重要位置，尤其是欧盟通过1200亿欧元的经济刺激计划，显示欧债危机的解决更加注意增长与紧缩的平衡；三是不让欧元区解体迄今为止仍是欧洲坚守的底线，欧盟仍有资源和决心避免最坏情况的发生；四是2012年上半年特别是6月下旬有支持“走出去”、大型银行对外股息购汇等特殊因素。

影响跨境资本流动的不确定因素也在发展演变：一是欧债危机没有简单、无痛的解决方案，有长期化、复杂化趋势，将会不断考验政府和市场的神经；二是美国经济复苏并非坦途，美联储下调2012年经济增速预测，且未来两党关于财政减赤方案的争执可能成为新的市场不确定因素；三是危机有向新兴市场蔓延的趋势，有可能进一步加剧国际金融动荡；四是各国保增长的政策空间

大不如前，财政脆弱制约了进一步刺激的力度，货币宽松也是治标不治本；五是资本充足率要求和资产减记可能在较长时间内驱使全球金融去杠杆化，地缘政治冲突也可能带来国际商品和金融市场的大幅震荡。

总的来看，2012 年下半年我国跨境资本净流入规模有可能小于上半年。尽管不排除出现阶段性的跨境资本净流出，但因为上述许多负面冲击基本在市场预期之内，世界经济出现全面、深度衰退的风险较低，因此，尚不至于出现外资大规模集中撤离。即便全年我国跨境资本出现少量净流出，我国国际收支仍处于基本平衡状态。

对跨境资本大规模集中撤离的风险要警惕但不必过于担心。一是欧债危机恶化、资本回流美国、日本引爆危机等可能性确实存在，但其忽视了国际社会对于增强危机救助能力、平衡增长与紧缩的共识不断增强，降低了欧债危机极度恶化、全球大衰退的概率。经济复苏的曲折性决定了美元资产并非绝对安全，日本债务危机也不必然立即爆发，三个风险点同时引爆更是小概率事件。二是我国与其他新兴市场的基本面存在较大差异，即我国仍为贸易顺差、外汇储备规模庞大，且利用外资存量的 60% 是稳定性高的直接投资，波动性大的证券投资不到 10%。鉴于世界经济低迷，国际大宗商品价格回落压低国内进口成本，下半年我国贸易顺差还可能进一步扩大。事实上，在 2012 年上半年国际金融持续动荡的情况下，人民币汇率贬值预期仍在 2% 以内，远低于 2008 年年底金融海啸时 7% 的高点。虽然香港市场人民币存款连月下降，但这反映了离岸市场人民币投资方式增多和回流渠道增加的影响。同时，前 5 个月人民币跨境业务成倍增长，占整个跨境收付总额的 10%，同比上升 5 个百分点，跨境人民币由年底净流入重新转为累计净流出 76 亿美元。

（三）积极应对国际经济金融不确定性的挑战

客观认识我国当前外汇形势。现阶段我国跨境资本流动状况的变化，主要是由外部诸多不确定、不稳定因素冲击造成的，对我们自己的影响有限。未来一段时期内，跨境资本流出压力加大，对我国宏观调控的灵活性和前瞻性、维护各界对中国经济的信心，以及境内机构的风险管理等均提出了新的挑战，但总体上利大于弊。困扰我国多年的国际收支持续较大顺差的对外经济不平衡问题迎刃而解，符合国家宏观调控目标，有利于推进人民币汇率机制和资本账户开放等重大改革，有利于降低我国对外金融风险敞口，有利于缓解国际贸易和投资保护主义的压力。因此，对跨境资本集中撤离我国的风险，应冷静观察、沉着应对、未雨绸缪，但不必过度反应、自乱阵脚。

应对危机的关键是练好内功。国际资本流动是顺经济周期的，中国是否会发生资本流向逆转，关键取决于中国的经济状况。要顺势而为，加强宏观调控政策的预调微调，既要防止经济增长进一步下滑，也要防止过度刺激导致的经济急速反弹。在稳增长的同时，更要注重通过加快结构调整和深化改革，进一步夯实经济可持续发展的基础。在做好自己功课的同时，我国还可运用外汇储备资源优势，更好地发挥国际影响力，更积极地参与国际金融体系改革。力争像 2008 年亚洲金融危机那样，趁势推动各方面的实力再上新台阶。

完善应对预案提高应变能力。密切跟踪国内外形势变化，尤其要注意及时研判国内外重大事件对我国的影响。跨境资本流动监测工作的侧重点应从防流入转向全面梳理跨境资本流出的风险点，并在此基础上完善应对外汇收支风险的预案。现阶段可考虑适时调整前期限制资本流入和结汇的一些政策措施。

进一步推进外汇体制改革。抓住当前汇率双向波动、预期分化的有利时机，继续深化人民币汇率机制改革，提高外汇市场主要做市商在市场出清、汇率定价方面的自主性,并进一步丰富人民币外汇避险产品。稳步拓宽资本流出渠道，扩大民间对外投资，以“藏汇于民”的方式提高外汇资源使用效率、降低国家对外金融风险敞口。推广货物贸易外汇管理改革，简化外来直接投资和对外直接投资的审批环节和流程，促进贸易投资便利化，降低社会成本，增强我国企业国际竞争力。

# 第四节 预警“热钱”冲击的近忧和远虑

经历了2012年短期的跨境资本流出冲击后，2013年我国又迎来了新一轮的资本流入高潮。当年，国际收支口径的资本和金融项下顺差3461亿美元，为年度资本净流入规模历史新高；剔除估值影响的外汇储备资产增加4327亿美元，较2012年反弹364%（见图7-12）。然而，就在又一轮全球流动性盛宴狂欢中，我们于2013年年中就开始预警跨境资本流出冲击的风险。

## 一、中国正面临国际热钱大规模流入的压力

2013年前4个月，我国贸易结售汇顺差2083亿美元，海关进出口顺差617亿美元，二者缺口1466亿美元。其中，境内企业跨境贸易融资（如出口预收、进口延付）和境内外汇贷款等财务运作行为可以解释54%，用人民币支付进口可以解释30%。

境内企业“资产本币化、负债外币化”的财务运作动机是无风险套利。2012年年底以来，在人民币贬值预期消除，人民币利率高于外币利率的情况下，企业大量借用外汇贷款支付进口。由此，企业可以套取本外币利差，降低财务成本或获取财务收益，银行则获得了中间业务收入。据了解，当前不少企业盈利主要来自财务运作而非生产经营。甚至有的企业通过虚构贸易方式向银行融资，套取境内外利差和汇差。这不同于一般意义的热钱流入，主要是境内企业负债的币种结构调整，表现为外汇需求减少而非流入增加，顺差“被扩大”。从楼市和股市中寻找热钱可谓南辕北辙。纯粹融资套利的热钱更是在银行与企业之间自我循环，并未直接进入生产领域。

## 二、发达国家量化宽松货币政策对我国的负面影响逐步显现

初步数据显示，2013年第一季度，我国资本净流入贡献了当期我国国际

收支总顺差的65%，远高于2005~2011年平均水平的37%。其中，国际短期资本（即热钱）是资本净流入的主要来源。

国际热钱大量涌入对我国危害极大。一是无风险套利的热钱流入，造成金融运行与实体经济脱节，既要防热钱又要稳增长，加大宏观调控和金融监管的难度。二是热钱以替代购汇方式“被流入”，加剧境内外汇供求关系失衡，倒逼央行货币投放，是国内信贷膨胀、通胀压力和房价上涨的重要诱因。三是热钱大量流入，推动人民币汇率加速升值，与外部需求疲软、生产成本上升、贸易保护主义等因素一起影响我国出口。四是从亚洲金融危机的教训看，前期热钱流入越多，后期集中流出的压力就越大，新兴市场有可能被“剪羊毛”，成为西方通过量化宽松转嫁危机的牺牲品。

## 三、既要防热钱流入又要防热钱流出

在其他条件不变的情况下，本外币利差因素将刺激无风险套利资金源源不断地流入我国。但由于受内外部诸多不稳定、不确定的因素的影响，未来我国跨境资本流动仍可能出现有进有出的双向波动。

一是美元走势阶段性转强。由于美联储量化宽松货币政策可能提前退出，以及美国经济逐渐向好，近来美元强势，在一些新兴市场已引发资本流出和本币贬值。如果人民币继续跟随美元升值，有可能损害本国出口竞争力；如果对美元贬值，则可能触发竞争性贬值预期，引起我国资本外流。

二是国际金融危机再恶化。受累经济持续衰退，不排除欧债危机可能进一步向其他国家甚至核心国家蔓延。日本量化、质化宽松货币政策虽已取得阶段性成果，但其后续结构调整与财政整固的难度很大，不排除金融与经济脱节引发日本和国际金融市场大幅动荡。

三是中国经济进一步下行。在下行压力下，国内积累的财政金融风险可能水落石出，不排除境内外唱空中国的力量借此兴风作浪。

四是人民币汇率走势逆转。近年来中国经常账户顺差与GDP之比大幅回落，显示人民币汇率趋向均衡水平。当前外汇供求关系显示的人民币升值压力，主要是无风险套利行为导致的“虚火”。人民币汇率走势既容易出现过度调整，也容易受市场情绪左右而大幅波动。

上述风险并不必然发生。但发生上述事件或是预料之外的其他风险事件，则会影响中国跨境资本流动，特别是某些因素叠加在一起冲击更大。诚然，预测上述风险何时发生非常重要，但更重要的是要考虑发生上述风险时我们该如何处置。当然，我国外汇储备充裕，利用外资结构稳定，具有较强的抗风险能力。对风险要心中有数，但不必过度反应。要区分是心理冲击还是基本面冲击，外部冲击还是内部冲击，有针对性地采取措施。

## 四、坚持用改革的方法解决发展中的问题

深化汇率机制改革。汇率政策应该作为宏观调控的工具而非目标。改进汇率中间价形成机制，更多的是要发挥市场的作用，把中间价变化塑造成市场价格信号的反映而非对央行汇率政策目标的臆测。扩大汇率浮动区间，增加人民币汇率弹性，抑制无风险套利行为。从国际经验看，灵活的汇率安排虽不能确保货币政策的独立性，却可以较好地吸收内外部冲击。积极开展金融外交，既要对外宣传我国促进对外经济平衡的重大成果，也要阐明西方量化宽松货币政策对我国的溢出影响，驳斥外方对人民币汇率政策的不实指责，强调主要国际货币发行体的责任和义务。

培育发展外汇市场。市场深度广度不够、资本流出渠道不畅，是影响人民币汇率弹性的重要体制机制障碍。要适当放松实需原则，扩大外汇市场交易主体，丰富交易产品，增加市场流动性，增强市场自主平衡、自我出清的能力，减少央行干预。理顺外汇供求关系，逐步拓宽民间渠道的对外实业和金融投资，推进“藏汇于民”。考虑到国内有关体制机制不健全，以及民间对外投资的风险控制能力不足，可优先鼓励通过指定的境内金融中介对外投资。

加强资本流动监测。坚持对资本流出入的双向监测，尤其要注意跟踪分析

境内外突发事件可能对跨境资本流动的影响。在开展情景分析和压力测试的基础上，充实政策储备、完善政策预案，提高应对跨境资本异常流动的快速反应能力，坚守风险底线。启用临时性管制措施要尽量减少对正常贸易投资活动的副作用并保持一定的灵活性。

打击虚构贸易行为。基于真实贸易背景进行的财务运作是套期保值，应予鼓励；虚构贸易进行套利则是投机，破坏公平竞争、扰乱市场秩序，应予遏制。要充分发挥银行在业务一线代位监管的职能，督促银行按照“了解客户”的原则加强对客户交易真实性的审核。进一步发挥海关、商务、税务、外汇等部门异常跨境资本流动监管协调机制的作用，坚持标本兼治、堵防结合，形成监管合力。

加强舆论宣传引导。进一步扩大统计数据披露，提高透明度，减少不确定性造成的预期紊乱、市场扰动。坚持用数据和事实说话，加强对外汇形势的宣传解释。引导境内市场主体改变单边线性思维，主动适应跨境资本流动和人民币汇率双向波动，积极采取金融工具对冲风险，付出一定的代价把不确定性变成确定性。

## 第五节　又猜中了当前资本流出“故事”的开头

2015 年 2 月 14 日，参加中国经济五十人论坛年会时，笔者在发言中提出，“亚洲金融危机离我们越来越近了”①。这引起了市场包括国际组织的广泛关注。2015 年 4 月，国际货币基金组织发布了《世界经济展望》和《全球金融稳定报告》，提出世界经济难以承受再一次危机的冲击，国际金融风险与 2008 年危机时相比不是在下降而是在上升、在转移。这与笔者的看法不谋而合。事实上，笔者并非信口开河，早在 2014 年年底就对此进行了缜密的分析和推演。现在回过头来看，笔者又言中了。

---

① 请见附录“管涛在‘2015 年中国经济五十人论坛年会’上的发言实录”。

## 一、当前及未来一段时期的情形与亚洲金融危机时有些相似

从外部环境看，一是世界经济增速放缓。1998 年亚洲金融危机的爆发使得新兴经济体尤其是亚洲新兴经济体经济增速大幅下滑，世界经济增速也有所减缓，发达经济体虽然受到一些影响但反应较为缓和。当前世界经济依然处于后危机时代缓慢复苏的新平庸时期，新兴经济体与发达经济体走势分化，在美国的带动下发达经济体总体呈低速平稳运行，而新兴经济体增速已连续 4 年回落。二是美联储货币政策进入紧缩通道且美元总体升值。1993~1998 年，美国联邦基金利率由 3% 左右上升至 6% 左右，危机期间美元指数较 20 世纪 90 年代初的低点最高累计上涨了 47%。2014 年 10 月，美联储正式结束量化宽松货币政策，2015 年还将启动加息，截至 2014 年 10 月美元指数较本轮危机期间的低点已累计上升了 19%（见表 7–4）。

表 7–4　1998 年亚洲金融危机前后及当前主要经济指标情况

| 主要经济指标 | | 1998 年亚洲金融危机前后 | 当前及未来一段时期 |
|---|---|---|---|
| 外部环境 | 全球经济增速 | 1998 年增速为 2.5%，较 1997 年回落 1.7 个百分点。 | 2013 年和 2014 年增速均为 3.3%，较 2012 年下降 0.1 个百分点。 |
| | 发达经济体增速 | 1998 年增速为 2.7%，较 1997 年回落 0.9 个百分点。 | 2013 年和 2014 年增速分别为 1.4% 和 1.8%，高于 2012 年的 1.2%。 |
| | 新兴经济体增速 | 1998 年增速为 2.3%，较 1997 年回落 2.7 个百分点，其中亚洲新兴经济体回落 3.4 个百分点。 | 2013 年和 2014 年增速分别为 6.6% 和 6.5%，低于 2012 年的 6.7%，已连续 4 年下降。 |
| | 美国联邦基金利率 | 1993 年为 3% 左右，1998 年已逐步上调至 6% 左右。 | 2014 年 10 月美联储正式结束 QE，2015 年将启动加息。 |
| | 美元指数 | 1992 年至 2001 年持续升值，其中的最高升值幅度达 47%。 | 2014 年 10 月已较 2008 年危机以来的低点累计升值 19%。 |

（续表）

| 主要经济指标 | | 1998 年亚洲金融危机前后 | 当前及未来一段时期 |
|---|---|---|---|
| 内部环境 | 国内经济增速 | 由 1993 年的 14% 以上逐年回落至 1999 年的 7.6%。 | 由 2010 年的 10.4% 放缓至 2014 年前三季度的 7.4%。 |
| | CPI | 由 1993 年至 1995 年的两位数增长回落至 1998 年和 1999 年的 −0.8% 和 −1.4%。 | 由 2011 年的 5.4% 回落至 2014 年前三季度的 2.1%。 |
| | PPI | 由 1993 年至 1995 年的两位数增长回落至 1997 年至 1999 年的连续负增长。 | 2012 年 3 月至 2014 年 10 月已连续 32 个月负增长。 |

注：国际经济数据来自国际货币基金组织统计及预测。

资料来源：笔者整理

从内部环境看，一是国内经济增速放缓。1993~1999 年，我国经济增速由 14% 以上逐年回落至 7.6% 的阶段性低谷。当前，我国经济增速已由 2010 年的 10.4% 放缓至 2016 年前三季度的 7.4%，未来还可能进一步回落。IMF 最新预测 2015 年我国经济增长 7.1%，较 2014 年预测值下调 0.3 个百分点。二是通胀压力转向通缩风险。1993~1995 年我国 CPI 和 PPI 均呈现两位数上涨，但 1998 年和 1999 年都转为负增长，2000~2002 年也基本是零增长。2014 年前三季度，我国 CPI 由前几年的 5% 以上回落至 2.1%，PPI 已连续 30 多个月呈负增长。三是深化改革处于关键期。20 世纪 90 年代我国提出建立社会主义市场经济体制，推动了国有企业经营机制等改革，对国内经济发展产生深远影响。近期全面深化改革也进入了重要的推动期和落实期，“三期”叠加。四是人民币汇率出现下行压力。亚洲金融危机期间我国虽承诺人民币不贬值，但也承受了较大的资本外流和人民币贬值的压力。当前随着人民币汇率逐步趋向合理均衡水平，双向波动明显增强。

## 二、我国跨境资本流动的主导因素逐渐从贸易投资转向经济基本面

亚洲金融危机时期的经验显示，国内经济基本面通过影响市场对人民币资产的看法，也会对我国跨境资本流动产生较大作用。1997 年和 1998 年我国进出口顺差规模是 2004 年之前的历史高点，这两年的经常账户顺差和 GDP 之比分别为 3.9% 和 3.1%，在 2003 年之前也属于高位。在此期间，外国来华直接投资净流入保持较高规模。但由于证券投资、其他投资等非直接投资项下资金流出较多，1997~2000 年，含净误差与遗漏的资本和金融项目连续 4 年呈现净流出，外汇储备增幅放缓。主要原因是，在周边地区爆发金融危机的情况下，国内经济增速放缓，人民币资产被看空，相关影响必将通过价格或数量的方式予以体现，即使人民币汇率维持稳定，部分渠道的资金流出也难以避免。

当前及未来一段时期，国内经济金融运行状况将再次成为我国跨境资本流动的主导力量。我国经济由高速增长转向中低速增长的时间并不长，经济运行需要经历一个相当长的过程，重新确立新的平衡点和稳定状态。在此期间，市场对经济下行和硬着陆的担忧，还会伴随着对房地产市场、地方政府债务、“影子银行”等风险点的轮番炒作，对人民币资产的看空压力也会上升，跨境资本流出随之增多。从亚洲金融危机和近期的经验看，随着经济市场化和国际化程度的不断提高，我国跨境资本流动已具有较强的顺周期性，与国内经济运行周期高度吻合，即经济上行时面临流入压力、下行时则出现流出压力。不论境内人民币兑美元的中间价和交易价如何，这种压力最终都会反映在价格和数量上，一方面表现为境内外人民币兑美元交易价的差价扩大且 CNH 相对于 CNY 贬值，另一方面反映为外汇供求缺口持续为负值。对于我国跨境资本流动可能发生这种大变局，我们需要在心理和措施上有所准备。

## 三、跨境资本流出对我国的影响主要取决于是否适度可控

从国际收支看，跨境资本适度流出有利于对冲货物贸易和直接投资的顺差，

促进国际收支从经常账户、资本和金融项目“双顺差”向“一顺一逆”的自主平衡格局转变，并且可以同国内经济结构调整形成良性互动。但过大或过快的资金流出也会对国际收支平衡造成一定的冲击，使得外汇储备快速下滑。甚至不排除一些过度对外举债的国内企业出现债务偿付困难。一些资金以合法或者非法的形式转移或滞留境外，将导致我国出现永久性的财富流失，还会影响国内经济平稳运行。

从货币政策看，跨境资本流出有利于降低外汇占款对基础货币投放的影响，提高央行的货币政策独立性，使其能够通过定向调控的方式实现资金投放的结构优化。但如果跨境资本过度流出，将增加央行对人民币流动性管理的难度，并且可能因流动性趋紧而导致国内金融体系出现更多的风险暴露。

从人民币汇率看，跨境资本流出有利于境内外汇市场的供求平衡，缓解人民币单边升值压力，促进人民币汇率双向波动。但过快流出也会给人民币带来较大贬值的压力，影响市场对人民币资产的看法，并可能形成汇率贬值、市场信心受挫、资本外流、汇率进一步贬值的恶性循环。

从资产价格看，跨境资本适度流出有利于降低海外套利资金对我国房地产、股票等金融市场的影响，抑制相关资产泡沫的进一步膨胀。但如果流出加快，可能导致国内资产价格剧烈调整，产生负财富效应并冲击整体经济。

## 四、应对跨境资本流出风险的优劣势条件

有利条件主要包括：一是我国经济实力明显提升，跨境资本流动对经济发展的影响有所降低。1998 年我国资本和金融项目（含净误差与遗漏，下同）逆差 250 亿美元，与 GDP 之比为 2.5%；2012 年逆差虽然达到 1188 亿美元，但与 GDP 之比只有 1.4%。二是外汇储备规模较为充裕，对外支付和抵御风险的能力大幅提高。1998 年我国资本和金融项目逆差相当于同期末外汇储备余额的 17.3%，2012 年该比例为 3.6%（见图 7–16）；1998 年年末外汇储备余额相当于同期 12.4 个月的进口，2014 年 9 月末余额相当于同期 23.7 个月的进口；

尽管 2014 年 6 月末短期（外币）外债占比达到 79%，远超过 25% 的国际警戒标准，但短期外债与外汇储备比例为 18%，远低于 100% 的国际安全线。三是人民币汇率机制更加灵活，在国际收支调节中发挥更大作用。目前，银行间即期外汇市场人民币兑美元交易价浮动幅度已由 2007 年 5 月之前的 0.3% 逐步扩大至 2%。近一段时期的汇率双向波动也使得市场主体上了一堂生动的风险教育课，进一步提高了风险应对的敏感性。四是境外人民币从无到有，在国际上的接受程度提高。随着跨境人民币业务的快速发展，海外配置人民币资产的意愿明显增强，甚至一些央行或货币当局已经或者准备将人民币纳入其外汇储备，这有助于部分抵消跨境资本流出压力。同时，对于以人民币对外举债的国内企业来讲，还有助于降低其货币错配的风险。

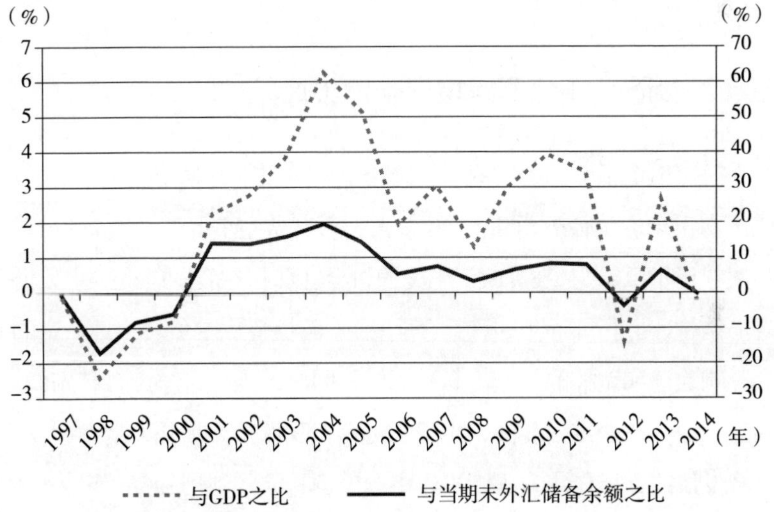


**图 7–16　资本和金融项目（含净误差与遗漏）差额与 GDP、外汇储备之比**

资料来源：国家外汇管理局；国家统计局

不利因素主要包括：一是民间部门对外净负债大幅上升，未来跨境资本流出的空间较大。2014 年 6 月末，剔除储备资产后我国民间部门对外净负债 2.06 万亿美元，较 2004 年年末增长 5 倍多。2014 年 6 月末短期外债与外汇储备之比虽远低于国际警戒线，但相较1998年年末上升了6个百分点。二是当前人民币汇率从低估转向均衡合理水平，高估风险增加且可控性有所减弱。面临资金流出压力时，即使境内人民币中间价、交易价维持稳定，境外人民币走贬也会导致境内外差价扩大，刺激企业境外结汇、境内购汇的行为，加大境内外汇流出压力。三是经常账户顺差由上升期进入回落期，在防流出中的屏障作用减弱。未来随着国内经济结构调整的逐步到位、“入世”红利和人口红利的衰减、环保节能成本的提升等，我国经常账户顺差的扩张空间有限甚至有可能收窄。四是对外开放程度明显提高，管理有效性有所降低。近年来，我国贸易投资便利化程度大幅提升，人民币在全球范围内得到越来越广泛的使用，扩大开放的先行先试在各地普遍展开。同时，企业对外贸易投资规模快速扩张，财务运作日趋复杂，投机套利交易也更易滋生。

## 五、积极防范和化解跨境资本流出风险

提高对跨境资本流出的容忍度。跨境资本流出主要是市场主体对前期过度的“资产本币化、负债外币化”“做多人民币、做空美元”行为进行调整，不失为一次纠正货币错配、推进藏汇于民的机会。同时，在我国转变经济发展方式、调整经济结构、促进国际收支平衡的背景下，跨境资本难免会出现一定的波动，但不会影响改革和调控的既定方向和目标。因此，无须过早出台特别的“控流出”措施，而应在一定程度内，由市场进行自我调节。另外，要继续发挥外经贸对经济发展的支撑作用，巩固出口市场份额和鼓励利用外资，更多地依靠简政放权、清理税费，提高贸易投资便利化水平，但避免采取过度激励和过多的行政考核，后者容易造成许多市场扭曲，误导形势判断，甚至招致国际压力。

加快经济转型和改革调整。虽然国际金融动荡的外部冲击不可忽视，但是触发现阶段我国跨境资本外流的主要原因，无疑是我国经济发展进入“新常态”，增速放缓和部分领域风险暴露等内因。应对之策除了通过各种宣传解释和舆论引导，提高市场对中国经济“新常态”的接受和认可程度外，最关键的

是要通过全面深化改革的实际行动，让市场看到各种风险和问题得到了有效化解。为此，首先要保持定力，坚持以转方式、调结构为重点，积极发现和培育新的增长点，让市场坚信我国经济发展的远景。其次要深化改革，不回避当前经济金融运行中的问题，甚至可以允许一些风险主动暴露，但同时要提出切实可行的解决方案，让市场看到问题能够得以有效的解决。最后要政策托底，加快建立健全存款保险制度和金融机构市场化退出机制等，打破刚性兑付，消除政府隐性担保。

进一步加快国内资本市场发展。国内公司部门高杠杆率的不可持续性，是市场看空中国的一个重要原因。因此"降杠杆"将是大势所趋，为此我们既可以减少负债，"降分子"，也可以扩大资产或股本，"增分母"。当然采取后一种方式最优，既有利于增强企业发展后劲，又有利于缓解经济下行压力，是一种最好的"降杠杆"措施。这需要我们拓宽融资渠道，尤其是增加股权形式的直接融资。因此我们要抓住当前国内股市回暖的有利时机，加快完善股票发行和交易制度，增加市场供给，加强对中小投资者的保护，打击内幕交易；坚持边发展边规范，支持发展私募股权投资、风险投资、天使投资等各类股权融资，丰富投融资工具，改善境内企业融资瓶颈；坚持内外资公平对待，扩大国内资本市场包括各类股权融资市场的对外开放，支持境外资本参与境内私募股权和风险投资市场。

加强双向监测预警并完善应对预案。由于内外部存在的诸多不确定、不稳定因素，未来我国跨境资本大进大出可能会成为常态，因此需对资金流入和流出两个方向均做监测和分析。但当务之急是，应尽快调整过去长期应对跨境资本过度流入的惯性思维，从意识和措施上更加注意梳理跨境资本流出的渠道和风险。在情景分析的基础上，根据不同的情景设计不同的政策组合，不断充实政策工具，包括财政、货币、金融等宏观经济政策的应对措施，来应对未来可能出现的资本集中流出或异常流入的情况。同时，还要对近年来施行的贸易投资便利化改革措施进行压力测试，评估其在管理资金流出风险中的有效性；对拟出台的各项改革或调控措施，结合国际收支形势变化，审慎评估相关政策出台的时机、节奏和力度，以期继续完善人民币汇率市场化形成机制。

强化对市场预期的舆论引导。根据现代经济学理论，预期对于市场主体的财务行为和交易策略有着重要的引领作用，要高度重视对市场预期的研究分析和舆论引导，这也是西方国家调控市场的成熟做法。为此，要在进一步提高数据透明度、加大数据披露力度的基础上，继续加强数据解读，帮助市场做出正确判断；在进一步提高政策透明度，加大政务公开力度的基础上，完善与市场的沟通交流机制，加强政策宣传和解读；加强对舆情的监测和分析，一旦发现一些苗头性的负面新闻或情绪，应有理有据地及时作出回应并加以引导，稳定市场预期。

## 第六节　写在新汇改前夕的预警报告

2015 年 6 月中旬，曾经“牛气冲天”的中国股票市场突然开启连续暴跌模式。截至 7 月 8 日，上证综指已从最高点回调 30%，动辄每日成百上千只股票跌停。中国股市的巨幅震荡让人惊诧不已。笔者在 7 月 9 日撰文，提示要警惕预防今天的股市变成明天的汇市。

### 一、资产价格涨跌：预期最善变

这次股票市场的暴涨暴跌，充分体现了股票的资产价格特性。现在人民币汇率也越来越多地具有资产价格属性，影响资本流动的因素日趋多样化、复杂化。这突出表现在外汇市场运行的多重均衡状态，即在给定的基本面情况下，受市场预期影响，市场既可能外汇供大于求，也可能外汇供不应求。

长期以来，我国外汇储备增长居高不下，一个原因是贸易顺差过大，另一个原因是利差交易活跃。而今，2014 年下半年到 2015 年第一季度，外贸进出口顺差累计 4023 亿美元，外汇储备资产不增反降，减少了 1092 亿美元。虽然人民币利率仍高于美元，但企业仍然延续“资产美元化、负债去杠杆”的财务调整，2014 年 7 月到 2015 年 5 月外汇市场供求缺口连续 11 个月为负，累计达 2273 亿美元。

市场预期总是时好时坏、飘移不定。不排除未来市场情绪偏空状态下，国际货币基金组织关于“人民币汇率不再低估”的结论，会被市场解读为人民币已升值到头，而成为做空的借口。

## 二、市场调控效果：趋势难阻挡

关于股市救市措施收效甚微的一个市场解读是，前期市场涨幅过大、股票估值过高，积聚了暴跌的动能，行政救市亦难改趋势。

股市如此，汇市也是如此。自 2014 年 3 月扩大浮动区间以来，人民币汇率形成双向波动并非是政策的率性而为。在宏观层面，经常账户收支趋于基本平衡，意味着人民币汇率趋向均衡合理，这奠定了人民币汇率有涨有跌的经济基础；在微观层面，2013 年下半年起甚至 2014 年年初人民币汇率加速升值时，由于人民币升值预期的消退，境内外远期市场美元兑人民币由贴水转为升水（即未来人民币兑美元汇率由升值转为贬值），这主要反映了本外币正利差的影响，形成了人民币汇率双向波动的市场基础。

跨境资本流动具有顺周期的特征。即当经济好的时候，资本要流入，挡也挡不住；当经济差的时候，资本要流出，留也留不住。自 2014 年第二季度以来，受国内经济下行和美元汇率走强的影响，我国出现了持续的资本外流。预计到 2015 年第二季度，我国将出现连续五个季度的资本账户逆差。

据分析，当前我国资本外流的主要渠道是“藏汇于民”和对外偿债。自 2008 年国际金融危机以来，境内机构和个人已经积累了巨额的美元空头，而境外机构和个人也增持了大量的人民币多头。一旦内外部偏空因素叠加，市场情绪骤然恶化，境内主体加快回补美元空头、境外主体集中减持人民币资产，很可能在短期内造成较大的资本外流压力。

干预顺周期的资本流出，无非是限制境内主体增持对外资产、偿还对外债务（如恢复强制结汇、限制购汇对外投资、或提前进口购汇和偿还外债等），以及限制境外主体通过人民币购售业务渠道获取外汇。这样做不但会损害开放形象，加剧市场恐慌，甚至会酿成债务危机，还可能因市场趋势已然形成，而导致管制措施难以奏效。一如前些年虽然采取了许多“防热钱、控流入”的措施，但外汇储备资产却每年仍增加数千亿美元。

## 三、推动市场发展：专业很重要

本轮股市调整剧烈的一个重要原因是，金融创新使得投资者可以融资融券、股指期货等工具做多或者做空股票，而这种加杠杆的投资方式具有很强的放大及传染效应。但这方面，各方心理和措施上的估计与准备不足，以致进退失据。

这还只是相对封闭环境下所出现的问题，那么开放环境下要想做好相关工作所面临的挑战将是前所未有的，需要更多的知识储备。

学习借鉴国际的经验教训，对于我们防范化解金融开放风险至关重要。亚洲金融危机时期，国际对冲基金对泰国和中国香港的外汇市场、货币市场、股票市场等多个市场，运用多种工具的立体化冲击，都令当地货币弃守或者沦为提款机。在加快实现人民币资本项目可兑换时，相关部门应该认真推演，梳理出开放每个交易项目可能存在的风险，评估相关体制机制能否有效应对各种潜在的冲击。

## 四、扩大市场开放：小心没有错

外资唱空和做空中国股市，也被认为是国内股市暴跌的幕后黑手。这个问题既无法证实，也难以证伪。但有一点可以肯定的是，随着资本账户开放扩大，外资参与程度提高，未来国内资本市场运行的不确定性和波动性必定增加。

应对资本流动冲击的关键是把自己的事情做好。但开放环境下，外部风险不容小觑。当前，美联储货币政策正常化、美元汇率走势对我国的溢出影响是最大的外部不确定性因素，其对我国的冲击正在逐渐加大。2015 年 3 月，在国内经济面临下行压力的情况下，美元指数突破 100 时，国内企业出现了大量预防性购汇，当月外汇市场供求缺口达到负 779 亿美元。3 月中旬以后，随着美元汇率技术性回调，加之人民币汇率重新企稳，外汇供求缺口有所收敛，但跨境资本仍面临偏流出压力。

# 附　录

# 亲历外汇收支数据新闻发布会

根据国办的要求，从 2014 年起，各部门必须定期召开新闻发布会。其中，关于外汇收支数据的年度和季度发布成为国家外汇管理局的主打项目。我时任统计部门主要负责人，就作为局新闻发言人承担了这项职责，从 2014 年 1 月至 2015 年 4 月，总共出席了六次。现特将我六次发布会问答的部分文字实录，加上我在 2015 年中国经济五十人论坛年会上的发言实录作为附录，供大家参考。

## “2013 年外汇收支数据有关情况”新闻发布会文字实录

**中央电视台：**前一段美联储缩减购债规模，请问对于我国跨境资本流动的影响是什么？这一段时间以来，监测到的情况怎么样？对于 2014 年整个国际收支情况能不能做一简要预测和分析？

**管　涛：**不久前，国际货币基金组织刚发布了最新的世界经济展望，其中就提示在 QE 退出的情况下，可能部分新兴市场货币会承受到一定的压力，大家关心美国 QE 退出对中国的影响也是非常自然的事情。对于这个问题，我想用三句话来概括：第一，影响还不明显；第二，冲击有承受能力；第三，挑战不容忽视。所谓影响还不明显，就是截至目前，我们看到美国从谈 QE 退出和正式宣布QE退出对中国跨境资本流动都没有造成根本的影响。去年五六月的时候，受美国QE有可能提前退出预期的影响，一些新兴市场国家出现资金大量外流、本币大幅贬值。我们注意到那个时期，就是我们刚才讲的数据，在5~8月的时候，中国的银行结售汇月均顺差降到了29亿美元，比前4个月月均水平大幅度降低。这当然有整个市场环境的影响，但是我们也分析了一下，可能正好也和当时四五月出台的调控政策有一定的关系。

因此，我们对数据进行了分析，5~8月的时候，月均售汇比1~4月月均水平增长了22%，而结汇和前4个月的月均水平基本持平，这说明当时的购汇增长主要是因为出台一个政策，要求银行的外汇贷款如果增长比较快的话，需要增持外汇头寸，银行就控制了对企业的外汇放款，企业增加了购汇对外支付，造成了银行售汇的增长，这符合当时宏观调控的目标。12月，美联储宣布从2014年1月开始缩减购债规模，2013年12月的银行结售汇顺差达到310亿美元，仍然处于较高的水平。

另外，许多境外机构编制的新兴市场货币指数显示，去年一年新兴市场的货币总体是贬值的，但是大家都知道，去年人民币对美元的汇率中间价累计升值3.1%，国际清算银行编制的人民币对主要贸易伙伴的名义和实际的有效汇率分别升值7.2%和7.9%，人民银行刚公布的去年一年外汇储备余额增加了5097亿美元。所以，即便美国的QE这个政策会有冲击，但是没有改变整个跨境资本净流入的态势。

对未来可能产生的冲击，中国是有信心能够抵御的，也是有一定的承受能力的。为什么这么说？因为信心一方面来自中国已经对全面深化改革作了总体的部署，我们相信改革红利会逐步释放，而且中国经济的总体上还是保持了平稳较快的增长，经济基本面、财政金融状况和外汇账户或者经常账户的收支情况都是比较稳健的，何况我们还有比较充裕的外汇储备。这样的话，即便有一些资金的流出压力，我们也可以承受。另一方面，美国的QE退出不完全是一件坏事，这是基于美国经济向好的基础，有利于改善外需环境，因为美国的QE退出是一个渐进的过程，是逐步的释放，所以这也能减缓对其他市场的冲击。从积极意义来说，如果美国 QE 退出过程中一些资本回流到发达国家，还能够帮助我们缓解人民币的升值压力。

对于未来的挑战不能掉以轻心，美国 QE 退出正式启动了，退出的过程中产生的影响，都会变成国际金融市场一个不确定、不稳定的因素，会被市场反复的炒作。美国量化宽松退出的过程，可能造成国际资本的回流，也会加剧人民币汇率的波动。随着量化宽松退出政策的推进，还会造成整个国际金融市场资金成本的变化，也有可能影响中国企业财务运作，所以我们要高度关注，积极地应对。

关于第二个问题，对今年跨境资本流动形势的看法。刚才在谈美国 QE 退出的时候，略微涉及，我想给出一个全面的回答。

第一，现在促进国际收支平衡依然是我们宏观调控的重要任务。中国政府早就已经把促进国际收支基本平衡作为宏观调控的主要目标，这些年这方面取得了一些进展，尤其表现在经常账户顺差占 GDP 的比重在逐年回落，最近几年已经回落到国际认可的合理水平以内。前三个季度，经常账户顺差占到 GDP 的 2.2%，国际公认标准远高于这个水平。但是资本流入的压力还是很大的，外汇储备的增长还是比较快的，所以国际收支平衡的基础还不稳固，还要继续采取措施，促进国际收支的平衡。

第二，增加流入和扩大流出的因素同时存在，未来国际收支在贸易投资顺差的背景下，可能还存在波动的可能性。首先，贸易和投资的情况，世界经济在缓慢复苏，尤其是发达国家的经济复苏比较快，这对中国出口来说是一个利好。大家可能注意到，国际货币基金组织发布的最新预测显示，2014 年世界经济增长可能达到 3.7%，2015 年增长将达到 3.9%。这对于中国来说，有利于稳定和扩大出口。另外，中国近些年来将会推进改革，改善中国经济的中长期增长前景，保持经济的平稳较快发展，这对于吸引长期资本流入是有好处的，所以贸易和投资仍然会保持顺差。

但是在顺差的基础上，仍然会发生一定的波动，所谓发生波动就是有可能导致流入更多，比如中国经济好，其他新兴市场可能表现不太好，中国经济一枝独秀的话，有可能吸引更多的国际投资者把它的资产配置到人民币资产上。如果人民币汇率继续保持稳定，甚至还略显坚挺，在人民币利率仍然比主要货币利率高的情况下，有可能还会有很多企业的财务运作导致更多的资金流入。此外，我国本身有很大的外汇储备，也有比较多的外汇储备投资收益，这也会增加我们的外汇储备。

但是，我们也可能有一些流出的压力，国际金融还有可能出现一些动荡，包括美联储货币政策的走向，新兴市场在这个退出过程中出现的一些反应。另外，从内部来说，经济结构调整不可能一蹴而就，要有一个渐进的过程，可能会加大我们资金的波动。总结两句话，一是促平衡与减顺差依然重要，二是增流入与扩流出因素并存。

**经济参考报：**前一阵易纲行长在《求是》上发表文章，称现在在研究托宾税和价格的手段来抑制短期的资金流入，不知道外汇局这边有没有政策的准备，明年在控制投机资金流出入方面我们的政策重点是哪些？谢谢。

**管　涛：**在国际金融危机发生以后，建立逆周期的宏观审慎体系框架也是一个大的趋势，其中托宾税是大家一直热衷研究的问题，托宾税和传统的行政管理手段不太相同，主要是基于价格，依靠市场传导进行逆周期的调节。在一些亚洲的新兴市场国家，像韩国、泰国都在进行这方面的探讨，甚至现在一些发达国家对这个问题也表示了兴趣。大家都知道去年欧盟研究开征金融交易税，这是目前大家在研究宏观审慎管理上的一个重要的工具。但是托宾税不一定是税，更多是一种理念，是基于价格机制，基于用市场方式传导的调整。

三中全会上已经非常明确表示，要加快实现人民币资本项目可兑换，同时要建立健全宏观审慎管理框架下的外债和资本流动管理体系。这说明了资本账户要向开放的方向迈进，但是开放并不意味着不管，而是用更加市场化的手段进行管理。可以研究的工具就非常的多，包括刚才提到的托宾税，也可能是其他的市场手段。

实际上这些年外汇管理部门在应对异常跨境资本流入方面，我们已经尝试用一些宏观审慎的管理工具进行管理，大家都知道，去年 5 月我们出了一个汇发20号文，里面有一个政策，对于银行外汇贷存比超过一定上限的，要求增持一定比例的外汇头寸。这实际上就有些像一个市场化的价格调节工具，首先不是不能放贷款，因为放贷款后果就是减少了购汇，增加了当期结售汇的顺差，如果继续放贷款的话，意味着银行要增加汇率敞口，也会产生风险，就要采取一个措施，要么减少贷款，要么继续增加存款，但是风险要定价转移到贷款者身上。这是一种逆周期的调节，效果还是比较明显的。去年，外汇贷款增长势头得到很好的遏制，跟政策出台前相比我们境内外汇贷款是下降了将近300亿美元，我们还看到境内外汇贷存比下降了6个百分点，银行因为外汇贷款比较多，增持了外汇头寸170多亿美元。这对于缓解当前的外汇供求压力是很有好处的。

至于下一步怎么应对流入的压力，先是加强对跨境资本的流入和流出双向风险的监测，准备好预案，准备好工具，当然我们还要探索用更多的市场化的工具，针对可能流入的或者流出的风险进行及时的调控。

**中国国际广播电台：**请问管司长，您刚才提到了数据当中，我国的进出口顺差大概在2600亿美元，全年实际利用外资在1100亿美元左右，而央行公布的2013年外汇储备余额增长5097亿美元，这个数额之间差异很大，是不是也在一定程度上说明了热钱流入的状况？

**管　涛：**我们在准备新闻发布会的时候，想到可能有记者问到这个问题，因为根据我们在外汇局工作的经验来看，一般外汇储备增加少了，大家就讨论热钱流出资本外逃，外汇储备增加多了，大家又开始议论是不是热钱流入，所以说提出这个问题，我想是很正常的。

对这个问题有这么几点看法，供您参考。建议不要用贸易和投资的差额直接和外汇储备余额的变动比较。因为，外汇储备余额变动是含了汇率和资产价格变化引起的账面损益的变化，它实际上没有对应的国际收支的交易，也没有对应的跨境资本流动，举一个很简单的例子。我们公布的今年前三个季度的央行外汇储备余额是增加了3511亿美元，公布的国际收支平衡表上外汇储备资产增加额是3017亿美元，中间差了494亿美元，这部分很大程度上就是因为估值的变化导致的，但是没有实际的跨境资本流动，如果你用贸易投资的差额作比较，有可能就会得出一些似是而非的结论。如果要做一些高频的分析，我们注意到一些市场人士用央行外汇占款衡量当前的外汇市场供求关系，也可以作为一个参考指标，但里面也有一些问题。所以，建议不要用贸易投资的差额直接比外汇储备增长，而是应该用外汇储备资产变动额和央行占款反映真实的情况。

具体到您提的这个问题，这中间有这么大一个缺口，是不是反映了我们有资金流入的问题。首先，确实反映了资金有偏流入的压力，但是没有改变以前的基本判断，从 2010 年开始外汇局以国际收支分析小组名义每年发布《中国跨境资本流动监测报告》，其中有专门的章节对大家关心的外汇储备增长的构成问题进行分析，其中得出两个重要的结论：一是现在跨境资本大量流入和实体经济的活动基本相符，主要反映贸易投资顺差很大；二是企业的顺周期的财务运作加大了跨境资本流动的波动。所谓顺周期就是市场预期好的时候，资金要就流进来，形势不好的时候，资金就要流出去。

具体到 2013 年的情况，我们可以做对应的分析。第一就是海关统计的进出口顺差是 2598 亿美元，商务部门统计的非金融部门外商直接投资减去对外直接投资以后净流入是 274 亿美元，这两个数字加起来是 2872 亿美元，同比增长 8%。现在由于外汇储备资产的数还没有出来，所以无法比较，我们自己用了一个替代指标，就是银行代客结售汇顺差，刚才贸易加投资的顺差比上银行代客结售汇顺差大概有 74%。我们更愿意用的是国际上通行的做法，就是经常账户差额加上国际收支口径的直接投资差额来比上同期的外汇储备资产变动。前三个季度，前面两项相加比上同期外汇储备资产变动额占到 83%，所以说 80% 以上的储备增加是可以用贸易和投资活动来解释的，说明我们以前的判断仍然成立。

财务运作导致了跨境资本流入的压力加大。现在国际市场上流动性非常多，主要货币利率比较低，人民币利率相对较高，又面临升值的压力，很多企业采取资产本币化、负债外币化，或者叫作多人民币、做空外币的财务运作方式对冲风险，这样就使得企业大量的借外汇对外支付，或者是用人民币对外支付，替代了购汇，形成较大流入压力。刚才，我在通报数据的时候讲到一个数据，结汇率去年变化不大，售汇率去年有了明显的下降，这样的话，结售汇顺差“被增长”，这主要和财务运作有关。

去年人民币虽然有升值压力，但是人民币并没有明显的升值预期，人民币汇率中间价升值，但是远期的人民币价格显示人民币汇率是贬值方向的，这就意味着做远期结汇的话可能比即期结汇价格要好，这就刺激了远期的结汇。去年远期净结汇1321亿美元，创历史新高，银行为对冲远期净结汇风险，提前卖出了外汇，也增加了市场的压力。

**人民日报：**我想就刚才您说的2014年国际收支状况再补充三个问题。第一，跨境资本流动的流出和流入，流动的大方向是不是像您前一阶段所说的以流入为主？第二，2014年人民币汇率将是什么走势？第三，十八届三中全会提出加快推进资本项目可兑换，在2014年这个方面外汇局会有什么考量？

**管　涛：**第一，关于2014年是流入压力还是流出压力，我在回答第一个问题的时候已经做出基本的判断。2014年贸易和投资仍然会保持比较大的顺差，这是一个基准情形。我们在做情景分析时也考虑了很多不确定性因素，包括增加流入的因素，暂时可以称为利多人民币的因素；也包括增加流出的因素，就是利空人民币的因素。如果未来一段时期内利多人民币的因素多，就意味着在基础顺差的情况下会有更多的外汇储备增长，如果是利空的因素多就可能出现流入放缓，甚至是阶段性流出。如果预测全年下来是一个什么情况，我们只能“一颗红心，两手准备”，既要关注流入的压力，也要关注流出的风险。

第二，人民币汇率怎么走，应该由市场作出判断。人民币改革方向是明确的，要实现以市场供求有管理的浮动汇率制度，将来方向是市场供求在汇率运行当中发挥越来越大的作用。如果跨境资本流动是双向波动的，那就意味着人民币汇率将来有升有跌的波动将会成为一种新常态，就意味着现在的企业包括银行对于未来的发展趋势要做出一些适应的调整。我们不能单边的，一直朝一个方向调整下去，如果出现另一个方向的调整，对于可能带来的损失要有相应的措施。

第三个问题不属于我们这次会议的范畴。谢谢。

**中国日报：**近期注意到国家外汇管理局加强了对统计监测方面的工作，我们想了解一下这是不是为了加强个人资产转移的行为。另外，这方面工作对于反贪腐、反洗钱、偷税漏税有没有较大的促进作用？

**管　涛：**去年年底，修订发布了国际收支统计申报办法和对外金融资产负债及交易统计制度以后，国际收支统计工作得到了社会广泛的关注，反响强烈，而且持续了很长时间，去年11月底以来发布的这两个规定，截至目前还有人在议论，体现了社会上包括媒体朋友对国际收支统计工作的关心，也达到了我们的初衷，本来试图通过修订立法进行普法教育，强化大家国际收支统计申报意识。关于您提到的问题，我想也是最近大家比较关心的问题，我们对大家讨论的问题进行了归纳和总结，主要是三个方面：一是中国居民个人的申报问题；二是海外华人华侨的申报问题；三是国际收支统计数据的使用问题。

第一，关于中国居民个人的申报问题。这次把申报的主体从机构扩大到个人，应该说是我们这次国际收支统计申报办法修订的一个亮点。当然这也是适应了形势发展的需要，以前我们对个人持有使用外汇有严格的限制，在1995年首次制定国际收支统计申报办法的时候没有相关规定，现在逐步地放宽了，特别是最近几年，引入了合格境内机构投资者制度，由合格机构的托管银行向外汇局申报，而不是个人直接向外汇局申报。但是在可预见的未来，就是随着资本账户不断开放，个人对外投资渠道不断拓宽，对于个人这方面的申报也有客观需要。具体怎么做，要等我们出台具体的办法，通俗来讲，以前你怎么做的，现在仍然怎么做，将来怎么做，要等我们新的规定出来。这是关于居民个人申报的问题。

第二，出台这个办法以后，有一些华人华侨对这个表示了关注，他们在海外的资产是不是也要向中国当局申报，我想这可能有一些误解。这次修订国际收支统计申报办法，不但明确中国居民要进行申报，也明确非中国居民要进行申报，海外的华人华侨从统计概念上经济利益中心在海外，所以就属于非中国居民。因此这些海外华人华侨持有的海外资产是由非居民和非居民交易形成的，所以按照国际收支统计概念不属于统计范围，不用申报。什么情况下要申报？如果他和中国境内的居民发生了交易，就要进行申报。现在的做法是，由与海外非居民发生交易的中国居民这一方进行申报，在中国境内的非中国居民暂时也没有要求进行申报。

第三，关于国际收支统计数据的使用问题。实际上我们在修订的国际收支统计申报办法第 16 条有明确的规定，国家外汇管理局及其分支局对申报者申报的具体数据要严格保密，申报的数据只能用于国际收支统计。除法律另有规定外，国际收支统计人员不得以任何形式向任何机构和个人提供申报者申报的具体数据。这是上位法，《中华人民共和国统计法》明确规定的，也是国际上的惯例。

**主持人：**今天发布会到此结束。谢谢各位。

（2014 年 1 月 24 日，原文载于中国网）

# “2014 年第一季度外汇收支数据有关情况”新闻发布会文字实录

**中央电视台：**我的问题是近年来央行和外汇局多次表示人民币汇率接近均衡水平，外汇局公布的数据显示一季度国内市场仍是外汇供大于求，但近一段时间连续贬值，如何解释相互矛盾的现象？

**管　涛：**我想这个问题最近一段时间市场都非常关心，回答这个问题我想概括为三句话：第一句话，汇率波动实属正常；第二句话，双向波动条件具备；第三句话，汇率变化可以解释。

第一，人民币汇率有涨有跌实属于正常现象。从历史上看，无论采取什么样的汇率安排都没有只涨不跌的货币，尤其是汇率形成越加市场化，汇率制度越灵活，汇率弹性就越大。1994 年汇率并轨以来，我国就确立实行以市场供求为基础的有管理的浮动汇率制度，让市场在汇率形成中发挥越来越大的作用是既定的改革方向。确实，自今年 2 月中旬以来，人民币汇率有所走低，但是相比于 1994 年汇率并轨以来，尤其是 2005 年 7 月汇改以来，人民币目前调整的幅度并不算大。2005 年汇改到 2013 年年底，人民币兑美元的汇率中间价累计升值 36%，国际清算银行编制的人民币名义和实际有效汇率，也就是人民币相对于主要贸易伙伴汇率的平均汇率水平，分别累计升值 32% 和 42%，在国际清算银行监测的 61 种货币里，人民币名义的有效汇率升幅排第一位，实际有效汇率升幅排第二位。截至目前，一季度人民币无论是双边的还是多边的汇率到目前为止回调了 1% 左右，大家都知道股市股指的波动有涨有跌是很正常的，但只有涨跌到一定幅度以后才能叫牛市或者熊市，所以现在的小幅度调整都不应该过度的解读，人民银行也宣称，不要过度关注短期波动，更多应该关注人民币汇率的中长期走势。

3 月末，我们监测到境内外期权市场反映的人民币汇率的隐含波动率上升到 2.5%，同期主要发达国家和新兴市场货币的汇率平均波动率在 9% 以上，这种波动都是比较小的。而且更为重要的是，我国抓住人民币汇率双向波动这个有利时机，从 3 月 17 日开始扩大了人民币汇率的浮动区间，这是朝着市场决定资源配置、建立健全国际收支调节的市场体制机制方向又迈进了一大步，所以我们不能孤立地看人民币汇率波动的问题。

第二，现在人民币的双向波动已经具有了宏微观的条件。从宏观上讲，人民币汇率正在趋向均衡合理水平，国际上通常用经常账户差额占 GDP 的比重来衡量一个国家的国际收支平衡状况，经常账户不管顺差还是逆差，只要在 GDP 的一定比例以内都属于合理，不能说汇率均衡就是经常账户收支相抵了，不是这样的，是有一个合理区间的。2008 年全球金融海啸以来，我国加快转变经济发展方式，扩内需、调结构、减顺差、促平衡，从 2010 年开始，我国经常账户顺差占 GDP 的比重已经回落到国际认可的合理标准以内，2013 年我国经常账户顺差占 GDP 比重是 2%。大家可能注意到最近一段时间，市场有的人在预测今年一季度的经常账户收支状况，甚至有人预测一季度有可能会出现近年来少有的经常账户逆差，当然这个问题过几天我们要发布国际收支的初步数据，大家自然可以看到这个结果。

国际社会对中国在经济再平衡方面付出的努力给予了充分肯定和高度评价，这是宏观方面的条件。从微观来讲，现在的资本流动对人民币汇率的影响越来越大。大家都知道这次危机发生以后，主要的发达经济体都采取了量化宽松的货币政策，造成了全球低利率、宽流动性，使得新兴经济体经常面临脱离本国基本面的资本流动波动冲击，中国也是深受影响。我们做过一个研究，2005~2009 年，经常账户和资本账户顺差对中国国际收支总顺差的贡献是七三开，而 2010 年起，除了 2012 年资本项目出现少量的逆差以外，2010 年、2011 年、2013 年我国经常账户和资本账户顺差对于国际收支顺差的贡献转为四六开，就是资本项目已经超过经常账户成为我国近年来国际收支顺差、外汇储备增加的主要来源。2013 年这个比例大概是 9:16。其中，因为境内企业采取资产本币化、负债外币化，或者可以说是做多人民币、做空外币的财务运作，导致 2013 年我国非直接投资形式的资本流动，也就是通常意义上的国际收支口径证券投资加上其他投资这两个项目，由 2012 年的净流出 2123 亿美元转为净流入 1382 亿美元，这一进一出振幅变化规模达到 3505 亿美元，完全可以解释 2013 年我国外汇储备资产多增 3340 亿美元的变化。

需要特别指出的是，尽管 2013 年人民币兑美元即期汇率呈升值态势，但远期市场上人民币贬值，这反映了人民币利率高于美元利率的状况。这告诉我们什么情况？就是看着市场上是有升值的压力，但跟以前相比并没有那种明显的升值预期。特别是今年一季度，我国货物贸易顺差加上非金融类的直接投资净流入合计 283 亿美元，同比下降 41%，而同期银行结售汇的顺差同比增长 57%，这说明实体经济活动引起的顺差减少。但结售汇顺差增加，反映了企业顺周期财务运作加大了套利资金流入的压力。从这个意义上来讲，目前人民币汇率走势可能就不能简单从商品供求关系来看，越来越像股票和债券这种资产价格变化，一些心理预期、价格重估等非流量、非交易因素都可能对汇率水平产生影响。所以说现在市场供求是影响汇率走势的一个重要因素，但不是唯一因素。

实际上，2013年我国跨境资本整体偏流入，但是我们仍然看到市场上曾经出现过阶段性的人民币汇率双向波动，也就是五六月的时候，我们虽然是净流入，但汇率也出现过双向流动，因此汇率均衡情况下双向波动是有市场基础的，这是第二句话。

第三，近期的人民币汇率水平变化是可以解释的。大家都知道，今年以来国内经济增长稳中趋缓，外贸进出口比较低迷，还有一些信用违约事件开始暴露，外部主要的问题就是美联储QE加速退出，这些都是分化汇率预期、推动资本流动波动的触发因素。特别是当人民币汇率波动加大以后，对前期看涨人民币单边升值的套利交易形成挤出效应，并释放出平仓购汇的需求，反过来进一步推动汇率的波动和资金流出的压力。市场并不是静态的，而是动态变化的，所以说这个变动是可以解释的。

我们注意到2月，反映零售市场外汇供求的银行结售汇顺差与未到期远期净结汇余额变动的合计额是545亿美元，比1月下降了32%，3月进一步回落至307亿美元，环比下降了44%。我们看这个市场供求状况不是简单地把银行结售汇顺差和远期结售汇签约顺差相加，远期结售汇顺差影响市场供求的部分是未到期远期结售汇差额的余额变动，余额上升意味着银行要提前卖出外汇。我们看到3月公布的银行结售汇顺差是402亿美元，但是真正的即期加远期顺差就更少，只有307亿美元。

进入4月以后，外汇市场做出了更加积极的反应，或者说作出了适应性的调整。境内外人民币汇率的差价大幅收窄，一季度境外人民币汇率CNH相对境内人民币汇率CNY日均差价是169个基点，4月初到上周五这个差价收敛为35个基点。而且一季度的时候CNH相对于CNY总体是相对升值的，但是4月以来CNH对CNY呈现了有时候相对强势、有时候相对弱势的交替变化，也就是双向的变动，这也表明随着人民币汇率的波动加大，现在汇率水平逐渐为境内外市场广泛接受和认可。谢谢。

**人民网：**刚才您提到今年一季度外部环境复杂多变，经济运行仍然存在下行的压力，人民币汇率出现了双向波动，在这种情况下，您如何评估未来我国的跨境资本流动形势？谢谢！

**管　涛：**我想这个问题的回答也是三句话：第一句话，当前净流入的格局还没有改变；第二句话，跨境资本流动正在出现积极变化；第三句话，未来双向震荡将是常态。

第一，当前跨境资本流动仍然保持了净流入。尽管国内外环境比较复杂，人民币汇率也出现了波动，但第一季度以及第一季度各月的银行结售汇和涉外收付款都是顺差。货物贸易顺差是我们顺差的主要来源，第一季度以及第一季度各月的货物贸易结售汇顺差仍保持了大于海关进出口顺差的态势，所以说资金还是流入的。对于人民币汇率的波动，我觉得市场做出了适应性的调整，但是没有出现恐慌，外汇市场仍然保持了平稳运行，境内外人民币汇率的差价大幅收窄并呈现双向变动。

第二，我国跨境资本流动正在出现一些积极的变化。主要表现在，一是企业的持汇倾向增强，3月企业外汇收入的结汇率比前两个月下降了4个百分点，银行的各项外汇存款增加了144亿美元，比前两个月的平均水平上升了3%。二是企业的购汇意愿上升，企业外汇支付的购汇比例较前两个月的水平上升了3个百分点，3月银行的外汇贷款增加了222亿美元，比前两个月的平均水平下降了6%。三是从远期结售汇看，企业远期购汇的动机增强，远期结汇的意愿减弱，3月远期结售汇签约顺差降到了27亿美元。

对于这些变化，我们觉得都是我们乐于见到的，我们也是有一定承受能力的。从宏观上来讲，这些变化有利于外汇供求平衡，改善宏观调控；从微观上来讲，有利于企业部门减少货币错配，更好地应对资本流动的冲击，我们不是说顺差减少了、购汇多一点我们就紧张，我们首先要有容忍度，要看到它的积极方面。

第三，预计未来跨境资本流动仍会保持双向振荡的格局。尽管现在人民币汇率出现了波动，但是影响跨境资本流动的基本面因素并没有发生根本改变。第一季度我国经济增速，就业、物价这些主要的经济指标都保持在年度预期目标范围。下一步我国政府将继续按照稳增长、促改革、调结构、惠民生的思路，着力增加有效供给，不断满足新增需求，注意防范和化解潜在风险，这将有利于中国经济保持平稳发展。实际上，国际社会对此也给予了充分肯定。不久前国际货币基金组织总裁表示，中国经济增速放缓是经济再平衡、追求可持续发展的必然结果，没有什么值得特别担心的。一些国内外专家也普遍认为，现在中国外汇储备充裕、财政状况良好，应对金融风险的缓冲空间较大。但另一方面我们也注意到，现在国内和国际上还有很多不确定、不稳定的因素，在我国国际收支趋向均衡、人民币汇率接近合理均衡水平的背景下，跨境资本流动和人民币汇率双向波动将成为一种新常态。对于这种变化，市场各方都要做出适应性调整，理性看待，积极应对。

**提问：**您刚才说了近期企业的顺周期财务运作增大了资金流入，但在近期人民币汇率贬值和日间波动区间扩大的背景下，企业是否会承担更大的汇率风险，甚至会出现损失？外汇局将如何支持企业应对？

**管　涛：**大家关注这个问题，可能是因为人民币汇率波动以来，有媒体报道，境外叙做人民币结构性产品，如目标可赎回远期，也就是TRF的投资者出现损失。所以，大家也很关心境内人民币外汇衍生品交易的情况，对此，我从三个方面回答。

第一，境内企业适应和管理汇率风险的能力正在逐步提高。2005年汇改以来，人民币汇率弹性逐步增强，我国外汇市场加快发展，交易产品、交易主体都得到了丰富。从交易品种看，我们除了人民币外汇的即期交易外，现在市场上已经有了远期、外汇掉期、货币掉期、外汇期权这些基础的人民币外汇衍生产品，是帮助企业管理汇率风险的重要工具，现在越来越多的企业利用这些工具来管理汇率风险。2013年，银行对客户的各类人民币外汇衍生品交易量相当于2006年的17.4倍，占整个外汇市场成交量的比重由2006年的3%提高到2013年的19%，很好地支持了企业管理汇率风险。

当然，通过这次汇率波动我们也注意到企业存在的一些问题，过去在人民币汇率长期单边升值、波动较低的时候，企业主要是管理人民币升值风险，所以大量开展了远期结汇，而对于外币负债的敞口风险没有进行有效的对冲。这次汇率波动以后，前期的一些国内外汇贷款或者从海外借的外币负债，就会承受一定的压力。但是，这种波动也给市场上了生动的一课。3 月以后，随着汇率波动的加大，越来越多的企业开始对冲前期外币负债敞口，增加了远期购汇，3 月日均远期购汇签约额比前两个月的日均水平增长 34%，而远期结汇签约额下降了 36%，这是造成 3 月远期结售汇顺差大幅回落的主要原因。这应该也是一个好的现象。

第二，客观全面地认识汇率避险工具的作用。企业在从事对外经贸往来的时候，如果用外币计价结算必然就有外汇敞口，就会面临汇率波动的风险，所以要用一些工具对这个风险进行管理。但是不同的交易策略产生的财务后果是不一样的，如果衍生品交易是基于实际的贸易和投资背景，也就是我们常说的实需背景，那么对冲风险的套保行为是帮助企业把汇率波动的不确定性变成确定性，提前锁定收益或者成本，然后企业可以集中精力生产经营。但是如果没有贸易和投资的背景，只是追逐风险的投机行为，那么一旦看错了方向，就有可能承担实际的损失。而国内人民币外汇衍生品市场发展一直秉承的是服务实体经济，坚持产品创新与银行风险管理能力和企业风险承受水平相适应的原则，所以对于各类的衍生品交易在客户端我们都是坚持实需管理，有利于最大限度地降低风险。

最近一段时间人民币汇率的反向调整，可能使得前期在人民币汇率高位水平上做远期结汇的企业出现了浮亏，如当时在 6.1 的价格签的远期结汇合约，现在已经到 6.2 以上，按照市值重估的话有一定的损失，但只是账面的浮亏，不是实际的损失，因为对于出口企业来讲，在签一个远期合约的同时，是按照远期约定的价格签订出口合同，然后按照那个锁定的收益进行生产经营。可能损失的是什么？远期合约履约的损失是按照现在更好的价格结汇的机会成本，可能后悔当时要是不做远期结汇，按照即期价格可能更好，但这只是机会成本，因为当时已经按照签约价格锁定了收益，所有生产经营都是按照 6.1 来组织的。所以说，如果是实需原则，汇率避险工具可以帮助你把不确定性变成确定性，降低财务风险。如果没有实需，特别是境外做人民币结构性产品的，很多是无实需的，前期大量对赌人民汇率单边升值和低波动性，这次汇率出现反向调整后，这些机构可能就会承担一定的压力，杠杆率越高则压力越大。因此，不同的交易策略产生的财务后果是不一样的，不能简单地说汇率变动后就会损失，还要具体问题具体分析。

第三，外汇管理部门将继续加快培育和发展外汇市场。具体来讲是四个方面的工作。一是进一步丰富交易产品，增加交易主体，改进交易机制，拓展外汇市场的深度和广度，增加市场流动性。二是坚持产品适销原则，维护公平交易，督促银行充分揭示衍生品交易的风险，把合适的产品卖给合适的投资者，不能过度夸大产品功能。三是要加强投资者教育，引导企业树立正确的汇率风险意识，对汇率双向波动的风险都要管，以前企业管理的都是人民币升值的风险，对于负债方可能出现人民币贬值的风险方面并没有进行有效管理，这个将来是要加强的。此外，还要帮助企业正确认识汇率避险工具的作用，不能把汇率避险工具当作赚钱的工具，而是要还原为管理风险的手段，对外汇敞口要进行适度的套期保值,但过度的套保实际也是投机。四是进一步提高数据透明度，不断扩大外汇统计数据的披露范围，加快数据披露的频率，帮助市场主体更好地识别和管理风险。

**第一财经日报：**您刚刚讲到未来跨境资本流动的三个状态，我想问一下这种变化,因为我们之前一直观察到央行的资产负债表里很大的一块是外汇资产，如果这块发生变化的话，会对央行资产负债表的结构产生什么样的长期影响?

**管　涛：**人民币汇率形成机制改革是完善金融市场体系的重要内容。按照改革的总体部署，央行要逐步淡出外汇市场的常态干预。原来外汇占款是央行基础货币投放的主要渠道，如果央行逐步淡出干预的话，就意味着将来货币政策和汇率政策的联系会逐渐弱化,这将对央行的资产负债表结构产生一定影响。

**主持人：**今天上午的新闻发布会到此结束。谢谢管司长，也谢谢大家!

（2014 年 4 月 24 日，原文载于人网）

# “2014年上半年外汇收支数据有关情况”新闻发布会文字实录

**人民日报：**李克强总理近日在国外表示，中国巨额的外汇储备实际上是国家一个沉重负担，请问管司长对这句话怎么理解？对这个负担应该怎么处理？谢谢。

**管　涛：**这个问题我想应该这么看，外汇储备积累，一方面是有好处的，它增强了中国的国力，提高了我们抵御外部冲击的能力，提高了国际清偿能力，同时也带来了中国国际影响力的提高。所以，这是有好处的。另一方面，任何事情有利必然有弊，它也有一些不利的影响，主要体现在由于外汇储备增长比较多，带来的央行基础货币投放比较多，有可能带来通胀的压力，还有资产价格上涨的压力。还有，外汇储备多也会导致经营管理难度加大，资产规模太大可能在动荡的国际金融市场里，在经营管理中面临比较大的挑战。然后，外汇储备多可能也会引起国际社会的很多关注，触发一些贸易或者投资的摩擦。外汇储备的增长有利有弊，利弊之间是要权衡的。可能刚开始外汇短缺的时候增加外汇储备带来的好处是主要的，成本是次要的，但是随着外汇储备增长到了一定程度以后，带来的一些负面的作用就大一些，所以我们要积极应对这方面的事情。

关于如何应对外汇储备增长带来的挑战，还是按照两条思路，一条是控制流量，要继续致力于促进国际收支基本平衡，要让贸易收支更加平衡，在鼓励利用外资的同时，我们还要鼓励对外投资，同时还要发展外汇市场，完善汇率形成机制，进一步发挥市场对外汇资源配置的决定性作用。国际收支趋向平衡以后，外汇储备增减就会逐渐收敛，带来的不利影响就会得到有效控制。另一条思路就是要盘活存量，把我们既有的外汇储备资产创新运用渠道和方式，提高外汇储备资源的使用效率。我们这些年都做了一些积极的探索。

**经济日报：**我的问题是，近期外汇局提出了发展外汇期权，丰富汇率避险工具，支持外贸增长。但是实际操作中我们也看到，可能会存在利用外汇期权套利的行为，在汇率市场化的过程中，监管部门应该如何防范银行企业利用外汇的衍生品进行投机，在对于企业避险方面又有什么样的建议？谢谢。

**管　涛：**对于这个问题，外汇局持两种立场。一种是对于企业基于实际的贸易投资活动进行的合理套期保值，外汇局一直大力支持和鼓励，发展外汇市场的目的也是支持企业有效管理汇率风险。另一种是对于企业进行的投机交易，尤其是通过虚构交易、伪造单证的方式进行投机套利，外汇局不支持甚至严令禁止。

为引导市场主体正确使用汇率避险工具，外汇局始终坚持以下原则：一是有序发展外汇市场。围绕服务实体经济的要求，根据银行的风险管理和定价水平、企业的风险识别和承受能力，坚持循序渐进，从简单到复杂，从基础到衍生，发展市场真正需要的外汇产品。二是引导银行审慎经营。围绕服务实需交易的要求，不断完善外汇衍生产品监管，引导银行根据“了解客户、了解业务、尽职审查”的展业原则，将监管要求前移和内化至银行内部操作流程，变过去“要我做”为“我要做”，进一步调动银行对相关业务进行真实审查和合规经营的积极性、主动性，外汇局重点加强对银行的事中事后监管。三是加强企业风险教育。通过持续的市场教育，引导企业树立正确的汇率风险意识，正确认识汇率避险工具的作用，对汇率敞口进行适度套保，避免背离主业、脱实向虚。

至于企业如何审慎运用外汇衍生产品管理汇率风险，这是一个“干中学”、不断积累经验的过程。从国内外衍生产品市场发展的一些经验教训看，对于企业运用外汇衍生产品有几点体会：一是企业应适应人民币汇率双向波动的新常态，改变线性单边的思维定式，从以前只管理单边升值风险转向全面管理双向波动风险，通过套期保值将双向波动的不确定性变成确定性，集中精力做好主业。二是企业要了解自己的交易，不参与不熟悉的交易，在交易之前要对衍生产品进行估值，并确定风险限制水平。三是企业财务部门不应是利润中心，而要把衍生产品交易看作锁定风险的工具而非赚钱的手段。四是企业应进行适度的套期保值，过度套保也是投机，是追逐风险。

**中新社：**我的问题是有关中国的外债数据的，国际清算银行在最新的一个研究报告里谈道，最近中国外债增长是比较快的，而且短期外债占比也比较大。他们也表达了对中国外债规模的担忧，不知道您对此怎么看？谢谢。

**管 涛：**国际清算银行发布的这个报告，我们也关注到了。关于中国的外债问题，是国际清算银行在最新一期年报里提示的。对于国际清算银行提示的这个问题，一方面要重视，另一方面也要冷静分析。我们对中国外债情况的总体判断主要有两点，一是宏观债务总体安全，二是个体债务风险需要重视。首先，从宏观层面来看，我国外债风险基本可控，国家债务安全有保障。根据最新的统计数据，今年3月末，我国外债余额是8839亿美元，比2008年年底增长了1.3倍。其中短期外债余额是6908亿美元，比2008年年底增长了2.1倍。由此可见，短期外债的增长快于外债总体规模的增长，短期外债增长是本轮国际金融危机以来我国外债增长的主要来源。今年3月末，短期外债占总体外债规模的比重达到78%，比2008年年底上升了20个百分点，同时也超过了25%的国际警戒标准，这也是国际清算银行提示中国短期外债风险的主要原因。但衡量一个国家债务安不安全有很多指标，不仅仅是短期外债占比这一个指标，从其他指标来看，我国外债总体是安全的。如短期外债余额与外汇储备余额的比重，3月末是17%，而国际警戒标准是100%。关于债务率、负债率、偿债率这些传统的债务安全指标，中国也都在警戒指标以内。同时，近年来外汇局对短期外债增长高度重视，审慎地控制短期外债指标的发放，对于脱离实际贸易背景的虚假贸易融资也进行了专项治理和打击。未来我们将继续加强和改进外债统计监测，同时积极构建宏观审慎管理框架下的外债和资本流动管理体系，防范相关风险。这是对中国整体外债情况的基本判断，总体是安全的。

从微观层面看，宏微观债务安全状况不能简单替代，相关市场主体仍然要高度重视个体债务风险。我们注意到，国际清算银行在发布年报时还提示了另外一个风险，指出在全球低利率和市场低波动率的环境下，要防范过度的金融冒险行为，这是对我们有借鉴意义的。为什么近年来中国的外债增长很快，一个重要原因就是，主要经济体实行量化宽松的货币政策，导致全球主要货币利率水平偏低，人民币利率水平相对较高，人民币汇率也长期单边走势，波动率比较低。这种情况下，境内企业普遍采取了“负债美元化”的财务操作，当存在对外支付需求时，不是买外汇而是借外汇，积累了大量的美元负债。所以这类企业需要高度关注债务风险，应该根据实际的生产经营合理地进行对外债务融资，注意防范跨境资本和人民币汇率双向波动风险，防止将来出现外汇流动性问题，或者出现汇率方面的损失。我国外债宏观风险可控，是指当国家作为最后贷款人时，可以用外汇储备防范系统性的债务风险。但是作为个体来讲，债务的流动性问题、安全性问题都应该是风险自担，不能指望在外债方面还存在刚性兑付的这类隐性担保。所以说，我国外债总体上安全，但相关个体还是要高度关注债务安全问题。谢谢。

**东方卫视：**近来有媒体报道说中国银行在 2011 年开展了一项名叫“优汇通”的项目，可以将不限数量的人民币转移到海外，兑换成外币，从而绕过中国的外汇监管。请问管司长，外汇局如何定位这样的涉外金融项目，它是属于合规合法，还是属于灰色地带？对于中国越来越多的资金和投资都将在海外进行，外汇局有没有一些新的举措，适应当前形势的需要？

**管　涛：**关于你的第二个问题，加快人民币实现资本项目可兑换，逐步拓宽资金流出渠道，鼓励“藏汇于民”，鼓励个人对外投资，这是改革的既定方向。关于具体怎么做，什么时候做，需要有个总体部署和安排，还在研究过程中。关于你提到的“优汇通”问题，因为不是外汇局管理的事情，而且跟今天的新闻发布内容没有关系，所以我不作评论。谢谢。

**新华社：**还是两个关于数据方面的问题。第一，昨天刚刚公布了外汇占款，是否符合管司长所说的今年上半年钟摆式的国际收支情况？第二，我们可以看到，现在经常账户服务贸易逆差逐年甚至逐季在扩大，如果这样发展下去，现在我们的经常账户还是实现顺差，以后会不会有逆转？就是整个经常账户成为逆差？外汇局有什么样的政策保持未来的国际收支平衡？谢谢。

**管　涛：**关于外汇占款问题。从人民银行公布的金融机构外汇占款变动的情况看，确实跟刚才对外汇收支数据的分析是一致的，有较大的起伏变化。但人民银行公布的外汇占款数据口径和结售汇口径是不一样的，所以说这两个数据不能完全一一进行对应，具体的情况还需要咨询数据发布部门。

关于你提到的第二个问题。服务贸易逆差扩大确实存在，中国从20世纪90年代中期开始服务贸易就是逆差，2013年服务贸易逆差1245亿美元，规模较大。对这个问题应该从两方面来看，一方面，服务贸易逆差反映了目前中国经济发展阶段的客观情况，服务行业整体上国际竞争能力不足，使得服务贸易呈现逆差；另一方面，近年来随着中国居民收入的提高，消费能力的增强，有很多居民个人到海外观光、旅游、留学，这些都统计在服务贸易项下。但服务贸易逆差对于促进国际收支平衡是有好处的，经常账户主要有四个项目，包括货物贸易、服务贸易、收益项目、经常转移，促进国际收支平衡就意味着不能追求每个项目都是顺差，必然有的是顺差，有的是逆差。刚才提到，我国2013年服务贸易逆差1245亿美元，占当年GDP的−1.4%，而国际收支口径货物贸易顺差占GDP的3.9%,货物加上服务以后的整个贸易顺差占GDP的2.6%，对于我国经常账户平衡是有很大帮助的。2013年经常账户顺差占GDP比重是2.0%，保持在国际认可的合理标准以内。所以说，服务贸易逆差在促进国际收支平衡中发挥了积极作用。

对于未来我国经常账户收支状况，不能仅仅看服务贸易情况，服务贸易只是经常账户的一个子项，所以我们展望未来经常账户收支状况时，主要应看经济基本面的因素，一是经济结构调整的状况，经济发展方式转变的程度，多大程度上实现了从过去投资、出口拉动转向了消费、投资、出口协调拉动。二是人口年龄结构的变化，大家讨论比较多的，现在中国是不是进入了刘易斯拐点，人口红利减少，这可能对我国经常账户有较大影响。三是劳动生产率的变化，在人民币汇率升值的同时，如果劳动生产率也在提高，经常账户可能还会继续保持顺差。如果人民币汇率升值，但是劳动生产率跟不上，可能会造成反向影响。而且，经常账户不管是顺差还是逆差，只要在合理的范围以内就属于平衡状态。关于未来经常账户状况，我们的基本判断是会趋于基本平衡。但有的人说会出现顺差，有的人说是逆差，大家都有不同的研究结果，我们愿意听取市场上的意见。

**国际商报：**刚才发布的数据提到，我国FDI是增速放缓的，请问下半年形势您是怎么分析的？会不会采取相关的举措，使它保持稳定？谢谢。

**管　涛：**你这个问题问得很好，但是关于利用外资的问题建议向其他主管部门咨询，他们会更加权威。谢谢。

**主持人：**谢谢各位参加今天的发布会。

（2014年7月23日，原文载于中国网）

# “2014年前三季度外汇收支数据有关情况”新闻发布会文字实录

**中央电视台：**今年三季度末，我国外汇储备余额为3.89万亿美元，较今年二季度末下降了约1000亿美元，请问主要原因是什么？应该怎么看待外汇储备的下降？谢谢。

**管　涛：**谢谢你的问题。我们也注意到，人民银行刚刚公布的9月末外汇储备余额比6月末下降约1000亿美元。根据我们分析，下降的主要原因是美元汇率在国际市场上走强引起的汇率折算变化。今年三季度，美元指数上升7.7%。我国外汇储备里面，除了美元资产以外，还有其他一些非美元资产，需要折算成美元对外公布，美元升值就会导致非美元资产在折算成美元时金额减少。但这些折算造成的余额变化只是账面的估值变化，并不是实际的损失，也不会有实际的跨境资本流动。因此，账面的估值变动和实际的损益并不是一回事。而且现在我国外汇储备规模已经达到三四万亿美元，未来国际市场上主要货币汇率波动可能还会造成外汇储备余额变动，但影响比较有限，主要货币汇率是有涨有跌的，对于这种波动的影响不必过度解读。

关于怎么看待外汇储备余额的下降，我想讲三点。首先，国家早已明确不追求外汇储备越多越好，今年前三个季度外汇储备余额增长放缓，除了国际市场汇率波动的折算因素外，还反映了国际收支趋向基本平衡。今年年初，政府工作报告里提出的主要工作任务之一就是国际收支趋向基本平衡，我国现在正向这个目标迈进。

其次，今年人民币汇率形成机制改革又有新举措，扩大了人民币汇率的双向浮动区间，央行也在逐步淡出常态式的外汇市场干预。在这种情况下，市场自求平衡、外汇储备增长放缓就会变成一种新常态，符合改革的方向。

最后，现在我国的外汇储备规模比较大，即便将来由于跨境资本流动的双向波动，外汇储备出现阶段性回调也是可以承受的，这是我国抵御外部冲击的一个强有力的基础。

以上就是我对外汇储备余额下降的看法，主要想强调的是，大家要用平常心看待外汇储备余额的波动。

**人民日报：**今年第三季度以来，我国进出口顺差屡创新高，人民币汇率总体升值，但是银行的结售汇顺差持续走低，有些月份甚至出现逆差，怎样解释这一现象？这是不是意味着我国当前面临资本大量外逃的风险？未来外汇形势又会怎样发展？谢谢。

**管　涛：**谢谢你的问题，我们也注意到了这个现象。第三季度人民币汇率有所回升，贸易顺差较大，但是外汇市场上却出现少量的供不应求。这种外汇市场供求关系的变化，是3月人民币汇率形成机制改革新成果的进一步显现。今年2月中旬，特别是自3月17日扩大人民币对美元汇率双向浮动区间以来，人民币汇率呈现了明显的双向波动，有涨有跌，改变了过去的单边走势，这在一定程度上引导了市场，使得市场主体调整了外汇交易策略，企业购汇意愿普遍增强，结汇动机有所减弱。

虽然最近几个月人民币汇率有所回升，但是在国内外经济金融环境错综复杂的情况下，企业对前期人民币汇率双向波动还是记忆深刻的，所以总体上仍然延续了增加外汇存款、减少外汇贷款和对外负债的财务调整。我们现在有一组数据，给大家说明这个情况。

第一，三季度银行结汇较二季度增长3%，而售汇增长14%。从衡量企业购汇动机的指标来看，三季度企业外汇支付的购汇比例达到70%，比上半年上升5个百分点；而企业外汇收入中结汇的比例是69%，比上半年总体回落了3个百分点。

第二，从企业外汇存贷款情况看，第三季度企业外汇存款增长38亿美元，其中七八月合计增长229亿美元，而第一季度企业外汇存款增加387亿美元，第二季度增加652亿美元。同时，第三季度境内外汇贷款下降212亿美元，而第一季度增加626亿美元，第二季度减少23亿美元。此外，第三季度企业的进口跨境贸易融资余额下降365亿美元，而第一季度和第二季度分别增加241亿美元和187亿美元。所以，这些数据显示，第三季度企业总体上还是结汇意愿减弱、购汇意愿增强，增加外汇存款、减少外汇贷款和对外负债，延续了这样一种财务调整。

至于怎么看这个情况，我们认为，当前我国有资本外流但并非风险或者问题。第三季度海关统计的进出口顺差1281亿美元，环比增长48%，同比增长111%。而外汇市场出现供不应求，必然对应着资本项下净流出，这不应被视为风险或者问题。可以从三个方面看待这个问题。

第一方面，从调整的结果看，这种变化符合国家宏观调控的目标。国家年初就确定了国际收支趋向基本平衡的目标。第一季度，国际收支经常账户、资本项目“双顺差”，外汇储备增加1000多亿美元，完成国际收支平衡任务面临很大的挑战。但是，进入4月以后，在国内外经济环境不确定性增加的情况下，由于人民币汇率双向波动，企业进行了反向的财务调整。第二季度，虽然贸易顺差扩大，经常账户盈余增加，但资本项目却从上个季度的940亿美元净流入转为162亿美元净流出，国际收支口径的外汇储备资产增加额从上季度的上千亿美元降到了200多亿美元，环比降幅达82%。初步预计，第三季度我国国际收支仍是“经常账户顺差、资本账户逆差”的平衡格局。这对于实现我国国际收支自主性平衡是有益的，也为央行改善宏观调控、扩大货币政策操作空间创造了有利条件。

第二方面，从调整的路径看，企业增加外汇存款，包括一些企业增加对外投资，使得我国贸易顺差由国家集中持有变成市场分散持有，符合“藏汇于民”的改革方向。企业减少外汇贷款和对外负债有利于降低货币错配，减少对外负债敞口，能够降低金融风险。而且，在人民币汇率形成市场化改革过程中，央行逐步淡出外汇市场干预，就意味着贸易顺差必然对应着资本流出，而且贸易顺差越大，资本流出规模就越大，这本身也是改革的方向。我们改革取得了成果，达到了预期目标，但不能把这一结果当成问题，这需要我们认真权衡。

第三方面，从调整的过程看，2012 年年底到今年年初，我国曾经历了一轮资本较大净流入。近期由于人民币汇率双向波动、内外部环境错综复杂，资金由偏流入转向偏流出，“钟摆效应”比较明显，这也是正常的。况且，两三百亿美元的供求缺口并不算大，是可以承受的。而且三季度企业外汇收入结汇的比例仍然达到 69%，比第二季度还上升了 1 个百分点。9 月，企业外汇收入中的结汇比例达到 74%，比 8 月上升了 6 个百分点，说明当前市场主体的持汇意愿还是稳定的，并没有出现恐慌性的囤积外汇。

未来我国跨境资本流动将在震荡中保持基本平衡。现阶段我国经常账户收支趋向基本平衡，人民币汇率也趋近于均衡合理水平。在这种情况下，由于内外部不确定性因素有所增加，可能会使得跨境资本流动双向波动成为一种新常态，这也是在中国经济新常态下的国际收支运行新常态。未来影响我国跨境资本流动的因素，有偏流入的，也有偏流出的。如我国经济逐步企稳、海外对人民币资产配置需求提升、境内外正向利差、年底西方传统节日需求旺季等因素，都有利于跨境资本流入。

另外，由于国内外经济金融环境依然错综复杂，存在很多不确定性，有可能加大我国跨境资本流动的波动性。但总体来看，只要我国按照党中央国务院的部署，全面深化改革，推动经济转型升级，保持经济平稳发展，再加上贸易顺差较大，外汇储备家底充实，跨境资本流动出现波动也是可以承受的。

**经济日报：**今年以来，人民币汇率出现了明显的双向波动，外汇局也出台了发展外汇衍生品的相关政策，但是据我们了解，一些企业却反而减少了外汇风险套期保值的业务，请问管司长如何评价？

**管　涛：**人民币汇率双向波动以来外汇市场发展出现积极变化，同时也有些问题值得关注。

第一，外汇衍生品交易出现显著变化。一方面，汇率双向波动打破了人民币单一预期，企业改变了过去只做远期结汇不做远期购汇的单边交易策略。3~9月，月均远期结汇交易量比1~2月减少48%，而远期售汇交易量增长18%。另一方面，外汇局6月底出台了以外汇期权为重点的外汇市场发展措施，同时简化市场准入，衍生品交易趋于活跃。8月外汇期权交易量创历史新高，环比增长1.8倍，相对于同期远期交易总量的比重从7月的8%上升到21%。这些变化反映了市场的自主性调整，也显示了政策支持的效果。

第二，加强企业风险教育仍是一项迫切的工作。我们注意到，面对汇率双向波动，一些企业还表现出不适应。由于过去人民币长期单边升值，波动率较低，甚至一段时期内远期结汇价格比即期结汇价格还要好，这使远期结汇成为一些企业赚钱的工具。结果导致一方面有些企业认为，如果做远期或者其他衍生品交易不赚钱，就没必要做套期保值。另一方面，一些企业的衍生品交易形成一种定式，仅对外汇收入做远期结汇，但是对外汇支出或对外负债不进行套期保值，就是常说的“裸贷”，借了外汇贷款，本来有外汇敞口，却不锁定汇率风险。

另外，外汇局将继续推进外汇市场发展，支持市场主体运用衍生品管理汇率风险，更好地服务实体经济。银行应按照适销原则向企业提供套期保值服务，加强对企业的风险教育，引导树立正确的套期保值意识。同时，面对汇率双向波动的新常态，企业自身也应该树立正确的风险意识，建立严格的财务纪律，合理运用衍生品等手段管理汇率风险，减少用自身主观判断去替代适当的市场操作。

**日本NHK：**关于美国退出第三轮量化宽松政策对中国经济的影响怎么看？再就是市场上有一个看法，之前流入内地的“热钱”是中国的房价上涨和和房地产投资同比上涨的原因之一，您怎么看待这样的观点和最近的变化？另外，现在中国外汇储备的资金主要投向美国国债，美国退出量化宽松政策会不会造成中国所持美国国债缩水?

**管　涛:** 关于外汇储备投资的问题，我们以前有过类似的访谈，感兴趣的话可以查看相关报道，另外这跟我们此次新闻发布会的主题无关。

关于美国QE退出的影响。美国货币政策走向一直是影响我国跨境资本流动的一个重要因素，也是我们今年密切关注的一个变量。到现在为止，美国QE退出和其他国际国内很多因素交织在一起，确实对我国跨境资本流动产生了一定影响，企业已经调整了相关财务策略，但这些调整并不完全都是因为美国QE退出引起的，还有其他因素，包括人民币汇率双向波动、国内经济走势、汇率预期分化等。从影响的结果来看，我在前面的回答中也提到，这种变化总体上是有益的，符合改革的方向和调控的目标。未来我们将继续关注美国货币政策走向等因素，做好应对预案，市场也要高度关注国内外各种因素的影响，在日常经营中运用适当的工具和手段管理好跨境资本流动和人民币汇率双向波动风险。

关于房地产市场情况，从我们监测的指标看，目前外资从中国房地产市场流出的势头并不明显，一是外国人在中国买房的资金总体还是净流入的，而且流入比以前多。今年前三季度，非居民在中国购房的资金净流入是5.2亿美元，申报的金额不大，但相比2009年到2013年同期呈现数十倍增长。二是房地产行业的外商投资企业资本金流入依然较高，今年前三季度净流入201亿美元，为2009年以来同期净流入的最高水平。

**中国国际广播电台:** 总体来看，今年以来人民币对美元的汇率总体贬值，所以一些媒体报道，比如说航空、钢铁、房地产行业企业上半年年报里出现了大量的汇兑损失，请问管司长如何看待这一问题?

**管　涛:** 第一，你提到的情况我们也注意到了。近期有媒体报道，今年上半年我国上市公司披露的汇兑损失合计117亿元人民币，这个情况确实存在。由于人民币汇率总体上有所走低，借用外币负债的企业就会出现汇兑损失。但这只是会计核算意义上的账面损失，只要在此期间不发生实际的人民币购汇偿债，就不构成实际的损失。而且由于人民币汇率是双向波动的，人民币贬值的时候可能有损失，但反过来，最近一段时间人民币又有所回升，企业的汇兑损失就会减少，所以这不是静态的，而是动态变化的。

第二，我们很多企业既有外币的负债，也有外币的资产，而汇率波动是把“双刃剑”，当汇率走低的时候，肯定增加外币债务负担，但同时也会增加外币资产的收益。所以要说到底是损失了还是赚了，要具体情况具体分析。只是因为汇率波动的受益者通常是沉默的大多数，而受损者就会发声或者被媒体炒作，负面影响可能被放大。

第三，过去企业可能习惯了人民币汇率单边升值、低波动率的状态，在人民币利率较高的情况下，借用外币负债在财务上较有吸引力。但人民币汇率双向波动以后，就不一定是稳赚不赔的交易。为此，建议企业适应人民币汇率的双向波动，尽量减少货币错配，采取借外汇、收外汇、还外汇的策略。同时，要基于实际需要适度举借外币负债，不要人为地放大杠杆，把一个融资工具作为赚钱的手段。最近市场上暴露的一些大宗商品贸易融资风险问题，可能就是由于一笔交易做出了很高的杠杆率，把这当作赚钱的工具，在汇率双向波动的情况下就会产生风险。此外，企业应对外币负债敞口进行适当的套期保值，积极运用外汇衍生产品等工具管理好汇率风险。

**环球时报：**央行官员9日称，央行将推动建立合格境内个人投资者，就是新的QDII机制，允许个人投资境外市场，请问外汇局对个人海外投资有哪些支持措施？是否会进一步放松个人年度5万美元的换汇限额？

**管　涛：**关于QDII2的有关政策是由人民银行制定的，建议向相关部门咨询。关于个人年度购汇5万美元的限额，外汇局在9月25号有专场的新闻发布会，当时有记者也问到了这个问题，为了节约大家的时间，我就不再重复了。

**主持人：**发布会到此结束，谢谢各位。

（2014年10月23日，原文载于中国网）

# “2014 年外汇收支数据有关情况”新闻发布会文字实录

**中央电视台：**我的问题是，自 2014 年下半年以来，我国进出口顺差比较大，而银行结售汇 8 月开始持续逆差，主要原因是什么？是否意味着“热钱”流出，未来的趋势是什么？还有关于欧债的问题，今天欧洲央行将决定是否会出台大规模的刺激计划来购买欧债，此前欧洲有一些国家在降息，被市场喻为“欧洲版的 QE”，这对我国跨境资本流动会产生什么样的影响，对人民币汇率有哪些影响？想听听管司长的判断。谢谢。

**管　涛：**谢谢你的问题。你的问题有两个方面：一是去年的外汇形势和未来的发展；二是欧版 QE 对中国的影响。

第一个问题，去年从第二季度开始我们就注意到，贸易顺差不断扩大，而银行结售汇差额持续下降，甚至从顺差转为逆差。在前两次的新闻发布会中，这个问题也被反复问道，我们把这种现象称为贸易顺差和外汇供求关系的背离。去年下半年，进出口顺差累计 2778 亿美元，比上半年增加了 166%，但同期，即期和远期结售汇却持续逆差，累计差额由上半年的顺差 1674 亿美元转为逆差 818 亿美元。从国际收支角度看，三季度经常账户顺差为 722 亿美元，比上半年每季平均的 402 亿美元大幅上升。但跨境资本流动由上半年的每季平均净流入 389 亿美元转为三季度的净流出 90 亿美元。同时，外汇储备资产由上半年每季平均增加 743 亿美元转为下降 4 亿美元。初步估计，第四季度国际收支仍可能呈现“经常账户顺差、资本账户逆差”的运行态势。

我国跨境资本流动波动加大主要受三方面因素影响：一是，2014 年 3 月人民币对美元汇率浮动幅度进一步扩大，汇率双向波动逐渐深入人心，人民币汇率预期分化，促使企业结汇意愿减弱、购汇动机增强，并采取了增加外汇存款、减少外汇贷款的财务操作。2014 年年底，境内外汇贷款与境内外汇存款之比较年初下降了 26 个百分点，市场财务运作策略出现了回补美元空头的操作。

二是，2014年世界经济整体呈现一种不平衡的缓慢复苏，美联储逐步退出量化宽松货币政策，美元汇率全面走强，全年美元指数上升了12%。在这种情况下，国际资本大量回流美国，而许多新兴市场面临资本外流、本币贬值的压力，这对中国也产生了一定影响。

三是，中国经济发展进入新常态以后，市场越来越关注我国经济运行状况，以及其中可能蕴含的一些风险和问题，市场情绪处于较大波动期，加之人民币汇率已经趋于均衡合理水平并被市场广泛接受和认可，激发了境内市场主体资产负债币种结构的调整。

对于跨境资本出现的这种双向震荡应如何看待，主要有两点：

一方面，这符合宏观调控和改革的方向。一是随着人民币汇率形成机制市场化改革的推进，央行逐步淡出常态式外汇市场干预，“贸易顺差、资本流出”的格局必然会更加常态化。二是银行的外汇存款增加，但境内外汇贷款减少，说明外汇存款大部分被银行用于境外投资，使得外汇由过去央行集中持有变成了市场分散持有，是“藏汇于民”的过程。三是国内企业在前期借了大量美元债务后正在加速偿还，有利于降低整个社会的杠杆率，也有利于减少货币错配，这是一种预期中的、有序的调整。

另一方面，目前的这种调整是适度的、可承受的。虽然下半年出现了一定的资金流出压力，但并没有改变全年外汇供大于求、外汇储备增加的基本格局。而且，市场保持了平稳运行，企业用汇需求基本上是有保障的，外汇市场流动性非常充足，企业包括个人并没有出现恐慌性的囤积外汇。11月和12月，外汇供求缺口由前两个月的两三百亿美元收敛到百亿美元左右。

另外，人民币对美元双边汇率虽有所走低，但对主要贸易伙伴货币汇率总体继续偏强。去年，国际清算银行编制的人民币名义和实际有效汇率指数均创历史新高，全年分别升值了6.4%和6.2%，2005年汇改以来累计分别升值了40.5%和51%。

未来，我国跨境资本流动仍将面临很多不确定和不稳定因素。从较确定的情况看，我国仍将保持经常账户顺差，尤其是货物贸易顺差；我国经济增速虽然从高速换挡到中高速，但仍将继续处于世界较高水平，而且人民币利率仍然会高于主要货币利率，这有利于保持对国际资本尤其是中长期资本的吸引力。从不确定的方面来看，市场还会关注国内经济运行状况以及其中的财政、金融风险等问题，本外币利差缩小将加速境内市场主体的资产负债币种结构调整。国际上也有很多不确定性因素，比如主要经济体的货币政策将继续分化，美国货币政策正常化，欧洲、日本量化宽松货币政策继续加码，再如大宗商品价格调整、新兴市场货币动荡、地缘政治冲突等。总体上看，今后一段时期，我国将继续呈现“经常账户收支基本平衡、跨境资本流动双向波动”的国际收支格局。

第二个问题，关于欧版 QE 对我国的影响。欧元区是世界主要经济体，欧元也是世界主要货币，所以其宏观经济政策有巨大的溢出影响，我们一直在密切关注。现在来看，欧元区可能出台的 QE 对我国影响有利有弊。一方面，在美国货币政策正常化的情况下，欧版 QE 在一定程度上有助于缓解美国 QE 退出的紧缩性影响。另一方面，主要经济体货币政策走势分化会影响主要货币之间的汇率，这将加剧国际金融市场特别是外汇市场的震荡，新兴市场管理跨境资本流动和汇率预期的难度也会增加。此外，欧版 QE 只是影响我国跨境资本流动、人民币汇率走势的重要外部因素之一，需要结合其他因素综合分析，做出总体判断，做好相关预案。谢谢。

**新华社：**管司长您好，刚才您提到了现在全球主要经济体货币政策出现了分化，而且会进一步加剧。我们知道美联储去年是退出量化宽松政策，大家都预计今年年中或者早一点或者晚一点会启动加息周期。如果美联储启动了加息周期对我国未来跨境资本流动会产生多大的冲击？您是怎么判断的？我们会采取什么样的应对措施？谢谢。

**管　涛：**谢谢你的问题。去年四次新闻发布会有三次都提到了相关问题。作为世界最大经济体和主要储备货币发行国，美国宏观经济政策的一举一动都有巨大的溢出效应，美联储量化宽松货币政策不论是推出还是退出，我们都非常关注。目前主要有几个判断：第一，去年美联储 QE 退出对我国跨境资本流动影响有限。2014 年，美联储 QE 逐步退出，使许多新兴经济体遭受了不同程度的资本外流和货币贬值压力。从我国情况看，自 2014 年下半年以来，在人民币汇率双向波动明显增强的背景下，美联储 QE 退出、美元升值和其他因素交织在一起，推动国内企业加速了财务调整，跨境资本呈现一定的偏流出压力。但这并没有从根本上改变我国全年国际收支、外汇供求趋于基本平衡，外汇储备略有增长的总格局，而且外汇市场保持基本稳定，人民币对美元汇率虽有所调整，但多边汇率还是偏强的。

第二，今年美联储货币政策继续正常化对我国跨境资本流动的影响挑战与机遇并存。记得在去年 1 月的新闻发布会上回答过类似问题，当时我们提出美联储 QE 退出对我虽有影响但有信心和能力应对。一方面，我国经济总体保持平稳较快增长，外部账户稳健，外汇储备充裕，对跨境资本流动的冲击有较大承受能力；另一方面，美联储 QE 退出以及货币政策正常化是基于美国经济复苏的前景，如果美国经济复苏较好，意味着我国外需改善，有利于扩大我国出口。现在看来，上述有利条件继续存在。同时，更要把美国货币政策正常化带来的压力变成我国进一步改革开放、加快构建开放型经济新体制的动力。比如，美国货币政策正常化可能分化人民币汇率预期，有利于人民币汇率市场化形成机制改革；有可能加速境内企业资产负债币种结构调整，但这是对前期大规模流入的一种纠正，既有利于促进我国国际收支趋向基本平衡，也有利于改善宏观调控。

2014 年年底中央经济工作会议特别强调，面对对外开放的新特点必须更加积极地促进内需和外需的平衡，出口和进口的平衡，引进外资和“走出去”的平衡，逐步实现国际收支基本平衡，所以国际收支平衡仍然是目前的宏观调控目标。美国货币政策正常化可能会促使国内企业加速债务调整，这有利于减少货币错配，降低中国经济外部脆弱性。关键是要把中国自己的事情做好，这样就能够积极应对外部不确定性、不稳定因素带来的影响。

因此，推改革和防风险并重仍然是今年外汇管理工作的重点：一是继续推进外汇管理简政放权；二是以推进资本项目可兑换为着力点，不断提升贸易投资便利化程度；三是加强跨境资本流动双向监测预警，积极构建外债和资本流动宏观审慎管理体系，加大对违法违规跨境资本流动的查处力度；四是积极培育外汇市场，更好地服务实体经济发展需要；五是创新外汇储备运用，不断完善外汇储备经营管理。谢谢。

**经济日报：**近期有市场机构表达了这样一种观点，说中国近年来有3000亿美元的国际收支净误差，可能反映了资本的隐秘外流，尤其是去年第三季度，净误差与遗漏创下了-630亿美元的纪录，请问管司长对此如何评价？谢谢。

**管　涛：**谢谢你的问题。我们也注意到了相关情况。从2009年开始，我国国际收支平衡表中的“净误差和遗漏”就一直为负值，到2014年第三季度累计为3463亿美元，其中2014年第三季度，经常账户顺差722亿美元，资本账户逆差90亿美元，储备资产减少1亿美元，净误差和遗漏是-632亿美元。对这个问题，我们有四点看法：

第一，从统计上讲，我国净误差遗漏规模是适度的，国际收支统计是可信的。由于统计技术的原因，各国编制国际收支平衡表时都设置了“净误差和遗漏”这个轧差项目，以使借贷双方相等。而且，国际收支规模越大，有可能误差和遗漏也相应增加，高频数据又比低频数据的误差可能更大，比如季度数可能比半年度的大，半年度可能比年度的数据波动大。根据国际惯例，只要“净误差和遗漏”规模占同期国际收支口径货物贸易进出口额的比重在正负5%以内，平衡表就是可靠的。2008年也就是国际金融危机以来，我国净误差遗漏占货物贸易进出口总额的比重为2%左右，2014年第三季度占比是5.6%，但前三个季度的占比只有2.4%。美国刚刚公布的2014年二季度国际收支平衡表数据显示，经常账户逆差1035亿美元，资本账户顺差103亿美元，储备资产增加8亿美元，净误差遗漏是正的940亿美元，占同期货物贸易进出口总额的9%，2012年第一季度这一比例是15%。

第二，不论是隐性还是显性的资本外流，去年前三个季度我国出现经常账户顺差、资本账户逆差是意料之中的。目前，央行已经逐步淡出了外汇市场的常态干预，所以“贸易顺差、资本流出”是必然的市场结果，在国际收支平衡表上也就反映为经常账户顺差、资本账户逆差，但这符合调控和改革的方向，也属于一种合意的国际收支平衡结构。从理论上来讲，有一种分析框架，本身也把“净误差和遗漏”包含在资本项目中。

第三，需要密切关注违法违规的跨境资本流动，但不能过分或者过度解读“净误差和遗漏”的经济含义。比如去年三季度净误差遗漏为 -632 亿美元，从统计上来讲可能有两方面原因，一是可能低估了对外资本的输出，二是可能高估了经常账户顺差，所以不能简单地把它归为资本流动的原因。实际上，净误差遗漏的方向和资本流动的方向不一定有必然联系，从 2009 年开始我国净误差遗漏一直为负，但是到 2013 年之前，除了 2012 年出现了流出压力，其他年份我国都面临资本内流、人民币升值的压力。从统计技术角度讲，如果采用合理、稳定的方法，能够估算出刚才所提到的两种可能性对应的具体规模，也应该归入国际收支平衡表的相应交易项目。举个例子，国际收支平衡表的货物贸易进出口与海关口径进出口统计的差异之一，就是平衡表会将海关查处到的进出口走私货物量记入货物贸易项下。如果大家接受这个方法的话，那么这些违规的资本流动都应该放到相关交易项目下。所以，统计就是统计，只是对经济活动的客观反映，不能和资本流动管理问题混为一谈。我们要监测分析违法违规的跨境资本流动，但着力点不应该放在净误差和遗漏上面。

第四，数据质量是统计的生命线，所以要进一步提高国际收支统计质量。面对层出不穷的新情况、新问题，外汇局下一步将不断完善统计制度和方法，尽可能降低净误差和遗漏的规模。比如，近期实施的对外金融资产负债及交易统计制度，就区分了对外投资的交易变化和货币折算等非交易变化，即哪些是交易引起的对外投资变化，哪些是货币折算导致的对外资产变化。做了这个区分以后，就可以提高对外投资统计的数据质量。该制度还新增了银行卡境外刷卡消费统计，也可用于更加准确地估算中国居民在境外的旅游消费支出统计。再如，除继续通过企业申报逐笔采集交易数据外，还将更多采用抽样调查和估算的方法，以更低的成本、更可靠的方式确保统计数据的全面性和准确性。谢谢。

**中国经济时报：**管司长您好，您刚才谈到 2014 年我国跨境资本流入放缓，双向波动更加频繁，就资本市场而言，在去年“沪港通”启动之后，跨境资本流出入是否有新变化？您觉得对于未来跨境资本进出会产生什么样的影响？谢谢。

**管　涛：**谢谢你的问题。去年11月17日正式启动了“沪港通”，这是中国扩大资本市场双向开放、促进人民币在内地和香港之间有序流动的一个重大改革举措。正式启动以来，制度运行基本平稳，相关部门的评价也符合预期。国际收支统计数据显示，11月和12月，北上的“沪股通”资金呈现净流入，两个月合计为114亿美元，南下的“港股通”资金净流出15亿美元，北上和南下之间轧差以后“沪港通”项下净流入内地股市的资金为98亿美元，但占同期整体跨境资本流动的比重有限。从流入股市的净流量来看，与同期各种合法渠道流入股市的资金相比，占比也是较低的。所以虽然北上的资金比较多，发挥了一定作用，但目前为止规模较小，处于起步阶段。

中国已经明确要加快实现人民币资本项目可兑换，扩大资本市场的双向开放，这是大势所趋。开放以后，跨境资本波动可能会更加常态化。对此，一是要增加容忍度，对于流入流出都要有心理和措施上的准备。二是应对开放以后的跨境资本流动冲击，关键是要把自己的事情做好。如果我国经济保持稳定增长，就有利于长期资本的流入；如果改革顺利推进，就能够解决一些价格上的扭曲；如果建立起宏观审慎的跨境资本流动管理体制机制，就能够应对跨境资本流动带来的冲击。也就是说，一方面要增加容忍度，另一方面要练好内功，就可以更好地应对未来可兑换程度不断提高、市场开放不断扩大的新形势。谢谢。

**香港中评社：**司长您好，我想问一下伦敦和巴黎作为新兴人民币离岸结算中心的发展情况，以及它们和香港的一些竞合关系的问题，谢谢。

**管　涛：**您这个问题问得很好，但是跟今天发布会的主题没有关系。谢谢。

**新华社：**我想问关于2014年热钱监控的问题。因为昨天在达沃斯论坛上，央行行长周小川提到说热钱仍然在影响我们国家大宗商品的价格以及股市，想问一下2014年外汇局在这方面的监控和监管的情况。

**管　涛：**去年，外汇管理部门始终按照均衡管理的思路，密切监测跨境资本的流入流出。年初对跨境资本流动形势做出了总体预判，年中根据形势变化随时调整监测重点，年底对2015年的形势做了预测和分析。关于跨境资本流动对股市和大宗商品市场的影响，我们有阶段性的报告，比如关于大宗商品市场的影响，年初国内一些企业利用大宗商品进行融资套利，但进入第二季度后，随着人民币汇率双向波动明显增强、国际大宗商品价格剧烈调整，这种套利动机逐渐减弱。特别是6月一些地方出现了贸易融资的风险事件，这对市场也是一次生动的风险教育。我们注意到，相关监管部门收紧了监管政策，境内银行加强了对大宗商品贸易融资的真实性审核，一些境外银行由于担心可能出现风险也相应收缩了对华相关业务，使得下半年相关融资活动出现很大变化。从我们监测的贸易融资数据看，上半年进口跨境贸易融资余额增加428亿美元，但下半年减少了877亿美元。这不一定完全是大宗商品项下的融资，但也反映了一定的趋势。谢谢。

**主持人：**今天的发布会到此结束。谢谢管司长，谢谢各位。

（2015年1月22日，原文载于中国网）

## “2015年一季度外汇收支数据有关情况”新闻发布会文字实录

**中央电视台：**自2014年下半年以来，我国银行结售汇持续逆差，今年第一季度逆差有所扩大，这是否意味着我国出现了跨境资本流出压力？您怎么看待当前的形势？未来的趋势会怎么样？

**管　涛：**实现国际收支基本平衡是当前我国宏观调控的一项重要任务，外汇管理局一直密切关注跨境资本流动对国际收支的影响。对于你的问题，我想从三个方面来回答：

第一，当前确实存在资本流出的现象。海关公布的第一季度进出口顺差1237亿美元，而银行即远期结售汇逆差1200亿美元。由此可见，包括银行部门和非银行部门在内的全口径的国际收支状况必然是“经常账户顺差、资本账户逆差”，与2014年第二季度以来的情况基本相同。

第二，当前资本流出属于意料之中的调整，不能简单等同于违法违规和隐秘的资本外逃。首先，这种调整是可预期的，反映了市场主体顺周期的财务运作。当前国内经济下行压力比较大，世界经济又处于深度调整之中，美元汇率也在持续走强，受这些因素影响，境内的企业和个人延续了去年以来的“资产外币化、负债去杠杆化”的财务运作，导致即远期结汇减少、购汇增加。尤其是3月，在外贸顺差急剧下降的情况下，前述内外部因素叠加，导致了当期跨境资本流出压力脉冲式放大。其中，绝大部分交易都有合法合规的贸易投资背景。实际上，第一季度，我国出口收入与出口额的比率是100%，这个比率甚至比前两年资本流入高峰期的平均收汇率还高出8个百分点。

第三，这种调整是可解释的，资本流出的主要渠道仍然是藏汇于民和债务去杠杆化。第一季度，剔除跨境人民币因素以后，银行代企业和个人涉外外汇收付逆差219亿美元，可比口径的银行代客结售汇逆差795亿美元，两者相差576亿美元，基本上可以用同期银行新增境内外汇存款大于外汇贷款778亿美元来解释。也就是说，企业有了外汇不卖，变成外汇存款持有，这进一步扩大了结售汇逆差。与此同时，企业对外进口支付和债务偿还加快。第一季度，我国进口本外币支付与进口额之比为118%，较2013年和2014年平均比例高出16个百分点；同期，进口跨境贸易融资余额下降227亿美元，去年同期为增加241亿美元。另外，企业的远期结售汇由以前的顺差变为逆差，银行为了对冲远期结售汇的敞口，在市场上提前买入286亿美元的外汇，进一步增加了当期银行部门的对外资产运用。

第四，这种调整是可承受的，当前外汇市场运行依然平稳且总体符合调控和改革目标。国际收支平衡是宏观调控的重要目标，但国际收支平衡并不意味着收支相抵、差额为零，一定规模以内的顺差或者逆差都属于平衡的范畴。实际上，即便前期人民币汇率交易价达到或接近浮动区间上限时，市场外汇供给依然充足，没有出现市场恐慌。虽然外汇占款渠道的资金投放减少，但央行通过降息、降准、定向调控等操作，保证了人民币流动性充裕，市场融资成本总体趋降。4月20日，人民银行较大幅度地降低了法定存款准备金率，市场利率比年初明显回落。同时，长期以来我们一直鼓励企业和个人多持有和使用外汇。从最新数据看，截至2014年年末，我国对外金融资产中官方国际储备资产占比为61%，较2013年年末下降4个百分点，这也意味着外汇资产由国家集中持有转向市场主体分散持有的效果逐步显现。

第三，未来我国跨境资本流动仍将呈现震荡走势。一方面，如果导致一季度资本流出的因素继续发挥作用，未来可能促使我国延续跨境资本流出趋势；另一方面，随着改革开放政策红利逐步释放，以及国家微调措施逐步见效，中国经济仍然具有巨大的韧性、潜力和回旋空间，保持合理增长动力的基本面没有根本改变，海外对人民币资产配置的需求仍有较大提升空间，这将对人民币汇率稳定和国际收支平衡形成重要支撑。从外部看，尽管美国经济复苏势头总体较好，但近期一些经济指标表现尚不稳定，美国货币政策调整和美元汇率走势都有可能存在较大不确定性。再一方面，近期我国境内购汇增长较快的一个重要原因，就是有些企业为了规避汇率风险提前买入外汇，也就是预防性购汇，其在未来有实际对外支付需求，但这部分需求提前释放，现在买了以后也就不会再买了。总之，如果境内外市场环境出现积极变化，跨境资本流出将会放缓甚至可能重现净流入。实际上，进入3月下旬以来，随着内外部环境好转，境内外汇供求缺口迅速收敛，境内外人民币汇率差价也大幅回落。

最后可以概括为三句话：一是当前我国存在资本流出现象；二是当前资本流出是意料之中的有序调整，不能简单等同于隐秘的、违法违规的资本外逃；三是未来我国跨境资本流动仍将呈现振震格局。

**中国新闻社：**日前，IMF在春季年会提出，美元最近涨幅可观，创下1981年以来的新高，并警告称美联储加息可能引起市场“超级缩减恐慌”。您对此怎么看？特别是这将对我国跨境资本流动产生什么样的影响？

**管　涛：**国际货币基金组织提示的这种溢出效应是客观存在的，对于前期在国际市场上大举借债，特别是举借美元债务较多的新兴经济体来讲更有重要的警示作用。我们对此也一直高度关注，密切跟踪、评估它对我国跨境资本流动尤其是对外债务安全的影响。目前有三个基本结论：

第一，美国货币政策正常化、美元升值对我国跨境资本流动的影响正在逐步显现，但迄今为止冲击总体有限。历史上，美国加息、美元升值，是新兴市场爆发债务危机、货币危机的重要诱因。2013 年年中，美联储释放了要退出量化宽松货币政策的预期，触发了新兴市场资本外流和货币贬值，但我国仍然延续资本大量流入、外汇储备大幅增加的格局。2014 年，美联储量化宽松货币政策实质性退出，到年底完成了停止购债的操作，这给新兴市场带来新一轮冲击，我国也受到了一定影响，跨境资本由年初的流入转为流出，但没有改变全年资本净流入、外汇储备增加的基本格局。今年以来，美联储加息预期和美元加速升值与一些其他因素叠加，在一定程度上助推了我国的跨境资本流出，但目前这种调整仍然属于意料之中的有序调整。

第二，中国有能力并有信心抵御外部冲击，但对相关风险也不可掉以轻心。我国经济体量较大、货物贸易顺差较多、外汇储备充裕、人民币汇率弹性增加，这意味着我国在应对资本流动冲击方面有较大的回旋余地。从我国外币外债风险指标看，除了短期外债占比以外，目前我国其他对外债务安全性指标都在国际警戒线标准以内，对外债务总体是安全的。而且，最近一段时期，国内企业适应形势的发展变化，已经开始主动调整资产负债结构，减少对外负债。根据最新统计数据，2014 年年末我国外币外债余额为 8955 亿美元，比当年 6 月末下降 118 亿美元，比 2013 年年末增长了 2.5%，较 2009 年到 2013 年平均增速回落 10 多个百分点。这是企业主动进行的调整，而且调整过程中没有出现普遍的偿付困难。但部分企业确实存在债务负担较重，期限和货币错配较为突出等问题，它们的债务偿还能力和财务状况有很大关系。我们一再强调，债务总体安全不能替代个体债务风险，企业要根据实际需求适度对外举债，而且要采取恰当手段对汇率敞口进行套保。

第三，内外兼修，积极应对新挑战。从本次美联储货币政策正常化的影响看，国际资本把新兴市场做了区分，对于基本面好的新兴市场来讲冲击较小，对于基本面较差的新兴市场来讲冲击比较大。为什么到现在为止我国受美联储货币政策调整的冲击总体上可承受，根本原因是国内经济平稳增长、物价基本稳定、经常账户盈余、外汇储备充裕，因此被归为好的新兴市场范畴。进一步应对未来美联储可能加息、美元汇率可能继续调整的挑战，关键还是要把中国自己的事情做好，保持经济在合理区间内平稳运行，妥善处置和化解经济下行中可能遇到的各种风险和问题，不断提高和巩固市场对我国经济的信心。作为外汇管理部门，主要做好三个方面的工作：一是推改革，继续推进贸易投资便利化，加快培育和发展外部市场；二是防风险，加快构建宏观审慎管理框架下的外债和资本流动管理体系，不断完善相关预案，积极应对跨境资本流动风险；三是强基础，加强跨境资本流动统计监测，继续提高数据透明度，并加强市场参与者风险教育，引导市场主体合理控制风险。

**经济日报：**2016年第一季度结售汇呈现逆差，在当前跨境资本流出态势下，外汇局是否会采取一些“控流出”的管理措施？

**管　涛：**这个问题市场很关心，在以前面临资本流入压力时，我们曾采取了一些临时性措施，但当前形势下，外汇局暂不会采取“控流出”的新措施，而是从以下三方面积极应对跨境资本流动异常波动的挑战。

一是加强监测、冷静观察。目前的资本流出属于意料之中的有序调整，资本流出的渠道主要是“藏汇于民”和对外债务偿还。当国际收支和人民币汇率趋向均衡合理以后，跨境资本有时流入有时流出，将越来越常态化，变化也越来越频繁。大家对这种情况应该理性看待，不必过分渲染。外汇管理部门将根据形势的发展变化，进一步加强对跨境资本流动的监测分析，全面梳理跨境资本流动主要渠道的新情况、新变化，摸清底数，及时做好形势预判和预警，为决策提供参考。

二是疏堵并举、均衡管理。一方面，抓住当前国际收支、外汇供求趋向基本平衡的有利时机，及时调整前期一些“控流入”的临时性措施，同时继续深化外汇体制改革。自2014年年底以来，外汇局陆续采取了取消银行外汇贷存比和结售汇综合头寸挂钩的政策，扩大主要银行结售汇综合头寸下限，在全国范围内推广外商投资资本金意愿结汇改革，调增境内金融机构短期外债余额指标总规模等措施。这些措施客观上有利于对冲当前资本流出的压力。另一方面，目前形势正好触发了对资本流出方向的监管政策，主要是根据现有政策而不是出台新措施，如开展“出口不收汇”专项检查，加大对个人分拆购付汇的监管力度，继续严厉打击地下钱庄等外汇违法违规活动等。

三是完善预案、充实工具。未来跨境资本流动仍然可能呈现震荡格局，存在很多不确定不稳定因素，在这种情况下要进行情景分析、压力测试，根据不同的情形设计不同的政策，应对未来可能出现的各种情况。还要积极防范跨境资本流动冲击，坚守不发生系统性、区域性金融风险的底线，加快构建宏观审慎框架下的外债和资本流动管理体系，不断充实逆周期调节的相关政策工具。谢谢。

**中国财经报：**刚才您提到，当前外汇形势的变化体现了市场主体资产负债结构的优化调整。请您进一步解释一下优化调整表现在哪些方面？另外，现在有媒体评价，“一带一路”战略可能会导致国家外汇战略的转变，您对这个问题是怎么评价的？

**管 涛：**关于第一个问题，市场主体资产负债结构优化调整主要表现在以下两个方面：一是“藏汇于民”。原来企业主要是将外汇卖给银行，银行再通过银行间外汇市场卖出，使得外汇储备增加，现在转向市场主体分散持有和使用外汇。例如，从国际投资头寸数据看我国对外资产结构的变化，去年官方国际储备资产占整个对外资产的比重已经出现回落，说明外汇资产在央行和市场主体之间发生了置换。二是“债务偿还”。原来在人民币汇率单边升值、本外币正利差较大的情况下，很多企业大量举借外债，现在形势发生变化后，人民币汇率双向波动明显增强，尽管本外币利差依然存在，但这种利差交易已开始调整，很多企业加速偿还对外债务。

关于第二个问题，一是“一带一路”战略并不是单向而是双向的开放战略，不只是鼓励“走出去”，同时还将继续积极“引进来”。我国既支持国内企业通过“一带一路”战略扩大对外投资，同时也鼓励境外资本到我国投资；不仅鼓励通过对外投资带动国内产品出口，而且也会积极促进从其他国家进口，这是我国构建开放型经济新体制的重要内容。外汇管理方面将抓住这个牛鼻子，不断推进贸易投资便利化。二是外汇储备管理将配合“一带一路”战略的实施。我国在拓宽外汇储备使用渠道方面做了一些有益尝试，去年年底成立的丝路基金，首期资本金100亿美元中外汇储备出资占65%。未来，外汇储备管理将不断尝试多元化运用的新举措，既配合国家战略的实施，同时也提高外汇储备使用效益。

**日本NHK新闻：**第一个问题，从美国国债的保有量情况看，近日日本保有量超过中国，成为美债最大的保有国，您怎么看待这个问题？第二个问题，从最新的跨境资本流动状况看，您怎么看待人民币国际化进程，如跨境资本流出和人民币对美元汇率贬值的影响？

**管　涛：**关于第一个问题主要有三点：第一，外汇储备持有的美国国债只是美国财政部公布的中国持有美国国债数据的一个组成部分。我们对于美方具体的统计方法和口径并不是很清楚，因此对这个数据难以置评。第二，外汇储备经营部门根据市场判断买入或卖出美国国债都属于正常的操作，无论是增持和减持美国国债都属于正常的投资行为。第三，美国国债是全球债券市场最主要的投资和交易品种，具有相对较大的市场容量、较强的流动性和较好的风险收益特性，是各国外汇储备经营管理的重要投资市场。

关于第二个问题，一是现在人民币汇率只是双向波动，并没有出现趋势性的调整。尽管人民币对美元汇率双向波动，但总体调整幅度有限，而且人民币对其他货币总体上是升值的，人民币仍然是强势货币。二是从我们监测到的数据看，从2011年开始，人民币已经超过欧元成为中国的第二大跨境结算货币，现在这种势头仍然在持续。2014年，我国非银行部门人民币跨境收支总规模占跨境资本流动总规模的24%，比上年提高7个百分点。今年第一季度这个比例增至27%，境内企业越来越多地使用本币进行跨境结算。因此，无论从市场还是政策角度看，当前人民币国际化进程并未放缓，而是在加快。

**路透社：** 请问对人民币汇率走势怎么看？目前，中国一方面面临资本流出的压力，另一方面人民币对非美元货币不断升值，这对中国出口和宏观经济会不会有影响？

**管　涛：** 谢谢你的问题。3 月 31 日，李克强总理接受英国《金融时报》的采访，专门谈到了人民币汇率问题，主要讲了三个方面：第一，现在人民币对美元汇率双向波动，主要是由美元走强造成的；第二，从中国方面来讲不希望看到人民币继续贬值，这可能会影响国内经济结构调整；第三，中国希望各主要经济体加强宏观政策协调，避免货币竞相贬值。

**主持人：** 今天发布会到此结束，谢谢各位。

（2015 年 4 月 23 日，原文载于中国网）

# 管涛在 “2015 年中国经济五十人论坛年会” 上的发言实录

我个人认为，中国未来一段时期面临的国际国内形势和亚洲金融危机的情况越来越相似了。从国际上看，美元汇率强势基本确立，虽然这一次国际金融危机是始于美国次贷危机，但是随着美国经济的复苏，美国货币政策趋向正常化，美元汇率走强，这个对国际资本流动的格局会带来深刻的影响。

而国际上另外一个特点就是世界经济复苏缓慢，像日本安倍经济学的效率正逐步递减，欧洲深陷债务危机，新兴市场国家增长动力不足，有人甚至说整个世界经济可能会陷入长期停滞。新兴市场持续承压。

我记得 2007 年美国次贷危机的时候大家谈新兴市场和发达国家的经济是脱钩的，保持不低的增长。2008 年、2009 年全球开始刺激的时候，是新兴市场引领世界经济的复苏。但是现在来看，新兴市场随着全球流动性的结束，其很多结构性的问题，脆弱性的问题逐步暴露，面临着资本流动的冲击，这是国际上的情况。

从国内来看，一个是经济的下行压力，从高速增长转到了中速增长，调整的势头越来越显现，到底多少是底很不清楚。另外就是物价也有下行的压力，PPI 已经连续 35 个月负增长，今年 1 月份 CPI 是 0.8，当然这个里面有很多的原因，但是至少给市场的信号就是下行的压力比较大。在三期叠加这样的背景下，财政金融风险在逐步地释放。从这些情况来看，和当年亚洲金融危机的很多情况是非常相似的。

为什么最近一段时间国内的外汇市场运行发生了一些很大的变化？大家都在关注资本外流的问题，人民币汇率走势的问题。实际上我们感觉到，亚洲金融危机的气息离我们越来越近了，在外汇市场已经开始显现了。

基于这种考虑，我个人建议，我们在拟定“十三五”规划的时候应该有一个样板，把亚洲金融危机期间中国采取的一些宏观经济应对，还有一些危机风险处置的管理这些政策我们好好的评估一下,哪些是经验我们需要继续继承的，哪些是不足我们需要改进的，我觉得在“十三五”规划的时候是不是可以把亚洲金融危机期间我们做的事情好好地回忆、梳理、总结和评估一下。

（2015 年 2 月 14 日，原文载于新浪财经网）

# 参考文献

[1] 巴里·艾森格林．嚣张的特权：美元的兴衰和货币的未来［M］．中信出版社，2011.

[2] 保罗·南森．重返金本位：纸币的危机与黄金的魅力［M］．人民邮电出版社，2012.

[3] 陈春锋．日本债券市场发展的启示［J］．中国金融，2012（04）.

[4] 丁志杰，邵小倩．新加坡汇率安排：参考一篮子货币的有管理浮动［J］．中国金融，2005（16）：63-64.

[5] 董彦岭，陈琳，孙晓丹等．超主权货币：理论演进与实践发展［J］．国际金融研究，2010（04）：4-11.

[6] 段军山，刘璐．美元“嚣张的特权”分析及展望［J］．江淮论坛，2014（01）：82-89.

[7] 管涛．汇率制度在亚洲金融危机演变中的作用及其对我国的启示［J］．国际金融研究，1999（10）：40-46.

[8] 管涛．国际金融危机与储备货币多元化［J］．国际经济评论，2009（03）：18-19.

[9] 管涛．中国先机：全球经济再平衡的视角［M］．中国经济出版社，2010.

[10] 郭树清. 直面两种失衡 [M]. 中国人民大学出版社，2007.

[11] 郭莹莹. 国内外金融危机预警模型述评 [J]. 科学决策, 2013 (10): 63-80.

[12] 何秉孟等. 亚洲金融危机：最新分析与对策 [M]. 社会科学文献出版社，1998.

[13] 何帆，张明. 国际货币体系不稳定中的美元霸权因素 [J]. 财经问题研究，2005 (07): 32-37.

[14] 李翀. 香港金融反击战的分析和思考 [J]. 学术研究，1999 (06): 12-16.

[15] 李翀，王立荣. 超主权国际货币构建方案的比较与设想 [J]. 北京师范大学学报 (社会科学版)，2011 (02): 109-115.

[16] 李若谷. 国际货币体系的重构与国际资本市场发展前景 [J]. 中国货币市场，2009 (01): 4-13.

[17] 李扬. 国际货币体系改革及中国的机遇 [J]. 中国金融, 2008 (13): 23-25.

[18] 李扬. 国际货币体系变革及人民币国的际化，http://www1.ahu.edu.cn/czss/shownews104.html，2009 年 11 月 23 日.

[19] 李永胜，马飞. 立体投机：外汇投机新概念 [J]. 国际金融研究，1998 (07): 52-56.

[20] 李永宁，郑润祥，黄明皓. 超主权货币、多元国际货币体系、人民币国际化和中国核心利益 [J]. 国际金融研究，2010 (07): 30-42.

[21] 李海英，石建勋. 国外关于国际货币体系改革研究的最新动态 [J]. 国外社会科学，2012 (02): 109-116.

[22] 罗伯特·斯基德尔斯基，维杰·乔希. 凯恩斯、全球失衡与当今国际货币体系改革 [J]. 理论前沿，2011 (02): 41-45.

[23] 姜波克，王军. 货币投机的微观分析和政策含义 [J]. 金融研究，1998 (03): 8-13.

[ 24 ] 姜波克，张青龙 . 货币国际化：条件与影响的研究综述［ J ］. 新金融，2005（ 08 ）.

[ 25 ] 林毅夫 . 从西潮到东风［ M ］. 中信出版社，2012.

[ 26 ] 林毅夫 . 国际货币体系改革的路径 ：点评，载吴晓灵和乔伊德主编 ：国际货币体系改革：过去、现在和未来［ M ］. 上海远东出版社，2013 ：76–79.

[ 27 ] 罗纳德 · 麦金农 . 失宠的美元本位制：从布雷顿森林体系到中国崛起［ M ］. 中国金融出版社，2013.

[ 28 ] 欧明刚 . 国际货币基金组织改革 ：进展与前景［ J ］. 银行家，2013（ 12 ）：82–85.

[ 29 ] 马骏 . 人民币汇率形成机制将更多地参考一篮子货币，2016 年 1 月 20 日，http://www.pbc.gov.cn/goutongjiaoliu/113456/113469/3003537/index.html.

[ 30 ] 乔治 · 索罗斯等 . 索罗斯论索罗斯［ M ］. 海南出版社，1997.

[ 31 ] 沈联涛 . 十年轮回：从亚洲到全球的金融危机［ M ］. 上海远东出版社，2013.

[ 32 ] 斯蒂格利茨 J.E. 等 . 斯蒂格利茨报告：后危机时代的国际货币体系与金融体系改革［ M ］. 新华出版社，2011.

[ 33 ] 宋文兵 . 国际短期资本流动与国际货币制度的变迁（ 上 ）——一种历史制度分析的新视角［ J ］. 国际金融研究，1999（ 11 ）：25–31.

[ 34 ] 王鸿飞 . 人民币国际化的现状、影响及未来货币政策取向［ J ］. 科学决策，2013（ 02 ）：56–70.

[ 35 ] 王洛林，余永定，李薇 . 对香港股灾发展过程的经济分析［ J ］. 国际经济评论，1998（ Z3 ）：1–8.

[ 36 ] 王信，李俊 . 欧元区央行间资金融通与国际收支失衡调整及危机应对［ J ］. 国际经济评论，2012（ 03 ）：86–98.

[ 37 ] 王小奕 . 破译资本流动密码［ M ］. 中国金融出版社，2013.

[ 38 ] 吴晓灵，乔伊德主编 . 国际货币体系改革：过去、现在和未来［ M ］. 上海远东出版社，2013.

［39］吴晓灵，伍戈．“新怀特计划”还是“新凯恩斯计划”：如何构建稳定与有效的国际货币体系［J］. 探索与争鸣，2014（08）：62.

［40］邢毓静．篮子货币：有效的新加坡汇率制度［J］. 中国外汇，2004（07）：20–21.

［41］亚当·斯密．国富论［M］. 严复译，世界图书出版公司，2012.

［42］杰克·卢.2016年2月25日接受美国《华尔街日报》专访，http://weibo.com/p/1001603946385744500976?coo=1&c=spr_qdhz_bd_360dh_weibo_zmt.

［43］易纲．中国金融改革思考录［M］. 商务印书馆，2010.

［44］易纲，汤弦．汇率制度“角点解假设”的一个理论基础［J］. 金融研究，2001（08）：5–17.

［45］余永定．泰国的货币危机及其启示［J］. 国际经济评论，1997（Z4）：1–4.

［46］余永定．香港特区政府同国际炒家的又一次较量［J］. 世界经济与政治，1998（10）：18–21.

［47］余永定．国际货币体系改革和中国外汇储备资产保值［J］. 国际经济评论，2009（03）.

［48］余永定，张明．资本管制和资本项目自由化的国际新动向［J］. 国际经济评论，2012（05）：68–74.

［49］余永定．最后的屏障：资本项目自由化和人民币国际化之辩［M］. 东方出版社，2016.

［50］张纯威．美元本位、美元环流与美元陷阱［J］. 国际金融研究，2008（06）.

［51］张健华．资本项目可兑换的国别比较［J］. 中国金融，2011（14）：28–30.

［52］张璟，刘晓辉．中国货币升值的早期预警系统：基于信号法的研究［J］. 国际金融研究，2013（11）：70–83.

［53］张明．国际货币体系改革：背景、原因、措施及中国的参与［J］. 国

际经济评论，2010（01）.

［54］张一平，盛斌．替代账户与国际货币体系改革［J］．国际贸易问题，2011（11）：129–136.

［55］张志超．港币汇率是否高估：一个经验分析［J］．世界经济，2001（01）：23–28.

［56］郑振龙．大警示：冷观亚洲金融危机［M］．北京：中国发展出版社，1998.

［57］周弘，荣根，朱民．德国马克与经济增长［M］．社会科学文献出版社，2012.

［58］周小川．国际金融危机：观察、分析与应对［M］．中国金融出版社，2012.

［59］周小川．深化金融体制改革，中共中央关于制定国民经济和社会发展第十三个五年规划的建议（辅导读本）［M］．人民出版社，2015：142–152.

［60］周小川．2016 年 2 月 13 日接受《财新周刊》专访，http://www.pbc.gov.cn/goutongjiaoliu/113456/113469/3016856/index.html.

［61］周小川．2016 年 2 月 26 日 G20 上海会议记者招待会文字实录，http://www.pbc.gov.cn/goutongjiaoliu/113456/113469/3021832/index.html.

［62］中国人民银行．2015 年 8 月 11 日《关于完善人民币兑美元汇率中间价报价的声明》，http://www.pbc.gov.cn/goutongjiaoliu/113456/113469/2927054/index.html.

［63］中国人民银行研究局课题组．关于国际货币体系改革的文献综述［J］．金融发展评论，2010（03）：143–158.

［64］钟言．港元保卫战纪实［J］．港澳经济，1998（Z1）：6–8.

［65］Aiyar, Swaminathan, An International Monetary Fund Currency to Rival the Dollar? , Washington DC: Cato Institute, 2009.

［66］Antonio Goucha Soares. The Euro Crisis: What Went Wrong with the Single European Currency?［J］. Beijing Law Review, 2012(3): 81–91.

[ 67 ] Bruce Greenwald and Joseph Stiglitz：A modest proposal for international monetary reform，January 2006.

[ 68 ] Clark, P.B. and J.J. Polak, "International Liquidity and the Role of the SDR in the International Monetary System" , IMF Working Paper No. 02/217, 2002.

[ 69 ] Eichengreen Barry. When Currencies Collapse: Will We Replay the 1930s or the 1970s? [ J ] . Foreign Affairs, 2012(1):117–134.

[ 70 ] IMF. Articles of Agreement of the International Monetary Fund [ R ] . 1944.

[ 71 ] IMF. Develops Framework to Manage Capital Inflows [ R ] , 2011.

[ 72 ] IMF. Capital Flow Sustainability and Speculative Currency [ J ] . Finance & Development, 1997(December).

[ 73 ] IMF. People's Republic of China: Staff Report for the 2012 Article IV Consultation, IMF Country Report, No. 12/195, 2012, Jul 24: http://www.imf.org/external/pubs/ft/scr/2012/cr12195.pdf.

[ 74 ] IMF. Annual Report on Exchange Arrangements and Exchange Restrictions [ R ]2013.

[ 75 ] IMF. "People's Republic of China: Staff Report for the 2015 Article IV Consultation" , IMF Country Report, No. 15/234, 2015,Aug 14: http://www.imf.org/external/pubs/ft/scr/ 2015/cr15234.pdf.

[ 76 ] IMF, 2015, "Navigating Monetary Policy Challenges and Managing Risks" , Global Financial Stability Report, April, http://www.imf.org/External/Pubs/FT/GFSR/2015/01/pdf/text.pdf.

[ 77 ] James M. Boughton：A new Bretton Woods?March 2009.

[ 78 ] Jonathan D. Ostry, Atish R. Ghosh. Managing Capital Inflows: What Tools to Use? [ R ] , IMF, 2011.

[ 79 ] Krugman P. A model of balance–of–payments crises [ J ] . Journal of Money, Credit and Banking, 1979:311–325.

[ 80 ] Krugman P. What happened to Asia [ M ] . Springer, 1999.

[ 81 ] Linda Goldberg and C é dric Tille : The international role of the dollar and trade balance adjustment, NBER Working Paper 12495, August 2006.

[ 82 ] Merler, Silvia and Jean Pisani–Ferry, Sudden Stop in the Euro Area, http://www.brugel.org/publications/pubilcation–detail/pubilcation/718–sundden–stop–in–the–euro–area/, March 29, 2012.

[ 83 ] Menzie Chinn and Jeffrey Frankel : Will the euro eventually surpass the dollar as leading international reserve currency ? NBER Working Paper 11510, July 2005.

[ 84 ] Michael Bordo and Harold James : The past and future of IMF reform, September 2008.

[ 85 ] Morris, S. and H. S . Shin (1998). Unique Equilibrium in a Model of Self – fulfilling Currency Attacks, American Economic Review, Vol. 88, No. 3. (Jun., 1998), pp. 587–597.

[ 86 ] MundellR. The case for a world currency [ J ] . Journal of Policy Modeling, 2012(4):568–578.

[ 87 ] Obstfeld M. Rational and Self–Fulfilling Balance–of–Payments Crises [ J ] . The American Economic Review, 1986:72–81.

[ 88 ] Obstfeld, M. (1996). Models of Currency Crises with Self– Fulfilling Features, European Economic Review 40, pp.1037– 1047.

[ 89 ] Peter B. Kenen : The role of the dollar as an international currency, Group of Thirty Occasional Papers 13, 1983.

[ 90 ] Soros G. The Crisis of Global Capitalism: Open Society Endangered [ M ] . New York: PublicAffairs, 1998.

# 后 记

二十多年从事外汇管理政策研究和统计分析工作的经历，是我永远不能忘怀的记忆，同时也将会成为我身上永远的烙印。

在过去二十多年的职业生涯中，要衷心感谢周小川、吴晓灵、郭树清、胡晓炼、易纲、潘功胜、马德伦、李东荣、陆南屏、王小奕等人民银行、外汇局的老领导、老上级。当年有幸在他们的指导和关怀下，让我参与到外汇管理新体制发展建设的大潮中，见证了中国金融业改革开放和人民币逐渐崛起的历史。多年从事研究和统计工作的经历，让我在国际金融理论和实践结合方面做了一些探索，有了一些积累，同时也让我有了点立身之本。

尤其不能忘怀的是在外汇局的最后六年半时间，同王春英、方文、温建东、穆志谦、贾宁、赵玉超、周济、韩健、张玉青、乔林智、李玲青、陈之平、霍炜、张建华、高铮、管恩杰等一干国际收支司同事，朝夕相处，互为师友，最终无愧于使命，且欣喜地看到后继有人。

其次，要感谢朱民、谢平、张晓慧、殷勇、韩玉婷、程宪平、刘宏华、陆磊、王信、张漪、王春红、徐卫刚、潘宏胜、马昀、林艳红、陈高松、余永定、黄益平、何帆、钟伟、孙明春、邓海清、韩会师、谢峰、赵庆明、丁志杰、伍戈、陈秋途、郑康营、张家林、束堃、华小岳、孙晓凡、孙炜、田俊荣、杨燕青、欧阳晓红等新老同事和朋友。当我走上新岗位后，继续给予我鼓励、指导和支持，有些人与我还有新的合作，让我有信心、有勇气开启新的事业。

另外，还要感谢王海明、廉薇、陈蓓、王乾筝、胡冰、陶梦莹、马冬冬、宋晓佺、任洁、陈娟等中国金融四十人论坛的新同事，让我能够迅速适应和融入新的大家庭，快速完成身份转换，并在我日常工作中给予了大量的无私帮助。

同时，还要感谢中信出版社的乔卫兵先生、于宇编辑，为本书的付梓，提出了许多中肯的意见和建议，为本书增色不少。

最后，要感谢我的家人。在人生发生巨大变化之际，妻子支持了我的选择，并同我一起承担。年迈的父母和岳父母理解和接受了我的转轨，并继续为我遮风挡雨。两个儿子也对我的新选择给予了充分的理解。大儿子在网上辛苦搜集资料，在班上做了一次“我的爸爸”的主题演讲，每念及此，我至今依然激动不已。在一个乐观向上的家庭里，大家相互传播正能量，所以我们虽然会经受波折，甚至将来也不会一帆风顺，但我们有信心应对任何挑战，感觉很坦然、很幸福！

管涛

2016 年 7 月 2 日